千字文正讲

齐济 著

（上册）

北京师范大学出版集团
BEIJING NORMAL UNIVERSITY PUBLISHING GROUP
北京师范大学出版社

自 序

　　本书取名《千字文正讲》，意为用正确的态度和正确的方法传播正确的传统文化，"正讲"也暗合自2007年至今，一直免费公开讲课，有"正在讲，讲下去"之意。

　　《千字文》有不同的版本，该《千字文》原文采用的是由南北朝时期散骑侍郎、给事中周兴嗣编纂的由一千个汉字组成的韵文。全文为四字句，精思巧构，音韵谐美，通篇以儒学伦理为纲，字里行间无不蕴含天地之道与为人处事之理。该《千字文》在中国文化史上有独特的地位，被公认为是世界上使用时间最长、影响最大的儿童启蒙识字读物，也是成人进德修业的必读之书。有人说《千字文》有七个字重复："昆、洁、发、戚、云、巨、并"，实际上，在文中不同的语境，这七个字用了不同的写法："崐、潔、髪、慼、雲、鉅、竝"。

　　讲解《千字文》的版本很多，《千字文正讲》侧重于训诂学，对每个字的造字本义、说文解字、词性作了详解，每一句的基本意思以及所涉及的历史典故与相关的背景知识也作了讲述。我把文字的基本演变过程进行了书写，以表格的方式呈现（某些字的甲骨文、金文有多种不同的写法，只选取了其中的一种），本人的书法水平较差，仅能写出个样子而已，让方家见笑了！想法好，不一定做得好，一定有很多内容欠妥，望读者多提宝贵意见。

　　该书内容是根据讲课的录音进行整理，在成书的过程中，书院学生肖蓉、刘爱平、滕志德、郑喜峰、刘志鸿、罗佳、杨华、张冬梅、黄鸿根等做了大量反复细致的文字工作，特在此表示深深的谢意！

齐济

2015 年 5 月 8 日

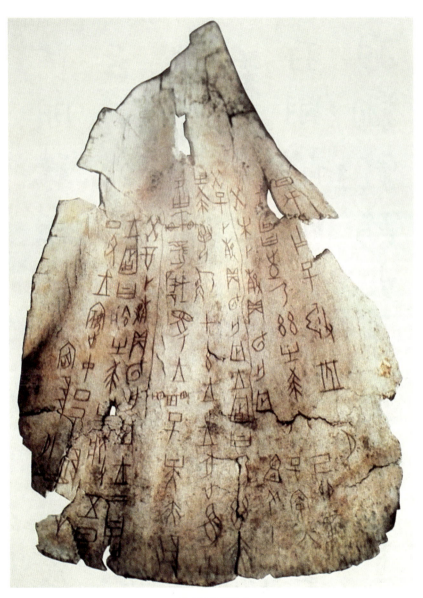

殷商神祇甲骨文

礼与仁相辅相成。当政者重视礼，表现在对祭祀、朝会等礼仪形式的重视。从记载有祭祀、狩猎等内容的涂朱牛骨刻辞，可看出殷商时期神祇在政治生活中的无上地位。

闕珠稱夜光菓珍李柰

菜重芥薑海鹹河淡鱗潛

羽翔龍師火帝鳥官人皇

智永《千字文》书法

遐迩壹體率賓歸王鳴鳳

在樹白駒食場化被草木

賴及萬方盖此身髪四大

五常恭惟鞠養豈敢毀傷

女慕貞絜男效才良知過

空谷傳聲 虛堂習聽

禍因惡積 福緣善慶

尺璧非寶 寸陰是競

資父事君 曰嚴與敬

孝當竭力 忠則盡命

臨深履薄 夙興溫凊

似蘭斯馨 如松之盛

川流不息 淵澄取映

清代的《千字文》拓本

目　录

《千字文》原文

天地玄黄，宇宙洪荒。日月盈昃，辰宿列张。寒来暑往，秋收冬藏。

闰馀成岁，律吕调阳。雲腾致雨，露结为霜。金生丽水，玉出崑冈。

剑号巨阙，珠称夜光。果珍李柰，菜重芥姜。海咸河淡，鳞潜羽翔。

龙师火帝，鸟官人皇。始制文字，乃服衣裳。推位让国，有虞陶唐。

吊民伐罪，周发殷汤。坐朝问道，垂拱平章。爱育黎首，臣伏戎羌。

遐迩一体，率宾归王。鸣凤在竹，白驹食场。化被草木，赖及万方。

盖此身髮，四大五常。恭惟鞠养，岂敢毁伤。女慕贞洁，男效才良。

知过必改，得能莫忘。罔谈彼短，靡恃己长。信使可覆，器欲难量。

墨悲丝染，诗赞羔羊。景行维贤，克念作圣。德建名立，形端表正。

空谷传声，虚堂习听。祸因恶积，福缘善庆。尺璧非宝，寸阴是竞。

资父事君，曰严与敬。孝当竭力，忠则尽命。临深履薄，夙兴温凊。

似兰斯馨，如松之盛。川流不息，渊澄取映。容止若思，言辞安定。

笃初诚美，慎终宜令。荣业所基，籍甚无竟。学优登仕，摄职从政。

存以甘棠，去而益咏。乐殊贵贱，礼别尊卑。上和下睦，夫唱妇随。

外受傅训，入奉母仪。诸姑伯叔，犹子比儿。孔怀兄弟，同气连枝。

交友投分，切磨箴规。仁慈隐恻，造次弗离。节义廉退，颠沛匪亏。

性静情逸，心动神疲。守真志满，逐物意移。坚持雅操，好爵自縻。

都邑华夏，东西二京。背邙面洛，浮渭据泾。宫殿盘郁，楼观飞惊。

图写禽兽，画彩仙灵。丙舍傍启，甲帐对楹。肆筵设席，鼓瑟吹笙。

升阶纳陛，弁转疑星。右通广内，左达承明。既集坟典，亦聚群英。

杜稿钟隶，漆书壁经。府罗将相，路侠槐卿。户封八县，家给千兵。

高冠陪辇，驱毂振缨。世禄侈富，车驾肥轻。策功茂实，勒碑刻铭。

磻溪伊尹，佐时阿衡。奄宅曲阜，微旦孰营。桓公匡合，济弱扶倾。

绮回汉惠，说感武丁。俊乂密勿，多士寔宁。晋楚更霸，赵魏困横。

假途灭虢，践土会盟。何遵约法，韩弊烦刑。起翦颇牧，用军最精。

宣威沙漠，驰誉丹青。九州禹迹，百郡秦并。岳宗泰岱，禅主云亭。

雁门紫塞，鸡田赤城。昆池碣石，钜野洞庭。旷远绵邈，岩岫杳冥。

治本于农，务兹稼穑。俶载南亩，我艺黍稷。税熟贡新，劝赏黜陟。

孟轲敦素，史鱼秉直。庶几中庸，劳谦谨敕。聆音察理，鉴貌辨色。

贻厥嘉猷，勉其祗植。省躬讥诫，宠增抗极。殆辱近耻，林皋幸即。

两疏见机，解组谁逼。索居闲处，沉默寂寥。求古寻论，散虑逍遥。

欣奏累遣，感谢欢招。渠荷的历，园莽抽条。枇杷晚翠，梧桐蚤凋。

陈根委翳，落叶飘摇。游鹍独运，凌摩绛霄。耽读玩市，寓目囊箱。

易輶攸畏，属耳垣墙。具膳餐饭，适口充肠。饱饫烹宰，饥厌糟糠。

亲戚故旧，老少异粮。妾御绩纺，侍巾帷房。纨扇圆洁，银烛炜煌。

昼眠夕寐，蓝笋象床。弦歌酒宴，接杯举觞。矫手顿足，悦豫且康。

嫡后嗣续，祭祀烝尝。稽颡再拜，悚惧恐惶。笺牒简要，顾答审详。

骸垢想浴，执热愿凉。驴骡犊特，骇跃超骧。诛斩贼盗，捕获叛亡。

布射僚丸，嵇琴阮啸。恬笔伦纸，钧巧任钓。释纷利俗，并皆佳妙。

毛施淑姿，工颦妍笑。年矢每催，曦晖朗曜。璇玑悬斡，晦魄环照。

指薪修祜，永绥吉劭。矩步引领，俯仰廊庙。束带矜庄，徘徊瞻眺。

孤陋寡闻，愚蒙等诮。谓语助者，焉哉乎也。

tiān dì xuán huáng yǔ zhòu hóng huāng

天地玄黄，宇宙洪荒。

【字形的演变及基本字义】

	甲骨文	金文	小篆	繁体隶书	简体楷书	说文解字
天				天	天	颠也，至高无上
地			地	地	地	元气初分，轻清阳为天，重浊阴为地
玄			玄	玄	玄	黑而有赤色者为玄
黄			黄	黄	黄	地之色也
宇			宇	宇	宇	屋边也
宙				宙	宙	舟舆所极覆也
洪			洪	洪	洪	洚水也
荒		荒	荒	荒	荒	芜也

【正讲】

"天地玄黄，宇宙洪荒。"

"天地玄黄，宇宙洪荒。"简述天地自然的原始状态。

"天"，本义是：头顶上方的苍穹。在《说文解字》里的解释是：颠也，至高无上。《尔雅》中讲："春为苍天，夏为昊（hào）天，秋为旻（mín）天，冬为上天。""天"常用作名词，有天皇、天帝、天堂、气象状态等意；古代也指君王；作形容词用，有天然的、天生的、顶上的等意。

说到这个"天"字，在《梅花易数》中有这样一个例子：有人去找算命先生测字，写了个"天"。算命先生说：你要做一件大事，因为"天"可以拆分为"一"和"大"，需要二人帮忙，因为"天"还可以拆分为"二"和"人"。"天"，上面是"一"，下面是"人"，就是一个人头顶着天。这个"人"很大，谁呢？是盘古。在三国时期徐整所著的《三五历纪》里面，记载着这样的传说：太古时代，天地不分，整个宇宙像个大鸡蛋，里面混沌一片，分不清上下左右，也辨不出东西南北，人类的祖先盘古就孕育其中。盘古在混沌的"鸡蛋"中，经过了一万八千年的孕育才有了生命。当他有了知觉的那一刻，便迫不及待地睁开眼睛，可是周围一片黑暗，他什么都看不见。急切间，他拔下自己的一颗牙齿，把它变成威力巨大的神斧，抡起来用力向周围劈砍。"鸡蛋"破裂了，从中散发出两种气体：一种轻而清，一种重而浊。轻而清者不断上升，变成了天；重而浊者不断下降，变成了地。天空高远，大地辽阔。但盘古没有因此就高枕无忧，因为他担心天空和大地会重新合在一起。于是盘古顶天立地站在天地间不断长大，盘古每生长一丈，天就随之升高一丈，地也随之增厚一丈。如此一日九变，又经过了一万八千年，天变得极高，地变得极厚，盘古的身体也变得极长。盘古就这样与天地共存了一百八十万年，终究耗尽了全身力气。盘古想用自己的身体创造出一个充满生机的世界，于是他微笑着

盘古像（图片出自明《三才图会》）

倒了下去，把自己的身体奉献给大地。在他倒下去的刹那间，他的左眼飞上天空变成了太阳，给大地带来了光明和希望；他的右眼飞上天空变成了月亮，给夜晚带来了光明。两眼中的液体洒向天空，变成夜里的万点繁星。他的汗珠变成了地面的湖泊，他的血液变成了奔腾的江河，他的毛发变成了草原和森林。他呼出的气体变成了清风和云雾；发出的声音变成了雷鸣。盘古倒下时，他的头化作了东岳泰山，他的脚化作了西岳华山，他的左臂化作了南岳衡山，他的右臂化作了北岳恒山，他的腹部化作了中岳嵩山。从此人世间有了阳光雨露，大地上有了江河湖海，万物滋生，人类开始繁衍。因此，盘古成了中华民族传说中的伟大英雄。

"地"，本义是：远古的简单墓穴。在《说文解字》里的解释是：元气初分，轻清阳为天，重浊阴为地。"地"是个多音字，读de，是语助词；读dì，作名词，有大地、土地、领土、地方、路程等意。

"玄"，从甲骨文（𤔔）可以看出，"玄"最初是指用蚕丝拧成的绳带。本义是：赤黑色，黑中带红。在《说文解字》里的解释是：黑而

有赤色者为玄。就是黑紫色、黑红色，在这里指天的颜色。"玄"作形容词时，指黑红色，泛指黑色、深、厚，引申为黑暗等意；作名词时，指天空、道教、北方也是农历九月的别称。

"黄"，本义是：蝗虫。在《说文解字》里的解释是：地之色也。黄色五行属土，调和能力比较强。"黄"作形容词，有黄色、美好等意；作动词时，有成熟、垮掉、坏了事等意；作名词时，指金印、黄色颜料、幼儿、老人、黄河的简称等。

"天地玄黄"这句话出自《周易》，《周易·坤卦》的上六爻的爻辞讲："龙战于野，其血玄黄。"《文言·坤》的最后一句话也讲："天地之杂也，天玄而地黄。""天地玄黄"是讲开天辟地之后的天地的颜色。在这之前，是阴阳未分、天地混沌的无极时期。由无极到太极，由太极而阴阳分，宇宙万物由此创始，形成了天地，称为"两仪"；由"两仪"产生"四象"，有说是"四时"，有说是"刚柔阴阳"，其实就是春夏秋冬；四象生八卦，八卦就是乾、兑、离、震、巽、坎、艮、坤，由"八卦"判断吉凶，趋吉避凶而成就大业。由开天辟地到人类的产生，再到文字的出现、文明的发展，以及社会结构的形成和国家的定位等，是一个从无序到有序的缓慢的过程，这也是周兴嗣所撰写的《千字文》的整体脉络。大家在学习或朗读《千字文》的时候，会有一种从远古慢慢走到现实的感觉。

"天地玄黄"这句话其实是总括天地的视觉印象，简单地指出了天地的颜色，并由此联想到天空的高远玄妙和神秘，以及大地的广阔、深厚和敦实。如果单单理解为"天的颜色是玄色的，地的颜色是黄色的"，那就太机械刻板了。要想真正理解天地，还是要从《周易》中才能明白。《周易》讲："形而上者谓之道，形而下者谓之器。"轻清者上升为天，重浊者下降为地，说的是物理世界的天地。就文化层面来说，物理世界属于形而下的器世界，对形而上的道世界的理解就受制于人的智慧高低了。对于"懂"的人来说："形而上者就是天，形而下者就是地。"乾坤谓之天地。对于天的纯阳特性，《周易》是这样描述的："天行健，君子以自强不息。"而对于地的纯阴特性，《周易》是这样说明的："地势坤，君子以厚德载物。"总之，要懂得"天地"及"玄黄"，并不容易！

"宇"，本义是：两端向天空翘伸的横梁。在《说文解字》里的解释是：屋边也。"宇"用作名词时，有房屋、空间、地域、风度、仪容等意。

"宙"，本义是：支撑整个建筑的中柱。在《说文解字》里的解释是：舟舆所极覆也。即舟车上覆如屋极者，舟车的顶盖。"宙"是时间的总称，也指天空等。

"宇宙"二字最早出现于战国时期的《尸子》篇中："上下四方曰宇，往古来今曰宙。"这是迄今在中国典籍中找到的与现代的"时空"概念最好的对应。后来在《淮南子》中也有类似的论述。刘邦的曾孙刘安当淮南王的时候，请了很多门客，其中有八个知名的门客协助刘安创作了《淮南子》，这本书值得一读，因为这是一本从上古到汉以来的最系统的讲天人合一的书。《淮南子》讲："往古来今谓之宙，四方上下谓之宇。""四方上下"，是指空间；"往古来今"，是指时间。"宇宙"其实包含了空间和时间，就是现在的"时空"概念。而我们现在理解的"宇宙"通常只是指物理空间意义的太空，已经没有了时间这一概念。"四方上下"就是三维，这个三维空间就叫"六合"。庄子讲过："六合之外，圣人存而不论；六合之内，圣人论而不议。""存"，是承认它确实存在。"不论"，是暂且不去讨论，因为我们的智慧不及，即使说也说不清楚。"不议"就是不评判。"论"在《说文解字》里的解释是：议也。"议"在《说文解字》里的解释是：语也。这句话就很有意思了，也就是说，对于三维空间之外的，我们承认其存在而不要作任何讨论；对于三维空间之内的，我们只作讨论，但不要下结论，也不要评价。我们生活在这个"六合"空间里边，所谈的内容都在这个范围里，我相信一定有其他形态存在于六合之外，即使讨论也不会有结论，因为我们没那水平、没那智慧，在里边谈外边的事怎么谈呢？我猜想老子刚跨出六合之边，孔子在六合边缘徘徊，其实还是在内侧，所以说孔子是一个半人，因为他比我们的智慧高一些，但他始终没有穿过六合的边缘。老子、释迦牟尼他们可能穿过去了，跑到六合之外了。《道德经》《金刚经》就是两位大圣人教给我们的穿越时空的宝典，已经超越了宗教的界限，其实人死后也许就跑到六合之外了。即使是谈六合之内的事情，我们也不必抬杠，多谈谈主流价值观，谈谈积极向上、坚持，谈谈崇尚真理……要积极入世，这样人才能阳气十足、刚健中正。

"洪"，本义是：众多山间湍流汇成的暴涨河川。在《说文解字》里的解释是：浲水也。"浲"读作：jiàng，是大水泛滥的意思。

"荒"，本义是：荒芜。在《说文解字》里的解释是：芜也。是指草木丛生，荒无人烟。"荒"作形容词时，有广大、久远、虚空、收成不好等意；作动词时，有荒废、扩大、迷乱等意；也做名词用。

"洪荒"出自于西汉扬雄写的《太玄经》，里面有个词叫"洪荒年代"。关于洪荒年代，我想最近的就是指大禹治水时期。大禹治水，定九州，这是中华民族历史上出现的治理自然的最早例证。

"宇宙洪荒"，是讲在远古时期，离现在至少是500万年，人类还没有出现，宇宙广阔没有边际，地球一片荒芜，洪水泛滥，处在混沌蒙昧的状态中。

rì yuè yíng zè　　chén xiù liè zhāng

日 月 盈 昃，辰 宿 列 张。

【字形的演变及基本字义】

	甲骨文	金文	小篆	繁体隶书	简体楷书	说文解字
日						实也，太阳之精也
月						阙也，太阴之精也
盈						满器也
昃						日在西方时侧也
辰						震也
宿						止也
列						分解也
张						施弓弦也

【正讲】

"日月盈昃，辰宿列张。"

"**日**"，本义是：太阳。开天辟地之后，最能代表天的莫过于日月星辰。对于我们人类肉眼的观察来讲，太阳是满盈的，除非日食，否则不会看到太阳亏缺。《说文解字》里的解释是：实也，太阳之精也。《周易》中用"**——**"来表示阳。"日"常用作名词，有太阳、白天、时间、光阴等意；也用作副词，有每天、改天、从前等意。

"**月**"，本义是：月亮。月亮是会"盈亏"的，也就是只有在每月农历十五时是满盈的，其他时间是亏缺的，所以"月"在《说文解字》里的解释是：阙也，太阴之精也。《周易》中用"**—— ——**"来代表阴，古人以月为群阴之本。"月"常作名词，指月亮、月光，也指历名，即月历。

"**盈**"，本义是：充满。在《说文解字》里的解释是：满器也。在此处是指日月之满盈。"盈"作动词时，有溢出、满足、增加、超过等意；作形容词时，有丰满、圆满、旺盛、众多等意。

日神羽人画像砖/东汉遗存。四川彭县出土。

"**昃**"，本义是：太阳西斜。在《说文解字》里的解释是：日在西方时侧也。"盈昃"基本上描述了

月神羽人画像砖/东汉遗存。四川新都出土。

日月运转时所呈现的一种状态。我们也常说"日中而昃"，是指太阳在正午之后，就会偏西落下，也喻阳极阴生，阴极阳生，乐极生悲，否极泰来。

"**辰**"，本义是：蛤蚌之类的软体动物。辰为"蜃"的本字。后经假借而产生了其他用法。在《说文解字》里的解释是：震也。"辰"是星体的总称，俗称星辰。具体的辰就是指北辰，也就是北斗七星，现代天文学叫大熊星座，可以用来辨方向，定季节。辰又指太阳所行的黄道十二宫。"辰"是十二地支中的第五位。也指时光、日子。

"**宿**"，本义是：在屋里卧席过夜。在《说文解字》里的解释是：止也。"宿"的甲骨文（𠈇）就像房子里面有一个人躺在席子上。星宿就是星星睡觉的地方，是许多星星聚在一起。宿是个多音字，在这里读xiù，表示星座、星宿；另外，"宿"也读sù，是过夜、住宿的意思；"宿"还有一个读音：xiǔ，是夜的意思。《左传》里面讲的：行军驻扎一晚为"舍"，驻两宿为"信"，过信，也就是驻三宿或三宿以上称为"次"。

"辰宿"不是指一颗星，而是一个星团。星指单颗的星，一颗以上的星星组在一起成为星团，就是宿。在中国历史上天文学最鼎盛的隋唐时代，当时的史官把天空分了三大圈，又叫三桓，这三个圈像三个锅盖一样，星星其实只是在"锅盖"上的投影，星与星之间的距离都不知道超过多少光年了！古人把最中心的圈叫作太微桓，这个桓就是院墙。第二圈叫作紫微桓，紫微星是吉星、贵星。上有紫微星下有紫禁城，据说，紫微星在地球上的投射的地方，就是紫禁城，风水最好，所以建造了紫禁城供皇帝住。最外圈的部分叫天市桓。观天象，最主要是观察这3桓。古人觉得恒星相互间的位置恒久不变，可以利用它们做标志来观察日、月、五星（金星、木星、水星、火星、土星）运行

秦代砖刻上的青龙

的位置。经过长期观测，古人先后选择了黄道、赤道附近的二十八个星宿作为坐标，因为它们环列在日、月、五星的四方，很像日、月、五星栖宿的场所，所以称作二十八星宿（西方人称之为星座）。古人还把二十八星宿分为东、南、西、北四宫，每宫七宿，各宫分别将所属七宿连线想象为一种动物，以为是"天之四灵，以正四方"。东宫为苍龙，呈龙象；南宫为朱雀，有点像鹌鹑；西宫为白虎；北宫为玄武，呈龟蛇象。我们的古人就以二十八星宿的变化作为推论日时吉凶祸福的一个重要的理论依据，其实就是用观星术的方法判断自然的变化。

"列"，本义是：分割，分解。在《说文解字》里的解释是：分解也。"列"作动词时，有分割、排列、陈列、对立等意；作名词时，有职务、序次，也指排列有序的行列。即横排称"行"，竖排称"列"。

"张"，本义是：拉开弦与弓，使弓弦紧绷，箭以待发。在《说文解字》里的解释是：施弓弦也。"张"除作动词外，还作名词，如主张、商店开张、姓氏等。也用作量词。

"日月盈昃，辰宿列张。"这句话其实出自于《淮南子》："天设日月，列星辰，调阴阳，张四时。""日月盈昃"的意思是：太阳日升日落，

秦代砖刻上的白虎

朱雀图/甘肃武威出土的木案上绘制的朱雀图，绘于东汉时期。

玄武图/玄武，是中国古代传说中的神兽，其形为龟蛇合体，以后逐渐发展成道教所崇奉的北方大帝。

过午时则偏侧，月亮月圆月缺，初一月亏，至十五则满盈。"辰宿列张"的意思是：星辰闪烁，张布、陈列在太空。

大家都知道太阳从东方升起，在西方落下，知道地球围着太阳公转的同时也在自转，知道月亮围着地球转，月亮每逢初一月牙尖，十五月最圆，但大家知道此时此刻太阳、地球、月亮的相对位置吗？如果对周易术数的纳甲预测法感兴趣，或者想要弄懂《周易参同契》，就必须先搞懂天道的运转规律，要知道身处何地，明白自己的空间位置。我们经常说选个"黄道吉日"，什么是黄道？它是指地球每一年绕太阳公转一周，人们在地球上所看到的太阳一年中在天体恒星之间的路线或轨迹。黄道一个周天360度，黄道面包括了除冥王星以外所有行星运转的轨道，也包含了星座，恰好约每30度范围内各有一个星座，总计为十二个星座，称为黄道十二次或十二宫。太阳每一个月走一宫，走完360度刚好是

12个月，12个月刚好对应了十二地支（子、丑、寅、卯、辰、巳、午、未、申、酉、戌、亥）。所以说，中西方的占星学还是有许多互通之处的。"黄道吉日"就是指宜于办事的好日子，就是以星象来推算吉凶，青龙、明堂、金匮、天德、玉堂、司命六个星宿是吉神，六星宿值日之时，诸事皆宜，不避凶忌。旧黄历将"建、除、满、平、定、执、破、危、成、收、开、闭"12个字分别注在皇历中的每个日期的下方。凡与"除、危、定、执、成、开"6个字对应的日子，就是黄道吉日；与"建、满、平、破、收、闭"6个字对应的日子，就是黑道凶日。有些人习惯天天看黄历，想做事，这也要避，那也要防，其至每天都根据自己的八字和每天所属的五行来穿不同颜色的衣服。其实没必要！能够顺应天地之道来因应时变，无须太机械地苛求赤橙黄绿蓝靛紫。

什么叫白道呢？白道是在地球上观察月亮围绕地球转一圈所形成的轨道。那么赤道呢？赤道是地球表面的点随地球自转产生的轨迹中周长最长的圆周线。赤道把地球分为南北两半球。天文赤道是地球赤道在天球上的投影，以此为标记，天球上才有对应的九州分野。

太阳、月亮和木星对地球生物的影响特别大，太阳决定着地球上的白天黑夜，月球决定着地球的月份更替，木星决定着地球的年岁变化。月球对地球的影响更加广泛，它围绕地球公转的平均周期大概是一个月，初一的月亮叫朔，初三之前叫新月，初八前后叫上弦月，十五的月亮叫望，十八九叫下弦月，农历月最后一天地球、太阳、月亮刚好在一条直线上，所以看不到月亮，因此月末叫晦。这个周期特别明显，潮涨潮落，尤其是初一和十五，对地球上的生物的情绪造成极大的影响。我想，人们在初一、十五烧香，除了因为宗教信仰的关系，更是出于对天地自然的敬畏，以此收敛内心，用这样的祭祀仪式使心绪达到有序，防止因躁动而走向极端。懂得天地运转的关系，知道自然变化的规律，进而明白包括人在内的地球生物的情绪变化的自然原因。为什么人有时候情绪高昂，有时候又特别低落呢？其实大多时候可能是自然变化对我们身心的影响。

黄道十二宫图/此星象图于1974年在河北宣化下八里辽墓中后室的墓顶发现。墓中央悬挂一面铜镜，镜周围绘有莲花，外围是淡蓝色天空。图中绘有北斗七星、太阳、月亮等"九曜"。还用红色画出了二十八星宿。星象图的外圈画有黄道十二宫象，除金牛宫残缺外，其他均保存完好。

寒来暑往，秋收冬藏。

【字形的演变及基本字义】

	甲骨文	金文	小篆	繁体隶书	简体楷书	说文解字
寒				寒	寒	冻也
来				来	来	周所受瑞麦来麰也
暑				暑	暑	热也
往				往	往	之也
秋				秋	秋	禾穀熟也
收				收	收	捕也
冬				冬	冬	四时尽也
藏				藏	藏	匿也

【正讲】

"寒来暑往，秋收冬藏。"

"寒来暑往，秋收冬藏。"这八个字高度概括了天地运转在地球所呈现的四季变化。

"寒"，本义是：冷，寒冷。寒冷是一种感觉，人们虽能感觉到，却看不见。古人造字时，就用了人踡（quán）曲在室内，以草避寒之形象。在《说文解字》里的解释是：冻也。"寒"作形容词时，有冻、贫困、凋零等意；作名词时，指寒冷的季节；也用作动词。

"来"，本义是：麦子。在《说文解字》里的解释是：周所受瑞麦来麰也。"来"字的造字本义怎么会与麦子有关呢？这可能与中国古代从狩猎游牧到农耕社会的转变有关。"麦"字的甲骨文（𣆶）与"来"字的甲骨文（𣆶）一样，都是麦子形。小麦叫"麦"，大麦叫"麰"（móu）。在文中作动词用，意思是：由彼至此，由远到近，与"往"相反。

"暑"，本义是：天气炎热。《说文解字》的解释是：热也。暑近湿如蒸，热近燥如烘。"暑"除作形容词外，还用作名词，指炎热的日子、夏季等。

"往"，本义是：到……去。在《说文解字》里的解释是：之也。"往"作动词时，有去、到、彼此间来往、给予等意；作名词时，有昔时、过去、死者、以后等意；作介词时，同"望"，相当于朝、向。

"寒来暑往"，此语出自《周易·系辞》："寒来则暑往，暑往则寒来，寒暑相推而岁成焉。"寒暑说的是气候的变化，秋冬说的是四季的推移。"寒来暑往"，大家耳熟能详，熟悉到几乎快把它们遗忘！春夏秋冬四季分明通常是在纬度23.5°—66.5°之间，纬度0°—23.5°之间属于热带地区，一年的温差相对较小。纬度66.5°—90°之间属寒带地区，四季也不太分明，如广州处于北纬23°附近，所以四季就不太分明了！

　　受到地球的公转和地轴倾斜的影响，地球受阳光直射的区域会不同，温度也随之变化，因而形成四季。当阳光直射赤道时，赤道附近最热，离赤道越远的地方，阳光斜射的角度越大，气温越低；当阳光直射赤道后日渐北移，此时北半球开始变暖，是春天；当阳光直射北回归线，此时北回归线附近最热，北半球受到阳光强烈的照射，是夏天；阳光直射北回归线后，逐日往南移，又回到直射赤道时，北半球是秋天；阳光继续南移到南回归线时，北半球的阳光斜射角最大，阳光威力弱，是冬天。阳光直射南回归线后，日渐北移，又会再直射赤道，如此周而复始，便形成了春夏秋冬的反复交替。四季的气温有明显的不同。因阳光直射的关系，南、北半球的季节是相反的，当北半球是夏天时，南半球是冬天；当北半球是冬天时，南半球是夏天。简单地说，地球不是直立转动的，而是有23°26′的黄道与赤道的交角，倾斜转动，所以太阳不会永远直射赤道，地球上才有了寒来暑往的交替。

　　"秋"，本义是：蟋蟀鸣叫的冷清时节。在《说文解字》里的解释是：禾穀熟也。大家一看这个"秋"字的甲骨文（🔠），可能会想到粮仓的"仓"，秋天丰收了，想到粮仓也很正常。其实它是秋虫，一般被认为是蟋蟀，或者泛指秋天的昆虫，秋天最大的特点就是昆虫鸣叫，借以表达"秋天"的概念。"秋"字又是"禾"与"火"，表示秋天禾谷成熟之意。

　　"收"，本义是：捆绑，取，敛。在《说文解字》里的解释是：捕也。在这里的意思是收获、收割。"收"的小篆这样写：🔠，右边是一只手拿着棍子。但凡有"攵"的字，其古字都是与手有关，例如"改"的金文写法（ ），左边一个孩子跪在那里， 右边是手拿教鞭抽打，教育孩子并使其改正。如"教"字的金文写法（ ），就是棍棒下面出孝子，有了教才知其孝。

"**冬**"，本义是：表示时序终了，已进入了寒冷季节。在《说文解字》里的解释是：四时尽也。"冬"用作名词，指一年四季中秋春之间的季节，天文学上认为是从12月至3月，历法是十月到十二月，冬月是农历十一月的俗称。 在这里就是指冬季。

"**藏**"，本义是：隐匿，躲避。在《说文解字》里的解释是：匿也。从"藏"字的小篆（ ）可以看出： 有臣（人） 有兵戈，在古代有藏兵戈之意。"藏"是个多音字，读cáng时，指储积、隐匿等意；读zàng时，用作名词，有收藏财物的府库、内脏、宝藏等意，也是西藏的简称。

金戈戈头/安徽舒城县出土的战国时期楚国兵器。戈在先秦时期是与战车配合使用的一种重要兵器。

"**秋收冬藏**"此句出自《史记·太史公自序》："夫春生夏长，秋收冬藏，此天道之大经也。弗顺则无以为天下纲纪。"可见"秋收冬藏"是自然大道的变化形式，是人们认识天地自然大道之后的总结。在人类还没有出现的时候，地球上就已经是寒来暑往，动植物们都在感受与顺应着春生夏长、秋收冬藏的变化。人类经过漫长的观察，感知天地的变化，感受冷暖的交替，才把这种自然规律定义为春夏秋冬，认识到春天萌生，夏天滋长，秋天收获，冬天储藏。

天道决定人道，自然规律决定社会规律。人类对天道28星宿的观察确认，是对自然认识的里程碑。对北斗七星及北极星的运转规律的掌握，使整个人类找到了"北"，并由此来判断地球的位置。北斗七星的天枢、天璇，称为指极星，在离这两颗星间距五倍远的地方，便是众所周知的北极星。农业生产十分注重辨季节、定农时，我国古代科学测试工具尚未完备的时候，人们曾用北斗作为验时记日的标准。古代按北斗斗柄所指方向来确定时节的工作称为"斗建"，这是古代国家的头等大事。斗建的方法讲："斗柄东指，天下皆春；斗柄南指，天下皆夏；斗柄西指，天下皆秋；斗柄北指，天下皆冬。"这都是指黄昏时候而言。如果在黄昏观察，那么在公历4月，北斗出现在天顶，斗柄指东，这是春季；到7月，北斗出现在西北方，斗柄朝上，即古人所谓指南，这是夏季；10月份，北斗斗柄指西，就是秋季，这时由于它出现在地平线附近，所以不容易看到；农历年底以后，北斗出现在东北方，斗柄朝下，即古人所谓指北，这是冬季。俗语也有"斗柄回寅又一春"的说法。当然，古代这种以北斗斗柄所指方向来确定时节只是大概的估计而已。由于地球还在不停地自转，北斗也在一昼夜里按逆时针方向绕北极星旋转；所以晚上不同的时刻，北斗的位置也不一样。只要知道北斗在当天初昏时的位置，则按斗柄离开初昏位置的度数，就可推知当时的时刻，每转15°是一小时。古人就是通过观测，慢慢地总结与定义了许多规律，然后知道春夏秋冬，才开始种植、野生驯化，才知道春天来了，要播种，夏天草木茂盛，秋天是丰收的季节，冬天来了，万物收藏，以待来年。苍穹如盖都只不过是星星的辐射投影，其实星星之间都不知道相距多少光年！我们所学习的传统文化也是如此，回头一看，历史万丈，所有的文化知识都投射到一个平面，看起来很近，其实都是历经了几千年的沉淀。甲骨文很远，科技很近，网络就在我们的身边。其实，科技又何尝不是人类进一步掌握了自然规律之后的具体实践？而且一定还会有越来越多的发现……

周朝明文规定要依时耕种与收藏。《逸周书·文传》中讲："山林非时不升斤斧，以成草木之长；川泽非时不入网罟（gǔ），以成鱼鳖（biē）之长；不麛（mí）不卵，以成鸟兽之长。"不在不合时宜之时拿着斤斧去砍林木；不在不合时宜之时打捞鱼鳖；不捉幼兽，不取鸟卵，确保鸟兽成长。

"寒来暑往，秋收冬藏。"这八个字概括了天行循环之道及农业生产的一般过程，也是人们认识规律、掌握规律的体现。

rùn yú chéng suì　lù lǚ tiáo yáng
闰馀成岁，律吕调阳。

【字形的演变及基本字义】

	甲骨文	金文	小篆	繁体隶书	简体楷书	说文解字
闰			閏	閏	闰	余分之月，五岁再闰。
馀			餘	餘	馀	多余也
成	中	炗	成	成	成	就也
岁	벗	䇂	歲	歲	岁	木星也
律	徛	徚	律	律	律	均布也
吕	吕	吕	吕	吕	吕	脊骨也
调			調	調	调	和也
阳	陽	陽	陽	陽	阳	高明也

【正讲】

"闰馀成岁，律吕调阳。"

"**闰**"，本义是：余数。指历法纪年和地球环绕太阳一周运行时间的差数，多余的叫"闰"。在《说文解字》里的解释是：余分之月,五岁再闰。"闰"是"门"里面有个"王"，这是因为古代天子每月初一行告祭礼时，居于庙堂之中，如果恰逢闰月，天子居门中，持续一整月。在这里，"闰"就是指闰月的意思。

"**馀**"，本义是：吃剩下的食物。在《说文解字》里的解释是：多余也。"馀"是"余"的繁体字，在这里指余数。

"**成**"，本义是：武力征服，称霸一方。《说文解字》的解释是：就也。"成"作动词时，有完成、成为、形成、平定等意；作名词时，有成功、成果等意；作副词，表示答应、许可等等。

"**岁**"，本义是：岁星，即木星。在《说文解字》里的解释是：木星也。中国古代的天文学已经非常发达了，太阳系中，已经知道了除了日月，其余的五星（金木水火土）对地球的影响也非常大，尤其是木星，对地球的影响十分明显。木星围绕着太阳运转，刚好是每12年转一周，把一周平分成12等份，每运转30度就是一年，所以木星也叫岁星。木星是太阳系中最大的一颗行星，质量是地球的317.89倍，体积则是地球的1316倍。可见木星是真实存在的，太岁是假设的。太岁者，十二辰之神，自子至巳为阳，自午至亥为阴。为什么叫木星？因为在每年的春季，就会在东方出现，东方属木。每当木星运转30度，对地球来说就是一个岁次，对地球各方面的影响都发生了变化，木星的运转轨道叫太岁，所以说太岁变了，才有了犯太岁或冲太岁等之说。

水星也叫辰星，公转周期是88天，接近90天，刚好接近一个季度的时间，所以说水星是定季度的。金星也叫太白星，经常出现在月亮旁边的那颗星就是金星，金星是定时辰的，我们通常把早上的金星叫启明星，而在傍晚看到的金星，就叫作长庚星。土星就是田星。

金木水火土加上日月，刚好是七颗星，叫作七政、七曜、七纬。其中的两颗或三颗星与地球之间形成特殊角度的时候，就会给地球带来巨大的影响，如狂风暴雨或海啸等等。单是月球引力造成的影响，通常就是潮涨潮落，还有地球生物的生长及情绪的变化，以及造成女性的生理周期。

那么，"岁"与"年"又有什么区别？从正月初一到来年正月初一这一段时间，就是一个自然年。岁不同，岁表示从今年的某一时间点到明年的某一时间点的这一段时间，称为回归年。比如我是10月20日出生，到明年10月20日，就增加了一岁，不管年头也不管年尾。这是年和岁的区别，是等长的，只是起始点不同。

"闰馀成岁"，此句出自于《尚书·尧典》："期三百有六旬有六日，以闰月定四时而成岁。"就是闰月加上四时春夏秋冬然后成一岁。这就是闰与七星、地球之间的关系。常用的星期一、星期二……星期日，借指每天都有一颗星星值日。那么，为什么说是"闰馀成岁"呢？因为历法纪年与地球绕太阳运行一周或月亮围着地球公转十二个月的时间有一定差数，需要每隔数年设闰年或闰月加以调整。为什么会存在差数呢？这是因为公历就是以太阳为参照物，是以地球围着太阳公转一周为周期，通常认为是365天，而实际上的运转时间是365天余5小时48分46秒，4年一共刚好多了24个小时，所以我们的公历是每4年闰一年，逢闰年，2月的28天就加一天，变为29天。

　　农历又是怎么个闰法呢？农历是以月球月象为依据的，月亮围着地球公转一周，从月初到十五之望，再到月末之晦，周期刚好在29和30天之间摆动，也就是说，实际上月球绕地球公转一周的时间是29天多，不足30天。所以我们农历只有三十，没有三十一。这样算下来，一年就是354天，比365天差了11天，如果不闰，过些年农历的六月都变成冬天了，所以需要闰。农历就采用了19年加7个闰月的办法，即"十九年七闰法"，就是在19年之间，再多加7个月。究竟在哪一年加闰呢？一年有24节气，分为12节与12气，月初为节，月中为气，节气在农历中的日期是逐月推迟的，累积下来就会出现有的农历月份，有节而没有气，一般每过两年多就有一个没有气的月份，这正好和需要加闰月的年头相符。所以农历就规定把没有气的那个月作为闰月，也就是哪个月没气了，就闰哪个月，这就把这个月拉长了，变成60天了，节和气都有了，只不过这个节在上个月，气在闰的这个月，把少的那个气补上了。十九年七闰是最恰当的调试365天的一种算法，也只有这样才能够四时有序，春夏秋冬不会混乱。

　　"**律**"，本义是：十二律中，奇数的六个管。在《说文解字》里的解释为：均布也。"律"作名词时，有法律、法令、律管、音律、戒律等意；作动词时，有约束、遵循等意；作形容词，是高的意思，如《诗经》中的："南山律律"。

　　"**吕**"，本义是：十二律中，偶数的六个管。在《说文解字》里的解释是：脊骨也。

　　"**律吕**"在文中不是指音律的，是古代用来调节阳气变化的工具。中国的古音律有几种不同的分类方法，分别为"五音"、"七律"、"三分损益法"和"十二律"。"五音"也称"五声"，是中国古代五个音阶的总称，即宫、商、角、徵、羽，相当于现代音乐的1、2、3、5、6，

仲吕/金编钟之一，为十二正律的一个律名。此钟顶端为龙钮，通体有龙戏珠、云纹、缠枝纹图案，平处铸律名及年款。由于体厚而重，下口微收，又加之质量为纯金，音色坚实明亮，演奏起来颇能引人入胜。

是在阴阳五行学说影响下产生的音乐形态，也是中国古代音乐和音阶形式的基础。五音理论在春秋战国时已经形成，以后一直是中国音乐的基本形态。

十二律，这是用三分损益法将一个八度分为十二个不完全相等的半音，因此，一个律也就是一个被分割的半音，每一个律都有一个名称，由低至高依次为：黄钟、大吕、太簇、夹钟、姑洗、仲吕、蕤（ruí）宾、林钟、夷则、南吕、无射、应钟。奇数各律称为律，也叫阳律，偶数各律称吕，简称律吕，也叫阴律。阳律声音低，阴律声音高。这一律制早在春秋战国时代已经形成，以后历代以此固定音高，形成各种不同的调式，如同现在的C大调，D大调等。后来，人们把这十二律中的头两个律和吕合在一起，就形成了一个描绘气势磅礴的音乐的词——黄钟大吕。

"调"，本义是：声音协和。在《说文解字》里的解释是：和也。"调"是个多音字，读tiáo，作形容词，指和谐、协调；作动词时，有调节、驯服、演奏、调弄等意。读diào，作名词，主要指曲调、声调；作动词时，有提取、提拔、调取、调查等意。"调"也读zhōu，是早晨的意思，通"朝"。此处的"调"读作tiáo，是调节、调和的意思。

"阳"，本义是：山南水北。在《说文解字》里的解释是：高明也。"阳"作名词时，有太阳、物体的正面、外面、晴天、雄性等意；作形容词时，有凸出、温暖、干旱、奇数等意；也作动词、副词用。

"律吕调阳"的意思究竟是什么呢？这就得从人文初祖的黄帝说起了。黄帝被称为人文始祖，黄帝时期，他的一些官员有许多项发明：仓颉（jié）发明了文字；胡曹发明了衣服；大挠（náo）发明了甲子；隶（lì）首发明了数学；歧（qí）伯发明了医药；伶伦（líng lún）发明了音乐。当时黄帝命伶伦观测自然的节律变化。伶伦当时在阴山脚下找了一块干净整洁的地方，把12根直径相同的竹管（最长的管长9寸，最短的管长4寸6），按长短顺序排列好，管的上面排整齐，下边高矮不一，像切大葱一样，留斜茬儿，然后插到土里面。竹管是空的，里面装入用苇子膜烧成的灰，这种灰最轻，叫暇莩（xiá fú）。接着用围墙围住，外面拿布幔子遮蔽起来，又在外面筑室，绝对透不到一点风。天天观察每支管子的变化，因为地下的阴阳二气随时都在变化。农历11月份冬至阳气动、地气往上升的时候，第一根管子因为最长，埋得最深最接地气，所以里边的暇莩随着管子发出嗡的声响飘出来了，这第一根管就叫作"律"，也叫黄钟。《周易》的第24卦地雷复卦的初爻，就代表冬至一阳初生，地气往上升。等第二根管也响了，灰也飘起来了，这第二根管就叫吕，代表地球的气的变化。就这样，在不同的节气，不同管子的灰就会冒出来，24节气就这样排列出来了。地球本身有自然节律，又是那么准确与协调。除了春夏秋冬、24节气之外，再加上"候"的调节（5天一候），这就使得农业生产有了规律可循。日月相推，寒来暑往，春夏秋冬其实就是阴阳的变化。为什么在这里只说"调阳"不说"调阴"呢？我们在《周易正讲》里面讲过：阴阳是互为一体，是不可分的。调阳的同时，其实也在调阴。"调阳"的说法也是尚阳理念的一种表现。人们根据十二律吕声音的变化，才发明了音乐，才有了后来中国古代的音律，人类创作的音乐，就是源于大自然的天籁之音。

雲騰致雨，露结为霜。

【字形的演变及基本字义】

	甲骨文	金文	小篆	繁体隶书	简体楷书	说文解字
雲			雲	雲	云	山川气也
腾		騰	騰	騰	腾	传也
致	致	致	緻	致	致	送诣也
雨	雨	雨	雨	雨	雨	水从云下也
露		露	露	露	露	润泽也
结		結	結	結	结	缔也
为	为	为	爲	爲	为	给、施
霜	霜	霜	霜	霜	霜	露所凝也

【正讲】

"雲腾致雨，露结为霜。"

"雲"，本义是：气团在天空飘浮。"雲"是"云"的繁体字。在《说文解字》里的解释是：山川气也。"雲"作名词时，指云彩，借指高空，也是云南的简称。作形容词时，有盛多、高、疏远、漂泊不定等意；作动词，指说、有、是等意；也用作助词、代词。

"腾"，本义是：马凌空跃起。在《说文解字》里的解释是：传也。在这里的意思为：升入空中、上升。"腾"作动词时，还有使房屋空出之意；也用做副词，突、忽之意。

"致"，本义是：走到、达到。在《说文解字》里的解释是：送诣也。"致"作动词时，有招致、造成、求取、奉献、归还、到达等意；作副词时，通"至"，极、尽之意；也作名词，意为情趣、兴致；也用作形容词。在这里是导致、致使的意思。

"雨"，本义是：天上云层降水。在《说文解字》里的解释是：水从云下也。"雨"是个多音字。读yǔ，作名词用，指降到地面的水，比喻朋友、教导之言等意。读yù，作动词用，指下雨、天上降下、密集的射击或投掷等意。

"露"，本义是：夜间气温下降后，户外空气中的水汽因饱和而在地面物体上形成的水珠。在《说文解字》里的解释是：润泽也。"露"是个多音字，读lòu时，用于口语，是显出、冒出之意。读lù，作名词时，有滋润、恩泽、水气、糖汁等意；作动词时，有显露、败坏等意。

"结"，本义是：用红绸带上的死疙瘩象征解不开的姻缘。在《说文解字》里的解释是：缔也。"结"是个多音字，读jiē，作动词，指植物长出果实；作形容词，指坚硬、牢固之意。读jié，作名词，指用绳、线等绾（wǎn）成的疙瘩，也有关键之意；作形容词时，比喻心情烦闷、心里有结等。在这里是聚、合、凝结之意。

"**为**"，本义是：母猴。《说文解字》的解释是：给、施。"为"是个多音字，读wéi，作动词，有做、干、制作、治理、学习等意；也做介词、连词、助词、语气词等。读wèi，作动词时，有帮助、告诉之意；也作介词用，有因为、由于、为了等意。在这里是成为、变成的意思。

"**霜**"，本义是：在气温降到摄氏零度以下时，近地面空气中水汽凝结的白色结晶。《说文解字》的解释是：露所凝也。土气津液从地而生，薄以寒气则结为霜。"霜"作形容词时，用于比喻白色、高洁等意。

"**雲腾致雨，露结为霜。**"这句话的意思是：云气上升遇冷形成了雨，露水遇冷就结成霜。除了这里所讲的云、雨、露、霜，另外还有雾、雪、冰、冰雹等自然现象。云是由许多小水滴和小冰晶组成，雨滴和雪花就是由水滴和冰晶增大而形成的，其增大程度受气温、气压和空气流动变化的影响。强盛的积雨云可能会形成冰雹。江河湖海，以及土壤和动植物的水分，随时蒸发到空中变成水汽，进入大气层后，成云致雨，然后又返回地面，渗入土壤或流入江河湖海，如此周而复始、循环不已。

"雨水"、"白露"和"霜降"既是二十四节气中的节气名称，又是现实生活中确实存在的一种现象。白露是指气温渐凉，夜来草木上可见的白色露水。露水四季皆有，但秋天特别多。在晴朗无云的夜间，地面热量散失很快，地面气温迅速下降，空气含水汽的能力减小，大气低层的水汽就附着在草上、树叶上等，并凝成细小的水珠，即露水。露水对农作物很有好处，就像雨水一样，能滋润土壤，起到帮助植物生长的作用。

　　"露结为霜"刚好符合时序，二十四节气之一的白露在9月6日左右，霜降在10月22日前后。先有露，后有霜。霜是水汽在温度很低时的一种凝华现象，跟雪很类似。《月令七十二候集解》中讲："九月中，气肃而凝，露结为霜矣。"此时，我国黄河流域通常是树叶枯黄，户外植物上通常会结白霜，这是因为夜间植物散热慢，地表的温度又特别低、水汽散发不快，还聚集在植物表面时就结冻了，因此形成霜。科学地讲，霜是由冰晶组成，和露的出现过程是雷同的，都是空气中的相对湿度到达100%时，水分从空气中析出的现象。它们的差别只在于露点（水汽液化成露的温度）高于冰点，而霜点（水汽凝华成霜的温度）低于冰点，因此只有近地表的温度低于摄氏零度时，才会结霜。

金 生 丽 水，玉 出 崑 冈。

【字形的演变及基本字义】

	甲骨文	金文	小篆	繁体隶书	简体楷书	说文解字
金						五色金也
生						进也，像草木生出土上
丽						旅行也。鹿之性，见食急则必旅行
水						准也
玉						石之美者，有五德，润泽以温，仁之方也…
出						进也。像草木益滋，上出达也
崑						昆仑山也
冈						山脊也

【正讲】

"金生丽水，玉出崑冈。"

　　"**金**"，本义是：一种藏于泥沙和冲积层中的粒状赤黄色贵重矿物。在《说文解字》里的解释是：五色金也。金的特点：黄为之长，久埋不生衣，百炼不轻，从革不违……在这里是指黄金。黄金是非常珍贵和稀有的天然物产。中国最有名的沙金产地在云南的丽江。金是一种化学元素，化学符号是Au，原子序数是79。金是一种广受欢迎的贵金属，在很多世纪以来一直都被用作货币、保值物及珠宝。我们都知道金不容易氧化，它的结构特别稳定，一直都是金光灿灿的，所以上古的人认为它是五毒不侵的，认为金一定受神灵的护佑，所以人们喜欢佩戴黄金饰品以保佑自己。"金"除作名词外，还用作形容词，指金黄色、富贵，也比喻尊重、贵重、声音美妙，也有皇帝的、天子的等意。

秦铸金虎/战国时期，秦国占有关中，扼守险要，战乱不入。加之秦国重视兴修水利，使关中地区成为农业发达的经济中心之一。经济的富足也是秦统一中国的主要条件之一。图中这件黄金铸造的秦国金虎，从侧面反映了当时秦国经济的发达。

"生"，本义是：草木破土萌发。在《说文解字》里的解释是：进也，像草木生出土上。"生"作动词时，有生长、生育、生存、产生、生产等意；作名词时，有生命、生活、生物等意；作形容词时，有天生的、新鲜的等意；也作副词用。

"丽"，本义是：成群，结伴，成对。在《说文解字》里的解释是：旅行也。鹿之性，见食急则必旅行。"丽"字的甲骨文"𡿨"下面是一只鹿。鹿的发音与"禄"谐音，表达了人们对美好的向往。鹿角成对，也是美的象征。"丽"作形容词时，有成对、美丽、华丽之意；通"厉"，为猛烈；作动词时，有结伴而行、依附、施加等意；作名词时，指数、数目。

"水"，本义是：峭壁上飞溅而下的山泉。在《说文解字》里的解释是：准也。天下莫平于水，地球上的几大洋都是相通的，水是平的，"水平"这个词就是这么来的。甲骨文"𣱱"与《周易》里讲的坎卦的卦画（☵）很像，坎就代表水。"水"作动词时，有游泳、用水测平等意；也作形容词用。

"丽水"就是丽江，更确切地说，应该是丽江的一段，因其沙子里含有沙金，在阳光照射下闪闪发光，所以自古以来就叫作金沙江。

"玉"，本义是：用丝绳串连起来的珍玩宝石。在《说文解字》里的解释是：石之美者，有五德，润泽以温，仁之方也……说白了，玉就是石头，是美石，里面有结晶体。相传玉是山石千百年来受日精月华熏陶而成的，所以有"观祥云知山有美玉"的说法。玉是天地自然之精华，尤其是好的玉，给人的感觉非常细腻，很温润，不像冰凉坚硬的石头，所以好的玉又叫暖玉，后来儒家就赋予了它很多文化象征，比如"五德"，即：仁义礼智信。君子佩玉，尤其在宋朝时期，权贵人家无论男女都喜欢佩戴玉，一走路，玉翠碰撞发出叮当叮当的声音，特别好听，未见其人，先闻其玉声。除了五德，人们还赋予玉精神象征，比如说：宁为玉碎，不为瓦全。《礼记·玉藻》中讲："古之君子必佩玉，君子无故，玉不离身。"其实是说：玉可以辟邪挡灾。不过，如果一个人五德不全，即使穿上玉衣也没有用，所以真正护佑我们人类的是美德。"玉"字的甲骨文"丰"像"丰"字。一条绳子穿着一串石头，就是玉。最早的"玉"字和"王"字是不分的，因为地位高的人才佩戴玉，后来"玉"就演变成了王权地位的象征。"玉"也用于比喻美德、贤才；作形容词时，形容美好、洁白、珍贵等意。

"**出**"，本义是：草木生长。在《说文解字》里的解释是：进也。像草木益滋，上出达也。"出"在此处是生出、出产的意思。"出"作动词，还有出现、生产、超出、清除、舍弃等意。

"**崑**"，指昆仑山。在《说文解字》里的解释就是：昆仑山也。

"**冈**"，本义是：山脊，山岭。《说文解字》解释为：山脊也。

"崑冈"毫无疑问是指昆仑山。"昆仑"源于匈奴语，意思是"天"。昆仑山位于中国的西北边陲，分为三面八支，其中的一面在上古时代的中国境内，也是黄河的发源之地，所以昆仑山在中华民族的文化史上具有"万山之祖"的显赫地位，古人称"昆仑山"为"中华龙脉之祖"。很多上古流传下来的神话传说都与昆仑山有关。在道教文化里，昆仑山被誉为"万山之宗"和"万神之乡"。昆仑山麓出产最高质量的美玉，就是新疆和田玉，从古代起就是中原地区玉石的主要来源。当然鉴定玉的方法有很多种，玉大致分为硬玉和软玉，硬玉的硬度是6.5—7.0，软玉的硬度是6—6.5。在我们中国，硬玉通常被称为翡翠；软玉通常分为白玉、青玉、碧玉、黄玉、墨玉等。我国玉器制作源远流长、精品荟萃，素有"玉石之国"之称。瑶池的"瑶"字，意思就是美玉，瑶池就是出美玉的地方，也是位于昆仑山。昆仑山是传说中神仙所居之地，王母娘娘的洞府据传就在昆仑山上。

"**金生丽水，玉出崑冈**。"可以简单地理解为：黄金产生于金沙江，玉石出在昆仑山岗。

剑号巨阙，珠称夜光。

【字形的演变及基本字义】

	甲骨文	金文	小篆	繁体隶书	简体楷书	说文解字
剑			劒	劍	剑	人带兵也
号		號	號	号	号	痛声也
巨	工	工	巨	巨	巨	规巨也
阙			闕	阙	阙	门观也
珠			珠	珠	珠	蚌之阴精
称	爯	爯	稱	稱	称	铨也
夜		夜	夜	夜	夜	舍也。天下休舍也
光	光	光	光	光	光	明也

【正讲】

"剑号巨阙，珠称夜光。"

"**剑**"，本义是：古代由金属制成，长条形，前端尖，后端安有短柄，两边有刃的一种兵器。在《说文解字》里的解释是：人带兵也。"剑"作名词时，指剑、剑术等；作动词时，有以剑杀人、挟在肋下之意。

"**号**"，本义是：大声喊叫。在《说文解字》里的解释是：痛声也。"号"是个多音字，读hào，作动词时，有命令、召唤、宣称等意；作名词时，有名位、名称、别号、种类等意；也用作量词。读háo，作动词，有喊叫、哭、长鸣等意。在这里读hào，是名称、称谓的意思。

"**巨**"，本义是：画直角方形用的工具。在《说文解字》里的解释是：规巨也。"巨"除作名词外，还用作形容词，有很大、多、粗大、高超等意；也作副词用，通"讵"，是岂、难道之意。

"**阙**"，本义是：古代宫殿、祠庙或陵墓前的高台，台上起楼观。在《说文解字》里的解释是：门观也。"阙"是个多音字，读jué时，有去除、挖掘等意。读quē，作动词，有削减、空缺、欠等意。读què，作名词，有门观、宫门、

越王勾践剑/战国时代文物，湖北江陵出土。该剑长55.7厘米，剑格镶嵌绿松石，剑身饰菱形暗纹。近格处有两行鸟篆铭文："越王鸠浅（勾践）自乍（作）用（剑）"。出土时寒光闪闪，至今仍很锋利，说明中国古代冶金技术的高超。

宫殿等意。

　　"巨阙"在这里是剑的名字，是最有名的宝剑越王勾践剑，1965年在湖北省出土，剑上用鸟篆铭文刻了八个字"越王鸠浅（勾践）自乍（作）用（剑）"，该剑属于青铜剑，是越王勾践请铸剑名师经历数年精心铸造出来的。

　　据《吴越春秋》和《越绝书》记载，越王勾践曾特请龙泉宝剑铸剑师欧冶子铸造了五把名贵的宝剑。欧冶子是历史上另一位铸剑大师干将的岳父，莫邪是欧冶子的女儿。干将、莫邪、巨阙、辟闾是春秋时四大名剑。欧冶子一生遍访名师，倾尽一生制作了五把剑：巨阙剑、纯钧剑、湛卢剑三把长剑和鱼肠剑、胜邪剑两把短剑，合称为"三长两短"，不知道人们常说的三长两短与这有没有关系，但三长两短则成了意外灾祸的代名词。其中最有名的巨阙剑属于长剑，长三尺三，柄七寸，剑刃宽五寸。有一个传说：有一次越王佩戴这把宝剑参加聚会，看见一拉车的马因受惊而乱窜，为防出事，越王一边命令勇士速去控制局面，一边拔出宝剑指向那匹马，谁知剑一出鞘，寒气逼人，剑气居然把那马车劈成了两半，在场的人都惊讶万分，不敢相信自己的眼睛，果真是宝剑啊！后来为了验证确实是一把难得的好剑，有人弄了一口大铜锅，越王拔出剑，指向大铜锅，大铜锅立刻被砍出了一个大缺口，巨阙剑也因此而得名。"阙"通"缺"，意为残缺，但其坚硬无比，号"天下至尊"，其他宝剑不敢与之争锋。与之齐名的还有承影剑、纯钧剑、鱼肠剑、泰阿剑、湛卢剑、龙渊剑、工布剑。合称为：八荒名剑。

　　历史上还有专诸刺杀吴王僚（姓姬，名僚）的故事，说的是剑客专诸，受吴公子姬光收买，要刺杀吴王僚。僚爱吃烤鱼，专诸就假扮厨师，手托鱼盘，鱼肚子里面就暗藏利刃，趁机刺杀了僚。那把锋利的短剑就被后人称做鱼肠剑。

"**珠**"，本义是：蛤蚌壳内由分泌物结成的有光小圆体。《说文解字》的解释是：蚌之阴精。"珠"也用于形容事物的华美、光辉。

"**称**"，本义是：称量物体轻重的器具。《说文解字》的解释是：铨（quán）也。"称"是个多音字，读chēng的时候，作动词，有几个不同的意思，一是指量轻重，如：称重；二是指叫、叫作，如：称呼；三是指名号，如：名称；四是说的意思，如：声称；五是指赞扬，如：称颂；六是指举，如：称觞祝寿。读"chèn"的时候，是符合、相当的意思，如：称心如意。读"chèng"，作名词，同"秤"。

"**夜**"，本义是：从天黑到天亮的时间。在《说文解字》里的解释是：舍也。天下休舍也。"夜"作名词时，有夜晚、黄昏、天黑等意；作形容词时，是晦暝、幽暗之意。

"**光**"，本义是：举着火把照亮空间。《说文解字》的解释是：明也。"光"作名词时，有光亮、阳光、色泽、荣耀、恩惠、称人来访的敬辞等意；作形容词时，指光明、光滑，也通"广"，是广大、广阔之意；作动词时，有增辉、发扬光大等意；也作副词用。

"夜光"在这里指夜光珠，也叫夜明珠，是一种稀有的宝物，古代称"随珠"、"悬珠"、"垂棘"、"明月珠"等。通常情况下所说的夜明珠是指荧光石、夜光石，就是含有能发光的稀有元素的石头，经过加工，就是人们所说的夜明珠，常有黄绿、浅蓝、橙红等颜色，大小不一，通常用作饰品。

古人形容夜明珠是"昼视之如星，夜望之如月"。关于夜明珠的典故，真的是讲不完！远的不说，大家都知道清朝的慈禧太后吧，慈禧不是一般的爱美，听说夜明珠能使尸体不化，便交代死后一定要将夜明珠放在她嘴里，可惜，后来孙殿英炸开了慈禧墓，不仅收走了慈禧尸体周围的大件宝器，还把慈禧尸体抬上棺盖，扯下龙袍，撕毁内衣脱下鞋袜，将周身珠宝搜索精光。还撬开慈禧的牙，把含在口中的稀世夜明珠给取走了，因为怕蒋介石治他的罪，所以就托人把夜明珠赠送给了宋美龄。据说，慈禧口里含着的那颗夜明珠，分开是两块，合拢就是一个圆球；分开透明无光，合拢时透出一道绿色寒光，在夜间百步之内都可以照见头发。当然是"据说"了！别太当真。

说到"珠"，不得不提珍珠。珍珠出自蚌壳类的水生物，其实就是贝壳类生物的结石。"蛤蚌育珠"，要在月圆之夜，海面上风平浪静，蛤蚌的贝壳打开了，对着月亮，开合收放，吸收月华之光，珠就会越养越大。"犀牛望月"的故事也是一样的，犀牛到了月朗星稀的晚上，把独角对着皎洁的明月，来吸收月之精华。所以犀角与珍珠都是中药里最寒凉的。

凡是奇珍异宝，都有很多传说和故事。中国的珍珠史始于4000年前的大禹时代。据《海史·后记》记载，公元前约2000年，大禹定"南海鱼草，珠玑大贝"为贡品。《格致镜原·妆台记》中也讲了周文王曾用珍珠装饰发髻。至于夜明珠，上古时代神农氏把所有的"石磷之玉"称为"夜明"。《史记》、《搜神记》中都有关于夜明珠的记载。《淮南子》里有"蛤蟹含珠，与月盛衰"的故事。

"剑号巨阙，珠称夜光。" 这句话讲了两样宝物：宝剑与夜明珠。宝剑以巨阙剑最为有名，珠宝以夜光珠最为有名。

guǒ zhēn lǐ nài cài zhòng jiè jiāng

果 珍 李 奈，菜 重 芥 姜。

【字形的演变及基本字义】

	甲骨文	金文	小篆	繁体隶书	简体楷书	说文解字
果						木实也
珍						宝也
李						李果也
奈						奈果也
菜						草之可食者
重						厚也
芥						芥菜也
姜						神农居姜水，以为姓

【正讲】

"果珍李奈，菜重芥姜。"

"果珍李奈，菜重芥姜。"这句话是说：水果中最珍贵的是李子和奈子，蔬菜里面不可缺少的是芥菜和姜。

"果"，本义是：草木结出的籽实。在《说文解字》里的解释是：木实也。"果"作名词时，有果子、结果等意；有说：有核为果，无核为蓏（luǒ）。作形容词时，是果断之意；通"裸"，赤体、赤露之意；作动词时，有吃饱、实现等意；作副词时，有果然、当真、究竟等意。在这里指水果。

"珍"，本义是：珠玉等宝物。《说文解字》的解释是：宝也。"宝"在《说文解字》里的解释是：珍也。"宝"与"珍"互解，这两个字有些微妙的区别："珍"字的小篆写法是：珍，左边是一块玉，右边像一位老人家，象征代代相传的玉，赋有特殊的意义，还有一种精神与希望的传承。"宝"字的小篆写法是：宝，是指家里的宝贝、财物。"珍"作名词时，指珠玉、宝物，也指难得的人才、精美的食品等；作形容词时，是珍贵的、贵重、精美等意；作动词时，指珍爱、珍视。

"李"，本义是：一种春天开白花的落叶乔木，夏季结果，果实叫李子。在《说文解字》里的解释是：李果也。就是李子。"李"也用作姓氏。

"奈"，本义是：苹果的一种，通称"奈子"，也称"花红"、"沙果"。《说文解字》的解释是：奈果也。"奈"通"柰"，奈何之意，也指茉莉花。

李子和奈子属于同科植物，都具有"和脾胃，补中焦"的作用。

李子树经常被一些文人墨客所褒扬，《诗经》中有一句话讲："投我以桃、报之以李。"后来简称为"投桃报李"。还有一个成语叫"李代桃僵"，说的是井边长了一棵桃树，桃树旁边长了一棵李树，虫子吃桃树根的时候，李树装死而让虫子吃了自己的根，李树代替桃树而死，比喻兄弟情义深厚、友爱互助，后来用来比喻互相顶替或代人受过。《史记·李将军列传》中讲："桃李不言，下自成蹊。""蹊"是小径。这句话的意思是：桃树和李树在春天会开出芬芳的花朵，在秋天会结出香甜的果实，虽然它们从来不说话，却能吸引人们到树下赏花或尝果，久而久之，树下便走出了一条小路。以此比喻一个人真的有本事，或是真心诚意地做了好事，不用到处张扬与炫耀，自会有强大的感召力而深得人心。

古代的柰果有很多品种，在民国时称为"歪嘴李"，桃形李实，皮薄核小，肉脆汁多，酸甜可口，有止渴清热、健脾开胃、壮身减肥之功效。柰子比李子个儿大一点，样子有点像桃，俗称"桃李"。李子性平、味酸甘，入心、肝、肺经，具有止渴生津、消食化滞等作用。关于柰果，也有传说，据说，有一次给王母娘娘祝寿，备了很多种水果，可王母娘娘还是觉得不满意，侍女为了让王母娘娘开心，就唱歌跳舞直到精疲力竭，结果感动了果神，果神就给她送去了柰果，她就送给了王母娘娘，王母娘娘吃了果然很高兴。说明柰果的口感应该是挺不错的。

说到水果，不得不提柿子。柿子是柿科植物，浆果类水果。成果季节在秋季，品种较多。柿子中的鞣（róu）酸绝大多数集中在皮中，连皮一起吃，容易形成胃柿石。在柿子脱涩时，不可能将其中的鞣酸全部脱尽，柿皮最好不要吃。不过古人吃柿子有不同的吃法，他们会把柿子蒂和柿子外面的那一层薄膜一并咀嚼吞咽下去，因为柿子蒂能够化解鞣酸，动物们都是这样吃的，而人类讲究口感，只吃自认为精华的一部分，反而容易出问题。大自然确实是奇妙，万物除了自身的刑冲化合、万物之间也是相生相克，听说一些毒草附近就有能化解这种毒的植物，毒蛇出没的草丛附近就有解蛇毒的草药……感叹自然之神奇！

"菜"，本义是：古人采摘来做食物的植物，即蔬菜。在《说文解字》里的解释是：草之可食也。"菜"的小篆写法是：𦬼，上边是草，中间是手，下面像草根。隶书和楷书中的"爫"就代表手，部首"又"也代表手。所以"爱"字上面有一只手，下面又是一只手，中间还有一颗心，说明爱除了需要真心，还需要用行动，用双手去呵护与传递真心。"爱"简化成"爱"，就不容易看出字的内涵了。野菜好吃，但没有大面积种植野菜，说明野菜的功效要么偏寒，要么偏热，虽然不及草药的药性那么明显，常吃可能就对身体不好。

"重"，本义是：人站着背囊袋，分量大。《说文解字》的解释是：厚也。"重"是个多音字，读zhòng，作形容词，是分量较大的意思，与"轻"相对；也表示程度深，如重创；还表示数量多，如重金……后引申为认真对待、不轻率，如慎重、自重；作名词时，有重量、权力、权势等意；也作动词用，重视、尊重之意。"重"也读作chóng，作形容词时，有重复、成对、多等意；作副词时，指再次、另一次、重新之意；作动词时，表怀孕；也作量词用。

"芥"，本义是蔬菜名。味辛烈，似白菜，菜叶上有柔毛。在《说文解字》里的解释是：芥菜也。芥菜在古代就有，据说考古学家在出土的3000年前的中原陶器里面发现了芥菜。看到"芥"字，大家可能会想到芥末，平常吃的大多是工业芥末，味道很刺激。农村一般用芥菜籽榨的油和切成片的芥菜头一起腌制，过一段时间，就成了天然的芥香，也叫作芥辣，有很多药效，除了去邪气、正肾气，还能通五窍。芥末的辣与辣椒、蒜的辣不同，中原一带有句口头禅是：葱辣嘴、蒜辣心、芥末辣的是鼻梁筋。也就是它们辣的位置不同，吃葱辣的是口腔；吃蒜会觉得心嘈，尤其是空腹的时候一吃蒜，胃就会不舒服；吃芥末会窜到鼻梁筋，流眼泪。"芥"是个多音字，读gài时，指芥蓝、芥菜等，芥菜的营养价值比较高，多吃是利于健康的。读jiè时，指芥菜、芥子、小草等意；也比喻轻微纤细的事物。

"姜"，本义是：西北地区的牧羊女。在《说文解字》里的解释是：神农居姜水，以为姓。"姜"原本也是水域名，是姜河流域，因神农氏曾居住在那里，所以后人以"姜"为姓。"姜"字下面有一个"女"，在周朝的时候，是指西北地区的牧羊女。如果把"姜"字下面的"女"换成"儿"，就变成了"羌"，"羌"就是西戎牧羊人。"西戎"的称谓最早来自于周朝，周朝人自称华夏，便把华夏周围四方的族人，分别称为东夷、南蛮、西戎、北狄，以区别华夏，所以"西戎"是古代华夏人对西部地区少数民族的统称。

"姜"在本文中是指一种多年生草本植物，根茎肥大，呈不规则块状，灰白或黄色，有辛辣味，可作蔬菜、调料，亦可入药，常用于发散风寒、化痰止咳，止呕解毒，临床上常用于治疗外感风寒及胃寒等症。另外，姜可以去邪臭、恶臭、腥味。关于姜的养生说法有很多，比如"冬吃萝卜夏吃姜，不用医生开药方"，"常吃生姜，不怕风霜"，"上床萝卜下床姜"等等。据现代医学讲，一年四季吃姜，其实都是极好的。《神农本草经》中讲："芥味辛，除肾邪，利九窍，明耳目。""姜味辛，通神明，去臭气。"芥和姜都是蔬菜中解毒调味的珍品。按中医理论，生姜是助阳之品，自古以来，中医素有"男子不可百日无姜"之语。宋代诗人苏轼在《东坡杂记》中记述杭州钱塘净慈寺80多岁的老和尚，面色童相，原来是因为服食生姜40年，所以不出老相。传说白娘子盗仙草救许仙，此仙草就是生姜芽。生姜还有个别名叫"还魂草"，而姜汤也叫"还魂汤"。姜是应该多吃，但也不可过多服食。无论是水果还是蔬菜，都不可一次吃得太多。俗话说："桃养人，杏伤人，李子树下抬死人。"李子吃多了生痰、助湿，所以脾胃虚弱者少吃。西医认为，各种食物的营养不外乎：蛋白质、维生素、淀粉、脂肪、微量元素……在科学的西医营养学里，西红柿所含的维生素C与小白菜所含的维生素C没什么两样。试想，如果只把西红柿与春夏之交生长的小白菜作为补充维生素的食材，把鱼、虾、鸡蛋、大豆只作为蛋白质的补充，岂不是忽略了人类复杂的消化吸收系统的功用？别忘了，一方水土养一方人，应时食用当季的蔬菜水果，食物要丰富，水果代替不了蔬菜。切忌偏食，不可狂吃大喝，自然有利于健康。

hǎi xián hé dàn　lín qián yǔ xiáng

海 咸 河 淡，鳞 潜 羽 翔。

【字形的演变及基本字义】

	甲骨文	金文	小篆	繁体隶书	简体楷书	说文解字
海						天池也，以纳百川者
咸						皆也，悉也
河						河水出敦煌塞外昆仑山，发原注海
淡						薄味也
鳞						鱼甲也
潜						涉水也
羽						鸟长毛也
翔						回飞也

【正讲】

"海咸河淡，鳞潜羽翔。"

"**海**"，本义是：大海，海洋。《说文解字》的解释是：天池也，以纳百川者。海是指覆盖地球大部分表面的盐水体。通常把"海"与"洋"合称为"海洋"，洋是指海之中心，也叫深海，或者称为"大海"。大海的最深处超过了一万米，所以有"仇深似海"一词。大海也很广大，几乎占据了地球百分之七十的区域，所以人们常用海的宽大来比喻心胸的宽广，有"海纳百川"一说，大海宽厚而能容，也是因为把自己的位置放得很低，才能使百川归入大海怀抱。"海"作名词时，有大海、大湖、大池、较大的器皿、也指僻远地区等意；也作形容词用。

"**咸**"，本义是：杀。在《说文解字》里的解释是：皆也，悉也。"咸"的甲骨文是：，左边像"口"，右边像一把斧头，是指男人们拿着武器站在外面守城，保护城池的安全。"咸"作副词用时，是全部、都、皆的含义；作动词时，有感应、终、毕等意；作形容词时，有普遍、协调、和睦等意；也指含盐之意。在《周易》中，有一个卦叫作《咸》，咸卦是一个讲感情的卦。其中九五爻的爻辞是"咸其脢，无悔。""脢"就是背，通常人们在久别重逢的时候、悲伤或狂喜的时候，都互相拥抱拍拍背，以此来表达安抚、爱与关心。"咸"在这里是指含盐多，与"淡"相对。"海咸"是说海水里含有大量的氯化钠、氯化镁等，也就是含有大量的海盐，所以海水是咸的。

"**河**"，本义是：令人望而兴叹的北方第一大川，即黄河。在《说文解字》里的解释是：河水出敦煌塞外昆仑山，发原注海。（"发原注海"是指发源于青藏高原、流入东南渤海）。也就是说，"河"最早是特指我国的黄河。"河"后来作为河流的通称。地球上水的分布，有江河湖海之分，"江"最早就是特指我国的长江。长江发源于西北，流入东海。其实"江"与"河"只是约定俗成的称谓，都泛指河流，并没有质的区别。

"**淡**"，本义是：味道不浓，不咸。在《说文解字》里的解释是：薄味也。在此处与"咸"相对，指味清淡，没有咸味。"淡"也有稀薄、颜色浅、不热情、淡雅等意。

"**鳞**"，本义是：密集覆盖在鱼类身上光滑闪亮的薄片状护甲。在《说文解字》里的解释是：鱼甲也。"鳞"作名词，指鳞片状物、动植学名词、鱼的代称等。在这里指鱼。

"**潜**"，本义是：没入水中，并且在水下活动。在《说文解字》里的解释是：涉水也。"潜"作动词时，有潜水、隐藏、隐居、暗流等意；作形容词时，有深、沉、无形中等意；也作副词用，指秘密地。

"**羽**"，本义是：覆盖鸟类体表轻韧防水、护身保温的翎毛。在《说文解字》里的解释是：鸟长毛也。"羽"作名词时，有鸟毛、鸟类、鸟长的翅膀等意，也指旌旗、扇、书信等意。在这里指代鸟类。

"**翔**"，本义是：翅膀平直不动盘旋地飞。在《说文解字》里的解释是：回飞也。是指在空中展翅盘旋而不扇动翅膀，与"飞"不同，"飞"需要不停地扇动翅膀。提到"羽翔"，映入脑海的是老鹰抓小鸡，还有传说中的凤凰，想象中的凤凰展翅飞翔应该是美丽无比。《诗经·大雅·卷阿》中有："凤凰于飞，翙（huì）翙其羽。"凤凰涅槃中的凤凰不是中国传统意义上的凤凰，而是指火凤凰，相传这种生长于阿拉伯沙漠中的美丽而孤独的鸟每500年就会背负着所有仇恨恩怨，投身于熊熊烈火中自焚为烬，以生命和美丽的终结换取人世的祥和与幸福，再从灰烬中重生，循环不已，成为永生。"翔"作动词时，还有回顾、悠闲自在地行走等意；作形容词时，通"详"，详尽之意；也通"祥"，吉利之意。

"海咸河淡，鳞潜羽翔。"的意思就是：海水是咸的，河水是淡的，鱼类潜在水里游，鸟儿在空中飞翔。

说到"海"，大家知道"精卫填海"的传说，炎帝的女儿叫女娃，有一天划着小船在东海游玩，不料，小船被海浪打翻了，她也被淹死了，死后化成了精卫鸟，为了报仇雪恨，也为了避免大海再吞噬其他人，精卫每天都去北方发鸠山上衔小石子或小树枝，然后飞到东海，将石子或树枝从高空投下来，想把大海填平。后来，精卫和海燕结成配偶，繁衍后代，让自己的精神世世代代流传下去，以继续填海的事业，直到把大海填平为止。精卫填海的故事感动了水神，于是就降下洪水，黄河水把高原上的泥沙冲进大海，把海水都搅黄了。所以东海北部发黄的海域叫作"黄海"。

《山海经》里说九州四面都是海，分别就是东海、南海、西海和北海，每一片海里都有龙王，龙的儿子都以"敖"开头，东海敖广、南海敖钦、西海敖闰、北海敖顺，各守一方，护佑平安。说到"敖"字，大家可能会想到敖包，什么是敖包？敖包不是蒙古包，敖包是蒙古语，意思是"堆子"。也有译成"脑包"、"鄂博"的，是指人工堆成的木堆、石堆或土堆，最初是道路和境界的标志，用于指路、辨别方向和行政区划。后来逐渐演变为蒙古族的重要祭祀载体，象征神在其位，从而具有强烈的宗教色彩，路人见了敖包都要下马敬拜，有时还要按顺时针方向围着敖包转三圈，以示敬意。大千世界，祭祀的礼仪可谓五花八门，也相当繁杂，所有的祭祀形式，其目的主要是弭（mǐ）灾求福或报谢！祈求人神共娱、风调雨顺、福寿康宁等。

　　说到"河"，其实我们中华文化就是河洛文化，"河"就是黄河，"洛"是黄河的支流洛水。传说，洛水之神是伏羲氏的小女儿宓（fú）。宓非常迷恋洛河两岸的美景，于是经常在洛河岸边玩耍，并很快融入当地的洛氏民族，教会洛氏百姓结网捕鱼、狩猎、养畜、放牧等。一天，宓在岸边弹琴，琴声优美动听，不巧，琴声吸引了黄河里水怪河伯，于是河伯潜入洛河，看到宓，更被其美貌所倾倒。于是河伯掀起波浪，把宓吞没了。宓被河伯押入水府深宫后，终日郁郁寡欢，后来，宓遇到了后羿，他们相恋了，他把宓解救出来，回到洛氏，共同生活。河伯发现之后，恼羞成怒，他又化作一条白龙潜入洛河，掀起巨浪，吞噬了许多田地、村庄和牲畜。后羿很厉害，他射中了河伯的左眼，河伯仓皇而逃。后来，天帝封后羿为宗布神，宓妃为洛神。三国时期魏国著名文学家曹植写的浪漫主义名篇就是《洛神赋》。

lóng shī huǒ dì　niǎo guān rén huáng
龙师火帝，鸟官人皇。

【字形的演变及基本字义】

	甲骨文	金文	小篆	繁体隶书	简体楷书	说文解字
龙						鳞虫之长。能幽能明，能细能巨，能短能长。春分而登天，秋分而潜渊
师						二千五百人为师
火						毁也，南方之行，炎而上
帝						王天下之号也
鸟						长尾禽总名也
官						吏事君也
人						天地之性最贵者也
皇						大也。从自。自始也。始王者，三皇大君也

【正讲】

"龙师火帝，鸟官人皇。"

　　"龙"，本义是：古代传说中一种有鳞有须能兴云作雨的神异动物。在《说文解字》里的解释是：鳞虫之长。能幽能明，能细能巨，能短能长。春分而登天，秋分而潜渊。《礼记·礼运》中讲了：麟、凤、龟、龙谓之四灵。封建时代用龙作为皇帝的象征。也比喻不凡之士、豪杰之士。"龙"也用于比喻性格刚直、骏马等。传说龙有九个儿子，分别是：老大囚牛（qiú niú），喜音乐，蹲立于琴头；老二睚眦（yá zì），嗜杀喜斗，刻镂于刀环、剑柄吞口；老三狻猊（suān ní），形如狮，喜烟好坐，所以形象一般出现在香炉上，随之吞烟吐雾。四子蒲牢（pú láo），受击就大声吼叫，充作洪钟提梁的兽钮，助其鸣声远扬；五子饕餮（tāo tiè），其形状如羊身人面，其目在腋下，虎齿人爪，其音如婴儿。六子赑屃（bì xì），似龟有齿，喜欢负重，碑下龟是也；七子狴犴（bì àn），形似虎，好争讼，狱门或官衙正堂两侧有其像；八子负屃（fù xì），身似龙，雅好斯文，盘绕在石碑头顶；老九螭吻（chī wěn），口润嗓粗而好吞，遂成殿脊两端的吞脊兽，取其灭火消灾。

　　"师"，本义是：古代军队编制的一级，二千五百人为一师。在《说文解字》里的解释是：二千五百人为师。《周礼》中讲："五人为伍，五伍为两，四两为卒，五卒为旅，五旅为师。"由此可以算出，一卒就是一百人，一个旅就是五百人，一个师刚好是两千五百人。"师"作名词时，有军队、军师、民众、老师、首领、首都等意；古代行政区划单位；《尚书大传》中讲："八家而为邻，三邻而为朋，三朋而为里，五里而为邑，十邑而为都，十都而为师，州十有二师。""师"作动词时，有效法、学习、出兵等意。

"火"，本义是：物体燃烧所发的光、焰和热。在《说文解字》里的解释是：毁也，南方之行，炎而上。"火"作名词时，有火灾、灯火、光芒、热等意；作动词时，有焚烧、生气等意；也作形容词用。

"帝"，本义是：花蒂。在《说文解字》里的解释是：王天下之号也。"帝"作名词时，有天帝、上帝、君王、皇帝、天等意；作动词时，有称帝、尊奉为帝等意。

"鸟"，本义是：长尾飞禽。在《说文解字》里的解释是：长尾禽总名也。在这里指鸟类。

"官"，本义是：官吏，官员。《说文解字》的解释是：吏事君也。"官"作名词时，有官员、官府、器官、官职等意；也通"馆"，房舍之意；作动词用时，有当官、做官等意；通"管"，管理、管制之意；也作形容词用。

"人"，本义是：躬身垂臂的劳作者，能制造工具改造自然并使用语言的高等动物。在《说文解字》里的解释是：天地之性最贵者也。《礼记·礼运》中讲：故人者，天地之德，阴阳之交，鬼神之会，五行之秀气也……故人者，天地之心，五行之端也，食味，别声，被色，而生者也。"人"除作名词外，也作代词，如每人、人人；作形容词用，如人为。

"皇"，本义是：灯火辉煌。在《说文解字》里的解释是：大也。从自。自始也。始王者，三皇大君也。"皇"为"煌"的古字，作形容词时，有大、美好、黄色等意；作名词时，指天、天神、君主、天子、皇帝、冠名等意；作动词时，有匡正之意。

"龙师火帝，鸟官人皇。"这一句话重点提了太古及远古时期四个重量级的人物。"龙师"，即伏羲氏；"火帝"是神农氏；"鸟官"是指少昊；"人皇"就是人皇氏。由于年代久远，只有传说而无可考证，所以会有说法不一的情况。至于时代的问题，大致可以这样切割：盘古开天辟地时期属于太古时期；天地人皇时期和三皇五帝时期属于远古时期；夏商周春秋战国是上古时期；秦汉魏晋南北朝隋唐叫中古期；宋元明清叫近古期。

现代科学证明，地球是在约45亿年前形成的，生物是在30亿年前出现的，人类是在500万年前出现的。我们的老祖先盘古距今至少有500万年了。继盘古之后，就是天、地、人三皇。人皇时代的人们居住在洞穴里，常常面临野兽的攻击和洪水的威胁，很不安全，于是有巢氏就带领人们在树上搭窝盖屋，在树上生活，从此进入了"有巢氏"时代。再后来，"燧人氏"发明了钻木取火，自从人类使用了火，人们的生活质量大大提高了，因此有些版本认为"火帝"就是燧人氏。

燧人氏的两个孩子就是伏羲和女娲，伏羲被称为"龙师"。伏羲女娲都是人首蛇身，伏羲氏姓风，号太昊，那个时候，黄河里出现了一头龙首马身的怪兽，身上有许多斑点与花纹，伏羲氏见到后受到了启发，画出了八卦的符号，所谓"神马负图"的河图传说就是这么来的，伏羲又根据龙马身上的花纹发明了渔网等，从此人类文明进入了渔猎时代。因为伏羲氏见到了龙马，就用龙来给百官命名，如：青龙官、赤龙官、黄龙官等，所以人们把伏羲氏称为"龙师"，中华民族就是龙的传人。伏羲氏在位115年，他也是"三皇"之一，"三皇五帝"是中国在夏朝以前出现在传说中的帝王，现在看来其实是部落首领。不同史学家对"三皇五帝"的定义也不同，其中一种说法是：三皇是指伏羲氏、神农氏、黄帝；五帝是指少昊（hào）、颛顼（zhuān xū）、帝喾（kù）、尧（yáo）、舜（shùn）。

"伏羲女娲" 星图/"伏羲女娲"绢画，出土于新疆吐鲁番哈剌和卓麴氏高昌时期（公元500—640年）墓葬中，此绢画原钉于墓顶。绢画中央绘"伏羲女娲"交身像，四周画满连线星座，是现存绢画中所绘星宿最多的一幅。

伏羲氏和女娲氏过后，就是神农氏时代了。神农氏姓姜，他尝遍百草，教人种植百谷，圈养家畜，制陶纺织，制作了五弦琴，丰富了人们的生活，还教人们更好地使用火种，极大地改善了人们的生活。其功绩显赫，以火德称氏，故为"火帝"，也称"炎帝"，尊号神农。炎帝与黄帝结盟，逐渐形成了华夏族，所以我们都是华夏儿女、炎黄子孙。

有巢氏、燧人氏、伏羲氏、女娲氏、神农氏合称"五氏"，这是一个大时代。"氏"的原意是神祇，与"皇"、"帝"一样，都被赋予了神性。"鸟官"是"五帝"中的第一帝——少昊，又叫金天氏，他是黄帝的儿子，因为学会了太昊伏羲氏的学问，因此人称"少昊氏"，所以应该是"人皇"在前，"鸟官"在后，只是为了押韵才说成"鸟官人皇"的。少昊氏的时代是太平盛世，常有凤凰神鸟出现，因此他手下的文武百官都用鸟来命名，比如有凤鸟官、玄鸟官、青鸟官等，所以称他为"鸟官"。

"人皇"就是刚才所讲的远古时代的"天皇、地皇、人皇"，据《史记·三皇本纪》中说：人皇有九个头，乘着云车，驾着六只大鸟，兄弟九人，分掌九州，各立城邑，一共传了150代，合计45600年。而《史记·秦始皇本纪》认为人皇是秦始皇，因为有史料可考的最早称帝的就是秦始皇。秦始皇称帝是中国封建专制制度的开始，"皇恩浩荡"类似的理念产生了。

始 制 文 字，乃 服 衣 裳。

【字形的演变及基本字义】

	甲骨文	金文	小篆	繁体隶书	简体楷书	说文解字
始	𠨍	𣃔	𦒿	始	始	女之初也
制		𣃔	𣃔	製	制	裁也
文	文	文	文	文	文	错画也。象交文。今字作"纹"
字		字	字	字	字	乳也
乃	𠄎	𠄎	𠄎	乃	乃	曳詞之难也。 像气之出难
服	服	服	服	服	服	用也
衣	衣	衣	衣	衣	衣	所以蔽体者也。上曰衣，下曰裳
裳			裳	裳	裳	下裙也

【正讲】

"始制文字，乃服衣裳。"

"始"，本义是：代表家族繁衍渊源的太母。即开头之意。在《说文解字》里的解释是：女之初也。古语称：裁衣之始为初，草木之始为才，人身之始为首为元，筑墙之始为基，开户之始为戽（hù），子孙之始为祖，形生之始为胎。"始"作名词时，有开头、从前、根本等意；作副词时，有当初、曾、刚刚、然后等意；作动词用时，有谋划、滋生等意。

"制"，本义是：裁断，制作。《说文解字》的解释是：裁也。"制"

黄帝像/据山东武梁祠石刻放大的黄帝像

作动词时，有制定、控制、裁决、裁制衣服、制造、撰写等意；作名词时，有作品、文章、式样、帝王的命令、制度等意。"制"在这里是发明、创作的意思。

"文"，甲骨文写法：㐅，像用刀具刻画出来的交错线条纹络。本义是：花纹，纹理。在《说文解字》里的解释是：错画也。今字作"纹"。"文"作名词时，有花纹、文字、文章（遣词造句叫文，结构段落叫章）、美德、经典、文治（与武相对），法令条文等意；作动词用，有修饰、

石鼓文拓片/石鼓文是大篆体，我国最早的刻石文均用此体。

撰写等意；也用作形容词、副词。

"字"，本义是：生孩子。在《说文解字》里的解释是：乳也。"字"作动词时，有怀孕、抚养、爱、教育、女子许嫁等意；作名词时，有文字（古时单体叫文，合体叫字）、人的别名、名号、书法作品等意。

"乃"，本义是：再度，重复。在《说文解字》里的解释是：曳詞之难也。像气之出难。"乃"作代词时，有你、你的、他的、这样等意；作动词时，是、就是之意；作副词时，有刚刚、却、于是等意；也作连词用。

"服"，本义是：舟两旁的夹木。在《说文解字》里的解释是：用也。"服"是个多音字，读fú，作动词时，有服从、佩服、引用、穿着、实行等意；作名词时，有衣服、事情等意；古代一车驾四马，居中的两匹叫服。读fù，作名词用，有车厢、负载等意。

"衣"，本义是：两袖宽松、两襟相掩的古代服装。指上衣。《说文解字》的解释是：所以蔽体者也。上曰衣，下曰裳。"衣"为服装的通称。器物的外罩、涂层也称衣。

"裳"，本义是：古代一种似袍的正式服装。指下衣。在《说文解字》里的解释是：下裙也。古代穿的遮蔽下体的衣裙，男女都穿，是裙的一种，不是裤子。"裳"是个多音字，读cháng时，作名词，指下衣，泛指衣服。读shang时，指衣裳。

乙瑛碑/原名《孔庙置守庙百石卒史碑》。东汉碑刻，隶书。桓帝永兴二年（公元154年）立。碑文称颂鲁相乙瑛奏准在孔子庙设百石卒史的事迹，笔法工整雄秀，左规右矩，法度森严，为著名汉碑之一。

颜真卿书（颜勤礼碑）

　　"**始制文字，乃服衣裳**。"这八个字讲的是：仓颉造字和胡曹造衣裳，这些都是中国在黄帝时期完成的发明创造，由此，真正的人类文明进程正式拉开了序幕。

　　黄帝，古华夏部落联盟首领，被尊为"人文初祖"、"人文始祖"，乃"三皇"之一。据说黄帝是少典与附宝之子，姓姬，名轩辕。居轩辕之丘，号轩辕氏，建都于有熊（今河南郑州新郑市），亦称有熊氏，也有人称之为"帝鸿氏"，在位100年。黄帝以统一华夏部落与征服东夷、九黎族而统一中华的伟绩载入史册。黄帝在位期间教民"兴事创业"，创造器物文明、制度文明、精神文明，播百谷草木，大力发展生产，始制衣冠、建舟车、制音律、创医学等。可见，黄帝既奠定了中华文明的基础，又培植了中华民族崇尚文明的人文精神。黄帝手下有六个大臣对人类文明做出了巨大的贡献：仓颉（jié）创造了文字，文字一出，人类从此由蛮荒岁月转向文明生活；隶首发明了算数，极大地促进了生产；大挠造甲子，便于记录年月日时，确保了耕种时间的准确无误；岐伯作医学，为人类的健康做出了不可磨灭的贡献；伶伦制作了音乐，丰富了人们的生活，所以伶伦是制乐的始祖，现在一些戏曲人士还供奉伶伦，戏曲演员称为伶人。胡曹发明了衣裳，还发明了帽子，结束了人类衣不蔽体的历史。

说到"文"字，很容易想到"文化"这个词。"化"字的甲骨文写法：化，像一个正立的人与一个倒立的人。倒立的人表示一种转化，是将"文"符号进行转"化"，也就是说，具有特殊符号意义的、表达某种含义的才能称为"文化"，并非一切事物都能称之为"文化"。"文化"与"知识"是不能画等号的，有些人有知识，却没有文化，有文化的未必是高学历的人。

"文化"与"文明"不同，"文明"二字最早出现在《易·乾文言》中："见龙在田，天下文明。"唐朝的孔颖达解释为："天下文明者，阳气在田，始生万物，故天下有文章而光明也。"《尚书·舜典》有曰："濬哲文明，温恭允塞。"孔颖达解释说："经天纬地曰文，照临四方曰明。"除此之外"文明"还兼有：文采、文德辉耀、文治教化、文教昌明等义。特指精神财富，如文字、艺术、教育、科学等。文明也指社会发展到较高阶段表现出来的状态。这样看来，"文化"是"文明"的核心元素，没有文化就无所谓文明，而"汉字"才是中华民族传统文化中的基因。有关"汉字"的书写，我们在此简单梳理一下。先说甲骨文，甲骨文是刻在乌龟肚子上那块外壳、牛的肩胛骨或大腿骨上的文字，再后来就出现了金文，所谓金文是指铸刻在殷周青铜器上的铭文，也叫钟鼎文，周朝以前把铜也叫金，所以铜器上的铭文就叫作金文，秦代称之为大篆。金文之前就是甲骨文，在甲骨文之前呢？应该是异彩纷呈，有各种各样的形式。秦朝有一位非常有才华的人，名叫李斯，他把各国的文字包括大篆统一成了小篆，每个字都经他琢磨、书写过的。小篆的点划均为线条，粗细一致，圆起圆收，字体端庄严谨，有实有虚，疏密得当，从容平和且劲健有力。小篆之后是汉代的隶书，隶书用笔技巧比篆书更为丰富，运笔的提按顿挫、笔锋转折藏露极富变化，俯仰呼应、左舒右展，具有分张外拓之势，一波三折和蚕头燕尾的写法，使得隶书发展到了极致。东汉的隶书碑刻林立，异彩纷呈，以《乙瑛碑》、《曹全碑》、《史晨碑》等为代表，从隶书中还可以找到甲骨文的古朴影子。到了魏晋时期，以王羲之创作的《兰亭序》为代表的行书备受追捧，因为唐太祖实在太喜欢《兰亭序》了，后来把它带进了坟墓里，我们现在看到的只是不同书法家的临摹版本。据说冯承素临摹的《兰亭序》是最好的，神似原帖。如果要练行书就找他临摹的版本来练。我们也知道颜真卿的楷书，称为"颜体"，颜体字气势磅礴，外圆内方，端庄大气，字如其人，这也说明了颜真卿忠贞不贰，中正廉明，刚正不阿的性格。他的侄子战死沙场，他闻讯后悲愤地写下了《祭侄文稿》，一气呵成。从他的文稿中的涂改痕迹，就可以读到他当时的心情，国恨与家仇都反映在字里行间。唐朝的楷体字以颜真卿的颜体字与柳公权的柳体字为代表。从特点上讲，颜体字形神兼顾，柔中带刚，其法度之严峻、气势之磅礴前无古人，字形端庄、阳刚劲拔、丰腴雄浑、数美并举，足以为后世习书者立则；从时代上讲，他在唐代书法上又承继晋代书法之余绪，但又能不拘一格，融旧出新，

"颜体"一出，遂成为盛唐气象的鲜明标志之一。而柳公权的书法初学王羲之，以后遍阅近代书法，学习颜真卿，融汇自己新意，然后自成一家，自创独树一帜的柳体，为后世百代楷模。柳体字取匀衡瘦硬，追魏碑斩钉截铁之势，点画爽利挺秀，骨力遒劲，结体严紧。"书贵瘦硬方通神"，他的楷书较之颜体，稍显均匀瘦硬，故有"颜筋柳骨"之称。除此之外，还有赵孟頫的赵体与欧阳询的欧体，与颜体和柳体合称为四大楷书。狂草字体以张旭与怀素为代表，毛主席就是临摹怀素的字体。行书像走路一样，是楷书的流动造型，而草书比行书还要灵动，不拘章法，笔势流畅，通常写得认不出的字就是草书。在书法界还有一种字体也很有影响力，就是魏体字。是指在北魏时期（包括东魏、西魏）在中国出现的种种碑文等石刻文字。魏碑基本上属于楷书，书法史上称北魏碑上的楷体为"魏体"，这种字体行笔迅起急收，点画峻利，转折处多以侧锋取势，具有内圆外方、钩超力送、撇捺重顿之特点，会让你感觉意犹未尽，笔断意不断。练魏笔字，一定要把毛笔的头稍微剪一下，有点像排笔。在明清时期形成了一种考试用体，常见于寺院的石碑文字，像楷书，但又看不出是哪一家的特点，具有楷书的共性，即规范、美观、方正、整洁、大方，大小齐平，并不强调所谓的个性，这种字体被称馆阁体，因为皇帝喜欢那种笔法，所以参加

玄秘塔碑/玄秘塔碑建于唐武宗会昌元年（841年）。裴休撰文，柳公权书写。碑文一千多字，原石现存西安碑林。

科举考试的人都练那种字体。书法创作是精彩纷呈，各种优秀的作品也不胜枚举，很多名家与大家对书法都有很好的诠释。希望大家书写好汉字，横平、竖直、方方正正……

推位让国，有虞陶唐。

【字形的演变及基本字义】

	甲骨文	金文	小篆	繁体隶书	简体楷书	说文解字
推			推	推	推	排也
位	立	立	位	位	位	列中廷之左右谓之位
让			讓	讓	让	相责让也
国	或	域	國	國	国	邦也
有	ㄨ	有	有	有	有	不宜有也。春秋传曰："日月有食之。"
虞	虞	虞	虞	虞	虞	驺虞，白虎黑文，尾长于身，仁兽，食自死之肉
陶		陶	陶	陶	陶	再成丘也
唐	唐	唐	唐	唐	唐	大言也

【正讲】

"推位让国，有虞陶唐。"

"推"，本义是：手向外用力使物体移动或向前移动。在《说文解字》里的解释是：排也。"推"用作动词，有推移、寻求、推行、审问、推让等意。

"位"，本义是：臣相们在朝廷依官阶高低肃立。在《说文解字》里的解释是：列中廷之左右谓之位。"位"，左边是个"亻"，右边是个"立"，就是人站立着。《周易正讲》里讲：得位的人才是大人，人有位才贵。"位"作名词时，有位置、职位、地位、特指君王或诸侯之位、也指对人的敬称等意；作动词时，有占据、立、站、居等意。

"让"，本义是：责备。在《说文解字》里的解释是：相责让也。"让"作动词时，有退让、谦让、推举、推辞、要求等意；也用作介词；作名词时，指古代的一种礼节仪式，举手平衡状。

"国"，本义是：武力守卫的一方疆域，即邦国。周代，天子统治的是"天下"，略等于现在说的"全国"。在《说文解字》里的解释是：邦也。从"国"字的甲骨文（戓）可以看出：国土当年是没有边际的。后来，人口多了，财物也多了，"国"开始有了疆域（圀），国之疆土，寸土必守，一分一毫都不能让，就像钓鱼岛永远是中国的领土。"国"用作名词，有邦国、国都、国家、古代王侯的封地、帝王、家乡等意。

"推位让国"其实是讲"禅让制"。"禅"，意为在祖宗面前大力推荐；"让"，指让出帝位。"禅让"是帝王把首领的位置或帝位让给他人。

"有"，本义是：手持肉食，手中有物。在《说文解字》里的解释是：

三角纹陶瓶/新石器时代便于携带的盛水器。腹部用黑红两色绘出上下交错的三角形，造型优美，纹饰别致。

不宜有也。春秋传曰："日月有食之。""有"是个多音字，读yǒu，作动词，有具有、存在、取得、等候等意；作形容词用，如有人说、有一天等；也用作副词。读yòu，通"又"。

"虞"，本义是：神话传说中的兽名，即驺虞。在《说文解字》里的解释是：驺虞，白虎黑文，尾长于身，仁兽，食自死之肉。"虞"是古代传说中的一种仁兽，很像虎，身上有斑纹，尾巴很长，它会吃自己身上的腐肉。《周易·屯卦》六三爻的爻辞"即鹿无虞，惟入于林中，君子几不如舍，往吝"中，"虞"是指对当地的山林非常熟悉的守林员或者向导。《周易·萃卦》的大象辞"泽上于地，萃。君子以除戎器，戒不虞"中，"虞"是忧虑、忧患的意思。"虞"作名词时，还指古代一种祭祀名、朝代名等；作动词时，有猜度、忧虑、企望、通"娱"。此文中的"有虞"是指舜帝，姓姚，名重华，号有虞氏，所以人们称他为虞舜。

"陶"，本义是：两重的山丘。在《说文解字》里的解释是：再成丘也。"陶"作名词时，有瓦器、陶器、烧制陶器的匠人等意；作动词时，有制作瓦器、陶冶、烧灼等意；作形容词，有快乐之意。

"唐"，本义是：大话。在《说文解字》里的解释是：大言也。"陶唐"是指尧帝，尧是帝喾之子，被封于陶，号陶唐氏，姓伊祁，名放勋，史称唐尧。按时间顺序，应该是"陶唐"在前，"有虞"在后，为了和上一句"始制文字，乃服衣裳"行文押韵，才写成"有虞陶唐"的。"唐"作形容词时，有大话、广大、徒然等意；作名词时，指朝代名、传说中的古帝尧政权的称号、古代庙堂前或宗庙内的大路等。

公元前2000多年，尧出生在唐地伊祁山，随其母在庆都山一带度过幼年生活。15岁时在唐县封山下受封为唐侯。20岁时，成为中国原始社会末期的部落联盟长。尧在位时，团结族人，使邦族之间和睦相处，平时为人低调简朴，住茅屋，吃粗粮，穿布衣，故受到人民的拥护与爱戴。尧年老时，经过慎重考虑与仔细考查，将自己的两个女儿（娥皇、女英）嫁给了舜，还把王位与王权禅让给了舜。舜宽厚待人，孝顺父母，慈爱兄弟，为政仁和。古代二十四孝故事里挂头牌的就是舜。舜孝顺到了极致！他很小的时候母亲就去世了，父亲是瞎子，后来他父亲给他娶了个后妈，后妈生了个儿子叫"象"，父亲很狂躁，对他很不好，后妈对他恨之入骨，后妈生的儿子为了争夺家产，更是处处害他。有一次家里苫草房，见他上了草房，他们就点火把房子给烧了，其实是想烧死舜，结果舜用斗笠当降落伞跳了下来，没死。还有一次，继母让他挖井，等井足够深的时候，趁他在井里不备，就往井里填土想活埋他。由于舜有先见之明，事先早挖好了通道，又是大难不死。但舜不记仇，他们害他，他就躲，事过去了，仍然一如既往地仁心不改、孝顺父母、爱护弟弟。因为舜所表现出的大度、仁爱和用心做事，感召了周围的人，最终感召了天下。

舜不仅继承了尧的质朴作风，还选贤任能，举用学识渊博、诚信公正的苍舒、隤敱（tuí ái）、梼戭（táo yǎn）、大临、尨（máng）降、庭坚、仲容、叔达，这八位德才兼备的贤士被民众誉为"八恺"；舜还启用了被尊称为"八元"的伯奋、仲堪、叔献、季仲、伯虎、仲熊、叔豹、季狸治理民事；舜还任命大禹治水，完成了尧未完成的盛业。

舜年迈时把君位禅让给了大禹，自己死于巡视的路上。大禹确实不负众望，为了治水，结婚四天就离开了家，十三年三过家门而不入，这种舍己为民的精神一直被后世所称颂。大禹年老时，本想效仿尧和舜的推位让国之精神，打算把权位传给东部一位叫皋陶的部落首领，可皋陶先于大禹去世，大禹又把接班人定为皋陶的儿子伯益，不过后来大禹的儿子启在文武百官的怂恿下，通过武力击败伯益，启继承了王位，从此禅让制结束，开始了世袭制。

"有虞陶唐"是指伊祁姓的尧让位给姚姓的舜，舜让位给姒姓的大禹。"陶唐"二字，很容易联想到陶瓷和唐三彩。陶和瓷的用途是不同的。陶和瓷的区别在于吸水率。吸水率小于0.5%的为瓷，大于10%为陶，介于两者之间为半瓷。中国陶有一万年的历史了。陶器是用黏土或陶土经捏制成形后烧制而成的器具，陶器的烧制温度在800℃-1100℃之间。陶器历史悠久，在新石器时代就已初见简单粗糙的陶器。陶器在古代作为一种生活用品，现在一般作为工艺品收藏。最早的陶器是没有上釉的。岭南一带的交趾陶是受唐三彩启发的作品，是一种低温多彩釉，特别华丽、漂亮，每上一种颜色都要重新烧制一次。陶气孔多，密度不高，所以敲击陶的声音比较沉闷，不像敲击瓷器那么清脆。唐三彩是唐代低温彩釉陶器的总称，在同一器物上，黄、绿、白或黄、蓝、赭、黑等基本釉色同时交错使用，形成绚丽多彩的艺术效果。"三彩"是多彩的意思，并不专指三种颜色。瓷器是一种由瓷石、高岭土、石英石、莫来石等组成，外表施有玻璃质釉或彩绘的物器。烧制瓷器的温度约为1280℃-1400℃，瓷器表面的釉色会因为温度的不同而发生化学变化。景德镇最有名的就是瓷器，景德镇的瓷器品种也有很多，装饰方面有青花，釉里红、故彩、粉彩、斗彩、新彩、釉下五彩，青花玲珑等，比如釉上彩摸上去不平滑，明显感觉到突出的图案。烧制釉上彩，800℃就可以了。斗彩是釉下彩与釉上彩相结合的一种装饰品种。斗彩需要先用高温1300℃烧成釉下青花瓷器，然后在上面用矿物颜料进行二次施彩，填补青花图案留下的空白和涂染青花轮廓线内的空间，然后再次入小窑经过低温800℃烘烤而成。斗彩以其绚丽多彩的色调，沉稳老辣的色彩，形成了一种符合人们审美情趣的装饰风格。

唐三彩骆驼载乐俑/这件西安出土的精美唐三彩骆驼载乐俑，骆驼背上载有五个人的乐舞班子。其中三人高鼻深目，胡须卷曲，明显是中亚或西亚人的形象；另外两个人是汉人，生动说明了当时丝绸之路的文化交流情形。

diào mín fá zuì　zhōu fā yīn tāng

吊民伐罪，周发殷汤。

【字形的演变及基本字义】

	甲骨文	金文	小篆	繁体隶书	简体楷书	说文解字
吊						问终也。古之葬者，厚衣之以薪。从人持弓，会驱禽
民						众萌也
伐						击也
罪						犯法也
周						密也
发						射发也
殷						作乐之盛称殷
汤						热水也

【正讲】
"吊民伐罪，周发殷汤。"

　　"**吊民伐罪，周发殷汤。**"这八个字说的是通过武力与革命来完成朝代与权力的更替，这种形式不同于禅让制及世袭制。根据历史时间的先后，应该是"殷汤"在前，"周发"在后的，为了在行文上与"有虞陶唐"押韵，才写成"周发殷汤"的。

　　"**吊**"，本义是：悼念死者。在《说文解字》里的解释是：问终也。古之葬者，厚衣之以薪。从人持弓，会驱禽。"吊"的甲骨文这样写：𡚪，一个人背着一把弓箭。古人死而不葬，人死后，把尸体放在野外，然后用柴草盖起来，但又担心野兽把尸体吃掉，送丧的亲友都背着弓箭前来帮忙驱除野兽，守护尸体，这种行为是为了安抚逝者及亲属。"吊"作动词时，有凭吊、求取之意，引申为慰问、安抚等意；作形容词用，有哀伤、悲悯、善、良好等意；也作量词用。

　　"**民**"，本义是：古代被刺目为奴者。在《说文解字》里的解释是：众萌也。指民众、老百姓。自从中华人民共和国建立以来，我们国家不再以朝代作为国号，有了正式的国名，不再被称为唐人、宋人，我们叫中国人。"吊民"就是安抚受难的穷苦百姓。

　　"**伐**"，本义是：武力杀戮、攻打、征战。《说文解字》的解释是：击也。"伐"作动词时，有砍杀、讨伐、败坏、打破等意；作名词时，通"阀"，功劳、功业之意。

　　"**罪**"，本义是：作恶或犯法的行为。在《说文解字》里的解释是：犯法也。"罪"原本是这个"辠"，是指犯了法的男人或男奴，后因"辠"

的外形与"皇"字比较接近，从秦始皇开始，就不再用"辠"，改用"罪"。

"**吊民伐罪**"的意思是：讨伐有罪的君主，抚慰受难的百姓。《周易·革卦》中讲了"汤武革命，顺乎天而应乎人。"用"汤武革命"更利于诠释"革"的内涵。中国古代把改朝换代说成是天命的变革，即"革命"，所以人们把成汤王和周武王采用战争的暴力手段来推翻暴君的统治，建立新的王朝与统治秩序的这两次朝代的更迭合称为"汤武革命"，他们打的口号就是"吊民伐罪"。

"**周**"，本义是：筑埂划界，圈地而种的围墙。在《说文解字》里的解释是：密也。善用口则周密。"周"作形容词时，有周密、紧密、亲切、完备、遍及等意；作名词时，有周围、拐角儿、星期、朝代名等；也作动词用。在文中是朝代名。

"**发**"，本义是：放箭。在《说文解字》里的解释是：射发也。"发"是个多音字，读fā的时候，作动词用，在古代写作"發"，有放、射、出发、产生、公布等意；也作量词用。读fà的时候，在古代写作"髮"，专指头发。后来把"發"与"髮"都简化成"发"了。

"周发"就是周朝的第一个王——周武王，姓姬名发，是周文王的次子。他推翻了商朝，建立了周朝。周武王吸取了商朝灭亡的教训，专门把箕（jī）子接来镐京，虚心请教安邦治国之道。箕子，名胥（xū）余，官太师，是纣王的叔父，孔子将箕子、微子与比干称为：殷末三仁。后来箕子装疯卖傻，比干被挖了心脏，微子也因形势逼人，没有办法，最后也离开了朝歌。周武王根据箕子讲述的道理，同姜太公、周公旦等商议，实行封邦建国方略，在当时起到了巩固和加强全国统治的作用。其实周武王当时能够起兵伐纣与他的父亲周文王姬昌的积累密不可分，周文王当年被纣王囚禁在安阳羑里城的时候，演绎了八卦、笼络了许多人才，也积累了物资，为姬发后来讨伐纣王打下了雄厚的基础。

周文王演易坊/河南汤阴县姜里城，是世界遗存最早的国家监狱。这里曾囚禁过周文王，相传周文王在被囚禁的七年中演绎出《周易》。

周武王能够成功，与周公旦的辅佐也有很大关系。周公旦，也称周公，是周文王的第四子、周武王的同母弟弟，当年为周武王推翻商朝建立西周立下了汗马功劳。后来周公为了保持周朝的统治，又甘愿被世人误会，辅佐周成王治理国家。周公礼贤下士，"周公吐哺"的故事更是家喻户晓。孔子视周公为最高人格典范，孔子终生倡导周公的礼乐制度。从周公到孔子，近600年，儒家文化得以确立，周公被视为中国儒家文化的奠基者。

"殷"，本义是：殷者，舞之容；殳者，舞之器。乐盛之意。在《说文解字》里的解释是：作乐之盛称殷。"殷"是个多音字，读yān的时候，指黑红色。读yīn时，作形容词用，有盛乐、大、众多、富裕、恳切等意；作名词用，指殷朝，也指深厚的情谊等。

"汤"，本义是：天然具有热度的温泉。在《说文解字》里的解释是：热水也。"汤"是个多音字，读tāng时，作名词用，指热水、菜汤、

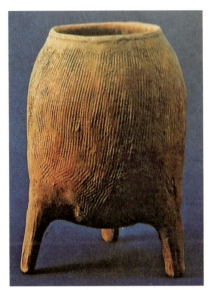

陶鼎/新石器时代生产的陶器，设计精美，已能在陶器上镂刻花纹。这为商周时期青铜文化的繁荣发展奠定了基础。

酒池、温泉等意；也指商朝的开国之君，又称"成汤"。读tàng时，通"烫"，加热之意，也指触、遇上等意。"汤"在这里指成汤，也叫商汤，姓子名履，又名天乙，历史上说成汤有七个不同的称谓，河南商丘人。他讨伐夏朝荒淫无度的暴君桀，建立了商朝。商朝建立之后，汤为了避免像夏朝那样灭亡，要求属下做到"有功于民，勤力乃事"，否则就要"大罚殛（jí）汝"。汤善待那些亡了国的夏民，仍保留"夏社"，并封其后人。汤十分注意"以宽治民"，因此在他统治期间，百姓安居乐业，国力日益强盛。汤在位13年，十代以后的商王盘庚迁都殷墟（今河南安阳），因此商朝的后期也称为殷商。"殷汤"包含了整个商朝，共有655年历史，是我国历史上最长久的朝代之一，殷商经17代31王，末代君王商纣王于牧野之战被周武王击亡。

zuò cháo wèn dào　chuí gǒng píng zhāng

坐朝问道，垂拱平章。

【字形的演变及基本字义】

	甲骨文	金文	小篆	繁体隶书	简体楷书	说文解字
坐					坐	止也
朝				朝	朝	旦也
问				問	问	讯也
道				道	道	所行道也
垂				垂	垂	远边也
拱				拱	拱	敛手也
平				平	平	语平舒也
章				章	章	乐竟为一章

【正讲】

"坐朝问道，垂拱平章。"

"坐"，本义是：人的止息方式之一。古人席地而坐，坐时两膝着地，臀部压在脚跟上。在《说文解字》里的解释是：止也。"坐"作动词时，有坐下、引申为就坐、就任、主持、因……犯罪、搭、乘等意；作名词时，指坐儿、坐位之意；也作连词用，因为、由于的意思。

"朝"，本义是：月落日出的大清早。在《说文解字》里的解释是：旦也。"朝"是个多音字，读cháo，作动词时，有朝见、请安等意，泛指拜见、会聚；作名词时，有朝廷、朝代、政府、朝列等意；作介词时，表示动作针对的方向。读zhāo，作名词，泛指早晨，也指短时间。

"问"，本义是：推门问讯。在《说文解字》里的解释是：讯也。"问"作动词时，有询问、访问、过问、追究等意；作名词时，指书信、权威性的命令；也做介词用。

"道"，本义是：供行走的道路。在《说文解字》里的解释是：所行道也。"道"作名词时，是道路、道德、正义、道教、路程、方向等意；也指宇宙的本体及其规律；作动词时，有说、讲、经过、引导等意；也用做量词、介词等。

不同的宗教对"道"的描述也不同，基督教把"道"理解为上帝；佛教把"道"理解为空；道教把"道"理解为无；儒家把"道"称为天。由于对"道"的解读五花八门，更使其充满了神秘感。儒家把道描述为"天"算是比较简单的。不管是哪个宗教体系，也不管解读有什么不同，道，始终是指宇宙本体及其规律。《周易·文言》中讲的："与天地合其德，与日月合其明，与四时合其序，与鬼神合其吉凶。"这个天就是道，道之行，为德；德之用，为理；理之行，为法；法之用，为术。道法自然，即道为自然规律的呈现。道又不是自然本身，是依自然所得其规律。比如：春夏秋冬就是规律，就是道。"问道"就是请教道理、方法等。

"**坐朝问道**"这一形式是秦始皇创立的，就是君臣都席地而坐讨论国事，代表着君臣平等。在秦朝之前是立朝，也叫莅朝，文武百官每天集合上殿为皇上请安，君臣都站在一起讨论国事，若没有什么重要的事，请安之后就各自退去。周兴嗣写《千字文》的时候是南朝，当时还是坐朝的。从宋太祖赵匡胤开始，就改为皇帝坐着，文武百官站着了。据说，宋太祖在某一天朝堂议事时，对坐着议事的宰相范质说："我眼昏不明，你们自己看着文书念给我听吧。"宰相等人奏事时起立以示尊敬，等他们再想坐下时，太祖早已偷偷命太监撤去了他们的座位。从此大臣们坐着与皇帝讨论国事的历史结束了，除非是皇帝特别赐坐，否则就要站着。到了元朝，臣下已经必须先向君主跪伏行礼，然后起立，归复原位。明朝和清朝沿袭了元朝臣下向皇帝跪拜的制度，强化了尊君卑臣。从这种"问道"的形式变化也可以看出君臣地位及治国理念的变化。"坐朝问道"出自《周礼•考工记》："坐而论道谓之王公，作而行之谓之士大夫。""道"指的是治理国家的道理与政策，"王公"指的是国家的最高管理层；"行"指的是如何去操作好国家制定的政策，"士大夫"指的是执行政策的行政官员。

"**垂**"，本义是：成熟的果枝或穗子坠向地面。在《说文解字》里的解释是：远边也。"垂"作名词时，指边疆，通"陲"，也指堂檐下靠阶的地方；作动词时，有垂挂、赐予、留传、低下等意；作形容词时，指垂直的；也用作副词。

"拱"，本义是：双手在胸前相合。《说文解字》的解释是：敛手也。古代通常行拱手礼，也叫作揖，就是左手在外、右手在内合握于胸前。男之吉拜尚左，女之吉拜尚右。凶拜反是。九拜必皆拱手。"拱"作动词用，有抱拳、围绕、肢体弯曲成弧形、向上或向外钻等意；作名词时，通"珙"（gǒng），大璧之意；也用作形容词。

"平"，本义是：语气平和舒顺。"平"字由一个"于"与一个"八"组成，"于"在《说文解字》里的解释是：於也，像气之舒亏，即气息的舒张与亏缺，也就是呼吸。"八"代表均匀、平分。所以"平"的意思是语气自然、平和、平顺。"平"在《说文解字》里的解释是：语平舒也。"平"作形容词时，有平坦、太平、均等、公正等意；作动词时，有平地、平定、和好等意；也作名词和副词。

"章"，本义是：音乐的一曲。在《说文解字》里的解释是：乐竟为一章。"章"作名词时，指红白相间的丝织品、文章、规章、印章等意；作动词时，有显示、表彰、告发等意。在文中作形容词用，通"彰"，彰明、显著之意。

"垂拱平章"出自《周易·系辞》："黄帝、尧、舜垂衣裳而天下治，盖取诸乾坤。"《尚书·武成》里也有类似的语句："谆（zhūn）信明义，崇德报功，垂拱而天下治。""垂拱而治"是产生于传说中五帝时期的一种治理之道，此语往往被看成是"治国有道"，通常是在社会政治高度稳定之下才有可能。"垂拱平章"的意思是：毫不费力就能使天下太平，功绩彰显。要想做到如此，就要把一项政令在实施前、实施中、实施后的一切问题都要考虑到，解决方案和防范措施都预先准备好，然后才能"垂拱"。"垂拱平章"也是一种理想的治国状态，其中还有一些"无为而治"的意味。"无为"只是字面上的，"无为而治"其实是遵循规律来治理国家，实际强调了依道之为。

爱育黎首，臣伏戎羌。

【字形的演变及基本义字】

	甲骨文	金文	小篆	繁体隶书	简体楷书	说文解字
爱						亲也，恩也，惠也，宠也
育						养子使作善也
黎						履黏也
首						头也
臣						事君者也。像屈服之形
伏						司也
戎						兵也
羌						西戎牧羊人也

【正讲】

"爱育黎首，臣伏戎羌。"

"**爱**"，本义是：用心呵护。《说文解字》的解释是：亲也，恩也，惠也，宠也。"爱"作动词时，表达对人或事物有深厚真挚的感情，喜好、舍不得、怜悯等意；作名词时，有惠、仁爱之意；尊称对方的女儿为"令爱"。

"**育**"，本义是：孕妇生子。在《说文解字》里的解释是：养子使作善也。"育"用作动词，有生育、抚育、教育等意。

"**黎**"，本义是：收割庄稼，也指用黍米制成的黍胶。《说文解字》的解释是：履黏（nián）也。"黎"通假"黍"，"黍"也叫小米，是一种耐旱的庄稼，性粘，可酿酒。在此假借为"齐"，数目众多之意，所以"黎"在《尔雅》里解释为众也。《礼记·大学》中有："以能保我子孙黎民"，其中"黎民"在商周时期指庶民，"百姓"指部落群的通称。"黎"最早指九黎人，也就是东夷人，蚩尤就是九黎人的首领，黄帝、炎帝与蚩尤打仗时，蚩尤最终战败，被俘的九黎人称为"黎民"。伴随着人类历史的发展，"姓"是母系社会产生的，"氏"是父系社会产生的，部落群体的增多，姓氏也多了起来，才有"百姓"一说。到了汉朝，"黎民"与"百姓"两词的差别已不太大了。"黎"也作动词用，粘之意，古时用黍来打糨子，用来粘做鞋子。

"**首**"，本义是：人的头部。在《说文解字》里的解释是：头也。"首"作名词时，有首领、开端、位次等意，也指剑柄上的环；作形容词时，指第一、也形容迟疑不决；作动词时，有告发、自首、屈服等意；

也作副词、量词用。

"臣"，本义是：俯首下视，屈服听命。在《说文解字》里的解释是：事君者也。像屈服之形。"臣"的金文（ ）像一只竖立的眼睛。人在低头望上时，眼睛处于竖立的位置，字形表示了俯首屈从之意。"臣"作名词时，是古时对奴隶的称谓，男曰臣，女曰妾；"臣"也是君主制时的官吏，是古代大臣对君的自称。"臣"作动词时，有役使、臣服等意。

"伏"，本义是：趴下，俯伏。在《说文解字》里的解释是：司也。"伏"作动词时，有匍匐、潜藏、通"服"，屈服、顺从等意；作名词时，有居处、伏天（指夏至后第三个庚日起，至立秋后第二个庚日前一天的一段时间，分初伏、中伏、末伏，统称为三伏）。

"戎"，本义是：古代兵器的总称。在《说文解字》里的解释是：兵也。"戎"作名词时，指军队、战争等意；也作动词、形容词用。

"羌"，本义是：以牧羊为生的古代西部民族。在《说文解字》里的解释是：西戎牧羊人也。

"爱育黎首，臣伏戎羌"是指有"垂拱平章"的治国方略，又有能够"爱育黎首"的贤明君王，能够爱护体恤百姓，四方的少数民族都心悦诚服地归附。

周朝人自称为华夏，华夏周围四方的少数民族，分别是东夷、南蛮、西戎、北狄，以区别华夏。古代文献中多以"戎"统称西方少数民族，历史上因时代、地域不同，羌人又称为"姜"、"氐羌"、"戎羌"、"西羌"等。姜姓部落是最早进入古中原地区的一个分支，姜姓族群在中原政治、经济等领域占有重要的地位，是华夏族的重要组成部分。

xiá ěr yī tǐ shuài bīn guī wáng

遐迩一体，率宾归王。

【字形的演变及基本字义】

	甲骨文	金文	小篆	繁体隶书	简体楷书	说文解字
遐			䢽	遐	遐	远也
迩		逢	邇	邇	迩	近也
一	一	一	一	一	一	惟初太始，道立于一，造分天地，化成万物
体		軆	體	體	体	总十二属之名也
率	率	率	率	率	率	捕鸟毕也
宾	宾	宾	賓	賓	宾	所敬也
归	归	歸	歸	歸	归	女嫁也
王	王	王	王	王	王	天下所归往也

【正讲】

"遐迩一体，率宾归王。"

"**遐**"，本义是：翻山越岭，跋涉远行。在《说文解字》里的解释是：远也。"遐"作形容词时，有偏远、长久、疏远等意；作名词时，指前人、以往、边远的地方；作动词时，指远去。

"**迩**"，本义是：近处。在《说文解字》里的解释是：近也。"迩"作形容词时，有近、浅等意；作动词时，有接近之意。"遐迩"亦作"遐尔"，指远近，也有遥远之意。

"**一**"，本义是：最小原始单位，最小正整数。在《说文解字》里的解释是：惟初太始，道立于一，造分天地，化成万物。《淮南子·诠言》中有："一也者，万物之本也。""一"除作数词外，还作形容词用，有全、满、统一等意；也作副词、名词用。

"**体**"，本义是：骨腔和内脏组成的躯干。在《说文解字》里的解释是：总十二属之名也。"十二属"是：顶、面、颐，属于首；肩、脊、臀，属于身；肱、臂、手，属于手；股、胫、足，属于足。

"遐迩一体"是说天下不分族群，远近犹如一家。这句话出自司马相如《难蜀父老》："以偃甲兵于此，而息讨伐于彼，遐迩一体，中外提福，不亦康乎。"

"**率**"，本义是：捕鸟的丝网。"率"是个多音字，在这里念shuài，作动词，是统率、率领之意。"率"在《说文解字》里的解释是：捕鸟毕也。说到捕鸟，会想到有个关于商汤王"网开三面"的典故，据《史记·殷本纪》记载，商朝初年，商汤王外出，见野外有人张四面网捕动物，网上还贴了祝语："从天堕者，从地出者，从四方来者，皆入吾网。"祝语就是祈福语、祷告语。"祝"是男巫。女巫称为"巫"。"祝福"其实是诚心祈福的意思。商汤王觉得这样捕杀很残忍，说："嘻！尽之矣。非桀其孰为此也？"意思就是：过分了，只有夏朝的桀王才会如此残暴。商汤王下令收掉三面网，只留一面，把祝语改为："昔蛛蝥作网罟，今之人学纾。欲左者左，欲右者右，欲高者高，欲下者下，吾取其犯命者。"意思是说：我等应该学习蜘蛛织网捕食的方法，只需要一面网，该向左逃的就左逃，该向右逃的就右逃，该向上飞走的就飞走，该向下走的就跳下，自取灭亡不愿意活的就投到我的网。汉南之国听闻商汤王对禽兽都存有仁爱之心，何况对其子民呢？所以四十国主动归附于他。常人用四面的网未必得鸟，汤只需一面就网了四十国，可见商汤王布德施惠政策的高明，更说明仁君以王道治国的感召力。我们现在常说"网开一面"而不是"网开三面"，相传汉武帝爱好狩猎，不过每次狩猎时，他都会命随从在南面或北面将大网张开一面，让天意来决定禽兽们的生死去留，因此总有一部分动物因此逃生，"网开一面"的成语也流传了下来，成为仁心慈爱、宽大为怀的代名词。说到猎捕，我们也应该时刻记住：保护野生动物，人人有责，"没有买卖，就没有杀害"。"率"也作名词、副词、介词用。"率"读lǜ时，作名词用，有法令、条例、规律、比率等意。

"宾"，本义是：地位尊贵，受人尊敬的客人、贵客。《说文解字》的解释是：所敬也。"宾"作名词时，指贵客、也作姓氏。《礼记》中讲："宾者，接人以义者也。""宾"作动词时，通"傧"，是接引客人、礼敬、服从等意。

"归"，本义是：女子出嫁。在《说文解字》里的解释是：女嫁也。《诗经》中有："桃之夭夭，灼灼其华。之子于归，宜其室家。""归"

作动词时，有返回、合并、归还、趋向等意。

"王"，本义是：天子、君主。《说文解字》的解释是：天下所归往也。"王"是个多音字，读wáng的时候，作名词，有天子、王朝、首领、统治者等意；殷周时代对帝王的称呼。从秦始皇开始，天子改称"皇帝"。读wàng的时候，作动词用，有统治、作皇帝等意。

"率宾归王"出自《诗经·小雅·北山》："普天之下，莫非王土；率土之滨，莫非王臣。"这两句话是歌颂王道统治的，这里的"王"不单指君王，更倾向指王道统治。中国古代的政治秩序，历来就有"王道"与"霸道"之别。王道指的是对内以德怀文，对外以礼教化，即夏商周三王的统治方法，用的是仁义道德，结果是无为而治，天下太平。到了周朝后期，王道统治已分崩离析了，实施对内严刑峻法，对外穷兵黩（dú）武的"霸道"统治。从春秋五霸（齐桓公、晋文公、宋襄公、秦穆公和楚庄王），到战国七雄（齐、楚、燕、韩、赵、魏、秦），他们崇尚霸道，谁实力雄厚谁就有话语权。从春秋到秦朝统一之前，各路霸主粉墨登场！

"**遐迩一体，率宾归王**。"这句话的意思是：在仁君的王道统治下，四海百姓都会归顺与拥护，远近一体，天下太平。"王道"的境界首先是"仁政"，俊杰得位，赏罚分明，人们丰衣足食，心悦诚服。

míng fèng zài zhú bái jū shí chǎng

鸣 凤 在 竹，白 驹 食 场。

【字形的演变及基本字义】

	甲骨文	金文	小篆	繁体隶书	简体楷书	说文解字
鸣						鸟声也
凤						神鸟也
在						存也
竹						冬生草也
白						西方色也
驹						马二岁曰驹
食						米也
场						一曰治谷田也

【正讲】

"鸣凤在竹，白驹食场。"

　　"**鸣**"，本义是：鸟叫。在《说文解字》里的解释是：鸟声也。"鸣"作动词用，有叫声、言说、闻名、泛指发声等意。

　　"**凤**"，本义是：古人心目中的完美神鸟，传说中的百鸟之王，形似孔雀；雄的称为"凤"，雌的称为"凰"。在《说文解字》里的解释是：神鸟也。传说中的凤凰带有光芒，还能飞翔。据《尔雅》记载，凤凰的特征是："鸡头、燕颔、蛇颈、龟背、鱼尾、五彩色、高六尺许。"据《山海经·图赞》记载，凤凰身体有五种很像字的图纹："首文曰德，翼文曰顺，背文曰义，腹文曰信，膺文曰仁。"凤凰性格高洁，非晨露不饮，非嫩竹不食，非千年梧桐不栖，其鸣叫声如箫笙，音如钟鼓，常用来象征祥瑞，也用于比喻圣德之人。

殷墟玉凤/河南安阳殷墟妇好墓出土的玉凤，是商代珍贵的凤形饰物，说明"凤"作为一种原始艺术形象在当时已具雏形。

　　"**在**"，本义是：草木初生在土上，存活着，生存。在《说文解字》里解释为：存也。"存"在《说文解字》里的解释是：在也。两字互解。"在"作动词时，有存在、居于、在于、省视等意；作介词时，表示动作、情状、所涉及的处所、时间、范围等；也作副词、名词用。

"**竹**"，本义是：竹子。在《说文解字》里的解释是：冬生草也。竹原产中国，是生长迅速的禾草类植物，茎为木质。分布于热带、亚热带至暖温带地区，东亚、东南亚和印度洋及太平洋岛屿上分布最集中，种类也最多，有慈竹、紫竹、单竹、斑竹等等，熊猫喜欢吃箭竹。竹的枝杆挺拔、修长，四季青翠，凌霜傲雪，备受中国人民喜

双龙玉佩/湖北江陵望山战国楚墓出土玉器。双龙玉佩精雕细琢，充分反映出两千五百年前高超的玉雕工艺水平。

爱，有"梅兰竹菊"四君子、"梅松竹"岁寒三友等美称。

"**白**"，本义是：太阳之明。在《说文解字》里的解释是：西方之色也。在这里就是指白颜色。

"**驹**"，本义是：两岁以下的马。《说文解字》的解释是：马二岁曰驹。泛指少壮的马。

"白驹"即白色骏马，也叫白龙马，也就是"龙"，"龙凤呈祥"，要不然，怎能与前面的凤凰同时出现？龙是我国古代最受崇敬的神秘动物，龙是唯一的三栖动物，飞天为龙，潜海为海龙王，在地为马，所以龙马精神其实就是龙的精神。除了龙和凤，传说中的神兽还有麒麟。据说，当年孔子在写《春秋》的时候，有人在山上打死了一只猎物，但不知道是什么动物，都说孔子见识多，所以带给孔子瞧瞧。孔子一看，马上哭了，他说这是麒麟啊！可怜生不逢时，神兽都被误杀了！其实他是在感叹自己生不逢时，才华无用武之地，所以他修的《春秋》也叫"麟经"。

麒麟图/麒麟，古代传说中的一种神兽，体态似鹿，头上长角，身披鳞甲，古人以此象征祥瑞。

说到"白驹"，会想到成语"白驹过隙"。"隙"就是很窄的一个缝隙，白驹跳过一条缝隙是非常快的，比喻流逝的时间。《庄子》里还记载了这样一个故事，孔子一直很仰慕老子的学问，就专程去拜访，请教老子，孔子很恭敬地说："今日晏闲，敢问至道。"意思就是：先生学问高深，是否得闲给我讲讲道呢？老子说："汝齐戒，疏而心，澡雪而精神，掊（póu）击而知！夫道，窅（yǎo）然难言哉！将为汝言其崖略……人生天地之间，若白驹之过郤，忽然而已。注然勃然，莫不出焉，油然漻（liáo）然，莫之入焉。已化而生，又化而死，生物哀之，人类悲之。解其天弢（tāo），堕其天制，纷乎宛乎，魂魄将往，乃身从之，乃大归乎！不形之形，形之不形，是人之所同知也，非将至之所务也，此众人之所同论也。彼至则不论，论则不至。明见无值，辩不若默。道不可闻，闻不若塞，此之谓大得。"老子的意思大致是："你想问道，必须先焚香沐浴斋戒静心、去心中杂念，清净精神，心迹专诚，洗涤身心，然后才能听进去。既然你来了，我就先粗略地给你说一说吧……大道，真是深奥神妙，难以言表，不过我将为你说个大概。人生短暂，就如骏马驰过狭窄的空隙，人生在一呼一吸之间就过了，无外乎就是出一口气与争一口气。世上的事情，总是处在循环往复的变化中，生了死，死了生。既然瞬间就过了，人就应该珍惜生命，就应该按道而行，也就是修德，修己以安人，人在世就应该这样过才是有意义的。生死往来皆是有变化的，本是不足以为奇的，可是很多人都害怕死，只知道生不知道死，不知道死是因为不愿意面对死，所以人们会感到悲伤。如果将死看成骨肉埋在地下，精神离散天空，人死了只是存在形式发生改变，变成无形且不被形所束，这便是从有形归之无形，也就没什么可以感到悲哀的了。这样就可以正确面对身体的死亡，更应该珍惜有限的时间。道不可多问，关键在于领悟，真正弄懂了，就能深得其奥秘……"

"**食**"，本义是：饭，饭食。在《说文解字》里的解释是：米也。"食"是个多音字，读shí，作名词时，指粮食、食物；作动词时，指吃东西。读sì，作动词，有拿东西给人吃、饲养等意。读yì时，用于人名，如汉代的郦食其、审食其。

"**场**"，本义是：平坦的空地。在《说文解字》里的解释是：一曰治谷田也。"场"是个多音字，读cháng，作名词，有空地、谷场、道路等意；"场"也指祭祀的地方，所以有"道场"一词。读chǎng，作名词，指场所、舞台等。

"白驹食场"出自《诗经·小雅》："皎皎白驹，食我场苗。絷之维之，以永今朝。"看到有小白马在我的草场里吃苗，不仅不赶走它，还把它拴着，好好喂它，以此来表达期望这种太平的日子会很长久。

"**鸣凤在竹，白驹食场**。"这八个字的意思就是：凤凰在竹林里自在地鸣唱，白龙马安静地吃食。这也是描述王道统治下的"遐迩一体，率宾归王"的祥瑞吉祥之气象。历史上记载了许多关于王道统治时期出现祥瑞之物的情况，会有龙、凤等出现，据《尚书·益稷》记载，大禹治水成功后，举行庆祝盛典。由夔龙主持音乐，群鸟群兽在仪式上载歌载舞。最后凤凰也来了——箫韶九成，有凤来仪。《史记》中也有叙述，四海之内都感受到舜帝之明德，且有凤凰来翔。虽然我们没有亲眼看到过，但未必就不存在。有时候我们也会看到五彩云霞、日月朗照乾坤，不妨视为一种祥瑞之兆！

化 被 草 木，赖 及 万 方。

【字形的演变及基本字义】

	甲骨文	金文	小篆	繁体隶书	简体楷书	说文解字
化						教行也
被						寝衣，长一身有半
草						百卉也
木						冒也
赖						赢也
及						逮也
万						虫也
方						併船也

【正讲】

"化被草木，赖及万方。"

　　"化"，本义是：明显的改变。"化"字的甲骨文（⫯），是一个正立的人和一个倒立的人，一个人突然倒立在面前，其变化很大。"文化"是把知识彻底给消化了，能够融会贯通灵活运用。如果不能消化，就如同肠胃出现了问题，消化不良，吃了谷物没有消化又拉出来了，那就是"完谷不化"了。有文没化，充其量是个文人，不是文化人。"化"在《说文解字》里的解释是：教行也。就是教育、教化人们的言行。正因为有了仁君的王道治理，才能化民善俗。这种改变在点滴之间，就如"风无形而能鼓幽潜，德无象而能感人物。""化"是个多音字，读huā的时候，同"花"，意为用掉、耗费；在此读huà，是教化、改变之意。

　　"被"，本义是：由兽皮制成，用于睡卧时遮盖保暖的夹被。在《说文解字》里的解释是：寝衣，长一身有半。"被"是个多音字，读bèi的时候，作名词时，指被子；作动词时，是覆盖、遮盖、遭受等意。"被"也读作pī，古同"披"，搭衣于肩、穿着等意。

　　"草"，本义是：对高等植物中除了树木、庄稼、蔬菜以外的茎干柔软的植物的统称。在《说文解字》里的解释是：百卉也。"草"还指文书的底稿、初稿等。

　　"木"，本义是：树木。在《说文解字》里的解释是：冒也。冒地而生。"木"作形容词时，有呆笨、朴拙等意。

　　"草木" 在这里不仅仅指花草树木，还代表了众生万物。"草木"

也用于比喻卑贱，多用于自谦。

"赖"，本义是：驮着满袋贝壳，有所依靠。在《说文解字》里的解释是：赢也。"赖"作动词时，有依靠、拒绝承认、责怪等意；也用作副词、形容词、名词。

"及"，本义是：赶上并抓住。在《说文解字》里的解释是：逮也。有触到、达到之意。"赖及"有遍及、覆盖的意思。

"万"，甲骨文（ᛘ）就像蝎子，其本义就是：蝎子。在《说文解字》里的解释是：虫也。"万"作数词时，指千的十倍，也指古代一种舞名。作形容词时，指极言其多、极言各不相同。

"方"，本义是：并行的两船，泛指并列、并行。在《说文解字》里的解释是：併船也。像两船总头形。《周易·系辞》里讲："方以类聚，物以群分。"我们习惯说成"物以类聚，人以群分。""方"与"物"是指天地间的品类事物。"万方"在这里包含了无论高下远近的一切万事万物。"方"这个字，不是那么容易理解，作动词时，有并行、等同、辨别、占有、通"放"、通"仿"、通"谤"等意；作名词时，指竹木做成的筏，也指方向、方位、四面、品类、类别、方圆、面积等意；作形容词时，指方正（人行为、品性正直无邪）等意。

"化被草木，赖及万方。"意思就是：圣君贤王的仁德之治、仁政教化惠及万事万物，连草木都能沐浴在仁爱恩泽之中，从精神和物质让天下百姓得到实惠，让天下苍生真真正正地有所依靠。这八个字是歌功颂德的，这样的盛世实在难得，这才是真正的王道。

盖此身髮，四大五常。

【字形的演变及基本字义】

	甲骨文	金文	小篆	繁体隶书	简体楷书	说文解字
盖		盒	葢	葢	盖	苫也
此	𣥐	𣥐	𣥐	此	此	止也
身	𠂤	𣎵	𨈎	身	身	躬也
髮			髮	髮	发	根也
四	三	四	四	四	四	四，阴数也
大	大	大	大	大	大	天大，地大，人亦大
五	㐅	㐅	㐅	五	五	阴阳在天地之间交午也
常		常	常	常	常	下裙也

【正讲】

"盖此身髪，四大五常。"

　　"盖"，本义是：用芦苇或茅草编成的覆盖物。在《说文解字》里的解释是：苫也。"苫"是多音字，读shān时，是名词，指草帘子、草垫子。读shàn时，是动词，指用席、布等遮盖。"盖"就是覆盖物、遮盖物。宫廷剧中皇帝在户外时，太监给他撑的那个"大伞"就是华盖。"盖"也是多音字，读gài时，是指遮盖物，也有遮盖、压倒、造房子之意。读gě时，是古代的地名，在今山东省沂水县西北。古也读hé，同"盍"，意思是：何不。

　　"此"，本义是：一只脚踩在别人身上。在《说文解字》里的解释是：止也。"此"常用作代词，意思是：这、这个，与"彼"相对。

　　"身"，本义是：身躯的总称。《说文解字》里的解释是：躬也。"身"指人的身体。"身"作动词时，指怀孕、体验、担任等意，也做量词用。

　　"髪"，本义是：头上的体毛。在《说文解字》里的解释是：根也。前面在讲"吊民伐罪，周发殷汤"的时候，已经讲过了，"髪"专指头发，后来简写成"发"了。

　　"四"，本义是：数目，三加一所得。在《说文解字》里的解释是：四，阴数也。奇数为阳数，偶数为阴数。"四"作名词时，通"驷"，古代一车四马称"驷"。

　　"大"，本义是：人的正面形，有手有脚。在《说文解字》里的解释是：天大，地大，人亦大。由此可以看出人类唯我独尊的思想，人类乃万物之主宰。"大"是个多音字，通常读作dà，作形容词时，指面积、体积、容量、数量、强度、程度、力量等超过一般或超过所比较的对象，与"小"相对；作名词时，指大人、大小之意；也作副词用。有时也读作dài，如大夫、大王；同"代"，世代之意。读tài的时候，古同"太"、"泰"。

"五"，甲骨文是：**X**，上边的一横代表天，下边的一横代表地，中间的"X"代表天地阴阳的交合。"五"在《说文解字》里的解释是：阴阳在天地之间交午也。"五"的本义是：金、木、水、火、土等宇宙的构成要素，代表天地间万物构成元素的极限数，大于四，小于六。五是阳数，在金木水火土五行中，五属土，有调合作用。"五"作名词时，指古代军队编制单位，五人为伍。"五"也指星名。

"常"，本义是：古代人遮蔽下体的长裙。在《说文解字》里的解释是：下裙也。"常"在古代同"裳"，指裙子、下衣。"常"在古代也有"旗"的意思，"太常"最初就是指画有一个太阳和一个月亮的旗帜，后来才把古代朝廷掌管宗庙礼仪之官称为"太常"。"常"作量词时，指古代长度单位，一丈六尺为常；作形容词时，有恒久、一般等意；也作副词用。

"四大五常"，什么是"四大"？道家以道、天、地、人为四大。古印度哲学家认为地、水、火、风为四大。《尚书》中讲的五行：金、木、水、火、土。从五行方位来说，东方为木，西方为金，南方为火，北方为水，中央为土。可以看出，东西方为木和金，有形而具体，所以俗话用"东西"泛指具体或抽象的事物；南北为火水，火与水相对无形无体，不能说两斤火或者什么的。用地、水、火、风来类比我们的身体，地就是骨骼和肌肉；火就是能量，也是脾气，所以我们会把发脾气说成发火；水就不用说了，人的身体70%都是水分；风，如同我们的呼吸，人的生命就存在于一呼一吸之间，俗话说，人活一口气。

我认为文中的"四大"是指构成人体的头、颈、躯干、四肢，是指人类有形的身体，是侧重物质层面的。

什么又是"五常"呢？有的版本认为，这里的"五常"是指在封建礼教中的君臣、父子、兄弟、夫妇、朋友，这五种关系又叫作"五伦"，也叫"五常"。据此，孟子主张："父子有亲，君臣有义，夫妇有别，长幼有序，朋友有信。"有的版本认为"五常"是指五种伦理道德，即：父义、母慈、兄友、弟恭、子孝，这五种伦理道德又叫作"五教"。我认为"五常"除了上述观点外，重在五种品德修养：仁、义、礼、智、信，是侧重人类精神层面的。

"盖此身髮，四大五常。"这句话的意思是：人的身体发肤分属于"四大"，即头、颈、躯干和四肢，注意饮食，加强锻炼，强健体魄，一言一行更要符合"五常"，即仁、义、礼、智、信。存养于心，修为于身。

恭 惟 鞠 养，岂 敢 毁 伤。

【字形的演变及基本字义】

	甲骨文	金文	小篆	繁体隶书	简体楷书	说文解字
恭	𣬸	𢙄	𦱷	恭	恭	肃也
惟		𨾙	惟	惟	惟	凡思也
鞠			鞠	鞠	鞠	蹋鞠也
养	𢁏	𢏌	養	養	养	供养也
岂			豈	豈	岂	还师振旅乐也
敢	𢼵	𢿳	敢	敢	敢	进取也
毁		𣪠	毁	毁	毁	缺也
伤		𤓊	傷	傷	伤	创也

【正讲】

"恭惟鞠养，岂敢毁伤。"

"**恭**"，本义是：虔敬地供奉神龙。在《说文解字》里的解释是：肃也。"肃"的本义是：恭敬，因敬慎而表现出的战战兢兢、畏惧小心的样子。《汉书·五行志》说："貌之不恭，是谓不肃。"从元代开始，科举考场中设有"出恭"与"入敬"的牌子，以防士子擅离座位。士子如厕需先领此牌，因此俗称如厕为"出恭"。《礼记·曲礼·上》说："在貌为恭，在心为敬。"《礼记·少仪》讲："宾客主恭，祭祀主敬。"《论语·颜渊》讲："君子敬而无失，与人恭而有礼。"可以看出"恭"更多是指外在的表现。

"**惟**"，本义是：思考，思念。《说文解字》的解释是：凡思也。"惟"字左边一个"忄"，代表心，言为心声，其义与"唯"同，"唯"的本义是：急速回答声。"惟一"与"唯一"意思一致，"唯"表语言，心口合一。这里是讲父母的养育之恩，感念于心，所以用"惟"。"惟"作动词时，有考虑、听从、希望等意；作副词时，相当于只有、只是等。

"**鞠**"，本义是：古时一种用来踢打玩耍的，用结毛或用毛填充皮囊而成的球。在《说文解字》里的解释是：蹋鞠也。中国古代有一种类似足球的运动叫"蹴鞠"，公元前307年，也就是战国时期，赵国人学会了骑马射箭。赵王经常带着其亲信外出骑马狩猎。有一天，看到林中有几只野兔，赵王说要抓活的，于是兵分四路去围逮之，不想野兔纷纷逃去，赵王有些失望。一谋士献计说："大王，这种围堵很有趣，我们不妨用球代替兔子，不出宫门便可天天玩之。"赵王大加赞赏，就这么定了。于是，足球运动便在中国诞生并迅速流行起来，经常出现"球终日不坠"，"球不离足，足不离球，华庭观赏，万人瞻仰"的情景。可以说足球是中国人发明的，如果当时踢球的精神一直延续至今，我们的男足应该早踢进世界杯决赛了！"鞠"最早是结毛而成，后来用毛充填皮囊而成，宋代以后才有充气的皮球。"鞠"在这里作动词用，通"育"字，抚养、生育的意思。

"**养**"，本义是：放牧羊群。在《说文解字》里的解释是：供养也。母亲所有的付出就是供养，没有母爱就不可能供应和养育。"鞠养"，含有弯腰劳作之意，表示养育的辛苦不易。《礼记》讲："凡食养阴气也，凡饮养阳气也。"

"恭惟鞠养"的意思是：非常恭敬地感念父母的养育之恩。"恭惟"这一词现在一般不这么理解了，通常认为是出于讨好对方而刻意去称赞、颂扬。

"**岂**"，本义是：击鼓奏乐。在《说文解字》里的解释是：还师振旅乐也。是指行军打仗胜利归还时献功之乐。在这里作副词用，相当于难道、怎么。"岂"是个多音字，通常读作qǐ，助词，表示反诘，是哪里、如何、怎么之意，如：岂有此理。读kǎi时，同"恺"，是快乐之意；也同"凯"，表示欢乐。

"**敢**"，本义是：强调徒手对付野兽的胆魄，也就是有胆量的意思。在《说文解字》里的解释是：进取也。"敢"除作动词、形容词外，也作副词，有莫非、当然、哪敢等意，也是一种谦辞，自言冒昧。

"**毁**"，本义是：瓦器缺损。在《说文解字》里的解释是：缺也。通常情况下，瓦器容器损坏了，就彻底不能用了，所以"毁"带有彻底破坏的意思。"毁"还有毁谤之意。

"**伤**"，本义是：身体受创。《说文解字》的解释是：创也。"伤"

字左边一个"亻"，代表人，所以"伤"一般是指人受到了损害。现在人们描述动植物所受到的损害，也用"伤"字。一般的"伤"是可以治愈的，不是彻底性、毁灭性的坏掉。"伤"作名词时，还有丧事、丧祭之意。"恭惟鞠养"来自于《诗经》："父兮生我，母兮鞠我，拊我畜我，长我育我，顾我复我，出入腹我。"孩子生下后，通常是由母亲养育，父亲不如母亲那样辛苦，既然父母生你养你，你就要好好爱惜自己的一毛一发，更不能随意耗费自己的身体，过消耗式人生，这就有违孝道。这里有层意思是说，我们的身体是父母给的，如同是替父母保管的，所以要尽心爱护，才对得起父母的养育之恩。

"恭惟鞠养，岂敢毁伤。"意思是说：要诚敬地想着父母的养育之恩，哪里还敢毁坏损伤它！这八个字讲了作为一个人所要具备的最基本的品德与情感，那就是孝顺父母。《孝经》就是专门讲孝道的经典，《孝经》里面记载的第一孝子是舜。《孝经》曾经被定为十三经之一，是曾子的后人根据曾子问孔子关于孝道的问题及孔子的回答，以问答的形式整理出来的。孔子说："身体发肤受之父母，不敢毁伤，孝之始也。"我们的身体是父母给予的，一定要好好替父母照顾好身体，连头发、皮肤等都要保护好，不能毁坏，这是孝顺最基本的表现。如果连自己的身体都不珍惜，谈何孝顺呢？生活中常见一些人，因找不到工作，失恋等就去酗酒，甚至扬言要自杀，这种行为才是自私的表现，是最大的不孝！世间万物都是天地的造化，从这个概念上来讲，我们珍爱自己身体的同时，更要珍爱这世上的一草一木。

nǚ mù zhēn jié nán xiào cái liáng

女慕贞洁，男效才良。

【字形的演变及基本字义】

	甲骨文	金文	小篆	繁体隶书	简体楷书	说文解字
女						妇人也
慕						习也
贞						卜问也
洁						净也
男						丈夫也
效						像也
才						草木之初也
良						善也

【正讲】

"女慕贞洁，男效才良。"

"**女**"，本义是：妇人，女性，与"男"相对。在《说文解字》里的解释就是：妇人也。"女"除了作名词外，也作动词用，有"以女嫁人"之意；还作代词用，同"汝"，即你。

"**慕**"，本义是：向往、依念。在《说文解字》里的解释是：习也。在此作动词，是仰慕、羡慕之意。

"**贞**"，本义是：在鼎前烧香占卜问事。在《说文解字》里的解释是：卜问也。"贞"字的甲骨文（𦥑）就像一个鼎或香炉，表示祈福或问卜神灵；金文（鼑）就像一个乌龟，从甲骨文到金文的区别可以看出古人占卜的用具和祭祀的方式发生了变化，人们开始用火具烧裂龟甲，通过观察裂纹来卜问。在求神或占卜的时候，必须心怀诚敬，专注于所问之事，故后来引申为专一、坚持不变。"贞"作形容词时，假借为"正"、"定"，表示端方正直，也有忠贞、真诚等意；作名词时，指贞操、节操。

"**洁**"，本义是：除污去湿。在《说文解字》里的解释是：净也，也就是清洁、干净的意思。在文中作形容词，意为操行清白、品德高尚。

"**女慕贞洁**"的意思就是：女子应该崇尚与仰慕那些操行清白、持身严谨的贞妇洁女。当然，这里的"贞"并不是特指旧时女性的"贞节"，即女性对男子，妻子对丈夫要从一而终。秦汉时期，贞节观念并没有作为一种意识形态加以倡导，女性再嫁是寻常的事。宋代理学的形成，改变了中国的学术思想以及风俗制度，对女性加以约束。到了元朝与明朝，贞节观念更加极端。进入清朝以后，就变得十分偏狭了。西周时期所立法的"七出三不去"的休妻原则，并非后世的贞节伦理观念。"七出"也叫"七去"、"七弃"，也就是休弃妻子的七种理由或者借口：无子、淫佚、不事舅姑、口舌、盗窃、妒忌、恶疾。也就是如果妻子不孝顺父母、无生育、淫乱、妒忌、恶疾、多言、盗窃，只要占了其中一条，就可以被休弃。也有三种情况不能休妻：有所取无所归，不去；与更三年丧，不去；前贫贱后富贵，不去。除了这三项，公婆及丈夫均可以各种理由抛弃妻子，而妻子也没有相等的权利。此文中的"贞洁"更多是指做人做事正直、端正，外表整洁，内在贤良淑德。也可以分为生理贞洁及心理贞洁。按照秦制，不仅婚姻的缔结需要到官府登记，而且婚姻的解除也必须得到官府的认可，方可在官府登记离婚，否则男女双方均要受到处罚。秦律的婚姻制度虽然也维护男尊女卑和夫权，但对夫权有所限制，对妻子人身权利的保护也超过汉以后的历代王朝。一方面要求妻子忠于丈夫，另一方面也规定丈夫通奸有罪。在父系社会背景下，提倡的是男权文化，男尊女卑。当然，我们现在提倡男女平等。

"**男**"，本义是：在田间出力做事的男人，与"女"相对。在《说文解字》里的解释是：丈夫也。从甲骨文（𤳉）可以看出，男人最初是指在田间干活的主要劳动力，这说明有责任有能力的男人才叫大丈夫！

"**效**"，本义是：献出，尽力。"效"的甲骨文（𢼄）和金文（𢽴）可以看出"效"含有"交"的意思。甲骨文与金文的左边部分（𠣓）就像生物学中的男女符号：♂、♀。《周易》中的六个爻就是阴阳交互的结果。上对下为交，下对上为互。天地间最大的效仿就是遗传，相似度极高，所以，"效"在《说文解字》里的解释是：像也。"效"在文中作动词，是临摹、师法之意。

"**才**"，本义是：草木初生。"才"的甲骨文是（ ），上面一横表示土地，下面像草木的茎刚刚出土，其枝叶尚未出土的样子。"才"在《说文解字》里的解释为：草木之初也。在这里指才能、本领。凡天下之物皆为才，只是不知道是蠢材还是人才，有用之才还是无用之才。

"**良**"，本义是：皇宫四周可以欣赏风景的走廊。在《说文解字》里的解释为：善也。在文中意思是优秀、善良。

"**男效才良**"，是说男子要效法有德有才的善良贤人。生活中德与才兼得者很少，如果两者不能兼备，只能选其一呢？选其德而放弃才也。有德积善则可为子孙后代积福，而有才无德则会祸害子孙后代。无才又无德则是永无出头之日的，这绝对是颠扑不破、放之四海而皆准的真理，所以人要成就自己，必须从德才两个方面兼修才行。《周易·系辞》讲："乾道成男，坤道成女。"男女毕竟有所不同，表现在本质上的差异就是"女慕贞洁，男效才良。"对男女的要求各有不同，树立了男女仰慕、仿效的标准。

龟甲卜骨/在中国各地的古文化遗址中，都曾发现过大批以动物肩胛骨或龟甲制的卜骨。古人以火灼烧卜骨，通过观察卜骨上的裂纹以预测吉凶。

知过必改，得能莫忘。

zhī guò bì gǎi, dé néng mò wàng

【字形的演变及基本字义】

	甲骨文	金文	小篆	繁体隶书	简体楷书	说文解字
知				知	知	识也
过				過	过	度也
必				必	必	分极也
改				改	改	更也
得				得	得	行有所得也
能				能	能	熊属，足似鹿
莫				莫	莫	日且冥也
忘				忘	忘	不识也

【正讲】

"知过必改，得能莫忘。"

"知"，本义是：认识、知道的事物，可以脱口而出。在《说文解字》里解释为：识也。"知"，左边一个"矢"，右边一个"口"，脱于口快如矢，脱口而出如离弦之箭一样的通常是认识、知道的事物。"知"是多音字，读zhī的时候，是晓得、明了、学识、了解的意思。读zhì的时候，是"智"的古字，"智"，上面一个"知"，下面一个"日"，每天都能学习、认识新东西，这样不就增加才智了吗！？

"过"，本义是：走过，经过。在《说文解字》里的解释是：度也。"过"是个多音字，读guò的时候，作动词，是从这儿到那儿、从此时到彼时、错误等意；读guo的时候，用在动词后，表示曾经或已经，如：看过、爱过。也表示趋向，如：走过去；也作形容词、名词、量词用。读guō的时候，古国名，也作姓氏。

"必"，本义是：区分的标准。在《说文解字》里的解释是：分极也。在这里作动词，是必须、一定要的意思。

"改"，本义是：体罚、训导犯错误的孩子。《说文解字》里解释为：更也。"改"的金文是这样的：𢼊，左边是个跪着的孩子，右边一只手拿着教鞭或持杖，表示教子改过归正之意。《周易·蒙》卦的上九爻也讲了"击蒙"，"击"的本义就是敲打，有体罚之意，使其改过，改过的目的是迁善归正，即去恶从善。

"知过必改"，意思是：知道自己有过错，就必须改正。这句话出自《论语》里讲："德之不修，学之不讲，闻义不徙，不善而不知改，吾之忧也。"意思是说：人们忽略天地以各种方式给我们垂示的自然之大道、真理，不去修德积福；人心浮躁，不肯老老实实去做学问；明明知道符合大义的、该做的、能做的事不去做；知道自己的毛病，缺点，错误，总是改不了，这些就是我所担忧的。《周易》的义理体现，又何尝不是如此！《周易·复卦》初九爻讲的"不远复"垂示人们：走错不可远，要及时归正，就是发现错误了，或者刚刚意识到有错的时候，就及时醒悟、修正，及时回到正道上来。孔子的弟子颜回讲的"不二过"就出自复卦初九爻。人都会犯错，关键是能知错就改，能改真改。

"**得**"，本义是：远行拾贝。在《说文解字》里的解释是：行有所获也，也就是得到，获得。"得"也是个多音字，读dé，作动词时，有获得、接受、满意、完成等意；也作副词、名词、叹词用。读děi的时候，表示必须、一定，如：你得给我记住了！也表示极舒服。读de的时候，通常用在动词后，表示能够、可以，如：要不得，跑得快。在此文中，"得"有两个意思：一是得到财物，是物质的增加；二是同"德"，是道德，品行之意，是指德行的提升。

"**能**"，本义是：威猛无比的熊。在《说文解字》里的解释是：熊属，足似鹿。传说中的一种像熊的兽。"能"的甲骨文（🐾）与"熊"字的甲骨文写法（🐾）一样，其实最初"能"与"熊"是一个字。熊在动物界里，智商比较高，力量比较大，所以成为有能力的代表。"能"也是个多音字，通常读néng，表示才干、本事、胜任等意。读nài的时候，同"耐"，是受得住的意思。"能"在此表示才干、本事。

"**莫**"，本义是：太阳西落隐入草丛中。在《说文解字》里的解释是：日且冥也。太阳落山了，什么也不能做了，表示否定劝诫，相当于不要、不可的意思。"莫"是多音字，读mò，作副词时，是不、没有、或许等意思，也作代词、名词、动词用。读mù的时候，同"暮"，表示傍晚天快黑了。

　　"忘"，本义是：从记忆中消失，不记得。《说文解字》的解释是：不识也。"忘"作动词时，还有舍弃、没有、玩忽等意。

　　"得能莫忘"，此句的意思是：自己有所进步，有所收获时，不要忘记别人的帮助与指导；适合自己干的事情，也不要放弃。同时，自己平时所学、所积累的才学，也不要荒废了，要学会帮助他人，积极回馈社会。"知过必改，得能莫忘"是进德修业的根本，要先从知错、认错、改错、知恩、感恩、施恩做起！圣贤之人一生也活得不易，悲天悯人，我们起码要做到知过必改，才不枉圣贤的教诲啊！

wǎng tán bǐ duǎn mǐ shì jǐ cháng

罔谈彼短，靡恃己长。

【字形的演变及基本字义】

	甲骨文	金文	小篆	繁体 隶书	简体 楷书	说文解字
罔			罔	罔	罔	捕鱼网也
谈		談	談	談	谈	语也
彼		彼	彼	彼	彼	往，有所加也
短		短	短	短	短	有所长短，以矢 为正
靡			靡	靡	靡	披靡也
恃		恃	恃	恃	恃	赖也
己	己	己	己	己	己	中宫也。像万物辟 藏诎形也
长	长	长	長	長	长	久远也

【正讲】

"罔谈彼短，靡恃己长。"

"**罔**"，本义是：渔猎用的网。在《说文解字》里的解释是：捕鱼网也。作形容词时，通"惘"，指迷惑、失意，如"学而不思则罔"。在这里作副词，是不、不要的意思。

"**谈**"，本义是：中和、平淡的对话。在《说文解字》里的解释是：语也。"语"多指讨论、讲述。"罔谈"就是不要谈论。"谈"作名词时，指所说的话、言论等。

"**彼**"，本义是：前往远离此地的地方，也有流行、传播之意。在《说文解字》里的解释是：往，有所加也。《玉篇》中讲："对此称彼也"，也就是"那"的意思，与"此"相对。

"**短**"，本义是：箭头不长。《说文解字》的解释是：有所长短，以矢为正。这与战争有关，箭头很短，短不短可以用矢来量。古代弓长箭短，量长的用弓作标准，量短的用箭头作标准。"短"作动词时，可引申为不足、缺乏；作名词时，指缺点、过失。"彼短"指不包括说话人在内的一些特指的人的不足或缺点。

"**靡**"，本义是：无、没有。在《说文解字》里的解释是：披靡也。《周易·中孚卦》的九二爻讲："我有好爵，吾与尔靡之。"意思就是：我有好酒，很愿意和朋友们一起喝！"靡"是个多音字，读mí作动词用，有消费、浪费之意；"靡"也作名词用，通"湄"，是水边、岸边的意思。读mǐ，作动词用，是没有、散乱等意；作形容词，有华丽、美好之意，如《庄子·天下》："不侈于后世，不靡于万物。"在文中作副词用，是无、没有之意。

"恃"，本义是：心里有所依仗，即依赖、依靠。在《说文解字》里的解释是：赖也。《诗经·小雅》里有："无父何怙（hù），无母何恃？"经常看宫廷剧的人就很熟悉"恃宠而骄"这句话。"恃"作名词时，还是母亲的代称，母死为失恃。"恃"在这里是仗恃、倚仗的意思。

"己"，本义是："己"是古代"纪"字的原形，假借作"自己"用。在《说文解字》里的解释是：中宫也。像万物辟藏诎形也。意思是说，"己"定位在中央，像万物因回避而收藏在土中弯弯曲曲的形状。"己"是天干之一，排第六位，五行属土，在中宫。"己"在这里就是自己、本人。

"长"，本义是：人披长发之形。在《说文解字》里的解释是：久远也。"长"是个多音字，读cháng，作形容词时，有高大、优、正确之意，也指距离大、时间久；也用作名词、副词。读zhǎng，作形容词时，有年长、辈分大；作动词时，生长等意；也作名词用。

"罔谈彼短，靡恃己长。"这句话的意思是：不要谈论别人的短处，也不要无中生有、添油加醋地虚构别人的不足。更不能总是依仗自己的长处或夸大自己的优点而不思进取。

明朝易学家来知德先生说过，一个人老是谈论自己的长处，最终一定不会有多大的功名、成就；总是谈论别人的缺点是一件伤乎性命之事。静坐常思自己过，闲谈莫论他人非。既不要忽略别人的优点，也不要总议论别人的不足，缺点人人都有，如同人人都有优点一样。所以贤者强调了"罔谈彼短，靡恃己长"，是谦敬的表现，这是一种修为。谦虚乃诚信之本，如果不够谦虚，恃才傲物目空一切，只看到别人的短处，就很难获得信任。树再高，长到一定程度就不能再长了。万物都有所牵制，所以《周易·彖辞》说："天道亏盈而益谦，地道变盈而流谦，鬼神害盈而福谦，人道恶盈而好谦。"君子只有戒其盈而守其谦，才能有其大终。敬是尊重，是有礼貌地对待，心中有敬，仰天俯地才生畏惧，才能从心中尊重他，当然就不可能只盯着他的缺点不放。可是我们身边还真有些常说人长短的人，只要有机会就不失时机地嘀咕东家长，西家短，甚至连自己比较亲近的人也不放过。细想起来，好像大多数人对"长舌妇"早就深恶痛绝了。所以就要对《千字文》中的这句话格外注意了！"罔谈彼短"，从自己做起，闲谈莫论他人非！"靡恃己长"更是提醒了我们不要依仗自己的优势而妄自尊大，瞧不起别人。俗话说：长短是根棍，大小是个人。切不可将自己与生俱来的先天条件及后天的努力所得，作为自己依仗的优势，狂傲乖张，最终害己害人。古人将修身放在第一位，管好自己的口，规范自己的行为，重在管好自己的心。很容易让我们想起明朝的王守仁首度提出"心学"两字，其宗旨在于"致良知"。不同于其他儒学者，心学在于强调生命的过程，认为良知是心之本体，无善无恶就是没有私心，没有物欲遮蔽的心，这是天理，是我们追求的境界，天理存在于天下人的心中。王阳明有四句教诲：无善无恶心之体，有善有恶意之动，知善知恶是良知，为善去恶是格物。可以看出只有努力使自己的心回到无善无恶的状态，才能有正确的良知，才能正确的格物。按照

王守仁像/（1472—1528年），字伯安，浙江余姚人。明哲学家，他代表的"心学"派主张"范围朱陆而进退之"。曾在故乡阳明洞筑室讲学，世称阳明先生。他的学说以"反传统"面貌出现，简单易行，所以在明中叶曾风靡一时。

"罔谈彼短，靡恃己长"去要求、去做就是修身、修心！这八个字读上去非常简单，剩下的就是如何做了！知易行难，坐而论之，不如起而行之，让我们从此时此刻开始，也就是从当下开始。每次开口说话的时候就要"顿"一下，想好了再开尊口，原则别忘了，忌说他人短处，不可恃才傲物。你我能做到吗？

xìn shǐ kě fù qì yù nán liàng

信 使 可 覆，器 欲 难 量。

【字形的演变及基本字义】

	甲骨文	金文	小篆	繁体隶书	简体楷书	说文解字
信		𦥔	俉	信	信	诚也
使	𠭆	使	使	使	使	伶也
可	可	可	可	于	可	肯也
覆		覆	覆	覆	覆	覂也
器		𠱷	器	器	器	皿也。像器之口，犬所以守之
欲		欲	欲	欲	欲	贪欲也
难		難	難	難	难	鸟也
量	量	量	量	量	量	称轻重也

【正讲】

"信使可覆，器欲难量。"

  "信"，本义是：许诺，发誓，真心诚意。在《说文解字》里的解释是：诚也。"信"字左边一个"亻"，右边一个"言"，"信"字从人言，人言不疑，方有信也。一个人值不值得信任，就看他说的话是否靠谱，是否言出必行，言行一致。以一个人的言论来判断其是否诚信可靠。俗话说，言多必失，失的恐怕与"信"有关吧！"仁义礼智信"这五常中如果没有"信"，也就没法谈"仁义礼智"，信者，不疑也、诚实也，言出由衷，始终不渝，以诚居心，处世端正。在传统价值观中，"信"是做人的起码道德准则，无信不立。"信"是个多音字，通常读xìn，指诚信、相信。还有一个读音shēn，古同"伸"，表示舒展开、表白，此意现在不常用了。

  "使"，本义是：表示人的动作、行为、命令之意。在《说文解字》里的解释是：伶也。"伶"通"令"，命令的意思。"使"作名词时，指传达重要命令的人。在古代，规定"两国交战不斩来使"，"使"就是使者，是代表一个国家前往另一国家谈判、传达意思的特派员。现在通常称之为大使，就是一国派往他国或国际组织办理外交事务的最高级别的正式代表，通常都授有"特命全权大使"之衔，享有比其他等级外交官更高的礼遇，可以请求所驻国元首的接见。19世纪末以前，只有大国间才能互派大使，反映了中小国家不平等的地位，现在绝大多数国家均可互派大使。"使"作动词时，有派遣、运用、出使等意。

  "可"，本义是：古代男女以吹笙唱歌方式求偶；引申义为许可。在《说文解字》里的解释是：肯也。"可"是个多音字，读kě，作动词时，有许可、同意、能够、可以等意；也作形容词用。读kè，特指"可汗"，是中国古代鲜卑、柔然、突厥、蒙古等民族中君长的称号。

"覆"，本义是：翻转、倾覆。在《说文解字》里的解释是：覂也。"覂"在《说文解字》里的解释是：反覆也。"覆"在这里作动词用，为审查、核查之意。

"信使可覆"是个倒装句，即："使信可覆"，说出的话经得起推敲、查证，一言九鼎，言必行，行必果。"信使可覆"出自《论语》："信近于义，言可覆也。"意思是说：所守的诺言如果符合大义，那么所说的话就能兑现，一个人说出的话，要经得住检验，不能只是说说而已。

"器"，本义是：器物很多，用狗看守，表示器具。在《说文解字》里解释为：皿也。像器之口，犬所以守之。"器"字中间一个"犬"，周围四个"口"，就像一条狗看守着许多器物。在这里作名词，度量、胸怀、器量之意。也有把"器量"写成"气量"的。

"欲"，本义是：永不满足的心念。"欲"字左边一个"谷"，右边一个"欠"，"欠"表示有所不足，故产生欲望。有所不足方知其欲，总是感到不满足才有贪欲，才想占有，才想拥有。"欲"在《说文解字》里的解释是：贪欲也。"欲"作动词时，有想要、希望之意。佛教讲的三毒（贪嗔痴），其中贪就是指贪欲，染着于色、声、香、味、触等五欲之境界而无法脱离。这些感觉能引起众生的利欲之心，也叫五欲，佛教认为贪是佛教修行的大敌，是产生一切烦恼的根本，可见戒贪止欲对于修行的重要。

"难"，本义是：支翅鸟，假借为困难。《说文解字》的解释为：鸟也。"难"是个多音字，读nán作形容词时，是不容易、艰难的意思；作动词时，有为难、恐惧等意。读nàn，作名词，是灾祸、不幸的遭遇、怨仇等意。还有一个读音：nuó，古代同"傩"，指古代迎神赛会。

"量"，本义是：参照日月估算行程。《说文解字》讲的是：称轻重也。"量"是个多音字，读liáng时，常作动词，有称量、估测的意思；

读liàng时，作名词，有量器、数量、标准等意；读liang时，指打量、掂量。在文中读liàng作动词用，是估量、揣度、料想之意。

"器欲难量"的意思是：一个人为人处事心胸、器量要足够大，让人难以估量才好。心有多大，世界就有多大。若是心小量窄，你的天地也只在尺寸之间。

"信使可覆，器欲难量。"这句话的意思是：说过的话要经得起考验，心胸要让人难以估量。有了这两点才能够做到"知过必改，得能莫忘"，才能够做到"罔谈彼短，靡恃己长"，可见一个人的诚信与心胸宽广的重要性。平常说某人能沉住气，其实就是有器量、忍得住、装得下。俗话说："将军额上能跑马，宰相肚里能撑船。"讲的就是将军与宰相都是心胸开阔、令人信服的人，我等虽不一定能成为将军或宰相，但也没必要为鸡毛蒜皮的小事斤斤计较。上下几千年，成大事者莫不器量惊人，天下大道总有一条是你走出来的。别忘了，言有信，宽容人！

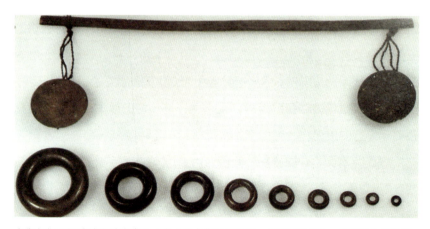

木衡与铜环权/湖南长沙左家公山出土的木衡与铜环权，是战国时期的一套完整的权衡器，其中铜环权的重量大体以倍数递增。此衡器是从战国时期的天平演变而来，是尺寸和砝码相结合的产物。

mò bēi sī rǎn　shī zàn gāo yáng

墨悲丝染，诗赞羔羊。

【字形的演变及基本字义】

	甲骨文	金文	小篆	繁体隶书	简体楷书	说文解字
墨		墨	墨	墨	墨	书墨也
悲		悲	悲	悲	悲	痛也
丝	丝	丝	丝	絲	丝	蚕所吐也
染			染	染	染	以缯为色也
诗			詩	詩	诗	志也
赞			贊	贊	赞	见也
羔	羔	羔	羔	羔	羔	羊子也
羊	羊	羊	羊	羊	羊	羊兽也

【正讲】

"墨悲丝染，诗赞羔羊。"

"**墨**"，本义是：松木燃烧的灰制成的黑色颜料。在《说文解字》里的解释是：书墨也。在这里指墨家的代表人物墨子。墨子名翟，是战国时期著名的思想家、军事家等，他所创立的墨家学说在先秦时期影响很大，与儒家并称"显学"，是历史上唯一一个农民出身的哲学家，提出"兼爱"、"非攻"、"尚贤"、"节用"等观点。墨子小时候已经表现出了超凡的天赋，善于思考。有一次，老师带着他们去了一家染坊，看着那些洁白的丝放进染缸里，一下子就变成五颜六色了，把丝放进青色的染缸，丝就变成青色，放入的染缸不同，出来的丝的颜色也不同，而且再也洗不白了！所以染色不能不谨慎啊！墨子非常悲伤，由此受到启发：在教化人的方面，如果能够主动给受教者增加其所希望的颜色，而不是让他们被动接受一些颜色，那就好了！墨子能够从主动与被动的关系去考虑社会环境、氛围对教育的影响，把社会比作大染缸，这种思路即使在现在看来，还是比较独到的。若想了解别人，就要看其所交的朋友，正所谓"方以类聚，物以群分。"

"**悲**"，本义是：因违愿的变故而痛心、哀伤。在《说文解字》里的解释是：痛也。"悲"作动词用时，有眷念、怅望、感叹之意。"悲"在佛教语中，指愿解他人痛苦之心。

"**丝**"，本义是：从蚕茧抽出的、成缕成股的细线。在《说文解字》里的解释是：蚕所吞也。凡蚕者为丝，麻者为缕，也泛指纤细如丝的东西。

"**染**"，本义是：用取自草木的有色液汁浸泡布帛，使之着色。在《说文解字》里的解释是：以缯为色也。"缯"是对丝织品的总称。"染"作名词时，指豆豉酱。

"墨悲丝染"的意思就是：墨子因白丝被染色后，无法还原纯白色而感到悲哀，借此比喻人入世更需要谨慎，恶习一旦养成，就不能改掉。

"**诗**"，本义是：祭祀时赞颂神灵和先王。在《说文解字》里的解释是：志也。《尚书》中说："诗言志，歌永言，声依永，律和声"。对于"诗言志"，各家所理解的含义也不完全一样。《左传》中的"诗以言志"有暗示自己的某种政教怀抱；《尚书》中侧重指思想，志向；孔子时代主要指政治抱负；《庄子》以诗道志，是指一般意义上的思想、意愿和感情；到了汉代，主要是抒发人的思想情感的。看来"诗言志"的"志"应该"情""志"并提，两相联系，才是比较中肯的。写诗一般都是表达自己的志，诗是心志的一种表现。"诗"在这里指《诗经》。在古语中，凡称"诗曰"、"诗云"时，"诗"都是指《诗经》。

"**赞**"，本义是：纷纷带着财礼进见。在《说文解字》里的解释是：见也。要去见谁，需要拎着东西去，只是拜见还不行，还要恰切地赞赏别人，否则就失去了谒见的作用。"赞"作动词时，有颂扬、辅佐、引导等意；也作名词用。

"**羔**"，本义是：小羊。"羔"的小篆"羔"，很像"美"字，"美"本来就是由"羊"与"大"构成。大的公羊不仅样子美，其肉味也美。"羔"的金文（羔）像吹笙的"笙"字，"笙"最早就是用羊角做的。"羔"在《说文解字》里的解释是：羊子也。

"**羊**"，本义是：一般头上有一对角，性情温顺的食草哺乳动物。在《说文解字》里的解释是：羊兽也。"羊"作形容词时，作"祥"，吉利之意；也作"详"，细致、完备之意。

"诗赞羔羊"出自《诗经》。《诗经》是我国古代的第一部诗歌总集，共收入自西周初期至春秋中叶大约500年间的诗歌305篇，因此《诗经》又叫作"诗三百"。《诗经》不仅是最早的诗歌总集，也是一部反映当时社会的百科全书，内容多为古代流传民间反映生活的歌谣，有风、雅、颂三大类，其诗句亲切感人，也有一些政治讽刺诗、史诗和祭祀诗，还有褒扬统治者和先王德行的歌颂诗，西汉时被尊为儒家经典，才称为《诗经》。其中就有"羔羊"篇，写了一位"公务员"的生活，因为当时的"公务员"很少，他们有很高的社会地位，福利待遇特别好，除了配车，还发粮食、衣服，每天还有两餐非常丰盛的工作餐，据说每顿都有两只鸡。这位主人公就得到了单位发的一件白色的羔羊皮袄，质地特别好，特别暖和、洁白。但是这位穿着羔羊皮袄的官员却不吃公家的饭，每天很勤勉地工作，准时上班，下了班就回家吃饭，为公家节省一点伙食费，既天天干活还能节省，不是装的，不是为了表现而故意为之，他是发自内心的，这是一种节操、一种奉献。"诗赞羔羊"就是称赞这位"公务员"德行与能力相称，进退有度，洁身自好，就要学习这种品格。《诗经》之所以这么伟大，就是因为其中有许多诗篇讲得特别美好，歌颂了美好的品德。所以"墨悲丝染，诗赞羔羊"这两句话大家都很明白，"墨悲丝染"悲的是什么？"诗赞羔羊"赞的是什么？给人们树立了一个很好的榜样。

"墨悲丝染，诗赞羔羊。"这八个字用了丝与羔羊这两种纯洁之物来形容德行与教化。通常情况下，未经染色的丝与羔羊都是白色的、美好的。正如《周易·贲》卦的最高境界就是"白贲"，即不加修饰的自然之美才是大美。尽管人们的审美观点也不尽相同，但对自然之大美的赞叹是有其公共普世性的，对艺术的赏析也是如此，越接近自然，越不矫揉造作，越是大美。

　　说到墨子，自然会想到诸子百家。"诸子百家"是对春秋战国时期各种学术派别的总称，他们是：西周时期的周公和姜子牙；春秋时期的管子、老子、孔子、晏子、范蠡。战国时期的扁鹊、列子、庄子、公孙龙、鬼谷子、孟子、墨子、邹衍、荀子、韩非子、吕不韦。西汉时期的司马迁、淮南子、董仲舒等主要人物。"百家"以"子"为称呼，"子"在殷商时代是王族爵位的称呼，商朝灭亡后，他们仍然受到尊敬，"子"就成了一种尊称。到春秋战国时代，"子"演变为对学术造诣者的尊称，后来的思想家统称为"子"。诸子百家因其思想体系不同，又分为儒家、墨家、名家、法家、道家、阴阳家、纵横家、杂家、农家、小说家、兵家、医家，共十二家。在这里简要介绍一下儒家、道家、墨家和法家等几个重要学派。

　　儒家最重要的代表人物是孔子、孟子和荀子。虽同属儒家，但他们也各有见解，孔子主张仁政，以礼治国、以德服人。孟子的思想主要是轻君重民，提出"性善论"，提倡实行"仁政"。荀子认为人性本恶，与孟子的"性善论"截然不同。

　　道家著名的代表人物就是老子、庄子、列子。道教有三大派：老庄派、黄老派、杨朱派。其中老庄派以大道为根，以自然为伍，以天地为师，以天性为尊，以无为为本，主张清虚自守，道法自然，逍遥自在；黄老派以虚无为本，以因循为用，采以儒墨之善，兼容并包，应物变化，休养生息，政治理想是大一统；杨朱派主张全生避害，以我贵己，重视个人生命的保存，反对他人对自己的侵夺，拔一毛利天下的事不干，春秋战国后，因不容于世，逐渐被淘汰了！

　　墨家的代表人物就是墨子。墨子应该是中国最早的科学家，擅长理性分析，逻辑严谨，搞几何、物理研究。墨家后来成了纪律严明的代表，很多死士拜的就是墨子。但是墨子的传人没有发扬光大墨家的精神，他们甚至销声匿迹了。另一方面就是游侠，就是背着剑的游侠，这一类属于墨家没落的弟子。墨家学派以"兼相爱"达到"交相利"的目的。主张尚贤、尚同、非攻、节用，尊天事鬼，强调靠自身能力做事。

法家的代表人物是韩非子、李斯等，主张以法治国，废井田，重农抑商。

名家的代表人物有惠施、公孙龙等。名家以论辩名实为主要学术活动，当时人们称之为"辩者"、"察士"，被后人称为名家。

以邹衍为代表的阴阳家；提倡阴阳五行学说，并以此解释社会人事而得名。阴阳学说认为阴阳是事物本身具有的力量，可以相互转化对立，认为万物皆由木、火、土、金、水五种元素组成，可用以说明宇宙万物的起源与变化。

以鬼谷子为代表的纵横家，以纵横捭阖之策进行游说，有点像今天的外交家。

以吕不韦为代表的杂家，"兼儒墨，合名法"，于百家之道无不贯通而得名。

另外，还有农家，因注重农业生产而得名，此派出自上古管理农业生产的官吏，故称为农家，强调农业是衣食之本，应放首位。还有小说家，兵家，医家等。人们把这些不同的学派称为诸子百家。

说到"子"，还能想到在诸子百家之后的汉朝的淮南子（淮南王），再以后就没什么特别有独到建树的了，朱子都不属于诸子百家了。为什么那时候能产生那么多的"子"与"家"呢？为什么会百家争鸣、百花齐放？产生这么多有影响的代表人物和学说代表呢？这与西周当时的灭亡有关，西周的灭亡对当时整个东方群体是一种打击，也正因为他们的灭亡给人们敲响了警钟，在之后的几百年里，人们对天道的影响产生了怀疑，民众都在思考，重新对国家统一、治理国家和教化民众这三大方面进行了思考。人人都在议论纷纷，氛围通达自由，才产生了那么多的名人和思想学说。他们到处游说，都希望当权者采纳他们的理念来治国，形成了如此精彩纷呈的春秋战国社会。后来数次朝代更替，出现过无数的大德大能、仁人志士，但再也没能达到或超越诸子百家的思想高度。在西周灭亡之前，庶人是不议政的，平民是不谈论教化、治国的事情。

jǐng xíng wéi xián　kè niàn zuò shèng

景行维贤，克念作圣。

【字形的演变及基本字义】

	甲骨文	金文	小篆	繁体隶书	简体楷书	说文解字
景		景	景	景	景	日光也
行	行	行	行	行	行	道也
维		維	維	維	维	车盖系也
贤	賢	賢	賢	賢	贤	多才也
克	克	克	克	克	克	肩扛也
念	念	念	念	念	念	常思也
作	作	作	作	作	作	起也
圣	聖	聖	聖	聖	圣	通也

【正讲】

"景行维贤，克念作圣。"

"**景**"，本义是：太阳在高大亭台上投下的影子。在《说文解字》里的解释是：日光也。《尔雅》里讲："四时和谓之景风"。"景"是多音字，读jǐng，作名词时，有日光、风景、情况等意；作动词时，指仰慕之意；作形容词时，有大的、高的、祥瑞等意。也读作yǐng，古同"影"，是影子的意思。在这里读作jǐng，是高尚、光明的意思。

"**行**"，甲骨文是：𣥠，就像十字路口。"行"的本义就是十字路口。在《说文解字》里的解释是：道也，就是道路。"景行"这两个字确实非常精妙，"景"就是道于心，"行"就是行于道。也可以把"景行"理解为"道德"，即崇高光明的德行，比喻行为正大光明、品行崇高。"行"是多音字，读háng，作名词时，是行列、行业、营业机构、队伍等意；古代军队编制，二十五人为一行。也读作xíng，是行走、行为等意。

"**维**"，本义是：系物的大绳。在《说文解字》里的解释是：车盖系也。《广雅》的解释是：系也。"维"在文中同"唯"，只有、独之意。"维"作名词时，有隅、角落之意，如四维，即四角。

"**贤**"，本义是：善于管理财政的大臣。在《说文解字》里的解释是：多才也。"贤"的小篆是：𧶠，上面一个"臣"，还有一只手，下面是"贝"。《庄子》里讲："以财分人之谓贤"，就是能把财物分给大家的人称谓贤人。"贤"作形容词时，指有德行、多才能；作名词时，指有才德的人、人才；作动词时，有尊重、崇尚、胜过等意。

　　"景行维贤" 出自《诗经》："高山仰止，景行行止。"意思是说：高尚的品德像高山一样让人仰慕；行为光明正大，是人们学习的榜样。"景行维贤"的意思是：只有德如太阳之光，行为符合大道的人才能成为贤人。

　　"克"，本义是：人肩部有物，胜任之义。在《说文解字》里的解释是：肩扛也。"克"作动词时，有胜任、肩负、能够、攻下等意，在这里是克制、克服、戒除的意思。

　　"念"，本义是：因惦记于心而自言自语，怀想。在《说文解字》里的解释就是：常思也。"念"字上面一个"今"，下面一个"心"，直到现今心里还在想就是念。"念"作名词时，指想法、念头。同"廿"，意为二十。

　　"作"，本义是：人突然起身。在《说文解字》里的解释是：起也。"作"是个多音字，读zuò，作动词用，有起来、创作、培育等意。读zuō，作名词，指作坊、手工业工场。在这里是作为、成为的意思。

　　"圣"，本义是：通达事理。在《说文解字》里的解释是：通也。圣人通天地之道，明人世之理。现在把"圣"作为"聖"的简化字。其实"圣"与"聖"是有区别的。"聖"的本义是：先知先觉、洞察真相并能预言者。也有人把"聖"理解为擅用耳、会用口就能称王。顺耳的与逆耳的，都能听，不会因为顺耳而大喜，也不会因为逆耳而恼怒，听到之后会过滤，能分辨真伪，做到耳不入心，话不转心，不该说与不能说的就不说，这也需要修炼啊！绝不是我们平常说的圆滑，这是行为处事的标准，听什么与说什么都有其道，通了这个道，才能成为圣人，才能以心转身，才能成为自己的王，而不是成为别人的王。

　　"克念作圣" 引自《尚书》："惟圣罔念作狂，惟狂克念作圣。""狂"与"圣"是相对应的，"狂"是指狂人，也称俗人。庄子曾用"野马"

来形容人狂奔不已的念头和思想。圣人是能够时时克制自己妄念，能够树立标杆影响别人的人，如果克制不了，那就作狂了。圣人和狂人是可以相互转化的，人如果能够克制住自己狂乱的思想和私心杂念，凡夫就能变成圣人。同理，放纵自己的行为，圣人也会退化为凡夫。其核心在于是否能够正确克制自己心中的妄念。

德 建 名 立，形 端 表 正。

【字形的演变及基本字义】

	甲骨文	金文	小篆	繁体隶书	简体楷书	说文解字
德						升也
建						立朝律也
名						自命也
立						侸也
形						象形也
端						直也
表						上衣也
正						是也

【正讲】

"德建名立，形端表正。"

  "德"，本义是：登高，攀登。《说文解字》里的解释是：升也。"德"的金文这样写：𢜖，左边是道路，右边是一个准星、眼睛和心，意思就是用心感受，用眼看清楚，按照正确的方向行走就是德。"德"强调了"行"，按天地自然之道行为才是德，德是要行动的，有道不去行，不去实践，不去行为就是没有德行。我们平常说的缺德，其实是指不按道去行为。不可将"德"空泛化，玄妙化。道为体，德为用，若有道无德，仅是一位空想家、清谈家。"德"作动词时，指登高、感激；通"得"，取得、获得之意；作名词时，指道德、品行、仁爱、恩惠等意。

  "建"，本义是：劈山为址，筑墙造屋。在《说文解字》里的解释就是：立朝律也。秦以后，以"聿"为毛笔。所以"建"有制立朝律之意，引申为建立、创设，还有封立、树立、建造等意。作名词时，古代天文学科，北斗星斗柄所指为建，一年之中，斗柄旋转而依次指为十二辰，称为"十二月建"。

  "名"，本义是：自报姓名。"名"的甲骨文这样写：叨，左边是一张开的嘴巴，代表大声问话；右边是月亮，代表晚上。晚上见人就问"谁呀？"就要赶快报出自己的名字，否则就会被当做贼。所以"名"在《说文解字》里的解释是：自命也。"名"在文中是指一个人的名声、名望，给世人留下的印象，也可能是江湖上的声誉。自从有了人，就有了江湖的概念，有了地盘，先立个宗庙，庙堂有多高，江湖就有多远；心有多远，江湖就有多大。我们始终都在自己制造的庙堂阴影之下闯荡，大部分的人只是活在自己的圈子里，活在自己感兴趣的人和物的江湖世界中。归根结底，江湖由心中的庙堂所决定。最终却被庙堂束缚，在自己的庙堂里礼拜。我们要走出心中的庙堂，感受天地自然大道，这颗心才能彻底解放，获得真正的自由。

禅宗有一个故事：在唐朝，禅宗马祖道一住在江西，各地参禅的人都跑去江西访道他；湖南也有一个大德高僧，他就是石头和尚希迁（曹洞宗的创始人）。两人在当时都是有头有名的大禅师，由于天下僧侣不是到江西参访马祖道一，就是去湖南参访石头希迁，社会上就把这些参禅的人叫作"走江湖"，后来也称那些浪迹天涯以技艺谋生者为"走江湖"。

"立"，本义是：人站在地上。在《说文解字》里的解释是：侸也。"立"作动词时，通"粒"，进食之意；作名词时，通"位"，爵次、位次；也作副词用。

"形"，本义是：着色加彩，突显图案。在《说文解字》里的解释是：象形也。《周易》讲："形而上者谓之道，形而下者谓之器，化而裁之谓之变，推而行之谓之通，举而错之天下之民谓之事业。"看来形是器的表现，是道的载体，形为初，器为终，形器是我们看得见摸得着的物品，制器尚象，以象载道。《周易》中用八卦符号来代表天地间的象。乾（☰）为天，坤（☷）为地，是其余62卦的门户，还有六个象：兑（☱）为泽，离（☲）为火，震（☳）为雷，巽（☴）为风，坎（☵）为水，艮（☶）为山，都是天地阴阳交互的结果，可以把六个卦理解为天地之子。相对天地来讲，这六个象都只是小象，但相对其他万物，反倒是大象了。《周易》第3卦《屯卦》的"彖辞"中有这样一句话："雷雨之动满盈"，可以知道，真正能够充满天地的就是雷和雨，这是除天地之外的最大的象了。

"端"，本义是：立正，站直。在《说文解字》里的解释是：直也。"直"与"正"还是有区别的，"直"不一定"正"，又直又正才是端正。"端"作形容词时，指端正，引申为正直、正派；作名词时，指开头、顶端、借口、办法等意。

"表"，本义是：用野兽毛皮制成的外衣。在《说文解字》里的解释是：上衣也。古人用野兽毛皮做的衣服，通常都是有毛的一面在外，一目了然，所以"表"作名词时，就是外面、外貌等意；作动词时，还有启奏之意。

"正"，本义是：脚踏正，不偏斜地朝着方向、目标走去。在《说文解字》里的解释是：是也。不偏不倚为中，无过无不及为正。"正"是多音字，读zhèng的时候，表示不偏斜，合法合理，与"负"相对；读zhēng的时候，表示农历年的第一个月，即正月，也指箭靶的中心，引申为目标。

"**德建名立，形端表正。**"意思是：一个人养成了好的道德，就会有好的名声，就如同形体端庄了，仪表就正直了一样。这八个字讲了怎么建德和立名。《周易·坤文言》中讲："积善之家必有余庆，积不善之家必有余殃。"《周易·系辞》中也讲："善不积不足以成名；恶不积不足以灭身。"有好的德行，才有好的名声。人之"形"有两个层面：身形与心形，身与心都要端，外表才正。"德"和"名"，"形"和"表"是对应的，互为体用。

说起这个"德"字，很容易想到《道德经》。《道德经》共5000字，前面3000字讲的是道，后面2000字讲的是德，这与《周易》异曲同工。《周易》上经共30卦，讲的是天地自然之道，也就是"道体"；下经共34卦，讲的是人文之理，也就是如何按道去行为，即"德体"。所以我想老子是看了《周易》之后，从中得到了感悟，提炼了精髓，讲出了《道德经》。《周易》的上经以乾卦与坤卦开头，以坎卦与离卦结束，坎为水，离为火，也就是说，《周易》的上经以水火作结；下经以咸卦之通感万物开始，以水火既济卦与火水未济卦结束，也以水、火结束，可见水火为天地之用。在《道德经》中对水的描述也颇为精妙。由此可知圣人感知天地自然之道是有序的，也是相通的。

老君岩造像/道教是创始于中国的宗教。春秋战国时期的思想家老聃（又称老子）被奉为道教的创始人。《道德经》是该教的主要经典。中外文化交流，传教是重要内容之一，丝绸之路又是宗教传入中国的主要途径。泉州是各教云集之地，中国土生的道教在泉州清凉山开凿老君岩造像，并非偶然。

空谷传声，虚堂习听。

【字形的演变及基本字义】

	甲骨文	金文	小篆	繁体隶书	简体楷书	说文解字
空		空	空	空	空	窍也
谷	谷	谷	谷	穀	谷	泉出通川为谷
传	传	傳	傳	傳	传	遽也
声	聲	聲	聲	聲	声	音也
虚	虚	虚	虚	虛	虚	大丘也
堂		堂	堂	堂	堂	殿也
习	習	習	習	習	习	数飞也
听	聽	聽	聽	聽	听	聆也

【正讲】

"空谷传声，虚堂习听。"

　　"空"，本义是：人工开凿或修建的居穴。在《说文解字》里的解释是：窍也。在文中的意思是：空旷、广阔。"空"是多音字，读kōng时，指不包含什么、没有内容，如：空虚、空洞；作名词时，指天空、空间，也指佛门。道家的虚静之性为空。读kòng，作动词时，意思是使之困穷、腾让出来等意；作名词时，指闲暇、空地等。读kǒng时，同"孔"，是洞、窟窿、口等意。

　　"谷"，本义是：山岭间涧水汇集的洼地，也就是山谷。在《说文解字》里的解释是：泉出通川为谷。"谷"作名词时，除了指山谷、水流外，也指谷类植物或粮食作物的总称。

　　"传"，本义是：驿站所备的车。"传"是个多音字，一是读chuán，通常用作动词，是传递、传播的意思；二是读zhuàn，名词，指解说经义或记载某人一生事迹的文字，也指驿站等。在这里读chuán，是传递、传送的意思。古人送传信件，通常是快马加鞭，所以"传"在《说文解字》里的解释是：遽也。"遽"的本义是：送信的快车或快马。

　　"声"，本义是：耳朵能辨别的听觉信息。在《说文解字》里的解释是：音也。其实"声"与"音"是有区别的：声为阳，音为阴，声为天之阳，音为地之阴。风声、雷声发于天。人属于地之物，所以唱歌走音称为"五音不全"，而非"五声不全"。《礼记·乐记》中有："感于物而动，故形于声。"

　　"虚"，甲骨文是：𧆵，本义就是虎豹横行、寥无人烟的地方，也指大土山。《说文解字》的解释是：大丘也。"虚"是"墟"的古字，意思是大山丘、土丘。最大的墟就是昆仑山，所以昆仑山也叫昆仑墟。在古代，"虚"也同"圩"，是集市的意思。在本文里，"虚"当空旷、空阔讲。"虚"在道教里指无欲无为的思想境界。

"堂"，本义是：王宫内举行隆重仪式的大殿正厅。在《说文解字》里的解释就是：殿也。对于中国的传统建筑来讲，堂屋是最大的房间，古代称"堂"，在汉代以后称作殿。唐代以后就不叫"殿"，又改称"堂"了，泛指房屋的正厅。"堂"作形容词时，指在外表、举止或言语中表现出尊严，如堂堂大丈夫；也指同一祖父，但不同父亲的兄弟姐妹关系。

"习"，甲骨文是：习，上面是羽毛，下面是一个"日"，本义就是小鸟每日都振动翅膀重复飞行。在《说文解字》里的解释就是：数飞也。"习"作动词时，有通晓、熟悉、习染等意。《论衡·本性》中有："习善而为善，习恶而为恶也。"

"听"，本义是：用耳朵感受声音。在《说文解字》里的解释是：聆也。就是专心听的意思。"听"是个简化字，其繁体字"聽"的内涵更加丰富，"聽"的左边是一个"耳"与一个"王"，右边与"德"的右边一样，所以要有"听德"，什么声音都能听得，音不入耳，声不入心。《尚书》中有："无稽之言勿听。"《礼记·大学》中讲："心不在焉，视而不见，听而不闻……"

"空谷传声，虚堂习听"的意思是：在空旷的山谷中呼喊声传得很远，回声不断；在宽敞的厅堂里说话声非常清晰，反复回荡。声音在"空谷"与"虚堂"里能够回荡传递，发出什么样的声音，就会成倍的放大回应，所以，说什么话，一定要谨慎小心！《周易·系辞》中讲："君子居其室，出其言善，则千里之外应之，况其迩者乎。居其室，出其言不善，则千里之外违之，况其迩者乎？"君子在私室说的话，如果是好的言论，远在千里之外也会使人感动，产生共鸣，更何况在你身边的人呢？相反，如果内心发出不正当的言论，远在千里之外也会引起人们的反对，更何况身边的人呢？可以知道发自内心之言论的重要及其意义。言行为诚信之本，所以孔子才说"言行，君子之枢机也，枢机之发，荣辱之主也。言行，君子之所以动天地也，可不慎乎？"言论与行为，对君子来说，就像门的轴、弩箭的扳机，一旦发动，就已经决定了荣誉或耻辱。君子的言行，足可以动摇天地，怎么能不谨慎呢？

祸因恶积，福缘善庆。

【字形的演变及基本字义】

	甲骨文	金文	小篆	繁体隶书	简体楷书	说文解字
祸						害也，神不福也
因						就也
恶						过也
积						聚也
福						佑也
缘						衣纯也
善						吉也
庆						行贺人也

【正讲】

"祸因恶积，福缘善庆。"

　　"祸"，本义是：神因人的过错而降下死难。《论衡》中说："来不由我，古谓之祸。""祸"在《说文解字》里的解释就是：害也，神不福也。"祸"在文中指灾祸、祸患。

　　"因"，本义是：躺在席子上。"因"是"茵"的本字，即坐垫、车垫。在《说文解字》里的解释是：就也。"因"作名词时，有原因、机会等意；作动词时，有依靠、凭借、顺应等意；作介词时，有由于、因为、趁着等意。

　　"恶"，本义是：过失。在《说文解字》里的解释是：过也。"恶"是个多音字，一是读wù，是内心无法接受、反感、厌恨之意；二是读ě，多指心情或胃极度不舒服，如恶心；三是读è，意思是非常不善、心肠歹毒、坏行为、罪孽。读wū时，表示惊讶之意。在文中读è，过失、罪恶之意。

　　"积"，本义是：储备粮食。在《说文解字》里的解释是：聚也。禾谷之聚称为积。在文中是累积之意。

　　"福"，甲骨文是：𥛠，本义是：用多余的粮食酿酒，以此表示富足、福气、福运。"福"在《说文解字》里的解释是：佑也。有的人说"福"字就是有一口田，还有衣服，有吃的有穿的就是幸福，只是望文生义罢了，没有看清楚"福"字左边是"礻"，即展示的"示"，并非"衤"。古称富贵寿考等齐备为福。

　　"缘"，本义是：古时衣服的边饰。在《说文解字》里的解释是：

衣纯也。"缘"是个多音字，读yuán，作名词时，意为边沿、因缘等；作连词时，是由于之意；作动词时，有向上爬、牵连、顺着等意。读yuàn，指衣服的镶边。

"善"，甲骨文是：，是一个羊头。羊代表吉祥。本义是：神态安详，言语温和，慈眉善目吉祥。在《说文解字》里的解释是：吉也。"善"作形容词时，有美好、善良、慎重、熟悉等意；作名词时，指好人、好事等；也作动词、副词用。

"庆"，本义是：手持鹿皮，真诚地对人。在《说文解字》里的解释是：行贺人也。古代吉礼以鹿皮为挚，心所喜而行。"庆"作动词时，有祝贺、庆贺等意；作名词时，指福庆、吉庆、福泽等意。

"祸因恶积，福缘善庆。"出自《周易·坤文言》："积善之家必有余庆，积不善之家必有余殃。臣弑其君，子弑其父，非一朝一夕之故，其所由来者渐矣，由辨之不早辨也。易曰：'履霜，坚冰至。'盖言顺也。"是孔子在看了《周易·坤》卦初六爻的"履霜，坚冰至"后引发的思考。积累善思善言善行，就会福泽绵长；作恶多端只会招致祸害。祸福无门，惟人自招。常言道："自求多福"，祸害也是惟人自招。正如前面讲的"空谷传声，虚堂习听"一样，回声是成倍的放大与拉长。"恶"是"祸"的因，"祸"是"恶"的果；"善"是"福"的因，"福"是"善"的果。灾祸是作恶多端的结果，福禄是乐善好施的回报。佛经中讲："欲知前世因，今生受者是；欲知来世果，今生作者是。"今天的果是前世的因，前世即是上辈子，是昨天，也是前一秒。善行不忘点滴，福祸只在一念，需谨言慎行才是！

尺璧非宝，寸阴是竞。

【字形的演变及基本字义】

	甲骨文	金文	小篆	繁体隶书	简体楷书	说文解字
尺		㇇	尺	尺	尺	十寸也
璧		璧	璧	璧	璧	瑞玉环也
非	兆	兆	非	非	非	违也
宝	𥦗	𡪅	寶	寶	宝	珍也
寸			寸	寸	寸	十分也。人手却一寸，动脉谓之寸口
阴		侌	陰	陰	阴	闇，同"暗"也。山之北，水之南也
是		昰	是	是	是	直也
竞	竸	競	競	競	竞	逐也

【正讲】

"尺璧非宝，寸阴是竞。"

"尺"，本义是：从脚掌到膝关节的距离。古人常用身体来丈量，成人两臂左右伸直的长度约合五市尺，称为一庹。"尺"在《说文解字》的解释是：十寸也。十寸为一尺。"尺"是多音字，通常读chǐ，就是中国市制长度单位，也指量长度的器具。"尺"也读作chě，是中国古代乐谱的记音符号，相当于简谱的"2"。

"璧"，本义是：平而圆，中心有孔的玉。在《说文解字》里的解释是：瑞玉环也。"尺璧"指大的璧玉，在《尚书》中有记录，"尺璧"是一尺二寸的大玉。

"非"，本义是：禽类左右翅膀之相对、相背。表示违背。在《说文解字》里的解释是：违也。"非"作动词时，有责怪、讨厌、必须等意；"非"通"诽"，指诽谤；也通"避"，躲开之意；"非"作名词时，指不对、错误等；作副词时，相当于不、不是；也作形容词用。

"宝"，本义是：藏在家中的珍贝玉石等奇珍。在《说文解字》里的解释是：珍也。最初的宝物就是玉和贝壳，楚庄王时期，贝币以朋为单位，五枚贝用绳索串起为一系，二系相连为一朋。最早的金属货币是商朝的铜贝。中国最早的纸币是交子，也是世界上最早的纸币，是在宋真宗时，由成都十六家富商共同印制发行的代替铁钱的纸币——交子。"宝"作名词时，也指珍贵的东西，还是一种赌具等；也作动词、形容词用。

"寸"，本义是：从手掌到手腕的距离，中医切脉，称距离手腕一寸长的部位为"寸口"。《说文解字》的解释是：十分也，人手却一寸，动脉谓之寸口。也就是人的手掌线退十厘米的位置就是寸口，就是平常医生把脉的位置。"寸"作形容词时，引申为极短。

"阴"，本义是：山的北面，水的南面。与"阳"相对。"阴"作名词时，泛指北面、背阳为阴，也指秋冬季节、生殖器、日影、月亮、旧时指冥间等；作形容词时，有凹下、阴险、寒冷、负的、隐藏的等意；也作副词用。"阴"在《说文解字》里的解释是：暗也。山之北，水之南也。广州有句俗话："宁要河北一张床，不要河南一间房"，"河"在这里指珠江，可见居阳位的重要性。"寸阴"指日影移动一寸的时间，比喻一个非常短的时间。古代记时间用日晷，日影随着日光不停地移动，说明时光飞逝，所以要珍惜时光。

"是"，本义是：太阳光垂直于地面，以日为正。在《说文解字》里的解释是：直也。不偏斜之意。"是"可用作形容词、代词、动词、

日晷/日晷，利用一根表针投出的日影方向和长度来测定太阳时的仪器。中国日晷起源于圭表。日晷可分为地平晷、赤道晷、立晷、斜晷等。图为设在北京故宫太和殿前的日晷，时针指向下午四时左右。

副词、连词、助词等。作名词时，指商业、职业或政府的事业、业务或国务，如：国是等。

"**竞**"，本义是：角逐、比赛。在《说文解字》里的解释是：逐也。"竞"作动词时，有竞争、争辩之意；作形容词时，有强劲、小心谨慎等意。

"**尺璧非宝，寸阴是竞**。"意思就是：一尺大的玉都不能称为宝，即使片刻光阴也值得珍惜，不能浪费！用通俗的话说就是分秒必争。我们常引用"一寸光阴一寸金，寸金难买寸光阴。"说明时间的重要性，告诫不可虚度光阴，空留遗憾。前面的"祸因恶积，福缘善庆"讲积善去恶，紧接着就讲抓紧时间珍惜光阴。由此可以看出，《千字文》在识字同时，更注重德教。世间真正的因果，就是珍惜当下的分秒，从自我做起，反求诸己。

資 父 事 君， 曰 嚴 与 敬。
zī fù shì jūn， yuē yán yǔ jìng

【字形的演变及基本字义】

	甲骨文	金文	小篆	繁体隶书	简体楷书	说文解字
资				資	资	货也
父				父	父	家长举教者
事				事	事	职也
君				君	君	尊也
曰				曰	曰	词也
严				嚴	严	教命急也
与				與	与	党羽也
敬				敬	敬	肃也

【正讲】
"资父事君，曰严与敬。"

"**资**"，本义是：钱财。在《说文解字》里的解释是：货也。"资"作名词时，有费用、资历、天赋、粮食等意；作动词时，有资助、供给、救助、蓄积等意；作形容词时，有锋利之意。

"**父**"，甲骨文是： ，像手持棍棒，通常是一家之长（父亲）举着棍棒教育孩子。本义是：手持棍棒，教子女守规矩。在《说文解字》里的解释就是：家长举教者。《周易·蒙》卦中就有"击蒙"，并非倡导体罚，"击"要恰到好处，否则会适得其反。在古代，父亲活着的时候叫作"父"，父死后称"考"。在这里，"父"有父母的意思。"父"是多音字，读fù时，指爸爸、母亲的丈夫；也指对男性长辈的称呼，如：伯父、舅父。读fǔ时，是对有才德的男子的美称，也是对老年男子的尊称。古人以为天地生万物，故称天为"父"。

"**资父**"是赡养和侍奉、孝顺父母。"孝"在《说文解字》里的解释是：善事父母者。"孝"是由"老"字省去右下角的形体，然后和"子"字组合而成的一个会意字。从这里可以看出，"孝"的古文字形与"善事父母"之义是吻合的，孝是子女对父母的一种善行与美德，是家庭中晚辈对待长辈的道德品质和必须遵守的行为规范。对待父母不仅仅是顺从，更强调恭敬之心，如果只有"顺"从，就不会长久。孟子称这样的人为"顺子"而非"孝子"，只是顺从，而心中没有敬意，就不足以表达"孝"的内涵。

"**事**"，本义是：一种官职，掌管文书记录。在《说文解字》里的解释是：职也。"事"作名词时，有事业、职业等意，也引申为职守、政事；作动词时，有供奉、侍奉等意。

"君"，本义就是：发号施令、执政治国之人，指帝王。在《说文解字》里的解释是：尊也。"君"作名词时，是古代大夫以上据有土地的人的通称，引申为人的尊称，相当于"您"，夫妇之间的尊称等；作动词时，有主宰、统治之意。

"事君"即为侍奉君主，必须认真恭敬，其核心是要"忠"君。曾子认为：忠可以作为家庭观念的孝的组成部分，而与血缘关系密切相关的孝又适用于事君，由子女对父母的孝上升到对君主的忠诚，成为政治原则。韩国与日本受中国传统文化的影响就出现了鲜明的表现，比如韩国国民教育中的"孝"，已经深入到社会的各个层面，日本人对"忠"的文化表现几近痴狂。

"曰"，本义是：开口说话。在《说文解字》里的解释是：词也。"曰"作动词时，有说、说道、叫作等意；也作助词用。

"严"，本义是：训斥、敦促。《说文解字》的解释是：教命急也，有敦促、急切、教训、命令之意。"严"在本文中为尊重的意思，"严父"就是尊敬父亲。生活中，一般父亲要严厉一点，母亲更慈爱一些，对父亲的尊称为"家严"，称母亲为"家慈"，"慈"是指无条件的爱。

"与"，本义是：施予、给予、赐予；在《说文解字》里的解释是：党羽也。在这里作介词，是和、及、跟的意思。"与"是多音字，读yǔ时，作名词，是党与、朋党、盟国、同类等意；也作介词、连词、助词用。读yù时，是参加的意思，如：与会、参与。读yú时，同"欤"，文言助词，表示疑问、感叹、反诘等语气。

"敬"，本义是：恭敬，端肃。恭在外表，敬存内心。"敬"在《说文解字》里的解释是：肃也。"敬"作动词时，指内心有紧迫的感觉，表达认真的态度，以礼对待，以表尊敬。作名词时，有自愿转让无须抵偿的东西，捐赠或赠送的礼品。

"资父事君，日严与敬"。出自《孝经》："资于事父以事母其爱同，资于事父以事君其敬同。"意思就是：用侍奉父亲的心情去侍奉母亲，爱是相同的；用侍奉父亲的心情去侍奉国君，崇敬之心也是相同的。强调了对待父母与君王的态度。能够做到恭敬一体，对父母心存敬慎，一丝不苟，要让父母在衣食住行等方面真正体会到子女的用心照顾。尤其在言语表达的语气、情绪上面，尊重理解长辈的习性、作息习惯、喜欢等，侍奉君主也要像对待父亲那样严肃而恭敬。

铜镜/铜镜在古代是官吏自鉴自律的象征物，也是一种为官清廉、秉公执法的标榜。后世在许多墓葬中都发现了铜镜这一特别的随葬品。图为汉代铜镜。

xiào dāng jié lì, zhōng zé jìn mìng

孝当竭力，忠则尽命。

【字形的演变及基本字义】

	甲骨文	金文	小篆	繁体 隶书	简体 楷书	说文解字
孝	𦣞	𦣞	𦣞	孝	孝	善事父母者
当		𤰞	當	當	当	田相值也
竭			竭	竭	竭	肩负也
力	𠂇	𠂇	𠂇	力	力	筋也。像人筋之 形。
忠		忠	忠	忠	忠	敬也
则		則	則	则	则	等画物也
尽	𥁕	盡	盡	盡	尽	器中空也
命	命	命	命	命	命	使也

【正讲】

"孝当竭力，忠则尽命。"

"**孝**"，本义是：尽心奉养和服从父母。在《说文解字》里的解释是：善事父母者。所谓"百行孝为先"，《礼记·祭义》中也有："众之本教曰孝。"《周书·谥法》讲："慈惠爱亲为孝，协时肇（zhào）享为孝，五宗安之曰孝，秉德不回曰孝。"古人认为只有孝子才能出忠臣。汉武帝设立了"举孝廉"的人才选拔制度，把"孝"作为考核人才的标准之一。古代"十恶"中就有"不孝"。侍奉、善待父母就是孝，孝是人格的基本，如果一个人对自己的父母都不好，还能有什么指望？国家在选用人才的时候，会严格考核这一点。"孝"，上面是"老"的部分，下面是一个"子"，我们都会成为老人，也永远是父母的孩子，这种角色是贯穿始终的。《弟子规》中有一句话讲："父母教，须静听；父母责，须顺承。"父母的话，你一定要静听，强调一个"静"字；父母责怪你了，一定要顺承，就是顺着他，承受着，不要反驳。如果确实是父母不对，你可以不执行，但不能顶嘴。《礼记》中还有许多关于"孝道"的规则，比如做儿女的每天早上和晚上都要给父母请安，也就是问问父母是否安好，一定要侍奉父母睡觉之后自己才能睡。冬天冷，要先把被子暖热，再给父母用；夏天热，就要想办法给父母降温。早上一定要先于父母起床，接着把东西收拾好，做好早餐，然后再叫父母起床。早晚问安是非常科学的，父母年龄大了，晚上人的阳气弱了，早上阳气比较旺，这个时候人的内分泌系统会达到峰值，很多高血压、高血糖等常会在凌晨、早上、晚上出现问题，做子女的这时候要问安，了解一下父母的身体情况，以便有什么问题可以及时就医。父母安我才安，这是孝道的核心。

"当"，本义是：两块田相当、相等。在《说文解字》里的解释是：田相值也。在文中为应当、应该的意思。"当"是多音字，读dāng，作动词时，是担任、掌管、相配、应该、抵御等意；作名词时，指过去的某一时间，也作介词、代词、象声词、连词用。读dàng，作动词时，有主领、等于、抵押等意。读dɑng，作为后缀词，无实意，如：尔当、卿当。

"竭"，本义是：背举、用肩背负。在《说文解字》里的解释是：肩负也。双手没力了，就用肩膀来扛，尽全身之力气。"竭"字准确地描述了"孝"的程度，尽最大心愿与能力去侍奉父母。

"力"，本义是：一种说法是古代的犁形；另一种说法是强壮有劲的手臂。在《说文解字》里的解释就是：筋也。像人筋之形。筋者其体，力者其用也。"力"作名词时，有体力、力量、威力等意，也泛指功劳。《周礼》中讲："事功曰劳，治功曰力。""力"作动词时，有致力、努力、役使等意；作副词时，指尽力、竭力之意。

"忠"，本义是：内心公正，不偏私情。在《说文解字》里的解释是：敬也。"忠"是尽力做好本分的事。"忠"作动词时，是尽忠之意，特指事上忠诚，也作形容词、名词用。

"则"，本义是：刻铸在钟鼎上面的法律条文。古代把一些条文、规则铸在铭器上，以便让人遵守。在《说文解字》里的解释是：等画物也。"则"作名词时，指准则、法则。《管子》中有："天不变其常，地不易其则。""则"在文中作副词用，表示肯定，相当于"就"。

"尽"，本义是：手持毛刷清空盛器。在《说文解字》里的解释是：器中空也。盛东西的器皿只有空了才能洗刷，刷干净了就是尽了、没了。

"尽"是多音字，读jìn，作动词时，指完毕、达到极端等意；作副词时，指都、全部之意；读jǐn时，是指力求达到最大限度，如：尽量、尽管。

"**命**"，本义是：上级向下级发号施令。在《说文解字》里的解释是：使也。在事为令，在言为命。"命"作动词时，有指派、发号、命名等意；作名词时，有命令、命运、性命等意。

陶鬲/炊器的出现与发展，标志着人类已彻底告别茹毛饮血的时代，并开始创造独具风格的饮食文化。陶鬲是具有代表性的早期炊器，在新石器时代晚期就已经出现。商周时期的陶鬲大多无耳，袋形腹，下有三个锥形足。

"**孝当竭力，忠则尽命**。"意思是说：孝顺父母应当竭尽全力，忠于君主要不惜献出生命。汉代郑玄说"忠孝道著，乃能扬名荣亲，故曰终于立身也。"这是对《孝经》"终于立身"的解读，足见"孝忠"的意义。如果忠君爱国一定要不惜自己的生命，不问是非，一味舍命为忠，那就是被孔子、孟子所批评的愚忠了。这里的"忠则尽命"是指一丝不苟、恪尽职守，做好本分的事情。孔子也说了，不在其位不谋其政，一定要把分内的事做好，尽心尽责就叫尽命。如果是仁君之命，为天下太平之令，就要尽忠职守；若是夏桀、商纣……违天逆民，忠臣则宁死不从，这才是真正的"忠则尽命"。《礼记·礼运篇》讲："大道之行，天下为公。"《尚书·五子之歌》中有："民为邦本，本固邦宁。"《周易·乾文言》中也讲："乾始能以美利益天下，不言所利，大矣哉!"行大道，民为本，利天下，才是为政之基。只有这样的"命"，百姓才会由衷地支持，自然会恪尽职守！

临深履薄，夙兴温清。

【字形的演变及基本字义】

	甲骨文	金文	小篆	繁体隶书	简体楷书	说文解字
临		𦣃	𦣊	臨	临	监临也
深		𡩧	𣸏	深	深	深水
履			履	履	履	足所依也
薄			薄	薄	薄	林薄也
夙	𠂔	𠂔	夙	夙	夙	早敬也
兴	𡘹	𦥯	興	興	兴	起也
温			溫	温	温	暖和
清			清	清	清	寒凉也

【正讲】

"临深履薄，夙兴温清。"

　　"**临**"，本义是：俯首察看。在《说文解字》里的解释是：监临也。《周易》第19卦就是"临卦"，描述了以上治下，以尊治卑，以君治民之道，强调统治者应该以柔美中庸之德施惠于下，设法教导百姓，以无私之美德富民、体民、容民。《中庸》里讲："唯天下至圣，为能聪明睿智，足以有临也"；还讲了"宽裕温柔，足以有容也"；"发强刚毅，足以有执也"；"齐庄中正，足以有敬也"；"文理密察，足以有别也"。仁而有容，义而有止，礼而有敬，知理而有别，也是儒家的核心思想。"临"在文中作动词用，有面对、碰上之意。

　　"**深**"，本义就是：探测潭底，看看水的深度。在《说文解字》里的解释就是：深水。"深"作形容词时，引申为距离大，也指玄妙、深奥、重大等意。

　　"**履**"，本义：行走、践踏。在《说文解字》里的解释是：足所依也。战国以前，"履"一般用作动词，有穿鞋、登位、实行等意；那时候用"屦"表示鞋子，唐朝以后才直接用"鞋"了。"履"作名词时，还指领土、疆土。

　　"**薄**"，本义是：草木丛生处，在《说文解字》里的解释是：林薄也。"薄"是个多音字，读báo，作形容词，口语中指不厚，土地含养分少、不肥沃的、感情不深、味淡等意。读bó，作名词时，指丛生之草、养育的工具、帘子等；作动词时，轻视，通"迫"，迫近、接近之意；也通"泊"，停止、依附之意；作形容词时，与"厚"相对，引申为微小、少、不浓、微薄、不厚道等意。读bò时，指薄荷。在文中读bó，为形容词，形容物体扁平，与"厚"相对，就是不厚的意思。

"临深履薄"出自《诗经·小雅·小旻》："战战兢兢，如临深渊，如履薄冰。"这句话表达了诗人忧虑国事的沉重心情及畏惧、惆怅、谨慎之状。比喻邪政导致的险恶，令人不安，心生恐惧。

"夙"，本义是：星月未隐，就起床敬拜。在《说文解字》里的解释是：早敬也。"夙"除了早晨的意思外，还有早起劳作，以示恭敬之意。"夙"作名词时，有素有的、旧有的意思，比如：夙愿、宿敌。

"兴"，甲骨文是：🈟，周围有四只手，中间是张开的嘴巴，本义就是：众人喊着号子一起发力，引申为兴起、起来。在《说文解字》里的解释是：起也。"兴"是个多音字，读xīng，作动词，有兴起、流行、发动等意。读xìng，作名词时，是兴致、情起之意；作动词时，指喜爱、喜欢。

"夙兴"就是"夙兴夜寐"，出自《诗经》："夙兴夜寐，洒埽庭内，维民之章。"起得早睡得晚，洒扫庭室，以此形容勤奋劳作。

"温"，本义是：古水名。在《说文解字》里的解释是：暖和。"温"作名词时，指河流名词，也指温度等；作动词时，有加热、复习、补养等意。

"凊"，本义是：如冰一样冷的矿石。在《说文解字》里的解释是：寒凉也。"凊"比"清"还要冷一点，都冻成两块冰了。

"温凊"其实是冬温夏凊，出自《礼记·曲礼》："凡为人子之礼，冬温而夏凊。"温以御其寒，凊以致其凉。

"临渊履薄，夙兴温凊。"这句话在文中的意思是：要以"如临深渊，如履薄冰"那样的心情，小心谨慎地对待父母，早起晚睡，侍候父母作息，让他们冬天保暖，夏日凉爽。现在的父母，甚是疼爱小孩，无微不至，巴不得把一切的爱都给予孩子，有些孩子就是被泛滥的爱惯坏的，过于爱就变成了溺爱，反而害了孩子。对孩子的爱应该回归到忠孝培养上，回归到大是大非的辨别上，让孩子尊老爱幼、是非分明才是根本。为人父母更要言传身教，身体力行！所以学习中国优良的传统文化是有必要的！

现代社会，许多人的焦虑与迷茫，甚至没有方向感，就是内心缺少核心价值，没有核心价值是因为没有文化生命，文化生命枯萎是因为没有了我们优秀的传统文化。反过来讲，重塑传统重在寻找文化生命，文化决定价值，价值安顿生命，人心安了，幸福感自然提升。如果没有传统文化支撑的价值观，对过去没有回忆，对未来也没有想象，只有眼前对物质的疯狂追逐与消费，仅此而已。

似兰斯馨，如松之盛。

【字形的演变及基本字义】

	甲骨文	金文	小篆	繁体隶书	简体楷书	说文解字
似				似	似	象也
兰				蘭	兰	香草也
斯				斯	斯	析也
馨				馨	馨	香之远闻者也
如				如	如	从随也
松				松	松	松木也
之				之	之	出也
盛				盛	盛	黍稷在器中以祀者也

【正讲】

"似兰斯馨，如松之盛。"

"**似**"，本义是：孩子长得像父母，引申为相像、相似；在《说文解字》里的解释是：象也。"似"是个多音字，读sì，作动词，有像、似乎、送给等意，也作介词用。读shì，作助词用，相当于"似的"、"如……一般"。

"**兰**"，本义是：兰草，古时把兰草叫作泽兰。在《说文解字》里的解释是：香草也。兰花的品种多达数千种，一般的兰花是不香的，这里的"兰"应该是指墨兰，花呈暗紫色或紫褐色，香气怡人、悠远。通常情况下，色彩越素淡的花，香气越浓；越鲜艳的花，香气越淡。花朵芬芳、鲜艳是为了招蜂引蝶来采花传粉。当然，植物传播种子的方法有很多，有靠小鸟或其他动物来传播；有靠风来传播；还有机械传播种子的，如凤仙花的果实成熟以后会弹裂，把种子弹向四方，还有许多的豆类植物也是如此，成熟时也会炸裂，把豆子弹出去。

"**斯**"，本义是：用刀具将竹片破扯成编箕的细篾丝；"斤"为斧头。《说文解字》的解释是：析也。"斯"在这里当代词讲，假借为"此"。作形容词时，通"厮"，指古代干粗活的奴隶或仆役。

"**馨**"，本义是：散布很远的香气。《说文解字》的解释是：香之远闻者也。唐朝的刘禹锡在《赠日本僧智藏》中讲："为问中华学道者，几人雄猛得宁馨？"意思是：要问中华大地那些求道的人们，有几人能够做到不畏艰险视沧溟如平地，遍礼名山顿根妙悟。"宁馨"是古汉语词，现在不常用了，"宁"读nìng时，相当于如此。"馨"是语助词，如"然"一样。"宁馨"合为词，意思是"如此，这样"，含有赞美之意。现代汉语却大多解为安宁温暖。

"**似兰斯馨**"出自《周易·系辞》："二人同心，其利断金；同心之言，其臭如兰。"由《周易·同人》卦的卦义人格化，得出"君子和而不同，小人同而不和"的"和"、"同"思想。西周末年著名的思想家史伯提出的"和实生物，同则不继"，及后世的"天地和同"、"和而不同"等均成为孔子思想体系中重要的组成部分。"似兰斯馨"的意思是：作为君子，首先要正己，然后才能够正人，德行要像兰草一样芳香，并且能够熏染、感化周围的人。

"**如**"，本义是：女子唯唯诺诺、顺从。在《说文解字》里的解释是：从随也。在这里作动词用，是好像、认同的意思。"如"也作连词、助词、介词用。

"**松**"，本义是：指松科类植物。《说文解字》的解释是：松木也。一般为常绿乔木，树皮多为鳞片状，叶子针形，花单性，雌雄同株，结球果，卵圆形或圆锥形，有木质的鳞片、木柴和树脂都可利用。"松"作形容词时，有发乱、不紧、经济宽裕等意，松有"满"意，指围棋术语。

"**之**"，本义是：植物生出滋长。在《说文解字》里的解释是：出也。"之"作动词时，有往，到……去之意，也用作代词、助词、形容词。

"**盛**"，本义是：堆积在祭器中的黍稷，呈溢满状。在《说文解字》里的解释是：黍稷在器中以祀者也。"盛"是个多音字，读chéng的时候，作动词，意思是把东西放进容器里，比如：盛饭。在这里读shèng，作形容词，是茂盛、兴盛的意思。作名词时，指极点、顶点之意。

"**如松之盛**"是指君子的德行像松树那样的茂盛。人们认为松树属阳，柏树属阴，"柏"的谐音是"白"。生活中有红白事，"白事"就是丧事。"白"的五行属金，西方属金，太阳落于西边，人们把去世称为"归西"或"上西天"了，所以，一般墓地里会种柏树。在汉代明文规定，人伐一棵柏树与盗墓同罪，会进监狱，严重的甚至被斩首示众。伐人家坟上的柏树，等于掘人家的坟墓，是对祖宗的大不敬，等于断了人家祖宗的根，从形式上是断了家道、家训和遗志！清明节为什么要祭祖？祭祀是干什么的？就是不忘祖典，是行孝的主要方式，是对祖先的一种怀念，其核心意义是要传承祖上的遗志、家道、福德，而非单指继承资财。孔子家族现在传了70多代了，引以为傲的

尖足鬲/1972年陕西岐山县刘家村出土，西周青铜炊器。商代出现铜鬲，形制沿袭陶鬲，大口，上有立耳，颈微缩，袋形腹，下有三个较短的锥形足。

是什么呢？就是孔子倡导的儒家思想！如范仲淹，当年他那么辛苦练兵打仗，有点钱就帮助穷人的孩子去读书，他个人却穷困潦倒，留给后代的是"先天下之忧而忧，后天下之乐而乐"这样的醒世之言。范氏家族到现在还人才辈出，就是因为其家道福德在流传。子孙有才，不留钱也没关系；子孙无才，留再多的财也会败光。中华民族一代一代传承下来、绵绵不绝的核心是家风，是道德风尚。

川 流 不 息，渊 澄 取 映。

【字形的演变及基本字义】

	甲骨文	金文	小篆	繁体隶书	简体楷书	说文解字
川	巛	川	巛	川	川	贯川通流水也
流		㳂	流	流	流	水行也
不	不	不	不	不	不	飞，鸟上翔，不下来也
息		息	息	息	息	喘也
渊	囦	淵	淵	渊	渊	回水也
澄		澄	澄	澄	澄	水清静也
取	取	取	取	取	取	捕取也
映			映	映	映	明也

【正讲】

"川流不息，渊澄取映。"

"川"，本义是：河流、水流。在《说文解字》里的解释是：贯川通流水也。从"川"字的字形可以看出，最初的造字灵感应该与伏羲氏画的八卦之一的坎卦的卦画（☵）存在联系，一看就像河流，坎卦的第一象就是代表水，卦画后来逐渐演变成：☵。"川"还有平野、平地的意思，如：一马平川、八百里秦川。说到"川"，很容易想到"四川"，很多人都说之所以取名"四川"是因为四川境内有四条大河：岷江、嘉陵江、沱江、金沙江。其实，四川境内河流众多，还有川江（长江四川段）、黔江等，说"四川"是指四条河流是不确切的。四川古称梁州。周朝时期，四川东部有巴国，也就是如今重庆一带地区；西部有蜀国，也就是成都片区，故合称为巴蜀。秦朝时期，设巴国、蜀国为巴蜀二郡。到了汉代，把四川称为益州。三国时期，刘备在四川建立蜀汉政权，所以四川又称为蜀或蜀汉。到了晋代，四川分为梁州和益州。唐太宗时期，把四川分为剑南东川道、剑南西川道、山南西川道，因此，在唐朝，今四川地区被称为"剑南三川"或"三川"。宋太祖时，把四川分置为西川路与峡西路。宋太宗时，又合并为川峡路。宋真宗时，又把西川路分为西川东路（治梓州，又名梓州路）和西川西路（治成都，又称益州路）；把峡西路分为利、夔（kuí）两路，从此，四川一共有四路，合称为川峡四路，又称四川路或四川。因此，"川"具有行政划域的意思。四川被正式以"省"命名是在元代，元代置四川省和四川行省和西蜀四川道。明代置四川省，后改四川布政使司。

清朝改为四川省。1949年中华人民共和国建国初期，分为川东、川南、川西、川北四行署，后合并恢复四川省。

"**流**"，本义是：水流动。在《说文解字》里的解释是：水行也。"流"作名词时，有河川、流水、潮流、品类等意；作动词时，有流水、传布、显露、放纵、放逐、流放等意。放逐、流放是古代五刑之一。

"**不**"，本义是：鸟扇动翅膀。在《说文解字》里的解释是：飞，鸟上翔，不下来也。就是鸟飞走了，不见了，鸟扇动翅膀的声音就是"扑扑扑"，以此会意，表示否定。"不"是个多音字，读"bù"，作副词，表示否定，也作助词、形容词用。读"fǒu"，同"否"，表示否定。"不"也读作pī，同"丕"，是大的意思，如《管子·心术》里讲："道其本，至也。至不至无。"

"**息**"，本义是：悄然无声地呼吸。古人以为气是从心里通过鼻子呼吸的。在《说文解字》里的解释是：喘也。在文中，"息"为停止、停歇的意思。"息"字上面一个"自"，下面一个"心"，"自"的本义是鼻子，人们通常指着鼻子代表自己。鼻子是用来呼吸的，"息"字本身就是代表心律整齐，内心安静，呼吸均匀。其实肺才是主呼吸的，肺也是所谓的魂魄居住的地方。"魂"的本义是：灵魂，是古人想象的能离开人体而存在的精神。"魂"在《说文解字》里的解释是：阳气也。"魄"是指依附于人的身体而存在的精神，在《说文解字》里的解释是：阴神也。晚上睡觉的时候为什么会做梦？肺属金，心属火，肾属水，晚上睡觉之后，魂附体，静下来了，呼吸放慢，心肾相交，水火既济，睡得很好。如果心肾不交，做很多梦，就得不到真正意义上的休息。与"息"相对应是"消"，在《周易》64卦中，有12个卦是消息卦：复卦（䷗）代表农历十一（子）月，到了阴之极，冬至之后一阳生，阴开始消退；临卦（䷒）代表农历十二（丑）月；泰卦（䷊）代表农历正（寅）月；大壮卦（䷡）代表农历二（卯）月；夬卦（䷪）代表农历三（辰）月；乾卦（䷀）代表农历四（巳）月；姤卦（䷫）代表农历五（午）月，夏至到了阳之极，开始一阴生了，阳开始消退；遁卦（䷠）代表农历六（未）月；否卦（䷋）代表农历七（申）月；观卦（䷓）代表农历八（酉）月；剥卦（䷖）代表农历九（戌）月；坤卦（䷁）代表农历十（亥）月。十二消息卦中，阳爻递生的六个卦，即从子月复卦到巳月乾卦，阳气从初爻的位置逐次上升：复卦（䷗）初爻为阳爻，临卦（䷒）是初、二爻为阳爻，泰卦（䷊）是初、二、三爻为阳爻，大壮卦（䷡）是初、二、三、四爻皆阳爻，夬卦（䷪）是初、二、三、四、五爻皆阳爻，乾卦（䷀）的六个爻都是阳爻，在此六个卦象中阳爻逐次增长，故称为“息卦”，反之从午月姤卦到亥月坤卦，阴爻逐渐上升，阳气依次递减，从姤卦（䷫）、遁卦（䷠）、否卦（䷋）、观（䷓）、剥（䷖），以至坤（䷁），此六个卦象中阳爻逐步消失为阴爻所取代，故称为“消卦”。

“川流不息”的意思是：君子的德行像大河一样，源源不断地流淌，永不停息。

“渊”，本义就是：打漩涡的水。《管子·度地》讲：“水之出于地水沟，流于大水及海者，命曰川水；出于地而不流者，命曰渊水。”“渊”在《说文解字》里的解释是：回水也。“渊”在文中作名词，深潭之意。

“澄”，本义是：水静而清。在《说文解字》里的解释是：水清静也。“澄”是个多音字，读chéng，作形容词，清澈、透明等意；读dèng，作动词，使液体中的杂质沉淀分离。

“取”，甲骨文字形（），左边是耳朵，右边是手，合起来表示用手割耳朵。本义是：古代作战，以割取敌人尸体首级或左耳以计数献功。“取”在《说文解字》里的解释是：捕取也。“取”在文中有得到，取得之意。

“映”，本义就是：照。在《说文解字》里的解释是：明也。日在

原始捕鱼工具图/图为中国各地原始社会遗址出土的骨制鱼钩、鱼叉。

午曰亭，在未曰映。午时是指11点到13点；未时是指13点到15点。因光线照射而显出。

　　"渊澄取映" 出自《中庸》："溥博源泉，而时出之。溥博如天，渊泉如渊，见而民莫不敬，言而民莫不信，行而民莫不说。""川流不息，渊澄取映。"这八个字承接了前面的"似兰斯馨，如松之盛。"意思是说：君子的德行，要像松树般茂盛，像兰花一样散发沁人心脾的香气，温馨四方，还要像江河一样，源源不断，永不停息地传承下去，像清静的深潭一样，含蓄谦逊，纯净清静，清澈照人，福及他人。

róng zhǐ ruò sī　 yán cí　ān dìng
容止若思，言辞安定。

【字形的演变及基本字义】

	甲骨文	金文	小篆	繁体隶书	简体楷书	说文解字
容						盛也
止						下基也。象草木出有址，故以止为足
若						择菜也
思						容也
言						直言曰言，论难曰语
辞						讼也
安						定也
定						安也

【正讲】

"容止若思，言辞安定。"

"**容**"，本义是：在洞穴或地窖储存东西，即容纳。在《说文解字》里的解释是：盛也。在这里作名词，有仪容、容貌、容颜等意。"容"作形容词时，有从容、适宜等意。

"**止**"，本义是：脚印。在《说文解字》里的解释是：下基也。象草木出有址，故以止为足。树木的根和人的脚都属于下基。"止"在这里是举止的意思，举止是指人的姿态和风度，日常生活中的一抬手一投足，一颦一笑，都概括为举止，举止是一种不说话的语言。

"**若**"，甲骨文（）就像女子在梳理头发，有理顺、顺从之意。在《说文解字》里的解释是：择菜也。引申为：选择。"若"是个多音字，在文中读ruò，作动词，是如同、像的意思，也作代词、连词、名词、助词用。读rě时，作佛教用语，"般若"即智慧。

"**思**"，本义是：用大脑思考，用心感受。"思"字上面的"田"其实是"囟"，"囟"是婴儿头顶骨未合缝的地方，也就是脑门儿；下面为"心"，古人认为心脑并用产生思想。在《说文解字》里的解释是：容也。"思"是个多音字，读sī，作动词时，有思考、想、思念等意；作名词时，有思想、心情等意。读sāi时，作形容词，多胡须的样子。

"**言**"，本义是：鼓动舌头说话。在《说文解字》里的解释是：直言曰言，论难曰语。含有"言"的字多与说话或道德有关。在文中，"言"为动词，意为说话、谈论。

"**辞**"，本义是：大人或是法官听取诉讼双方的陈述与辩论，理清案情。在《说文解字》里的解释是：讼也。在这里与"言"并列，指措辞用语。中国古代一种介于诗歌和散文之间的体裁也叫赋，或辞赋并称。

"安"，从甲骨文字形（𡧍）可以看出，女子待在房里，安全放心。本义是：安定、安稳。"安"在《说文解字》的解释是：定也。

"定"在《说文解字》里的解释是：安也。"定"与"安"互解，从"定"字的字形也可以看出，是在外奔波的人回到了房里安居的样子。"安定"在这里是指沉稳、平静、淡定。

"容止若思，言辞安定。"出自《礼记·曲礼》："毋不敬，俨若思，安定辞。"容貌恭敬庄严，举止沉静大方，若有所思，也就是说，言谈举止要端庄、端正、大方、从容，雍容典雅、沉静安详、若有所思。"言辞安定"是"容止若思"的表现。言为心声，所有的言辞都发自于内心，只有内心有敬才有重，有重才有安，有安才有定，重在一个"敬"字。比如说孝道，对父母能够做到早晚问安，端茶倒水，衣食住行都能够安排得非常好，如果内心没有敬，就不是真正的孝道，而是走程序。《论语》中说："修己以敬，修己以安人，修己以安百姓。"观其容貌，察其言谈举止，就知其心中是否有敬。"容止若思，言辞安定。"是修为的结果，是君子的风范。如果一个人眼神飘忽，言语轻浮，举止无措，归根结底是少了敬畏之心，心中无敬，也就无从讲"礼"了。孔子在《论语》里说："经礼三百，曲礼三千，一言以蔽之，无不敬。"如果一个人心中无敬，一切礼数在其眼里就变成了繁文缛节，一切都变成了装饰品、表演，就失去了意义。

dǔ　chū　chéng　měi　　shèn　zhōng　yí　lìng

笃初诚美，慎终宜令。

【字形的演变及基本字义】

	甲骨文	金文	小篆	繁体 隶书	简体 楷书	说文解字
笃		篤	篤	篤	笃	马行顿迟也
初	初	初	初	初	初	始也。裁者衣之始也
诚			誠	誠	诚	信也
美	美	美	美	美	美	甘也
慎		昚	愼	慎	慎	谨也
终	∧	舟	終	終	终	绕丝也
宜	宜	宜	宜	宜	宜	所安也
令	令	令	令	令	令	发号也

【正讲】

"笃初诚美，慎终宜令。"

　　"**笃**"，本义是：给马嘴套上马嚼子，以控制其速度，马行迟钝。在古代，马嚼子是用木、竹等做成的。"笃"在《说文解字》里的解释是：马行顿迟也。"笃"作形容词时，有忠实、深厚、专一等意。"笃"也作象声词，指马蹄声，马走路时会有"嘟嘟嘟嘟"的声音。马是人类最好的助手之一，也是人类忠实的朋友，马的忠实、沉稳、笃定给人的印象非常美好。

　　"**初**"，本义是：用刀剪裁布料，是制衣服的起始。在《说文解字》里的解释是：始也。裁者衣之始也，裁剪衣服的第一剪，也就是开始做衣服的第一刀，意为开始、起初。"初"用于前缀，加在"一"至"十"的前面，表示农历一个月前十天的次序。

　　"**诚**"，本义是：如实的、真心的、确实可靠的。在《说文解字》里的解释是：信也。在文中作形容词，是诚实、真诚、真实之意。

　　"**美**"，本义是：肥壮的羊吃起来味很美。在古代，羊肉通常作为最佳的副食品，味道鲜美。"美"在《说文解字》里的解释是：甘也。"美"常用于形容词、动词；作量词时，指音调的主观单位，等于频率为1000赫的音的音调的千分之一。

　　"**慎**"，左边一个"忄"，右边一个"真"，本义就是：小心翼翼。在《说文解字》里的解释是：谨也。《仪礼》中讲："入门主敬，升堂主慎。"也有警惕之意。作动词时，通"顺"，顺从、遵循之意；作副词时，与"勿"、"毋"、"莫"等连用，表示禁戒，相当于务必、千万等。

"终"，甲骨文（∧）就像一条绳子上开始有结，末尾也有一个结。古代人们用结绳记事，从开始到结束，表示完成。"终"的本义是：把丝缠紧。"终"在《说文解字》里的解释是：絿丝也。在《广雅》中的解释是：极也、穷也。

"慎终"强调了对"终"的用心程度，及"终"的重要性。一旦开始就应该用心地使之善终。这一理念其实是出自《周易·谦卦》的卦辞："谦，亨，君子有终。"指明了天地始终不改大道，强调了君子做事有始有终的规范。

"宜"，本义是：杀牲祭祖，然后平分肉食，分均匀、分得恰当、适宜。甲骨文字形象屋里砧板上有肉的形状。"宜"在《说文解字》里的解释是：所安也。九华山有座"月身宝殿"，"月"其实指的是肉，即"肉身宝殿"。汉传佛教的教义是吃斋不吃肉，九华山是地藏王菩萨的道场，自然是忌讳"肉"字，就用"月"代替"肉"，写为"月身宝殿"。比如"有"的甲骨文是这样写的："ʒ"，手里提着一块肉，表示拥有、富有。"宜"是古代的一种祭祀土地神的形式，万物生长在这片土地上，对土地要有敬畏之心。一般人家的门口，尤其是岭南地区的人家，会有一个五方土地神位，用来祭祀东西南北中五方土地神。《周易·既济卦》的九五爻讲："东邻杀牛，不如西邻之禴祭，实受其福。""禴祭"是指薄祭，是祭品不够丰盛、非常简单的祭祀形式。其实祭祀旨在于内心诚敬，不在于祭品的贵贱多寡。说到土地神，自然会提到"社"字，这个字大家都很熟悉，比如社会、公社、社团等。"社"字的左边是一个"示"，是祭祀的形式，右边是一个"土"，指的是土地，"社"的本义是土地神。"社"在《说文解字》里的解释：地主也。古人行大事动大众，都要到社庙里进行祭祀，祈祷诸神赐福，保佑所事顺利。祭祀是儒教礼仪中的主要部分，祭祀的对象有天神、地神、人鬼。天神称祀，地神称祭，宗庙称享。天神地神由天子祭，诸侯大夫祭山川，士庶只能祭祀祖先和灶神。

"令"，本义是：上级发号指示。在《说文解字》里的解释是：发号也。"令"是个多音字，读líng，作动词，有听从之意，后作"聆"；也作假设语气词。读lǐng，作量词，纸的数量单位。读lìng，作动词时，有发令、命令等意；也作形容词用，有美善、吉利等意。在这里作形容词，是美好的意思。

"笃初诚美，慎终宜令"的意思就是：做任何事情，在刚开始的时候都抱有诚美的愿望，内心也是很诚信的，但大多是有始无终。凡事一开始单靠美好的愿望与诚信是不够的，要时时持敬慎之心，小心谨慎，力求有一个美好的、适宜的结果。为什么有"始"就容易，而有"终"就比较难呢？人生无处不开始，而有始无终的事十有八九，即使有终，最后有圆满善终的事情更是少之又少。我们做事情，需要"笃初"更要"慎终"，要有一个踏踏实实美好的开始，到什么程度呢？要"诚美"！有诚意，有希望。一旦确定开始，就要坚持下来不要改变，坚持到底，不言放弃，才能"慎终"。所谓成功者往往是不改变目标而改变方式的人，而失败者往往是经常改变目标而不改变方式的人。

彩绘三足陶罐/1974年内蒙古敖汉旗出土。三足加强了圆罐的稳定，整个器物表面呈黑色，又用白、红二色装饰，端庄大方。这些彩绘陶器与仰韶文化、马家窑文化的彩陶不一样。彩陶是在陶坯上绘画后入窑烧成，烧成后花纹遇水不掉色。彩绘陶是在陶器烧成后以胶质调和颜色绘在器物表面，遇水易脱落。

róng yè suǒ jī　jí shèn wú jìng

荣业所基，籍甚无竟。

【字形的演变及基本字义】

	甲骨文	金文	小篆	繁体隶书	简体楷书	说文解字
荣		𢊝	榮	榮	荣	桐木也
业		業	業	業	业	大版也
所		所	所	所	所	伐木声也
基	㘴	基	基	基	基	墙始也
籍			籍	籍	籍	簿书也
甚		甚	甚	甚	甚	尤安乐也
无	无	無	無	無	无	亡也
竟	竟	竟	竟	竟	竟	乐曲尽为竟

【正讲】

"荣业所基，籍甚无竟。"

"**荣**"，本义是：花期正盛的梧桐。在《说文解字》里的解释是：桐木也。梧桐开花，花团锦簇，看上去甚是繁荣。"荣"作名词时，指草本植物的花，也指荣誉；作形容词时，有繁茂、盛多、富贵等意；作动词时，有开花、抛弃等意。通"营"，经营之意。在本文里，"荣"为形容词，也兼具荣誉之意。

"**业**"，本义是：古时乐器架子横木上的大版，刻如锯齿状，用来悬挂中磬。在《说文解字》里的解释是：大版也。佛教里讲的"业"是道德因果规律，轮回是其必然结果。"业"为因，是指行为；"果"为结果，是业的相应行为。业字本身有多意，《康熙字典》里解释有："功业、事业、基业、学业、建业……"等。做事的过程称为"作"，

编钟/战国早期文物，湖北随州擂鼓墩出土。钟架为木质，上下三层共悬挂编钟64件，音律准确，至今仍能演奏乐曲。

那么事情最后的结果就为"业"。结果无非是善的结果和恶的结果，不了了之没有结果的，就叫"无计"。善果就是善业，恶果就是恶业。"作业"是指从过程到完成。"事业"是指所做的事情达到了目标，有成果、成就。"荣业"是指良好的名声及繁荣昌盛的事业。"业"作名词时，还有版、筑墙版、古代书册之版等意。

"所"，本义是：伐木的声音。在《说文解字》里的解释是：伐木声。"所"作名词时，假借为"处"，指处所、地方，也有道理、方法、着落等意；也用作助词、量词、副词、代词、连词、形容词等。

"基"，本义是：筑屋的起始根脚。古人称筑屋的根脚为基，铺垫房柱的石头为础。所以"基础"一词的内涵包括了建筑物的根脚，即墙基、立柱墩，是建筑物的地下部分。"基"在《说文解字》里的解释是：墙始也。也就是我们常说的地基。作为建筑地基的土层分为岩石、碎石土、砂土、粉土、黏性土和人工填土。地基有天然地基和人工地基两类。天然地基是不需要人加固的天然土层。人工地基需要人加固处理，常见有石屑垫层、砂垫层、混合灰土回填再夯实等。"基"作动词时，有奠定基础、创建之意；作形容词时，指根本。

"籍"，本义是：作为官方依据的登记人口出生情况的册子，户口册。"籍"在《说文解字》里的解释是：簿书也。"籍"作名词时，泛指书、成册的著作；作动词时，有登记、假借之意，通"借"。

"甚"，本义是：沉溺于美酒声色享受，生活安逸。在《说文解字》里的解释是：尤安乐也。"甚"是个多音字，读shén，作疑问代词，为什么之意。读shèn，作形容词，为过于、非常、盛、大之意。"籍甚"，在汉书里有"名声极甚"一说；有所凭借而更强大。

"无"，本义是：一个人手持木棍在跳舞，"无"与"舞"同字。"无"在《说文解字》里的解释是：亡也。"无"是个多音字，读mó，指佛教用语，"南无"，表示对佛尊敬或皈依。读wú，作动词，与"有"相对，意为没有；也作副词、代词用。

"竟"，本义是：奏乐跳舞完毕。《说文解字》的解释是：乐曲尽为竟。"竟"作动词时，泛指结束、完毕；作名词时，假借为"境"，指边境；也作形容词、副词用。

"荣业所基，籍甚无竟。"是说这是一生荣誉、事业的基础，有了这些根基，发展就没有止境。

学优登仕，摄职从政。

【字形的演变及基本字义】

	甲骨文	金文	小篆	繁体隶书	简体楷书	说文解字
学				學	学	识也
优				優	优	饶也。 一曰倡也
登				登	登	上车也
仕				仕	仕	学也
摄				攝	摄	引持也
职				職	职	记微也
从				從	从	随行也
政				政	政	正也

【正讲】

"学优登仕，摄职从政。"

"**学**"，本义是：教孩子算术、习字的房舍。在《说文解字》里的解释是：识也。"学"作动词时，有学习、模仿、述说、讲学等意；作名词时，有学校、学问、学科等意。

"**优**"，本义是：古代表演乐舞、杂戏的艺人。宋元以后，泛指戏曲艺人、演员。在《说文解字》里的解释是：饶也。一曰倡也。"优"作形容词时，为优秀、美好、宽厚、安闲的意思；作动词时，有优待、协调、开玩笑等意。在文中为优闲、宽裕之意。

"**登**"，本义是：上车。在《说文解字》里的解释是：上车也。在文中为动词，是升、上任之意，也有成熟、丰收、进献等意；"登"作名词时，指古代祭器名；也作形容词、副词用。

"**仕**"，本义是：做官。"仕"早期写作"士"，"士"上面一个"十"，下面一个"一"，本义是做事，从一做到十，从头做到尾。"仕"也是古代对具有君子风范、有始有终的男子的美称。"士"也含有十里挑一的意思，选取办事能力强的人来作为人才储备，进行培训，学律法，学政策，学礼数等，再考核从中选取适合的人作为管理人员，也就是出仕、做官，为民众做事。所以为"仕"是非常辛苦的，需尽职尽责，是要有大爱和奉献精神的。"仕"在《说文解字》里的解释是：学也。中国古代的为官制度，在秦朝以前，采用"世卿世禄"制度，后来逐步引入军功爵制。西周时，天子分封天下，管理天下，由天子、诸侯、卿、士，依照血缘世袭。到了东周，有"客卿"、"食客"等。到了汉代，提拔民间人才，采用的是察举制和征辟制，由州推荐的称为秀才，由郡推荐的称为"孝廉"。魏文帝时，陈群创立九品中正，由特定官员按出身、品德等考核民间人才，分为九品录用。晋朝、六朝时沿用此制，隋统一后，废除九品中正，开始了分科取士的科举考试制度，从隋大业元年（605年）开始实施，到清朝光绪三十一年（1905年）举行最后一科进士考试为止，经历1300年。

"学优登仕" 此句出自于《论语·子张》，子夏曰："仕而优则学，学而优则仕。"这句话指出了仕与学之间的关系，即实践与学习之间的关系：做官的事情做好了，如果还有宽裕时间与精力，就去学习，进一步提升自己；学习好了，如果还有时间，就可以去做官，以便更好学以致用。并非强调学习优秀就可以做官。

"摄"，本义是：牵曳。"摄"在《说文解字》里的解释是：引持也。含有牵引、牵制之意。"摄"为多音字，读niè时，有安静之意，如"天下摄然，人安其生"；读shè，作动词时，有执、持、辅助、拍照、整理、控制等意；作名词时，指边缘之意。

"职"，本义是：记。"职"字是"耳"旁，与听有关，有善听之意。"职"属于仕的一种，是负责记录的，与史官有相似性，只是级别不高。"职"在《说文解字》里的解释是：记微也。"摄职"就是代理官职，是指除了从事一些公务之职外，也做一些辅佐等工作。

"从"，本义是：两人相随而行。在《说文解字》里的解释是：随行也。"从"是个多音字，读cóng，作动词时，有随行、顺从、听从等意；也作介词、名词、形容词用。读zòng时，古同"纵"，竖、直、放任之意。

"政"，本义是：用武力征服并管治。在《说文解字》里的解释是：正也。"正"是光明正大，"政"有匡正之意。"从政"在这里指从事制定国家政策、治国治民等事务。

　　"摄职从政"是指已经积累了足够的管理经验，已有足够的治理水平，居重要的岗位，对国家、民生、政策都具有重要影响。

　　既然提到了"学"字，还是要说一说治学，如何治学一直是人们关注的问题。治学到底应该注意什么？治学包括哪几个方面？治学首先要立志。立志向、定目标很重要。《周易·屯卦》的初爻讲："盘桓。利居贞，利建侯。"就是要有远大的理想。不少家长喜欢替孩子立志，把孩子的课余时间都安排得满满的，说什么不能输在起跑线上，貌似要让孩子成为全才，效果却未必。父母重在发现、引导，而不能包办。苏轼说过："古之立大事者，不惟有超世之才，亦必有坚忍不拔之志。"可见立大志的重要。

　　其次，想要治学，必先审己。怎么审己呢？就是要了解自己是怎样的人，有什么样的才情，偏于感性的还是理性的，以及天赋差异与高矮胖瘦。有些人是心灵手笨，有妙想，但不擅于落实；有些人是心灵手巧，勇于创新，动手能力也强，其职业取向也就大相径庭。

　　治学的第三要素是明势。古人云："明势、取道、优术、为业。"从字面解释就是：要洞察大势的发展方向，遵照事物的发展规律，采取有效的优化方法，进而获得良好的效果。其中"明势"是最重要的，方向正确，努力才有价值。

　　治学第四要素是虚静。要有虚静之心，"虚"不是虚假，也不是无聊空虚，而是要心胸宽广，所谓戒欲则虚，虚容万物，自然能够成大器。"静"是真正让内心静下来，像天地之大静，戒除企图心，才能够正视内心，了解自己的优缺点，察觉事物的几微之象，明白事物的诀窍，观察到万物的体用，其才情表现就不同。诸葛亮的《诫子书》中说："静以修身，俭以养德，非淡泊无以明志，非宁静无以致远。夫学须静也，才须学也，非学无以广才，非志无以成学。"一语道破了君子的操守、治学的核心。元好问在《论诗》里讲："鸳鸯绣了从教看，莫把金针度与人。"意思就是：我绣好的东西可以给别人看，但是真正绣法技巧和诀窍是无法教别人的。有一个成语就是"金针度人"，说的是：从前有一位叫采娘的姑娘，她心灵手巧，但她还不满足，便在家中不分昼夜地烧香祈祷织女显灵，就在第七天晚上，织女果然来了，织女问采娘："你在祈祷什么呢?"采娘说："我希望自己能够更加心灵手巧。"织女就给她一根一寸来长的金针，对她说："三天不要讲话，三天后你就会变得特别灵巧。"守约三天以后，采娘果然比以前更巧了，什么都会做，远近都知道她的名声。后来人们就用"金针"来比喻方便法门、诀窍、技巧。每个人有适合自己的方法，需要自己去实践、摸索。这就需要立志、审己、明势，在虚静中认真实践，找到自己的方法。"莫把金针度与人"在中国传统的历史中已经成为一种不成文的规定。尤其是古代术数的一些著说，细细品味，会发现其中"留了一手"，有一种"不以金针度人"的感觉，也许是道不可言。

治学的第五要素就是有恒与耐苦。要有古人那种"十年寒窗无人问，一朝成名天下知"的精神。贵有恒，何必三更眠而五更起。要耐得住寂寞，要守得住心。在静止中拒绝外在的喧闹，在寂寞中淡化原有的冲动。寂寞世界其实是一个信心世界，要不然诸如立志、审己、明势、虚静都没有用。

存以甘棠，去而益咏。

【字形的演变及基本字义】

	甲骨文	金文	小篆	繁体隶书	简体楷书	说文解字
存		扩	抒	存	存	恤问也
以				以	以	用也
甘				甘	甘	美也
棠			棠	棠	棠	牡曰棠，牝曰杜
去				去	去	人相违也
而				而	而	颊毛也
益				益	益	饶也
咏			詠	詠	咏	歌也

【正讲】

"存以甘棠，去而益咏。"

　　"**存**"，本义是：传宗接代，安居乐业，生生不息。在《说文解字》里的解释是：恤问也。"在"在《说文解字》里的解释是：存也。可见"存"与"在"有近义，均有存活、生存、存在之意。"存"作动词时，有居于、处于、省视等意；也作介词、副词、助词、名词用。"存"的小篆写法是：㤣，手抱小孩，时时感受孩子的存在。

　　"**以**"，本义是：人在做事。在《说文解字》里的解释为：用也。"以"作动词时，有使、凭借、认为、从事等意；作名词时，指原因、缘故；也用作介词、连词、助词。

　　"**甘**"，小篆（日）像舌头上放着一块食物，能够长时间含在嘴里的食物通常是甜的、美的。"甘"的本义是：用舌头品尝美味。在《说文解字》里的解释是：美也。"甘"作动词，通"酣"，意思是嗜好、爱好。

　　"**棠**"，本义是乔木名。在《说文解字》里的解释是：牡曰棠，牝曰杜。北方的四合院里，通常以种海棠为正宗，取其兄弟和睦之义。《诗经·小雅》中的《常棣》也有歌颂兄弟亲情之句："凡今之人，莫如兄弟。"海棠在春天繁花似锦，深秋果实累累，十分喜人。古代房前屋后种树有很多讲究，俗话说："前不栽桑后不栽柳，旁边不种鬼拍手。""鬼拍手"就是北方的白杨树，风吹树叶哗哗作响，如拍手声，夜晚影响睡眠。"桑"谐音"丧"。枣树不能与桑树或梨树同植一院中，因"枣桑"与"早丧"，"枣梨"与"早离"谐音，被认为是不吉利的。当然，也有在庭院中种植藤萝、丁香、核桃、银杏树等，庭院中有树有花，自然会引来各种虫鸟……所有这一切交织成一个"天人合一"的居住环境。

"存以甘棠"出自《诗经·召南·甘棠》："蔽芾（fèi）甘棠，勿翦勿伐！召伯所茇（bá）。蔽芾甘棠，勿翦勿败！召伯所憩。蔽芾甘棠，勿翦勿拜！召伯所说。"意思是说：郁郁葱葱的甘棠树，不要砍伐它！曾是召公居住处。郁郁葱葱的甘棠树，不要毁坏它！曾是召公休息处。郁郁葱葱的甘棠树，不要折损它！曾是召公停歇处。"召伯"就是召公，据说是周文王的第五子，也是周公同父异母的弟弟，曾辅佐周武王灭商，被封于蓟，建立燕国。他派大儿子管理燕国，自己仍然留在镐京任职。周武王去世之后，周成王继位，因其年幼，当政能力不足，召公和周公就辅佐他。周公和召公身边的人都劝说应该另起炉灶，干脆自己称王，但召公依然与周公一起为周成王效力。有一年，召公南巡的时候看到一棵甘棠树，也就是棠梨树，他就在那里居住休息，同时还不忘安排工作，解决问题。人们非常崇尚他的品行与功德，为其身体力行而感动，为纪念召公，不仅不砍这棵树，还尽心养护它！其实就是表达了民众对召公的爱戴与怀念。据说这棵树在湖南永州，在永州市有一个"上甘棠村"，上甘棠村的人都姓周，估计是他的后裔。宋代的大儒周敦颐的故乡也是永州，唐宋八大家之一的柳宗元被贬至永州时留下了《永州八记》，在文学史上影响重大。后遂以"甘棠"称颂好官的美政、美德和大爱。

"**去**"，本义是：离开此地，前往彼地。在《说文解字》里的解释是：人相违也。在这里的意思是：去世、离去。

"**而**"，本义是：人上唇与下巴上的胡须。《说文解字》的解释是：颊毛也。也就是面毛。"而"字的词性变化大，多用于介词、连词、代词、助词等。

"益"，《周易》中有一卦叫《益》。益卦的核心是：损上益下，真正把利益下放，利于民众。谦受益，满招损。"益"字的本义是：水满器而漫出，是"溢"的本字。在《说文解字》里的解释是：饶也。

"咏"，本义是：像流水一样曼声长吟、歌唱，就是低吟慢唱。"咏"在《说文解字》里的解释是：歌也。"咏"的调心能力特别强，每个人都有自己喜欢的音乐，得闲可以哼一哼，舒缓压力，放松身心。"咏"作名词时，指诗歌等韵文作品。

"存以甘棠，去而益咏"这句话的意思是：周人怀念召公的德政，召公活着的时候，曾在甘棠树下理政，他去世后，老百姓对他更加怀念，并永远歌颂他。

后母戊鼎/河南安阳出土，立耳，长方形腹，腹内铸"后母戊"三字。两耳外侧装饰着一对虎纹，中间有一人面，腹外侧为夔（kuí，单足龙）纹构成的方框，两纹相对，又构成饕餮（tāo tiè，古代传说中的一种贪吃的猛兽）形。腹外侧四角上端为牛首纹，下端为饕餮纹，四足上部饰兽头。后母戊鼎高1.37米，重875千克，是中国目前已发现的商代青铜器中最大的一件。

yuè shū guì jiàn　　 lǐ bié zūn bēi

乐殊贵贱，礼别尊卑。

【字形的演变及基本字义】

	甲骨文	金文	小篆	繁体隶书	简体楷书	说文解字
乐						五声八音总名
殊						死也
贵						物不贱也
贱						买少也
礼						履也。所以事神致福也
别						分解也
尊						酒器也
卑						贱也

【正讲】

"乐殊贵贱，礼别尊卑。"

　　"乐"，本义是：和着演奏歌唱。在《说文解字》里解释为：五声八音总名。五声八音相比而成乐。"乐"是多音字，读lè，作动词时，有欢喜、快活、趣味等意；作名词时，旧指"声色"，即歌舞和女色，也有乐趣之意。读yào的时候，是喜好、欣赏的意思，如"智者乐水，仁者乐山。"——《论语·雍也篇》。读yuè，作名词时，有音乐、乐器等意；作动词时，有唱、奏乐之意。读lào，是地名用字，河北省的乐亭，山东省的乐陵。在这里读yuè，指音乐、乐曲。

　　"殊"，本义是：斩首，断其首身而死。在《说文解字》里解释为：死也。"殊"作动词用为断绝、决拼之意，比如：殊死搏斗。"殊"作形容词时，有特别、突出的意思，比如：殊荣、特殊。在本文里的意思是：不同、区别。

　　"贵"，金文（𦥑）是两只手提着金钱、宝物，古时以贝壳为货币，也用贝壳做装饰，所以贝字多与钱财、宝物、饰品有关。本义是物价高，与"贱"相对。在《说文解字》里解释为：物不贱也。在这里有高贵、高雅之意。

　　"贱"，小篆（贱）也有一个"贝"，右边的"戋"是少、微的意思。本义：价格低。"贱"在《说文解字》里的解释是：买少也。"贵"与"贱"是反义词。"贱"作形容词时，也指地位低下，人格卑鄙。也作自谦用语。

　　"乐殊贵贱"是指乐曲要根据人的身份贵贱有所不同，主要指乐曲的内容与形式上的差异。

"礼"，本义是：举行仪礼，祭神求福。礼包括三部分内容，一是礼物，二是礼仪，三是礼意。"礼"具有社会身份制度方面的意义，最迟在殷商时代已经存在，但作为一种严格的社会制度则是周朝初年的事情，也就是后来孔子所讲的"君君、臣臣、父父、子子"，作为伦理道德的"礼"的具体内容包括：孝、慈、恭、顺、敬、和、仁、义等。"礼"在《说文解字》里的解释是：履也，所以事神致福也。"礼"与"履"是互为解释的，《周易》中的履卦，是讲礼的，礼是要靠人去行为实践的。在《礼记》中，人们用六礼来断其民情，"六礼"包括：冠、昏（婚）、丧、祭、乡饮酒、相见。相见又有五礼：吉礼、凶礼、军礼、宾礼、嘉礼。现代人见面有握手、脱帽、拥抱等礼仪。《礼记·曲礼下》中讲："诸侯未及其相见曰遇"。"遇"是指未约而碰面。

"别"，本义是：解剖，把骨与肉分开。在《说文解字》里解释为：分解也。在本文的意思是：区别、不同。与"殊"对应。"别"作副词时，有另外之意。古代没有"另"字，现代"另"、"另外"的意义，在古书中常用"别"字来表示。

"尊"，本义是：手捧酒坛，献礼祭拜。在《说文解字》里解释为：酒器也。古代的樽很讲究，分六樽：献樽、象樽、著樽、大樽、山樽、壶樽。樽是分层级、分级别的，不同的樽用于不同的场合。"尊"作动词时，有敬重、重视、尊奉，同"遵"，遵行、遵从等意；作代词时，表示敬意。

"卑"，本义是：一种酒器，是一般平民用的酒器，小圆杯。是"椑"的古字。"卑"在《说文解字》解释为：贱也。尊贵的人用"尊"，卑贱的人用"卑"。"卑"作形容词时，有地位低下、衰微、素质低下、谦恭等意；作动词时，有轻视、小看等意。

"**乐殊贵贱，礼别尊卑。**"意思是：音乐要根据人们身份的贵贱而有所不同，礼节要根据人的地位的高低而有所区别。早在夏商周时期，古代先贤就通过制礼作乐，形成了一套较为完善的礼乐制度，并推广为道德伦理上的礼乐教化，用以维护社会秩序上的人伦和谐。礼乐是中国传统文化的根本，传统文化需要通过礼和乐的方式来表现，礼乐分为许多不同的表现形式。礼管身，乐安心，礼乐并用，以调身心。中国传统的乐器有：笛、箫、埙、琵琶、二胡等等，这些音乐都不高亢，给人以低吟慢唱的感觉，悠长、优美。这些乐器多是自弹自唱，轻吟慢唱，重在修心。西方音乐多是表演给别人听的，有专人负责指挥，各种乐器配合演奏。

四羊方尊/该尊方口大沿，口沿下饰蕉叶纹，下为夔（kuí）带纹，四隅（yú）为四个形象生动的羊头。肩上有隆起的龙纹，龙首在羊首之间，是商代后期铸造的精美青铜器。

　　礼是对人们行为的驯化，使自己去贱近贵。音乐使自己的内心与自然呼应，《中庸》中讲："致中和，天地位焉。"中庸以"和"为贵，没有"和"就无所谓仁，更无所谓礼乐了。孔子也多次说过："为人不仁，何以为人？"其核心还是致中和，尊天依地自然高贵。乐让心灵有美，礼使行为有德，如此美德皆因礼乐使然！

shàng hé xià mù　　fū chàng fù suí

上 和 下 睦，夫 唱 妇 随。

【字形的演变及基本字义】

	甲骨文	金文	小篆	繁体隶书	简体楷书	说文解字
上	二	二	上	上	上	高也
和	龢	龢	龢	龢	和	相应也
下	二	二	下	下	下	低也
睦		睦	睦	睦	睦	目顺也
夫	夫	夫	夫	夫	夫	丈夫也
唱		唱	唱	唱	唱	导也
妇	婦	婦	婦	婦	妇	服也
随		隨	隨	隨	随	从也

【正讲】

"上和下睦，夫唱妇随。"

"上"，金文写法是： 二 ，下面的"一"表示界限，线上一短横表示在上面的意思。本义：上面、高处。在《说文解字》里的解释是：高也。在这里作名词，有上级、尊长、社会的最高层之意。作形容词时，有上等、久远、丰足等意；作动词时，有上升、上报、崇尚、记住等意。

"和"，本义是：满足生命基本需求。在《说文解字》里的解释是：相应也。"和"是多音字，一是读hé，是协调、平静等意，如：和美、和睦；二是读hè，指和谐地跟着唱，如：曲高和寡；三是读huó，意思是在粉状物中搅拌或揉弄使粘在一起，如：和面；四是读huò，是指将粉状或粒状物掺和在一起，或加水搅拌，如：和弄；作量词时，相当于"次"、"道"；五是读hú，指打麻将或斗纸牌时某一家的牌合乎规定的要求，取得胜利，如：和了！在这里读"hé"，是和谐、协调、和睦之意。

2008年北京奥运会的开幕式就打出了一个巨大的"和"字，可见"和"在中国传统文化中的非凡意义。上古智者和历代帝王对"和"倍加推崇。"和"字代表了中华民族对宇宙人生审美境界的最高追求。《道德经》讲了："万物负阴而抱阳，冲气以为和。"这句话的理念是出自《周易·乾》卦的"彖辞"中讲的"保合大和"，使天地合和相应之状，其意义是乾道御六爻保天下之化合，万物资始而各正性命，合和而生。西周末年，史伯最早提出了"和实生物"的审美命题，《国语·郑语》说："夫和实生物，同则不继。以他平他谓之和，故能丰长而物归之；若以同裨同，尽乃弃矣。"意思是说："和"是不同元素的结合，不同于差别是"和"的前提，这样的"和"才能长久，"和成"的物才能"丰长"。如果"去和取同"，那就离灭亡不远了。秦汉以来，和合概念被普遍运用，中国文化的发展也呈现出一种融合的趋势，同时也保留各家的鲜明特色和个性。不仅世俗文化各家各派讲和合，连宗教文化也讲和合。在保持各家文化特色的同时，相互融合，相互吸收，由此促进了中国文化的发展，和合思想逐渐成为中国文化的精髓和被普遍认同的人文精神。北京紫禁城里有"保和殿、太和殿、中和殿"，足见帝王的心思。

"下"，金文是：二，上面部分表示位置的界限，下面部分表示在下的意思。本义是：下面，位置在下。在《说文解字》里的解释是：低也。在这里是指下级、晚辈、社会底层。"下"作动词时，常指从北到南，从上游到下游，从城市到乡下，从上层到基层。

"睦"，本义是：邻里、亲友之间和谐相处、和好亲近。在《说文解字》里的解释是：目顺也。若看谁不顺眼，就很难和好亲近、和睦相处了。

"夫"，从甲骨文字形（夫）来看，像一个站着的人；上面的"一"表示头发上插一根发簪，意思是成年男子，是个丈夫了。本义是：成年男子的通称。在《说文解字》里的解释是：丈夫也。周制以八寸为尺，十尺为丈，人长八尺，故曰丈夫。《礼记》说："凡人所以为人者，礼仪也。礼仪之始，在于正容体，齐颜色，顺辞令……故冠而后服备，服备而后容体正、颜色齐、辞令顺……已冠而字之，成人之道也。"冠礼从氏族社会盛行的成丁礼演变而来，一直延续至明代。具体的仪式是：由受礼者在宗庙中将头发盘起来，戴上礼帽等，于是分为三道重要程序，分别叫作"缁布冠"、"皮弁"和"爵弁"。男子16岁束发加冠才算丈夫，女子的成年礼叫笄礼，也叫加笄，在15岁时举行，家长

妇好鸮尊/酒具与美酒，为宴饮增色添彩。酒具出现于五千年前，到商代时，已有了精美的青铜盛酒器，尊就是最具代表的酒器。1976年河南安阳小屯妇好墓出土的鸮尊，通高45.9厘米，重16.7千克。器作鸮（xiāo，猫头鹰）形，盖上饰一鸟一龙，口下内壁有"妇好"二字铭文。

把她头发盘结起来， 加上一根簪子，结束少女时代，可以嫁人了。"夫"作代词时，假借为"彼"。

"唱"， 本义是： 发出律动感的声音，歌唱、领唱。《说文解字》的解释是：导也。"唱"通假"倡"，"倡"的本义为唱歌的艺人。"唱"作动词用时，有提倡、倡导、先导、带头之意。

"妇"，本义是：已婚的女人。在《说文解字》里的解释是：服也，谓服侍人者。古代称出嫁之后的女人为妇。"妇"作名词时，泛指妇女，常指成年妇女；作形容词时，指柔美娴雅。

"随"， 本义是：跟从。《说文解字》的解释是：从也。《周易·随卦》就讲了怎么做好一个跟随者，一个好的随从，是随义不随人，既不偏私也不居功。从古到今，随之大道在于从正、从善，宜随时而动，动而能悦，至诚无私。人随我，我随人，物随人，人随物，追随至善、至美、至诚、至大。明白随时之义与随之大道，天下随心，自然通达。"随"作动词，有依顺、依从、听任某人自愿去做，按照等意。

"上和下睦，夫唱妇随" 的意思是：上级与下级，长辈与晚辈要和睦相处。夫妇要一唱一随，协调和谐。家有大家和小家，"大家"如国家，上下和谐，下情上达，上行下效，定会移风易俗。"小家"如同我们每个家庭，同样是上和下睦，尊老爱幼，长幼有序，和睦相处。"夫唱妇随"其核心不是要求妇一定要随夫，也要妇唱夫随，夫妇一体，相互尊重，小家自然和乐融融！关键是要正确倡导，才能有跟随。我常感动于一位母亲放弃自己"辉煌"的事业及瞩目的社会地位，全身心地照顾家庭，养育、教育孩子。

wài shòu fù xùn　rù fèng mǔ yí

外 受 傅 训，入 奉 母 仪。

【字形的演变及基本字义】

	甲骨文	金文	小篆	繁体隶书	简体楷书	说文解字
外						远也
受						相付也
傅						相也
训						说教也
入						内也
奉						承也
母						牧也
仪						度也

【正讲】

"外受傅训，入奉母仪。"

　　"外"，左边是一个"夕"，右边是一个"卜"，本义是：夜晚在郊外占卜。通常在白天进行占卜，如果晚上占卜呢？表明边疆有要紧的事情，或者露宿在外，不知吉凶，需要占卜。"外"在《说文解字》里的解释是：远也。"外"作名词时，古代妻子对丈夫的称呼，母亲、妻子、姐妹或女儿方面的亲属称外等；作动词时，有疏远、背离、排斥等意。

　　"受"，本义是：两手中间是一条船，表示传递东西。引申为接受、承受。在《说文解字》里的解释是：相付也。"受"通"授"，是授予、交给、传授之意。

　　"傅"，本义是：辅佐。在《说文解字》里的解释是：相也。"相"也有扶助、辅佐的意思，如"吉人自有天相"，"吉人"是指能够按照天地之道行为的人，也就是有德之人。在五行（金、木、水、火、土）中，当令者旺，被生的一方就是相，比如说春天木当令，为旺；木生火，火得到了木的帮扶了，火就相。"傅"在这里指师傅、老师。在古代，可不是人人都可以称为"师傅"的，帝王的或者帝王、诸侯的孩子的老师才能称为师傅，如太傅、少傅。

　　"训"，左边一个"言"，右边一个"川"，就是滔滔不绝地说教。"训"的本义是：教育、教导、训导。在《说文解字》里的意思是：说教也。"训"作名词时，有典式、法则、解说的词语等意。

　　"入"，甲骨文（∧）字形，像个尖头器具，容易进入。"入"的本义是：进来、进去。在《说文解字》里的解释是：内也。

"**奉**"，本义是：双手很恭敬地捧着。在《说文解字》里的解释是：承也。"奉"作动词时，作"捧"，恭敬地接受、进献、为…效劳等意；作名词时，通"俸"，俸禄、待遇等意；作副词时，表尊敬。

"**母**"，甲骨文（ ）就是母亲哺育孩子的象形。"母"的本义是：母亲。《说文解字》的意思是：牧也。牧者，养牛人也，以此譬人之乳子，引申为凡能生之以启后者皆曰母。"母"又有本源之意。

"**仪**"，本义是：容止仪表、外观、姿态。在《说文解字》里的解释是：度也。母仪：古时所规定的为母之道。在《人物志》里讲："心质平理，其仪安闲。"意思是说：仪态安闲，是因为心质平复有理。《周易·坤文言》中也讲："美在其中，而畅于四支，发于事业，美之至也。""仪"作动词时，有取法、推测、匹配等意。

"**外受傅训，入奉母仪**。"简要概括了古代的教育原则：在外面要接受老师的教育和训导。回到家呢？就要听母亲的话，遵守母亲的教导。"母仪天下"是形容皇后或国母以慈母的宽厚博爱胸怀来关爱天下臣民，以维护江山社稷的和谐稳定。古时视皇帝皇后为百姓父母，要行礼数规定的为母之道，恩慈黎民。孩子的性格虽然有天生秉性的赋予，但是母亲对孩子的言谈举止影响极大，我们常说母亲是人类的第一个老师，但与外面的老师是有区别的：一个是人师，一个是经师。《师说》："师者，所以传道授业解惑也。"所谓"传道"者为人师，"授业解惑"者为经师。所谓"人师"就像文中说的母亲，是树立做人的榜样，传授做人的道理。家里无大

玉戈/河南偃师二里头出土。玉戈是远古时代典礼上的仪仗器。

事，尽是吃喝拉撒、衣食住行这些平常"小"事，点点滴滴都要为孩子做出示范，培养孩子良好的习惯，不可溺爱、惯坏孩子，以至来日追悔！"经师"主要是传授文化知识的，如果一个人"道"走错了，不明善恶，即便学富五车，终将被唾弃。

zhū gū bó shū yóu zǐ bǐ ér

诸 姑 伯 叔，犹 子 比 儿。

【字形的演变及基本字义】

	甲骨文	金文	小篆	繁体隶书	简体楷书	说文解字
诸						辩也
姑						夫母也
伯						长也
叔						拾也
犹						玃属
子						十一月阳气动，万物滋，人以为称
比						密也
儿						孺子也

【正讲】

"诸姑伯叔，犹子比儿。"

　　"诸"，本义是：生火煮食，聚众漫谈。在《说文解字》里的解释是：辩也。在这里作形容词，是众、各的意思，如"诸位"。也用作代词、助词、介词等；作名词时，有干果之意。

　　"姑"，本义是：丈夫的母亲。所以"姑"在《说文解字》里的解释是：夫母也。这是古时妻子对丈夫母亲的称呼，即婆婆，也有称翁姑、姑嫜。《尔雅》中讲："父之姊妹为姑。姑在时曰君姑，姑殁则曰先姑，妇谓夫之庶母为少姑。"现在通常称父亲的姐妹为姑。在这里，"姑"既有最初的含义，是指丈夫的母亲，亦指丈夫的姐妹。"姑"作副词时，有姑且、暂且之意；作动词时，通"诂"，训诂。

　　"伯"，本义是：见多识广、明于事理的族长。在《说文解字》里的解释是：长也。"伯"是个多音字，读bó的时候，本义是指兄弟排行第一，就是老大，兄弟排行依次是：伯、仲、叔、季，排行第二就是仲，排行第三就是叔，排行第四是季。现在小孩口中的"伯"是指父亲的哥哥。"伯"也读bǎi，指数目，十的十倍，也是妇人对夫兄的称呼。《礼记·曲礼下》说："五官之长曰伯"。"伯"还读bà，同"霸"，是古代诸侯联盟的首领。比较有名的是春秋五霸：齐桓公、晋文公、宋襄公、秦穆公、楚庄王。

　　"叔"，本义是：指手持神杖祭祀降神者。在《说文解字》里的解释是：拾也，汝南名收芋为叔。作形容词时同"少"，即年幼的意思。《尔雅》中说，父之兄弟后生为叔父，父之弟妻为叔母。又父之弟为叔。

刚才已经讲过了，"叔"是排行老三的兄弟。在《仪礼·觐礼》中有这样的说法："同姓小邦，则曰叔父；异姓小邦，则曰叔舅。""叔"在这里指父亲的弟弟。"叔"作名词时，通"菽"，豆类的总称。

"犹"，本义是：一种猿类动物。在《说文解字》里的解释是：玃属。"犹"通"猷"，"猷"为计划、谋划之意。"犹"作动词时，有如同、好比、踌躇、疑惧等意。

"子"，本义是：还不能自由活动的婴儿。"婴"与"儿"是不同的，女孩叫婴，男孩叫儿，后来通称婴儿了。"子"在《说文解字》里的解释是：十一月阳气动，万物滋。农历十一月为子月，晚上11点到1点为子时。"子"在这里是指孩子。

"比"，从甲骨文字形（𠤎）可以看出"比"的本义是：两人并肩而行。在《说文解字》里的解释是：密也。二人为从，反从为比。"比"作动词时，有并列、并排、接近、等同等意。《周易·比卦》，讲的就是亲比关系，君与臣亲比，人与人亲比，物与物亲比，人与物亲比。邵康节先生的观物思想："以天地观万物，则万物为万物。以道观天地，则天地亦为万物。""以物观物，性也；以我观物，情也。性，公而明；情，偏而暗。""有我之境，以我观物，则物皆着我之色彩，以物观物，故不知何者为我，何者为物……"我们很难做到以天地观万物，俗辈皆以我心来判断，爱者皆是，恨者皆非，只是工于细节而不闻其道。万物本身无所谓好与坏，只是"我"的取舍不同罢了。而邵康节能够彻上彻下，彻里彻外，皆已贯通，要不然，邵康节怎么会曾一度立于孔子之旁呢？若能够跨越"我心"就有可能由"异"为"同"，达到如孔子所说的"同声相应，同气相求。""散之为万，合则为一"的自然亲比状态。

"儿"，本义是：长牙换齿阶段的幼儿，到后来，孩童都称儿。在《说文解字》里的解释是：孺子也。在这里指自己的孩子。"儿"作后缀，为儿化音。

"诸姑伯叔，犹子比儿。" 意思是说对待姑姑、叔叔、伯父等要像对待自己的父母一样孝顺、敬重，对待侄儿侄女也要像对待自己的孩子一样细心关爱。这两句话有点像孟子说的"老吾老，以及人之老；幼吾幼，以及人之幼。"《论语》中也讲了："兄友弟恭"，也是这个意思。孟子思想的主要核心有三点：亲己、亲人、亲天下。"亲己"，首先要关爱自己，关爱自己的家人。由爱己推及爱父母、兄弟、姐妹，然后再"亲人"，一个人首先要爱自己的父母，关爱自己的兄弟姐妹，才有可能视叔伯们为自己的父亲一样，也才可能把侄儿侄女们当自己的儿女一样对待，这是最原始的孝。从关爱、尊重伯、叔、姑、侄开始，再福及周边没有血缘关系的人，比如同事、邻里等，再福及至你看到的人，接触到的人，这是第二步。第三步才由亲己到亲人到"亲物、亲天下"，心中不再有远近亲疏之分、上下尊卑之别，爱物爱天下，这才是最大的孝道。由此可以看出孟子的理想主义色彩。若真如此，岂不人人都拥有了智慧，感悟到了圣贤智者的心迹，对天地敬畏，对普众关爱，自然是人间净土了！现在有很多人喜欢烧香拜佛，求佛菩萨保佑，我觉得自己的父母就是佛，首先要好好侍奉自己的父母，孝敬父母，就等同拜佛了。自己的兄弟姐妹朋友就是菩萨，好好对待他们，他们就会"护佑"你，在人生的非常时刻，是这些身边的"佛菩萨"在护佑我们。明白了这个理，再去寺院或者道观时，你的心境也就不同了！林则徐曾经说过："父母不爱，敬佛无用。"就点题了。每个人的角色始终都在转化，随着时间的迁移，今天做子女的，明天会做父母，后天还要做爷爷奶奶。要时刻约束自己，为下一代做出榜样！爱才是最大的孝道，是最好的家风，是最大的菩萨心。能够做到"诸姑伯叔，犹子比儿"是不容易的。先从生活中点滴做起，从爱己、爱人做起。

kǒng huái xiōng dì　tóng qì lián zhī

孔怀兄弟，同气连枝。

【字形的演变及基本字义】

	甲骨文	金文	小篆	繁体隶书	简体楷书	说文解字
孔		𡥀	𡥀	孔	孔	通也
怀		褱	褱	懷	怀	思念也
兄	兄	兄	兄	兄	兄	长也
弟	弟	弟	弟	弟	弟	韦束之次第也
同	同	同	同	同	同	合会也
气	三	气	气	氣	气	云气也。
连		連	連	連	连	负车也
枝		枝	枝	枝	枝	木别生条也

【正讲】

"孔怀兄弟，同气连枝。"

　　"孔"，本义是：小儿食乳之形。在《说文解字》里的解释是：通也。"孔"的小篆（𡙭）就像一个襁褓里的婴儿。婴儿吃奶的时候容易吃多，经常因吃得过甚而吐出来，所以"孔"有过甚、很的意思。本文中的"孔"就是很、非常之意。说到"孔"字，很容易想到被誉为万世师表、至圣先师、文宣王的孔子，他是我国春秋战国时期著名的思想家、政治家、教育家。孔子开创了私人讲学的先河，是儒家学派的创始人。孔子晚年修订了《诗》、《书》、《礼》、《乐》、《易》、《春秋》，这六部经典合称为《六经》。"孔"作名词时，有小窟窿、空、孔夫子的省称等；作形容词时，有嘉、美、通达、大等意。

　　"怀"，小篆这样写：𢙴，左边一颗心，右下面也有一颗心，两颗心相感思念，右上面是眼睛流着泪水，可知思念的程度。"怀"的本义就是：想念、思念。在《说文解字》里的解释是：思念也。在古代，不像现在有如此方便、及时的通信，也没有便利的交通，一出门少则数日，多则数年，不知道远方亲人的状况，虽然可以书信往来，但也常常有往无来或有来无往，所谓"烽火连三月，家书抵万金"。古代的送信、运物途中容易遇劫，相应就出现了一种特殊的营生：镖局，以押运为生，这也是中国古代所特有的。还有一个非常特殊的青楼文化，青楼与妓院略微有所区别，青楼里的女子叫大小姐，通常都是貌美如花，琴棋诗书画样样都行，每个大小姐都有自己的宅院，有几十号人伺候着。能够逛青楼的大多是有头有脸的人，没钱的免进，没才华的

孔子像

也免进，想见大小姐没那么容易，要先对诗作画品茶，对不上诗句的或品不出门道的，就别想见大小姐了。过去一些进京赶考的人，银子盘缠花完了还没见到大小姐，不甘心还想在那里耗下去的，对不起，自有彪形大汉伺候，打不死你也会往残里打！

“兄”，本义是：兄长，男子先出生的为兄，后出生的为弟。在《说文解字》里的解释是：长也。古时“兄”是“祝”的本字，甲骨文写法上为“”，下面为匍匐的人，像一个人对天祈祷。“祝”是指男巫，是受尊敬的男人在对天祈福。现在常说的“祝福”就有为你祈福之意。“巫”即女巫，事天祭神，赞词祈祷。“兄”在这里就是指哥哥、兄长。

“弟”，本义是：次第。在《说文解字》里的解释是：韦束之次第也。“弟”的甲骨文是：，像竖立有杈的短木桩，用绳索捆束木桩，就出现了一圈一圈的“次第”。“弟”是多音字，读dì，就是弟弟、徒弟、次第等意。读tì，古同“悌”，人们常说孝悌，孝是对长辈的尊重与奉养，而“悌”是对同辈兄长的敬爱。“弟”也读tuí，是颓唐、柔顺的意思。“弟”在这里就是指弟弟。

“孔怀兄弟”出自《诗经·小雅·常棣》：“死丧之威，兄弟孔怀。”兄弟要是有一个先死了，那是一件非常可怕与痛苦的事情，对他定是非常怀念。"同气连枝"就很容易理解了，一母同胞生，兄弟之间血脉感情深厚，如同树木一样，同根连枝，相聚和睦，患难与共，彼此关爱。生活中，有不少亲兄弟彼此相处得不好，常出现争财产、争家业，甚至对父母不孝不敬，令人唏嘘，不外乎有人感叹：亲兄弟不如朋友！其实兄弟之间血脉相连，情同手足，亲近无比，若是能将兄弟之情相处得如朋友一样，该有多好！

"**同**"，本义是：聚集。《说文解字》的解释是：合会也。《周易》里有一卦叫"同人卦"，《系辞》中有："二人同心，其利断金。同心之言，其臭如兰。""同"也是古代诸侯朝见天子的六礼之一，各诸侯国的侯每隔十二年一起到京城朝拜天子，这一礼仪叫"同"。"同"是多音字，通常读作tóng，是一样的、在一起、和、跟等意，也指姓氏。读tòng，一般与"胡"组成"胡同"，指城镇或乡村里主要街道之间的比较小的街道，一直通向居民区的内部。根据道路通达情况，胡同分为死胡同与活胡同，前者只有一个开口，末端深入居民区，并且在其内部中断；而后者则沟通两条或者更多的主干街道。在北京称为胡同，在江浙一带称为巷弄。"同"在这里，就是相同、共同的意思。

"**气**"，小篆字形（⺈）象云气蒸腾上升的样子。本义是：气流、云气。在《说文解字》里的解释就是：云气也。云者，地面之气，湿热之气升而为雨，其色白，干热之气，散而为风，其色黑。《左传·昭公元年》说：天有六气，六气曰阴、阳、风、雨、晦、明也。《周礼·疾医》中说"五气、五声、五色肺热气，心气次之，肝气凉，脾气温，肾气寒"。"气"作动词时，通"乞"，向人求讨。"气"作后缀时，用在形容词后，相当于"样子"，如秀气、俊气、美气等。

"**连**"，本义是：人拉的车。在《说文解字》里的解释是：负车也。作动词用时，就是连接、相接。自汉以来，习惯用"连"，不用"联"。

变形龙纹铜尊/1965年，湖北江陵楚墓出土的战国青铜酒器。器为圆形，双耳三足，盖上有四禽。整个器形布满了变形龙纹图案，富丽典雅。

"连"也用作介词、形容词、副词、连词用。

"**枝**"，本义是：主干上分出的茎条。在《说文解字》里的解释是：木别生条也。古代指嫡长子以外的宗族子孙。"枝"是个多音字，一般读作zhī，作名词时，有茎条、枝任之意；通"肢"，人的手足与鸟兽的翼足的总称；也作量词用。读qí，同"歧"，是岔的意思。

"**孔怀兄弟，同气连枝**。"这句话简洁明了，指明了兄弟之间的血脉情谊，感念一母同胞，如树木一样，同根连枝，彼此一体，就应该放下一切争执，相亲相爱，相辅相助，兄爱弟恭，家和万事兴！

jiāo yǒu tóu fèn　qiē mó zhēn guī

交友投分，切磨箴规。

【字形的演变及基本字义】

	甲骨文	金文	小篆	繁体隶书	简体楷书	说文解字
交				交	交	交胫也
友				友	友	同志为友
投				投	投	擿也
分				分	分	别也
切				切	切	刌（cǔn）也
磨				磨	磨	石声也
箴				箴	箴	缀衣箴也
规				規	规	有法度也

【正讲】

"交友投分，切磨箴规。"

"**交**"，本义是：反叉两腿。在《说文解字》里的解释是：交胫也。在这里是指交往、结交。地处五岭以南一带称交趾，相传这里的人入睡时，两足相交。"交"作名词时，有朋友、交往等意；也作副词用。作形容词时，通"姣"，美丽之意；通"狡"，诡诈等。

"**友**"，本义是：顺着一个方向的两只手，表示以手相助，即朋友。《说文解字》的解释是：同志为友。同门曰朋。作动词时，有互相合作、结交等意。

"**投**"，本义是：手执大叉，掷向野兽或敌人。在《说文解字》里的解释是：掷也。"投"作名词时，指骰子；也是投壶（中国古代宴会时的游戏）的省称；也作介词用。

"**分**"，本义是：用刀将物体均匀地分开，一分为二。在《说文解字》里的解释是：别也。《周易·系辞》中讲："方以类聚，物以群分。"指世间人或事因其性质分门别类，各自聚集，也就是说人世间有不同的团体，即有所谓的圈子。通常是志同道合的能够聚到一起，很少见到不同圈子的或者地位悬殊的人能够常在一起，就像陶渊明说的："谈笑有鸿儒，往来无白丁。""分"是多音字，读fēn，表示区划开、散、离、辨别、一半等意；读fèn，表示职责、权利的限度，也指构成事物的不同的物质或因素。也同"份"，指属于一定的阶层、集团或具有某种特征的人。在本文里，读fèn，意为相同的爱好或性格。

"交友投分"不仅仅是指要有相同的志趣爱好，更多是指要有相同的价值观。朋友很少因性格不合而闹掰的，多数因为对事物没有共同的认知或者价值取向分歧太大而话不投机，分道扬镳。生活中会遇到很多问题，发生很多事情，一些事情不能告知父母，也不可告诉老婆孩子，但会给朋友说。一生中，如果没有几个知心的朋友，也算是做人的一种缺憾了。《论语·季氏》中已讲过："益有三友，损有三友"。什么是益友？第一是友直，要交为人正直，没有私心的朋友；第二是友谅，要交有信用，诚实不欺骗的朋友；第三是友多闻，要交见识广博，有学问的朋友。不交损友！什么是损友？第一是友便辟，即谄媚逢迎的人不交；第二是友善柔，就是不交那些表面奉承而背后诽谤人的人；第三就是友便佞，那些善于花言巧语、内心险恶的人不交。这些就是"交友投分"的标准！益友损友对人们影响非常大，所以交友要慎重考虑，小心选择，不能乱交朋友，否则贻害无穷。

朋友因投缘在一起，相互帮助，相互勉励，有了过失，要劝诫，有好的心得，也能一起分享，有优点就相互学习。"投分"要靠感觉，"投分"，顾名思义就是情投意合。我们也会遇到那种相见恨晚，很投缘的朋友，即便如此，也要注意说话的分寸。《论语》中讲："忠告而善道之"，如果发现朋友有问题，要善意地给予忠告，话说到位，但不能过分。接着又补充说："不可则止，勿自辱也。"就是说，如果人家不听劝告，就算了。若劝而不止，那就是自取其辱了。所谓"朋友劝酒不劝色"，忠告朋友要有分寸，要知道朋友的那个"寸"在哪里，分得不好，朋友也没得做了。俗话说"翻脸一句话，转身不认人。"《周易·系辞》中有讲："君子安其身而后动，易其心而后语，定其交而后求。"意思就是：君子必须先将自己安定下来，然后才能行动；必须先将自己的心平静下来，然后才能说话；必须先建立感情，然后才能提要求。君子有这三种修养，待人做事没有偏差才会完美。谈恋爱更是一样，只讲"投分"是远远不够的，是需要磨合的，也就是"切磨箴规"。

"切"，本义是：用刀分割物体。在《说文解字》里的解释是：刌（cǔn）也。切断之意。"切"是多音字，读qiē，作动词，表示用刀从上往下用力，如切磋、切除；作名词时，通"砌"，台阶之意。读qiè，作形容词时，指贴近、紧急、实在等意。"切"在文中读qiē，是摩擦、接触之意。

"磨"，本义是：两块凿有交错麻点的石盘组成的用具，可将食物由粗变细或变成粉末。在《说文解字》里的解释是：石声也。"磨"是多音字，读mó作形容词，摩擦、阻碍、消耗、拖延等意；作名词时，指磨刀石、磨难等。读mò，是指粉碎粮食的工具，也指将粮食加工成所需的状态；作动词时，有转移、掉转、拉等意。在这里读mó，是切磋、探讨的意思。

"箴"，本义是：缝衣服的工具。后作"针"。《说文解字》里解释为：缀衣箴也。"箴"在本文里用作动词，意思是规劝、告诫。箴言就是规劝之言。

"规"，本义是：画圆的工具，现在称圆规，古人称圆之标准为规，称方之标准为矩。"规"在《说文解字》里的解释是：有法度也。就是规定、规则、标准等。"切磋、磨合"是指探讨学问，交流思想。《诗经》中讲："如切如磋，如琢如磨。"是指君子的自我修养要像雕刻精品一样尽善尽美，不留瑕疵。"切"、"磋"、"琢"、"磨"都是雕刻的动作方法，严格说来，这4个字是用于4种不同材料的不同方法："切"是切刻骨头，"磋"是针对象牙，"琢"是指雕刻玉，"磨"是对石材的处理。《荀子》中讲："人之于文学也，犹玉之于琢磨也。"意思是说：一个人只有通过学习文化才能够提升个人的价值与品位，如同一块玉石要通过认真琢磨才能成为价值连城的艺术品，才能增值。朋友之间也需要

"切"、"磋"、"琢"、"磨"。"切磨箴规"的意思也就不言自明了！

"交友投分，切磨箴规。"这句话的意思是：结交朋友要意气相投，要在学习上切磋、琢磨，品行上相互勉励。这句话与前文的"上和下睦，夫唱妇随。外受傅训，入奉母仪。诸姑伯叔，犹子比儿。孔怀兄弟，同气连枝"总结了作为社会人之间的关系问题，也指明了相处的礼仪规范与要求。《周易·家人卦》的"彖辞"中讲"父父，子子，兄兄，弟弟，夫夫，妇妇，而家道正。正家而天下定矣。"强调了每个人要尽职尽责，遵守社会公理，扮演好自己的社会角色。《国语·晋语》中讲："事君不贰是谓臣，好恶不易是谓君，君君臣臣，是谓明训。明训能终，民之主也。"其中的"好恶不易"就是说君王的是非标准不能违背公理。说到底，是要求人们各得其位，尽职尽责。古代圣贤用"五行"，即金水木火土来解读世界的本源，认为宇宙自然是由这五种要素相生相克衍生变化所产生的，对人类社会的影响更是深远，德行论之五行就是礼义仁智信。在现实生活中，通常要面对五种相互作用关系：管你的人，你管的人，救助你的人，你所帮助的人，还有一种关系是同伴、朋友。同伴关系在八字中叫作"比肩"，也叫"劫财"。"比肩"、"劫财"有点像哥们儿、闺蜜，不分彼此，需要帮忙的时候帮忙，缺钱的时候就借钱，也充满着竞争，得到的回报更多是快乐与苦恼。朋友之交是人们社会生活中最常态的关系，也是最重要关系，俗话说"不全之毁"，就是不能总抓住对方的缺点不放。也不能过分地恭维别人的优点，这叫"不虞之誉"。不仅是朋友之间，与人交往，都要注意这两点，古人传法不传火，交友之道有了，火候就全凭您自己拿捏了！

rén cí yǐn cè zào cì fú lí

仁慈隐恻，造次弗离。

【字形的演变及基本字义】

	甲骨文	金文	小篆	繁体隶书	简体楷书	说文解字
仁						亲也
慈						爱也
隐						蔽也
恻						痛也
造						就也
次						不前，不精也
弗						挢也
离						离黄鸧鹒也

【正讲】

"仁慈隐恻，造次弗离。"

　　"仁"，金文这样写：尸，一个人弯曲着身体保护下面的小生命，体现亲爱。古人讲"仁者，情志好生爱人，故立字二人为仁。"《礼记·经解》说："上下相亲谓之仁。""仁"的本义是：博爱，人与人相互亲爱。在《说文解字》里的解释是：亲也。"仁"是中国古代一种含义极广的道德观念，很难具体描述什么是"仁"，其核心指人与人相互亲爱，可以简单地理解为：慈爱、包容、理解。"仁"是儒家的核心，没有仁也就没有儒教的根基，孔子以仁作为最高的道德标准。孔子讲："君子体仁足以长人"，所谓"体仁"是以仁为体，以仁为本，用天地这样的大爱来讲"仁"。天地之大德曰生，若没有天地之心，天地万物哪会无界复生？人与人之间更应如此，有恩于万物生育养就，应人人相亲，爱人如爱己，拥有一颗没有嫉妒更不会幸灾乐祸的仁心。

　　"慈"，天地大爱以"仁"为本，以"慈"为用。慈就是爱。"慈"的本义是：心肠软如丝。在《说文解字》里的解释是：爱也。"慈"是没有条件的爱！是上对下的爱，是父母之高行。母亲对孩子的爱就是慈。"慈母手中线……"可知慈母心啊！

　　"隐"，本义是：为避世俗纷扰，远居深山。在《说文解字》里的解释是：蔽也。"隐"是多音字，读yǐn作动词，有藏匿、不显露、堵塞、怜悯等意；作形容词时，有精深、微妙、忧伤等意；作名词时，指矮墙、隐居的人等。读yìn，是倚、靠的意思。在文中读yǐn，作动词用。

　　"恻"，本义是：悲痛。在《说文解字》里的解释是：痛也。《周易·井卦》中讲："井渫不食，为我心恻。"意思是说：修治水井，将井中的泥沙挖出，将井清理干净，水质好了，这么好的井水弃而不用，实在可惜。我为旁观者，心里实在是有些心痛啊！

"仁慈隐恻"其实就是要有爱心，同理心，同情心。如果没有"仁"之体，就没有"慈"之用。只有大仁之心，才有大慈之怀。"隐恻"通常讲成"恻隐"，孟子说"恻隐之心，人人皆有之。"恻隐是见到遭遇不幸而心有不忍，即同情。孟子的四端之说："恻隐之心，仁之端也；羞恶之心，义之端也；辞让之心，礼之端也；是非之心，智之端也。"孟子为了描述恻隐之心，还讲了一个故事：行路间，看到一个小孩子突然掉到井里了，此时此刻不容思考，会毫不犹豫去营救，这就是恻隐之心。"恻"是指伤之切，"隐"是指痛之深。足见人的同理心及天性的善良，足见人与人彼此相爱。这种心情，并非父子之间的私情，也不是为在朋友中获取名誉，更不是因为听到孩子掉进井里的哭声，是因为没有"恻隐之心"就不是人；没有羞恶之心，没有辞让之心，没有是非之心就不配做人。

"造"，本义是：到，往某地去。在《说文解字》里解释为：就也。"造"假借为"作"，是制造，制作之意。"造"也有拜访之意，如：造访。"造"作名词时，有成就、时代等意；作副词时，通"猝"，忽然、仓率之意。

"次"，金文是这样的：，本义是：身体欠安而打喷嚏。在《说文解字》里的解释是：不前、不精也。"次"也表示第二的，如次日、次子。"次"作名词时表示顺序，如次第、次序。"次"还指临时住宿或驻扎。《左传》里面讲：行军驻扎一晚为舍，驻两宿为信，过信，也就是驻三宿或三宿以上叫次。"造次"是指须臾、片刻之意，也兼随便、轻率等意。

"弗"，甲骨文字形（卋），中间像两根不平直之物，以绳索束缚使之平直。本义是：矫枉。在《说文解字》里的解释是：挢也。"挢"读jiǎo，有两个意思，一是举，翘，如挢首高视；二是同"矫"，是纠正的意思。"弗"为"不"的同源字，在此为"不"的含义。"弗"作形容词时，通"沸"，指泉水喷涌的样子。

"离"，甲骨文是：，本义是：鸟停留在鸟窝上。在《说文解字》里的解释是：离黄鸧鹒也。"离"是"鹂"的本字，即黄鹂也称鸧鹒，鸣声清脆动听。在本文里是违背、背离之意。"离"作名词时，即长离，传说中的凤鸟，比喻有才华的人。通"缡"，古代女子出嫁时系的佩巾。通"螭"，古代传说中没有角的龙。作动词时，通"丽"，附丽、附着；作形容词时，通"俪"，成双、成对。

"**仁慈恻隐，造次弗离**。"的意思是：仁义、慈爱及对人的恻隐之心，在任何时候，任何地方，时刻都不能抛离。

节义廉退，颠沛匪亏。

【字形的演变及基本字义】

	甲骨文	金文	小篆	繁体隶书	简体楷书	说文解字
节		箭	箭	節	节	竹约也
义	羡	義	義	義	义	已之威仪也
廉			廉	廉	廉	仄也
退	复	遑	退	退	退	却也
颠		顛	顛	颠	颠	顶也
沛			沛	沛	沛	沛水
匪		匪	匪	匪	匪	器，似竹筐
亏			亏	亏	亏	於也。象气之舒亏

【正讲】

"节义廉退，颠沛匪亏。"

　　"节"，本义是：竹节，泛指草木枝干间坚实结节的部分，在《说文解字》里的解释是：竹约也。"竹约"是指竹子的一节一节的外圈，中空而直，不改其方向。"节"是个多音字，读jié，作名词，有竹、节日、礼节等意。读jiē，指节骨眼、节子等复言词中。"节"在这里读jié，指气节、操守，也代表"五常"中的"信"。一个人没有节操，就没有诚信可言。

　　"义"，甲骨文（⺶）表示公羊用羊角维护自己的生殖权与交配权。本义是：正义；合宜的道德、行为或道理。在《说文解字》里解释为：已之威仪也。"义"字从"羊"从"我"，其中既有养羊之义，又有取羊毛、羊肉之义，可见"义"是正当适宜的获利，也就是"五常"中的"义"。"义"是"仪"的古字，作名词时，有仪容、状貌之意。

　　"廉"，本义是：厅堂的侧边。在《说文解字》里解释为：仄也。"廉"是有棱角，引申为方正不勾结、清廉。"廉"在这里作形容词，是方正、刚直的意思，"廉"作动词时，有考察、视察之意，是"五常"中的"智"。

　　"退"，本义是：向后走。在《说文解字》里解释为：却也。"退"由"艮"和"辶"组成，"艮"为八卦之一，代表山、停止，"辶"与走有关，走到山脚下，前面没路了，只能停下来了，向后走。"退"在这里是退让、谦让的意思，表现的是辞让之心、退让之礼。天文学上称天体自东向西运行为"退"。"退"在这里代表了"五常"中的"礼"。

　　"颠"，本义是：头顶。在《说文解字》里解释为：顶也。"页"是汉字的一个部首，"页"的本义是人头。"颠"在本文里假借"蹎"，是扑倒、倒下之意，表现了一种狼狈困顿之象。"颠"作名词时，泛指物体的顶部，也指马的额头等。

"**沛**"，本义是：沼泽，多水草的沼泽地。"沛水"原来是个地名，因水量特别的充沛而得名。"沛"在《说文解字》里的解释是：沛水。水量很大、经常被淹。"沛"作形容词时，指水流湍急的样子，泛指盛、大，通"霈"（pèi），雨盛大的样子。"颠沛"的意思是遭受磨难、贫困。

"**匪**"，本义是："筐"的古字，竹器，形似竹篚。在《说文解字》里解释为：器，似竹筐。带"匚"的字常与筐有关，与器物有关。《周易·比卦》的六三爻的"小象辞"讲："比之匪人，不亦伤乎！"用现在的话说就是：与行为不端、行为不正的小人亲近，不也是一种伤害吗？"匪"作形容词时，指行为不正。"匪"在这里假借为"非"，表示否定，不能之意。

"**亏**"，本义是：气虚无力。在《说文解字》里解释为：气损也。凡损皆为亏，在文中有损失、丧失之意。"亏"作副词时，有难为、幸而、多亏、幸亏等意。

"**节义廉退，颠沛匪亏。**"意思是说，气节、正义、廉洁、谦让这些品德，即使在狼狈不堪、穷困潦倒的时候，也不可亏缺。《论语·里仁》中有："君子无终食之间违仁，造次必于是，颠沛必于是。"意思是说：君子即使在一顿饭的时间，也不会有违背仁德的行为，在仓促匆忙的情况下是这样，在颠沛流离的情况下也一定是这样的。君子的仁爱之心体现在平时一日三餐、举手投足之间，无论何时都不会违背这些品德。孔子的这句话是对"仁慈隐恻，造次弗离，节义廉退，颠沛匪亏"的核议表达。回望历史，可以感受到一个急功近利的社会给人们带来的不安与恐惧。仁慈、气节、正义、廉洁、谦让是我们传统的大美品德，这些不是空话、大话。能在当下各自的生活、工作中严格要求自己，无论在名利面前或颠沛之境，切实做到"节义廉退"，将会世风德化，天下太平。过去、现在、未来皆如是！

性 静 情 逸，心 动 神 疲。

【字形的演变及基本字义】

	甲骨文	金文	小篆	繁体隶书	简体楷书	说文解字
性			𢖓	性	性	人之阳气，性善者也
静		𤕠	靜	静	静	审也
情		𤖭	情	情	情	人之阴气，有欲者也
逸	𧾷	逸	逸	逸	逸	失也
心	心	心	心	心	心	人心也。在身之中，象形。
动	動	動	動	動	动	作也
神		祂	神	神	神	天神引出万物者也
疲			疲	疲	疲	劳也

【正讲】

"性静情逸，心动神疲。"

　　"**性**"，本义是：萌生于心的本能、本质、欲求。在《说文解字》里的解释是：人之阳气性善者也。"性"是人的本性。《中庸》里讲："天命之谓性，率性之谓道，修道之谓教。"说明了儒家把道、本性及人性相联系。《中庸》又说："自诚明，谓之性。自明诚，谓之教。诚则明矣，明则诚矣！"更将人性定义为自觉，若想安天下之诚，就要无限发挥人的本性。如果从实际生活的角度来看，是说个人只有在众人的合力下才能完善自己，尽己之性必须与尽人之性相结合，尊德行与重学习相结合，这体现了儒家天人合一的宇宙观。而"天性"一词更倾向于道家，主要指人先天具有外界难以改变的心理特性及行为趋势，即一个人出生所具有的秉性。佛教认为"性"是指事物的本质，佛性就是自性、法性，性相为一。"性"这个字看上去简单，就哲理层面不是那么容易说到位、解得清！

　　"**静**"，本义是：色彩分布适当。《说文解字》的解释为：审也。"静"字的本义现在不常用了，现多指安宁、清静、使安定等意。近些年来，思静之潮涌起，人们通过各种形式寻求心灵安静大法，看上去真是嫌极了人心之恶俗、市井之熙攘，于是"打坐"、"辟谷"之风盛行。其实"打坐"只是道教中一种基本修炼方式，也称"盘坐"、"静坐"，佛教称为"禅坐"或"禅定"，是佛教禅宗必修的。在中华武术修炼中，打坐是一种修炼内功、涵养心性、增强毅力的途径。总括来说，这些都属于养心健身之法。若单纯追求外在形式上的安静，容易产生逃避心理，若从根本上不能参透、放下追名逐利之利己之心，就永远无法理解自然大道，更无法理解天人合一、澄明无为的安宁。若抱着名利的心遍求大师大法，试图得到一技一术，得到所谓的捷径通途，皆为妄想虚行！不请自来的循环往复只会让人更加烦躁不堪。广义的安静，是一种忘我，一种沉醉，时间停止，得失尽无，如熟睡的婴儿，缝衣的母亲，讲台上的老师，手术台上的医生，脚手架上的工人，飞船中的宇航员……无一不是安静的表现，安静就是生命中全身心的豁然再现，而不仅仅只是坐如钟，站如松，止如死水，枯木立千年。

"情"，本义是：内心感受、情绪。《说文解字》的解释是：人之阴气有欲者也。《礼记·礼运》中说："何谓人情？喜怒哀惧爱恶欲，七者，弗学而能。"讲得很清楚，这七者不用学就会了，可见"情"是人的本性受外界事物影响而引起的心理变化。从《说文解字》对"性"与"情"的解读就知道"性"属阳，"情"属阴，性情是人的阴阳所属，互为体用。"情"通"诚"，有真诚、真实之意。

"逸"，本义是：野兔逃脱猎捕。在《说文解字》里的解释是：失也。"逸"在此处作形容词，是闲适、安乐之意。"逸"作动词时，有隐逸、退出社会而隐居起来、释放、散失之意。

孟子的"性本善"说，荀子的"性本恶"说，向世人垂示了人类本性善恶的两面性，只有识天理，辨善恶，去恶扬善，正心诚意，才能真正使心性安静下来，才能表现出"情逸"，闲适自在油然而生。

"心"，本义是：人和高等动物体内主管血液循环的器官。在《说文解字》里的解释是：人心也。在身之中，象形。"心"字的甲骨文字形（ᗧ）似心的形状。心在肺之下，膈膜之上，着脊第五椎，形如莲蕊，上有四系，以通四脏。心外有赤黄裹脂，谓之心包络。古人以心为思维器官。《孟子》里有说："心之官则思。""尽其心者，知其性，知其性则知天矣。"佛教各宗派也盛谈心性，禅宗提倡明心见性，宋代儒家也喜欢心性，各家说法不一，普遍认为"心性为一"。

"**动**"，本义是：使用体力劳作，行为。《说文解字》的解释是：作也。"动"有震动、移动、与"静"相对；作副词时，指动不动、常常等意。

"**神**"，本义是：神灵。《说文解字》的解释是：天神引出万物者也。"神"左边一个"示"，右边一个"申"。"神"是会意字，"申"是天空中的闪电之形，古人以为闪电变化莫测、威力无比，故称之为"神"。"神"是上天以闪电的形式对万物的明示、申告。"神"作名词时，指传说中的天神，即天地万物的创造者或主宰者，泛指神灵。

"**疲**"，本义是，困乏，倦怠。小篆字形（𤺄）像人躺在床上害病的样子。在《说文解字》里的解释是：劳也。"疲"作形容词时，有疲乏、厌倦、衰老等意。

"**性静情逸，心动神疲**。"这句话的意思是：保持内心清静平定，情绪就会安逸舒适，心为外物所动，精神就会疲惫困倦，指明了心情的动静表现。"性静"与"心动"；"情逸"与"神疲"；"心性"为里，"神情"为表。人的本性有六个层次：性、情、神、心、志、意。性情构成了神，心志组成了意，性的表现为情，情的表现为神，心之所向是志，志的生发为意。《中庸》开篇就说："喜怒哀乐之未发谓之中，发而皆中节谓之和。"可知"中"本身不是喜怒哀乐，而是"喜怒哀乐"的守中状态。朱熹也说："喜怒哀乐，情也。其未发，则性也。无所偏倚，故谓之中。"以中庸的法则来调节"心性"，心动不过动，乐而不狂笑，哀而不号啕，否则"神"疲而倦怠！此说可否明了"心性沉静，神情闲适"之意？

守真志满，逐物意移。

【字形的演变及基本字义】

	甲骨文	金文	小篆	繁体隶书	简体楷书	说文解字
守		𡩜	𡩜	守	守	官守也
真		真	真	真	真	仙人变形而登天也
志		志	志	誌	志	意也
满			滿	滿	满	盈溢也
逐	逐	逐	逐	逐	逐	追也
物	物	物	物	物	物	万物也。
意		意	意	意	意	志也
移		移	移	移	移	禾相倚移也

【正讲】

"守真志满，逐物意移。"

　　"守"，是会意字，上面的"宀"表示房屋，下面的"寸"表示法度，合起来表示掌管法度，本义是：官吏的职责、职守。在《说文解字》里的解释是：官守也。"守"也是秦代郡的长官名，汉代更名为太守。"守"作动词时，有奉行、遵守、坚守等意。

　　"真"，本义是：修行得道的高人。在《说文解字》里的解释是：仙人变形而登天也。道家认为"真"是仙人。"真"的小篆（眞）上面的"匕"代表变化，"目"代表眼睛，"乚"代表隐藏，"八"代表工具，"真"就是借助工具或法术使自己隐藏起来，变化为无形，登天升仙了，就成了仙人。"真"在这里是本性、本原的意思。"守真"出自《庄子·渔父》："慎守其真，还以物与人，则无所累矣！"

　　"志"，本义是：心之所向，未表露出来的长远宏大的打算。在《说文解字》里的解释是：意也。"志"作名词时，有志气、心情、神志，通"帜"，旗帜等意；作动词时，有专心、记着、叙述、记录等意。

　　"满"，本义是：液体达到器皿容量而外溢，即：填满、布满。在《说文解字》里的解释是：盈溢也。"满"作动词时，通"懑"，烦闷、足够等意；作形容词时，有饱满、整个、自满等意，也特指月圆。

　　"守真志满"，这四个字的意思是：守住自己纯真的本性和操守，志气自然就会充盈内心，身具傲骨，百折不屈。

　　"逐"，本义是：追赶鹿、猪等野兽，即为追赶。《说文解字》的解释是：追也。在文中是追求的意思。"逐"作副词时，意思是依次、按顺序。

"物"，古代以"牛"为大物，"勿"是杂色旗帜，表示多种多样，所以"物"在《说文解字》的解释是：万物也。"物"作动词时，有选择、观察之意。泛指人以外的具体的东西。从哲学层面讲，"物"与"心"是相对的。

"意"，上面一个"音"，下面一个"心"，发自内心的声音，"意"的本义是：心志、心念。《说文解字》的解释是：志也。"意"与"志"互解，在文中的意思是意志、愿望。

"移"，本义是：将密集的禾苗进行分株移栽。在《说文解字》里的解释是：禾相倚移也。凡种稻必先苗之而移之，迁移之义，所以"移"字是"禾"旁。"移"作名词时，指移文（古时官府文书的一种）。在本文里，"移"是变动、改变之意。

"逐物意移"，意思是追求物欲享受，人的意志就会转移、改变，善性也就随之改变了。

"守真志满，逐物意移"这八个字像格言名句，大多停留在口头上，很难落实到行动上。我们书院的院训是"学聚问辩，宽居仁行。"学也好，问也罢，最终是为落实到行动上，而且是仁行。今天讲这八个字也是如此，读着简单，做的时候又觉得空泛，无处着手，原因是没有弄懂其真正的内涵。就"守真"来说，各家有不同的表述。儒家主张通过教化来成就自己，出凡入圣虽说是自己的事，但教化正是将人性善的一面得以更好地发挥。以"仁义礼智信"五常作为道德原则，成就自己之真我。王阳明的心学，更是将"真"解读为至善的天理，去恶扬善才是目的。道教修行、修炼的目的就是使生命返归到初始的本真状态。《道德经》说："见素抱朴，少私寡欲。"意指人们要抱道守真，培养生命的真元、本性，使之不为物欲所诱惑，不为私心杂念所困扰。庄子说："正则静，静则明，明则虚，虚则无为而无不为也。"这是道家体悟自己的最干净利落的一句话。佛教对守真、天性、真心解读为真如之心，必须实修佛法，最后把"我执"、"法执"全部"空"掉后，所得就是真心。一切"真"都是本性、本质构成的。正如佛经所讲"唯心所现，唯识所变。"这里说的心，就是真心，就在于真如本性。无论是哪家的表述，无不对天性、真性的肯定。也正是由这样的至真本性充盈于心胸，用心致诚，意志充足，品性高洁，精神升华，才不为外物所动，才活脱脱独立于天地间。如果逐物意移，心随物移，物欲熏心，就会见利忘义，心生偏邪，道德品质也随之改变。

物质至上的社会世象，可以借用杨绛的话来说明：成功以拥有金钱物质多寡作为标准互相攀比，取利不择手段，损人利己。存心做一个与世无争的老实人，就容易被人家利用与欺侮；稍有才德品貌，就会遭到嫉妒与排挤；若是大度退让，反倒会受到侵犯与损害，被人笑话为傻子。要与人不争，就得与世无求，同时还要维持实力准备斗争，要和别人和平共处，就得与他们周旋，还得准备随时吃亏……够累吧？这就是群体"逐物意移"的结果。"守真志满"无疑是对此世风的一种警示！每个人若将自己本性的真善美作为心灵的追求，作为行为的指南，理想中的大同、和谐的社会自然会照进现实。治世的良方就在你我心里，就在你我的行动中，谨记"守真志满，逐物意移"！

jiān chí yǎ cāo hǎo jué zì mí

坚持雅操，好爵自縻。

【字形的演变及基本字义】

	甲骨文	金文	小篆	隶书	楷书	说文解字
坚		𦥮	堅	堅	坚	刚也
持		𢪒	持	持	持	握也
雅			雅	雅	雅	楚鸟也
操			操	操	操	把持也
好	𡥀	好	好	好	好	美也
爵	爵	爵	爵	爵	爵	礼器也
自	自	自	自	自	自	鼻也
縻			縻	縻	縻	牛辔也

【正讲】

"坚持雅操，好爵自縻。"

  "坚"，本义是：泥土坚硬。在《说文解字》里的解释是：刚也。

  "持"，本义是：手拿东西。在《说文解字》里的解释是：握也。"坚持"即为：坚决保持住或进行下去。

  "雅"，通假"鸦"，鸟名，是乌鸦的一种。在《说文解字》里的解释是：楚乌也。其实，乌和鸦是不同的鸟，乌是小而黑且不反哺，鸦是大而不纯黑且反哺。反哺是长大了喂食给妈妈。"雅"也是《诗经》中诗篇的一类，《诗经》包含了风、雅、颂、赋、比、兴，合称为"六义"。而"风雅颂"是以不同的内容来区分。风，是风土之音、民俗之音；雅，是皇帝之音、朝廷之音；颂，是庙堂之音。"赋比兴"是写作的手法。"雅"为形声字，作形容词时，指正确、合乎规范。《毛诗序》中说："雅者，正也。"《风俗通·声音》中说："雅之为言正也。"可以推知，以鸟发出的声音为正。所谓"雅集"是指文人雅士吟咏诗文，议论学问的聚会，"雅"在此文中是高尚、美好之意。

  "操"，本义是：拿着，握在手里。在《说文解字》的解释是：把持也。"操"在文中作名词用，是品性、德行之意。"雅操"有两个意思：其一为雅正的乐典，如《后汉书·仲长统传》："弹《南风》之雅操，发清高之妙曲。"其二为高尚的操守。在此处意为"高尚的操守"。

  "好"，本义是：女人怀抱孩子。母亲抱着孩子，给人的感觉很温馨，很美好。"好"在《说文解字》里的解释是：美也。在本文中是善、优良、良好之意。

"爵"，本义是：古代饮酒的器皿，青铜制，三足，以不同的形状显示使用者的身份。盛行于殷代和西周的初期。在《说文解字》里的解释是：礼器也。在此文中，是爵位、官位之意。"好爵"有两个意思，其一是精美的酒器。借指美酒；其二是高官厚禄。

"自"，甲骨文写法是：𦥑，象鼻形，本义就是鼻子。在《说文解字》里的解释就是：鼻也。人们通常都是指着自己的鼻子代表自己。鼻子是维持人呼吸的重要部位，一

爵杯/商周时期青铜饮酒器。爵常与觚（gū）、斝（jiǎ）等酒器一起使用，这种配合使用流行于商代，西周时期渐衰，代之以铜角、铜觯（zhì）等。

定要保持鼻腔呼吸的自由，才能够维持生命。"自由"一词就是由此而来的。在本文中，"自"作代词，是指自己、本身。

"縻"，本义是：牛缰绳。在《说文解字》里的解释是：牛辔也。牛辔（pèi）也叫辔头，就是牛缰绳。马缰绳曰羁（jī），牛缰绳曰縻。"縻"在此处作动词，是束缚、约束之意。"自縻"就是自己牵着自己，其实就是自我约束。"縻"在古代也通假这个"靡"，是消耗、耗费之意。"靡"字最早出现在《周易·中孚卦》的九二爻的爻辞："鸣鹤在阴，其子和之，我有好爵，吾与尔靡之。"意思是说：鹤在山之阴鸣叫，小鹤就会应和；我有好酒，就与你共饮，与同志之人分享，与同道之人分享。以此象征自然界冥冥之中，一切都有感应。孔子由此引申说，君子在私室说的话，如果是好的言论，在千里之外也会使人感动，产生共鸣，更何况近在身边的人呢？如果是不正当的言论，在千

里之外也会引起人的反驳，更何况是近在身边的人呢？言论与行为对于君子来说，就像是门的轴，弩箭的扳机，门轴与扳机，一旦发动，就已经决定了荣誉或耻辱。君子的言论与行动，足以动摇天地，怎么能够不谨慎呢？而此处却是"好爵自縻"，从字面的意思来理解是有好酒就自己享用。这是不是有点自私了？还是有别的问题？其实也没错，可从"好爵自縻"取象思维及人文思考的角度来看，则另有深意。

鸟纹爵/铸于西周前期

　　"坚持雅操，好爵自縻"。有着明确的因果关系，"坚持雅操"是因，"好爵自縻"是果。想要获得"好爵"，也就是想要获得比较高的社会地位、好运气、好机会，就必须像自己牵着自己一样时刻提醒自己，守住自己的高雅的情操和高尚的德行，自求多福。天助人助不如自助，自助的核心就是身心、德名的建设。要做到前面讲的"性静情逸"、"守真志满"，抛弃妄念、恶念，人才能纯粹、专注，言语坚定、眼神笃定，神志安定。坚持高雅的情操，高尚的德行，美好的东西自然就会来，"好爵"也会不请自来。若放弃了这一点，一切皆为枉谈。比如去道观、寺院等祈福，希望通过拜祭的活动得到福分。若放任自己的言行，当然不会有福报。与外物无关，与鬼神无关。必须自修己德，福报自来，齐心济世，德福天下。

dū yì huá xià, dōng xī èr jīng
都邑华夏，东西二京。

【字形的演变及基本字义】

	甲骨文	金文	小篆	繁体隶书	简体楷书	说文解字
都				都	都	有先君之旧宗庙曰都
邑				邑	邑	国也
华				華	华	荣也
夏				夏	夏	中国之人也
东				東	东	动也
西				西	西	鸟在巢上
二				二	二	地之数也
京				京	京	人所为绝京丘也

【正讲】

"都邑华夏，东西二京。"

"都"，本义是：建有宗庙的城邑，在《说文解字》里的解释是：有先君之旧宗庙曰都。"都"是多音字，读dū的时候，指一国的最高行政机关所在的地方，如首都、国都；也指大城市，如都市、大都会；还有头目、美好等意思。读dōu的时候，是全部、完全的意思。在本文中读dū，是国都的意思。

"邑"，本义是：有一定数量人口定居的城邦。在《说文解字》里的解释是：国也。周朝时期的都城叫作"国"，也叫"邑"，或者"国邑"。"都"与"邑"是有区别的："都"是建有宗庙的城，"邑"是没有宗庙的城。再后来，"都"与"城"连在一起成了都城。在古代，诸侯封给卿大夫的作为世禄的田邑或者采邑，也叫作国都。"都邑"在这里指一个国家的首都。

"华"，本义是：树木开花。在《说文解字》里的解释是：荣也。《诗经·周南·桃夭》中有一句话："桃之夭夭，灼灼其华。"《尔雅·释草》中讲："木谓之华，草谓之荣。""华"也是个多音字，读huá的时候，指中国或汉族，如华夏、中华；也指美丽而有光彩的，如华丽；也指精英，如精华；另外也有时光、开花、繁盛、奢侈等意思。读huà的时候，一般指我国山西的华山，另外也指姓。读huā的时候，古同"花"，是花朵的意思。毫无疑问，"华"在这里应该读作huá，指古代居住于中原地区的汉族。

"夏"，本是指古代居住于中原地区的汉民族的自称。在《说文解字》里的解释是：中国之人也。"夏"在现在比较常用的意思是指每年的第二季，即夏季。"夏"也是一个朝代名，是我国第一个朝代——夏朝。"华"与"夏"连在一起组成"华夏"，就是指古代汉民族。相传，在大约五千年前，黄河流域中下游一带的华山与夏水之间分布着许多部落，比较重要的有后来的炎帝部落和黄帝部落等。炎、黄两部落经阪泉之战后融合成炎黄联盟，炎黄部落又在涿鹿之战后兼并东夷部落，形成了华夏部落联盟，又经过夏商周三代的融合，华夏民族正式形成了。从汉朝开始逐渐出现"汉"的自称，华夏民族、炎黄子孙就是指汉民族。

"**东**"，本义是：太阳从树林中升起来，日出的方向。在《说文解字》里的解释是：动也。"东"在这里是指东方。

"**西**"，本义是：鸟入巢息止。在《说文解字》里的解释是：鸟在巢上。"西"是"栖"的本字，"西"的甲骨文字形（⊕）就像一个鸟巢。太阳没落，鸟归巢了，日落的方向就是西方。

"**二**"，本义是：由混沌分出的天、地两极。在《说文解字》里的解释是：地之数也。"地之数"指偶数，也就是阴数。而天之数是奇数，也就是阳数。"二"是原始记数符号，用两横来记录数量。

"**京**"，本义是：人工筑起的高土堆。在《说文解字》里的解释是：人所为绝京丘也。"京"的甲骨文字形（龠）就像筑起的高丘形，上为耸起的尖端。《三国志》里讲："于堑里筑京，皆高五六丈。""京"就是大而高的土堆。但在古代的战争年代，各国为了炫耀战功，就杀死了很多俘虏、敌人，然后建一个很大的土堆，把尸体都堆在里面，堆得越大越好，以此来表示战绩、表示胜利。"京"在文中是国都的意思。

"**都邑华夏，东西二京。**"讲的是华夏民族的大都城。中国朝代顺序如下：夏、商、周〔西周、东周（春秋、战国）〕、秦、汉（西汉、东汉）、三国时期（魏、蜀、吴）、晋（西晋、东晋）、南北朝［南朝（宋、齐、梁、陈）、北朝（北魏、东魏、西魏、北齐、北周）］、隋、唐、五代（后梁、后唐、后晋、后汉、后周）、十国［前蜀、后蜀、吴、南唐、吴越、闽、楚、南汉、南平（荆南）、北汉］、宋（北宋、南宋）、辽、西夏、金、元、明、清、"中华民国"、中华人民共和国。西汉时期定都长安，东汉改都洛阳，所以称洛阳为东京，长安为西京。该版《千字文》的作者周兴嗣是南梁时期的人，所以他所说的东西二京就是指东京洛阳及西京长安。

在五代十国和北宋时期定都在开封，当时叫汴京，不叫汴梁，汴梁是开封在元、明时代的称呼。宋朝人把汴京城称为"东京"。该文将西安、洛阳作为华夏的都邑，可见西安与洛阳这两座城市与中华民族的发展是分不开的，有其深厚的渊源。

先说西安，就是西京，西周时期称为"丰镐"，是周文王和周武王分别修建的丰京和镐京的合称。丰京在今西安城西南，周文王将民众从岐山周原迁于此。又命他的儿子姬发（周武王）在沣水东岸营建镐京。丰京为宗教文化中心，镐京为政治中心，合称"宗周"。武王灭商建立周王朝后，以丰镐为都，以西安作为都城之始。

秦朝时都城在咸阳，阿房宫大部分面积在今西安市境内，秦朝的宗庙在渭河南岸，咸阳城跨渭河南北。公元前202年，汉高祖刘邦取得政权，在长安（今西安城西北郊汉城）建立西汉王朝，定都关中，取当地长安乡之含义，主名"长安"，意即"长治久安"，后来长安成为东方文明的中心。

582年，隋文帝颁令在汉长安城东南（今西安城）营造新都大兴城。唐朝定都长安后，改隋大兴城为长安城，并进行了增修和扩建。五代十国才开始在开封建都。960年，赵匡胤建立北宋，定都开封，曾经有意迁都长安，最后由于部下反对，只得放弃。后来改长安为京兆府路。元初长安城仍使用京兆府的名称。明清时期形成今天西安的格局，从明代开始长安改为西安。中国历史上定都西安的朝代，由西周开始，然后是秦、西汉、王莽新政权、东汉、西晋、前赵、前秦、后秦、西魏、北周、隋、唐。

再说洛阳，人们公认的是在西周时期，周公营造洛邑。早在武王克商时，周武王就有在伊水、洛水流域建新都城的想法，并派人去洛邑周围进行测量规划，周武王亲政后，就开始实施营造。周成王七年二月乙未日，周成王在镐京（今西安市长安区）祭拜武王庙，然后步行到丰京（今西安市西南沣河以西）祭拜文王庙，然后派召公奭到洛邑周围反复勘察地形，又命周公旦进行占卜，得到卦象大吉，最后成功营建洛邑，将九鼎放置那里，周成王将商朝遗民迁往洛邑，又命周公旦写《多士》训诫遗民，并没有流放及杀戮，以此安抚商朝民众，为实行礼乐大制打下基础。

到了公元前771年，犬戎攻破镐京，周幽王点起烽火求援，众诸侯因以前被烽火所戏而不加理会。周幽王最后被杀于骊山，其后众诸侯拥立太子宜臼为王，就是周平王。因镐京曾发生过地震，受损严重，且又接近戎、狄等族，易被侵扰，于是平王在即位后的第二年，也就是公元前770年，将周都迁往洛邑，史学家将平王迁都后的周朝称为东周，由周武王立国到周幽王被杀的时期称为西周。平王东迁后，周天子王权开始衰落。

秦以前，洛阳称为雒阳。秦朝时，尚五行，即金水木火土，按五德之刑冲化合进行推理，认为周得火德，秦取代周，应为水德，改雒阳为洛阳，东汉时又重新改为雒阳，三国时期又改为洛阳，到了隋朝，洛阳为东京。657年，高宗李治和武则天居洛阳，封其为东都，武则天建武周政治，改东都为神都。唐玄宗天宝元年又改称东京，五代时，后梁称其为西都，后唐称雒京，后晋至北宋称西京，金代称中京。

　　西安和洛阳，都有着几千年的文明史、建城史及建都史，是华夏文明的发源地之一，是中华民族的发祥地之一。《千字文》重点提出"都邑华夏，东西二京。"也足见华夏文明史与这两座都邑的关系及意义，西安现在是陕西省的省会，洛阳又是中部地区重要的工业城市。单从这些我们已有足够的理由去尽心保护她热爱她，没去过的一定要去，去过的再去看看，怎么着？出发！

背邙面洛，浮渭据泾。

【字形的演变及基本字义】

	甲骨文	金文	小篆	隶书	楷书	说文解字
背			背	背	背	脊也
邙		邙	邙	邙	邙	邙山也
面	面	面	面	面	面	颜前也
洛	洛	洛	洛	洛	洛	洛水也
浮		浮	浮	浮	浮	氾也
渭			渭	渭	渭	渭水也
据			据	據	据	杖持也
泾			泾	涇	泾	泾水也

【正讲】

"背邙面洛，浮渭据泾。"

"**背**"，本义是：人体后部脖子与骨盆之间的部分，在《说文解字》里的解释是：脊也。"背"是多音字，读bèi的时候，指人体后面从肩到腰的部分，如背影；也指物体的反面，如背景；还指违反，如违背；有时也指听觉不灵，如耳背。读bēi的时候，是动词，意思是用背驮东西，如背负。在此处读bèi，指背部对着或后部靠着。

"**邙**"，是指邙山，在今洛阳市区正北，是秦岭山脉的余脉，崤山支脉，长度100多公里，海拔300米左右。邙山为黄土丘陵地，是洛阳北面的一道天然屏障，也是军事上的战略要地。"邙"在《说文解字》里的解释是：邙山也。

"**面**"，本义是：脸庞。在《说文解字》里的解释是：颜前也。"面"的甲骨文字形（⬀），里面是"目"，外面表示面庞。"面"在古代指人的整个面部。"脸"这个字是魏晋时期才出现的，而且只指脸颊的上部，唐宋口语中才开始把"脸"与"面"混用。"面"在该文中作动词用，是朝向、面对、面向之意。

"**洛**"，指洛河，也叫洛水，源于陕西省洛南县，东流经河南洛阳，与伊河交汇后，流入黄河。"洛"在《说文解字》里的解释是：洛水也。关于洛水，有不少传说。所谓"河出图，洛出书"，据说，古时候，黄河出现了背上有图案的龙马，就是河图；洛水出现了背上有图案的神龟，就是洛书。圣人依据河图、洛书画出八卦，又依据阴阳变化原理得出四象，做出问卜的爻，并各附有文辞，以告知未来，判定吉凶，决断疑难。"洛"也指洛阳，自1983年，洛阳每年都举办中国洛阳牡丹文化节，真是国色天香，美不胜收！1959年，周恩来总理在洛阳说过："牡丹是我国的国花，它雍容华贵，富丽堂皇，是我们中华民族兴旺发达、美好幸福的象征。"邙山的牡丹很有特色，所以邙山也叫牡丹山，有"洛阳牡丹出邙山，洛阳牡丹甲天下"之说。

"背邙面洛"，在我国古汉语中，"背"在方位上指北方，"面"在方位上指南方。"背邙面洛"是指洛阳北边靠着北邙山，南临洛水。为什么"背"是指北方？为什么"面"指南方？这说到底是因为我们在北半球，太阳在南边，所谓"背"就是背着光照的地方；就人体来说脊背就是后面。"背"字上面是北字，可知其含义。而"面"就是前面正对阳光，面向南方。我们崇尚面阳背阴，这是我们的文化，也是自然选择的结果。

洛阳城"背邙面洛"，是我们传统风水上的风水宝地。风水古称堪舆，"堪"有地突之意，指地形；"舆"即"承堪"，重在研究地貌。《史记》将堪舆家与五行家并行，后世把看风水的称为"堪舆家"。所以风水一开始就与天文历法、地理紧密地联系在一起。"堪舆"，"堪"为天道，"舆"为地理。其实天道地理就是风水的两大特征，始终没有脱离《周易》的"仰观天文，俯察地理"这一核心理念。

堪舆的起源最早可以追溯到原始人类的狩猎时期，远古先民就已知选择避风、向阳的洞穴作为住所，有利于保温、防潮、防兽、防火。到了原始农业社会，人类开始定居，逐渐对环境有了进一步的要求，讲究坐北向南，背山面水进行合理的设计和布局，其基本流派有形势派与理气派。春秋战国时期，五行流行，就把青龙、白虎、朱雀和玄武这四象与风水结合起来，最为大众熟知的就是左青龙、右白虎、面朱雀、背玄武。对于洛阳城最初勘测时就是因为背靠邙山，面临洛水，山水之间这一开阔地就是风水宝地，就是建洛阳城的好地方。洛阳城就是背玄武、面朱雀。接下来的四个字说的就是西安城左青龙、右白虎皆为都城宝地。有关风水在这里不多说，以后有机会再细讲。

"**浮**"，小篆是：𣹟，就像一个人漂在水面上。本义就是：人漂在水上，在《说文解字》里的解释是：氾也。这个"氾"读作fàn，同泛。

"**渭**"，指渭河，也叫渭水，源出甘肃省渭源县鸟鼠山，流经陕西省与泾河、北洛河汇合，至潼关县入黄河，是黄河最大的支流，长810公里。流域为关中平原。"渭"在《说文解字》里的解释是：渭水也。

"**据**"，本义是：手靠着；靠着，在《说文解字》里的解释是：杖持也。"据"比"握"还要把持得紧。在文中是"依靠、凭借"之意。

"**泾**"，是指泾河，也叫泾水。发源于宁夏回族自治区，注入陕西省渭水。是渭水支流。泾水全程流经的是黄土高原，是水土流失严重的地区，所以泾水的水是浊的，渭河水是清澈的，"泾渭分明"这一家喻户晓的成语即源出泾渭两河交汇处，说的就是渭水与泾水清浊分明而不混，用以比喻界限清楚。

"**浮渭据泾**"，是指长安城（今西安城）左边跨越渭水，右边紧依泾水，地理位置非常优越。俗话所说左青龙，右白虎，古西安都城就在渭泾两河之间。所谓八百里秦川就是指关中平原，是渭河冲积平原，又称关中盆地，北部是黄土高原，向南是陕南山地，秦巴山脉。自古以来这里风调雨顺，土地肥沃，农业发达，为秦国文明的兴起奠定了强大基础，也是黄河流域华夏文明的发祥地之一。

前面讲的"东西二京"之所以能够成为华夏的都邑，是因为这是风水宝地。"背邙面洛，浮渭据泾。"这8个字简明扼要地描写了洛阳、西安两座都城的极佳环境，既是大自然的造化，又是天人合一择势而居的中国传统哲学思想的具体演绎。

gōng diàn pán yù　　lóu guàn fēi jīng

宫 殿 盘 郁，楼 观 飞 惊。

【字形的演变及基本字义】

	甲骨文	金文	小篆	隶书	楷书	说文解字
宫	〔甲骨文〕	〔金文〕	〔小篆〕	〔隶书〕	〔楷书〕	室也
殿			〔小篆〕	〔隶书〕	〔楷书〕	堂之高大者也
盘	〔甲骨文〕	〔金文〕	〔小篆〕	〔隶书〕	〔楷书〕	承盘也
郁	〔甲骨文〕	〔金文〕	〔小篆〕	〔隶书〕	〔楷书〕	木丛生也
楼			〔小篆〕	〔隶书〕	〔楷书〕	重屋也
观	〔甲骨文〕	〔金文〕	〔小篆〕	〔隶书〕	〔楷书〕	谛视也
飞	〔甲骨文〕	〔金文〕	〔小篆〕	〔隶书〕	〔楷书〕	鸟翥也
惊			〔小篆〕	〔隶书〕	〔楷书〕	马骇也

【正讲】

"宫殿盘郁，楼观飞惊。"

"**宫**"，甲骨文字形（ ⌂ ）就像房屋，在穴居野外的时代就是洞窟，即人们居住的地方。本义是：古代对房屋、居室的通称。在《说文解字》里的解释是：室也。最初就是房屋的统称。在秦以后才开始称为"宫殿"，作为帝王的居住地。《周礼·天官·内宰》里有："以阴礼教六宫"，因此"宫"也指古代贵族妇女的卧室。

"**殿**"，本义是：高大的房屋，特指帝王所居和朝会的地方，或供奉神佛的地方，在《说文解字》里的解释是：堂之高大者也。指高大的房子。是敬神拜佛或帝王大臣论事的地方。"殿"作形容词时，是最后之意，如"殿后"，就是在后面掩护或压阵的意思。"宫殿"泛指帝王居住的高大华丽的房屋。中国历代的宫殿在建筑上特别讲究风水，通常是前殿后宫，左庙右社。即朝堂在前，寝室在后，左边是祖庙（祭祀祖先的场所），右边是社庙（祭祀社稷神的场所），后来百姓就称为"左庙右坛，前朝后寝。"紫禁城就是按照这样的风水格局建的：前三大殿：太和殿、中和殿、保和殿，是皇帝上班的地方，供皇帝和文武百官议事，这三个殿就像一个乾卦（☰），属阳性的。后宫有三个最核心的宫：乾清宫、坤宁宫、交泰宫（后来改为交泰殿），后宫的建筑格局就像坤卦（☷）一样分布，属阴性，是皇后嫔妃的寝宫。鸟瞰紫禁城就是一个泰卦的卦画（䷊）。

"**盘**"，本义是：浅而敞口的盛物器。在《说文解字》里的解释是：承盘也。在文中作形容词，是围绕、缠绕之意。

"**郁**"，甲骨文这样写：，一看就是树木枝叶繁茂，草木丛生。"郁"的本义是：繁盛的样子。在《说文解字》里的解释是：木丛生也。"盘郁"有曲折幽深及盘曲美盛之貌。"宫殿盘郁"描写了宫室与大殿的建筑回环曲折，错落幽深，美盛壮丽！

"**楼**"，本义是：两层或两层以上相互勾连的木房。《说文解字》的解释是：重屋也。

"**观**"，本义是：大眼猛禽瞪大眼睛察看，引申为仔细看。在《说文解字》里的解释是：谛视也。"观"是个多音字，读guān的时候，是察看的意思。也读guàn，作名词，指古代天子、诸侯宫门外张示法令的地方，也指道教的庙宇。在这里，毫无疑问是读guàn，意为宫门前两边的瞭望楼。宫殿大门外的两座楼台之间的空隙叫"阙"，后来，人们把"阙"也当成宫门前两边的瞭望楼。除此之外，古代建筑还有很多专用名字，比如"阁"，是平台上面的建筑。"亭"是用柱子顶起来，有顶，但四面没墙的建筑，供人们坐在那里休息或喝茶聊天看风景的地方。"台"就是高台，在上面观景或发号施令，也是祭拜的地方。还有"榭"，就是建筑在台上的房屋。

"**飞**"，金文写法是：，下面像展开的双翼，上面像鸟首。"飞"的本义就是：鸟飞。在《说文解字》里的解释是：鸟翥也。"翥"读zhù，是振翼而上的意思，其实就是鸟展翼高飞的意思。

"**惊**"，本义是：马因警觉危险而举高前足，停止前进，也就是马受惊了。在《说文解字》里的解释是：马骇也。"惊"在文中有惊讶、震惊之意。"楼观飞惊"就是形容楼观高耸，其檐牙凌室欲飞，使人心惊，令人称奇。

"**宫殿盘郁，楼观飞惊**。"描述了中国古代都城宫殿建筑的外观形象及雄伟的气势！建筑布局华美壮观，前殿后宫错落曲折。亭台楼榭，廊腰缦回，檐牙高啄，勾心斗角。使人眼花缭乱，心惊喷叹！

tú xiě qín shòu huà cǎi xiān líng

图写禽兽，画彩仙灵。

【字形的演变及基本字义】

	甲骨文	金文	小篆	繁体 隶书	简体 楷书	说文解字
图		圖	圖	圖	图	画计难也
写		寫	寫	寫	写	置物也
禽		禽	禽	禽	禽	走兽总名
兽			獸	獸	兽	守备者
画			畫	畫	画	界也
彩			彩	彩	彩	文章也
仙			僊	僊	仙	长生迁去也
灵			靈	靈	灵	灵巫。以玉示神

【正讲】

"图写禽兽，画彩仙灵。"

"图"，本义是：规划一件事相当不容易，要慎重考虑。在《说文解字》里解释为：画计难也。意为图谋、筹划。"图"在文中是绘画之意，是指在屋顶、梁柱、墙壁、匾额等上面刻画的各种各样的奇珍异兽，多是祥瑞之禽兽，如龙、凤、麒麟等，还有天仙神灵，也有一些吉祥纹饰，如饕（tāo）餮（tiè）纹、云纹、回纹、水波纹等。大多出自宫廷画师之手，用料多为黄金和宝石原料，永不褪色。雕梁画栋多用于宫殿建筑及寺庙殿堂。

"写"，本义是：移置、放置的意思。俗字用语中也作"泻"字。在《说文解字》里解释是：置物也。这个意思现在已经很少用了，现在多指创作、写作、书画之意。在此处意为画、描绘。

"禽"，本义是：鸟兽的通称。在《说文解字》里解释为：走兽总名。现在通常指鸟类的总称。

"兽"，本义是：禽兽的总称，古与"禽"意相同。在《说文解字》里解释为：守备者。人们对兽有一个定义：兽是指四肢无严格的分工，通体生毛的哺乳动物。禽兽也有这样的区分：二足为禽，四足为兽。

"图写禽兽"，是说宫殿里面画的飞禽走兽。这里的飞禽走兽多指祥禽瑞兽，如凤凰、喜鹊、丹顶鹤、鸳鸯等，瑞兽有龙、麒麟、狮子、大象等。古语云："瑞兽霜耀，祥禽雪映。"

"画"，本义是：划分界线。《说文解字》的解释为：界也。

"彩"，本义是：颜色丰富，也指文采。在《说文解字》里解释为：

文章也。"画彩"就是用：赤橙黄绿靛蓝紫加上青白褐，这十色画出色彩鲜艳、花样繁多的图案。

"**仙**"，本义是：修炼得道，具备法力，长生不老的人。在《说文解字》里解释为：长生迁去也。在这里是指神仙或仙人。所谓神仙，就是古代神话和宗教中修炼得道长生不老的人，或指能够达到至高神界的人物，如道教有五仙：鬼仙、人仙、地仙、神仙、天仙。

"**灵**"，本义是：巫师跳舞降神，祭祷求雨，在《说文解字》里解释为：灵巫。以玉示神。也有称天神为灵的，"灵"是对天、地、日、月等的尊称及物品名，比如灵芝。在古代传说、宗教、神话中，神灵是指天地万物的创造者和主宰者，包括道教衍生的各种神。

"**画彩仙灵**"，是说宫殿里面除了画的祥禽瑞兽外，还有天仙神灵，以期仙灵护佑。"图写禽兽，画彩仙灵。"这两句话描写了古代宫殿建筑里面的彩绘图案。

《千字文》的构思确实精妙！从"都邑华夏，东西二京。""背邙面洛，浮渭据泾。"到"宫殿盘郁，楼观飞惊。"再到"图写禽兽，画彩仙灵。"由远及近，由外到内，镜头感、画面感很强，好像通过这几句话就可以闭目想象"东西二京"所在的地势地形，以及都城周边的山脉河流，帝王宫殿错落次第，宫殿里面无论是雕梁画栋，立柱檐井，墙壁匾额，无不匠心独具，森严庄重！历史上书写宫殿楼宇的诗篇有很多。如《阿房宫赋》："五步一楼，十步一阁；廊腰缦回，檐牙高啄；各抱地势，勾心斗角……"《滕王阁序》："落霞与孤鹜齐飞，秋水共长天一色。"让人产生美好的联想与高远的审美，唯美如画，令人神往。

说到诗歌，我们常会说某某写的诗是打油诗，就是说语言太过写实，缺乏美感。唐代有一位叫张打油的人，他热爱写诗，比如他写的《咏雪》："六出九天雪飘飘，恰似玉女下琼瑶。有朝一日天晴了，使扫帚的使扫帚，使锹的使锹。"另外也有一首名为《咏雪》的诗："江山一笼统，井口黑窟窿。黄狗身上白，白狗身上肿。"他的诗的确"别树一帜"、引人"注目"。人们常把一些以俚语、俗语写到诗文里面，不讲平仄对仗，不登大雅之堂的诗称为"打油诗"。

bǐng shè bàng qǐ　　jiǎ zhàng duì yíng

丙舍傍启，甲帐对楹。

【字形的演变及基本字义】

	甲骨文	金文	小篆	隶书	楷书	说文解字
丙	内	内	丙	丙	丙	丙位南方，万物成炳
舍		舍	舍	捨	舍	市居曰舍
傍			傍	傍	傍	近也
启	啓	啓	啟	啟	启	开也
甲	十	甲	甲	甲	甲	东方之孟，阳气萌动
帐			帳	帳	帐	帱也
对	對	對	對	對	对	应无方也
楹			楹	楹	楹	柱也

【正讲】

"丙舍傍启，甲帐对楹。"

"**丙**"，本义是：鱼尾。但鱼尾之说未免牵强。古代以10个天干配5个方位，丙指南方位，属阳火。"丙"在《说文解字》里解释为：丙位南方，万物成炳。在10个天干（甲、乙、丙、丁、戊、己、庚、辛、壬、癸）中，"丙"排在第三位，位指南方，代表夏季，万物生长，欣欣向荣。阳盛将亏，阴气初起。传说天干、地支是黄帝时候的大挠氏所创。大约在战国末年，依据各国史官长期积累下来的材料编成的史书《世本》说："容成作历，大挠作甲子。""二人皆黄帝之臣，盖自黄帝以来，始用甲子纪日，每六十日而甲子一周。"

"**舍**"，本义是：村邑中供旅人暂住的简易客店，在《说文解字》里的解释是：市居曰舍。"舍"是个多音字，读shè的时候，作名词，就是指房屋、客舍。读shě的时候，是放弃、丢开之意。

"**傍**"，本义是：与人靠近、临近。在《说文解字》里解释为：近也。作名词时用"旁"，旁边，侧之意。文中之意为旁边，侧面。

"**启**"，本义是：抽栓开门，在《说文解字》里解释为：开也。有开、打开、开导、开始之意。

"**丙舍傍启**"简要地概括了西汉初期的宫殿，建筑制式要求。汉武帝时期，都城的建设都是根据先秦时代的城郭所改造，特别是皇宫，宫殿分为正殿与配殿。正殿一定是坐北向南的。"丙舍"是指正殿旁边的配殿、偏殿，有左配殿、右配殿，门自然也是东西对开，所以叫作"傍启"。

"**甲**"，本义是：种子萌芽后所戴的种壳。在《说文解字》里的解释是：东方之孟，阳气萌动。"甲"在10个天干中，排在第一位，五行为阳木，位于东方，阳气初动，代表春天来了，万物始生。刚才讲了丙是阳火，代表夏天。10个天干，甲为阳木，乙为阴木，代表春季，位指东方；丙为阳火，丁为阴火，代表夏天，位指南方；戊为阳土，己为阴土，位指中央；庚为阳金，辛为阴金，代表秋季，位指西方；壬为阳水，癸为阴水，代表冬季，位指北方。"甲"位居天干之首，有第一、上等之意。

"**帐**"，本义是：用于户外临时居住的有顶的帷幕。在《说文解字》里解释为：帱也。就是有顶的帐篷。古代有说，在上曰帐，在旁曰帷，禅帐曰帱。"甲帐"指汉武帝所造的帐篷。

"**对**"，本义是：应答。在《说文解字》里解释为：应无方也。就是回答问题不拘泥于方法。"对"字的小篆写法（對）有一个"口"，汉文帝认为"责对而伪，言多非诚，故去其口，以从土。"意思是说，我责怪你，你还狡辩，这种行为就是伪，后来就把"口"去掉而加"土"，所以"对"的繁体字写法是"對"，右边的"寸"代表法度、寸度，拿捏得好，才能够正确应对好。

"**楹**"，本义是：厅堂前部的柱子。在《说文解字》里解释为：柱也。"楹联"就是挂或贴于楹柱上的对联，泛指对联。在文中是指正殿门前的柱子。

"**甲帐对楹**"是什么意思呢？汉武帝尚神、信仰黄老，他认为他自己是天子，是天之子，应受各路神仙的护佑。于是他让人造了个豪华帐篷，帐篷正对着"楹"，也就是正对着大殿门前的柱子，放在正殿大门前面，把五颜六色的珍珠、琉璃、玳瑁、玛瑙等珠宝镶在帐篷上面，明月之夜闪闪发光，异常美丽，又在帐篷里放了许多好吃的，等待天神下来入住，其实这个帐篷是用来供奉神仙的，这个特殊的帐篷称为"甲帐"。紧依着"甲帐"搭了个"乙帐"，他自己晚上就睡在乙帐里，实现了皇帝与天地神仙共处，天子之气油然而生。《汉武帝故事》："上以琉璃珠玉，明月夜光杂错天下珍宝为甲帐，次为乙帐。甲以居神，乙以自居。"可见汉武帝是居乙帐内。

西汉时期的宫殿建筑中，正殿两边的偏殿的大门要从侧面打开，祭祀时制作的豪华帐幕的布置要对着正殿门柱。秦汉以来到清末民初，中国所有建筑都是经过中国古代的干阑式，泥夯式和石砌式这三种传统房屋形式所演变出来的。西汉时期的大都城，大多都是把先秦时代的城郭进行改造重建，所遵循的建筑原则是："匠人营国，方九里，旁三门。国中九经九纬，经涂九轨，左祖右社，面朝后市。"——《周礼·考工记》。西汉时期，除了都城，各地郡府所在地大多比较繁华。西汉以来，宫廷建筑最典型的风格为斗拱、勾心斗角和宽大屋檐的房屋。无论是皇家的或民居的，任何建筑都是人类根据自己身处的地理与气候环境、人文、生产及生活条件的需要而修建的，其建筑内涵一定蕴含着这个国家、民族的历史文化记忆。

sì yán shè xí gǔ sè chuī shēng
肆筵设席，鼓瑟吹笙。

【字形的演变及基本字义】

	甲骨文	金文	小篆	繁体隶书	简体楷书	说文解字
肆		𣂯	𨽶	肆	肆	极陈也
筵		筵	筵	筵	筵	竹席也
设	𣪊	𣪊	𣦻	設	设	施陈也
席	囚	𠩉	席	席	席	籍也
鼓	𣪊	𣪊	𣪊	鼓	鼓	郭也。春分之音，万物郭皮甲而出，故谓之鼓
瑟		瑟	瑟	瑟	瑟	庖牺所作弦乐也
吹	吹	吹	吹	吹	吹	嘘也
笙			笙	笙	笙	十三簧象凤之身也。正月之音，物生故谓之笙

【正讲】

"肆筵设席，鼓瑟吹笙。"

"**肆**"，本义是：摆设、陈列，在《说文解字》里解释为：极陈也。

"**筵**"，本义是：古时铺在地上供人坐的垫底的竹席。古人席地而坐，设席不只一层，紧靠地面的一层称筵，筵上面称席。"筵"在《说文解字》里解释为：竹席也。

"**设**"，本义是：以言使人。在《说文解字》里的解释是：施陈也。即陈设的意思，在这里与"肆"是一个意思，都是摆设、布置之意。

"**席**"，本义是：指用草、篾编织的垫子，通常是铺在"筵"上面供贵宾坐的。在《说文解字》里的解释是：籍也。"席"本来就是座位，所以有席位、出席等词。"筵席"本是古代皇宫里大宴宾客时的座位，后来逐渐演变成"宴席"，或者酒席、酒筵等，代表高级且隆重的会餐。

"肆筵设席"出自《诗经·大雅·行苇》："肆筵设席，授几有缉御。"就是布置宴席。汉代时还没有椅子，椅子的名称始见于唐朝。但皇宫里的宴请宾客可不能马虎，先在地上铺上"筵"，再在"筵"上摆设"席"、桌子、食器、酒器、食物等，全是按规矩来办的。

"**鼓**"，本义是：打击乐器之一，一般由两端绷紧皮面的空心圆筒构成，以一根或一对木槌敲击时发出深沉的咚咚声。"鼓"在《说文解字》里的解释是：郭也。春分之音，万物郭皮甲而出，故谓之鼓。在春分之时，发出的声音沉闷如鼓声，万物破壳而出，后来发明了能发出春分之音的乐器，称作"鼓"。"鼓"在文中作动词，打鼓、击鼓。

"**瑟**"，本义是：指善奏颤抖、忧伤之音的拨弦乐器，有点像琴。

古琴瑟/西汉时代文物，湖南长沙马王堆出土

有个词是"琴瑟和鸣"，琴有七根弦，瑟是二十五根弦或十六根弦。"瑟"在《说文解字》里解释为：庖牺所作弦乐也。

"**吹**"，本义是：鼓起嘴向外呼气。在《说文解字》里解释为：嘘也。在这里指可以吹奏的乐器。

"**笙**"，本义是：簧管乐器。在《说文解字》里解释为：十三簧象凤之身也。笙，正月之音，物生故谓之笙。笙一般用十三根长短不同的竹管制成，在文中为吹奏之意。

"鼓瑟吹笙"出自《诗经·小雅·鹿鸣》："我有嘉宾，鼓瑟吹笙。""鼓瑟吹笙"是指有鼓有琴瑟，有笛子有笙，鼓乐琴瑟齐鸣。

"**肆筵设席，鼓瑟吹笙。**"描述的就是宫殿里大摆酒席的场景，击鼓弹琴吹笙一片欢腾，热闹非凡。通常是中秋节、春节或皇帝的生日、皇子诞生，或者边关打了胜仗等，才在宫廷里大设筵席，吹拉弹奏，以示庆贺。

升 阶 纳 陛，弁 转 疑 星。

【字形的演变及基本字义】

	甲骨文	金文	小篆	繁体隶书	简体楷书	说文解字
升						十龠也
阶						陛也
纳						丝湿纳纳也
陛						升高阶也
弁						冠也
转						运也
疑						惑也
星						万物之精，上为列星

【正讲】

"升阶纳陛，弁转疑星。"

"**升**"，本义是：容器名，后引申为向上、提高。在《说文解字》里的解释是：十龠也。"升"是容量词，十龠为一升，十升为一斗，十斗为一石。以前在农村也用"捧"作量词，在古代，双手满捧叫匊，两

商鞅铜方升/铜方升是战国时期秦国商鞅监制的铜量器，该器铸有铭文，左壁刻"十八年，齐率卿大夫众来聘，冬十二月乙酉，大良造鞅，爰积十六尊（寸）五分尊（寸）壹为升"。铭文中的"十八年"是指秦孝公十八年（公元前344年）。此器不但有明确纪年，又为商鞅监制，是中国度量衡史上不可多得的珍品。

新莽铜方斗/新莽始于建国元年（公元九年）铜方斗，正立面浮雕朱雀纹，其余三面漆画黍、麦、豆、禾、麻纹。此斗容量与战国时期秦商鞅方升相合，说明自秦统一后，度量衡制曾长期处于稳定状态。

匊大约一升。"升"在文中作动词用，是登、上的意思。

"**阶**"，本义是：用砖石砌成的或就山势凿成的梯形道路。在《说文解字》里的解释是：陛也。"阶"在文中是台阶之意。

"升阶"就是沿着阶梯而上。词语拾（shè）阶而上，表示一个台阶一个台阶地向上登。古代台阶可分为三个级别：常见的是一般台阶，也叫如意台阶，是由几块大小不一的石头从大到小，由下至上叠砌而成，三面都可以供人上下。也指高级台阶，也叫垂带台阶，是用长短一致的石条砌成，并在其左右两边各垂直铺设石条一块。还有较高级台阶，是在垂带台阶的两边加上石栏。现在，很多建筑大门前的台阶上会铺上红地毯，古时宫殿前的台阶是用朱砂抹饰，这叫丹墀（chí）。"丹墀"其一指宫殿、官府或寺院的赤色台阶或赤色地面；其二指官府或祠庙的台阶。

"**纳**"，本义是：丝被水浸湿。在《说文解字》里的解释是：丝湿纳纳也。其实就水融入丝，有收藏、收入之意。"纳"在文中有进入之意。

"**陛**"，本义是：皇帝的宝座与臣子朝拜活动的场所之间相隔的玉砌台阶。在《说文解字》里的解释是：升高阶也。"陛"相当于"阶"，专指帝王宫殿的台阶，看到这个字就会想到"陛下"，"陛下"是对皇上的尊称。蔡邕曾解释过，皇帝派他的近臣拿着武器站在宫殿的台阶下以防不测，所以"陛下"（台阶下）站的是皇帝的近臣，皇帝至高无上，一般人不能直接与皇帝交谈，故先请"陛下"——皇帝近臣代为转达，所以"陛下"最初是对皇帝近臣的一种称谓，后来才成为对皇帝的尊称。就像"朕"这个字，秦以前，不论尊卑，都自称"朕"，朕就是"我"的意思。秦始皇灭六国后，只有天子才能称自己为"朕"，其他人就都不敢用了，这才成了皇帝的专用自我称谓。

"**升阶纳陛**"的意思是：在酒席上，官员们上下台阶互相祝酒。

"弁"，本义是：古代的一种官帽，通常配礼服用。在《说文解字》里的解释是：冠也。泛指帽子。

"转"，本义是：旋动、转运、改变。在《说文解字》里解释为：运也。"转"是个多音字，读zhuǎn的时候，是改变方向、改变形势的意思，如转弯、情况转好；读zhuàn的时候，是旋转的意思；读zhuǎi时，指说话或写文章时有意不用通俗易懂的词句，而使用文言文词语以显高雅。在文中意思为转动、改变方向。

"疑"，本义是：在十字路口不知所往。在《说文解字》里的解释是：惑也。在文中意思为：类似、好像。

"星"，本义是：夜间天空中发光的天体，俗称星星。在《说文解字》里的解释是：万物之精，上列为星。"星"在古代写作"曐"，代表很多发光天体。

古代王宫贵族对服饰特别讲究，就官帽来讲，赤黑色布做的叫爵弁，是文冠，是文官戴的，如小人书《西门豹治邺》插图中官员带的那种高高的官帽。白鹿皮做的叫皮弁，是武冠，是武官戴的，就像现在的瓜皮帽，帽子的缝合线的拼布接口叫"会"，缝合线太明显不好看，就用宝石、玛瑙、珍珠等一行行缀在上面，闪闪发光，这些小珠宝叫璂（qí），起装饰作用。当官员戴着帽子走动的时候，璂在光线的照耀下，也像星星一样闪闪发光，所以是"弁转疑星"。当然，"弁转疑星"也指大家都以皇帝为风向标，皇帝的决策影响着天下苍生。这在《诗经·卫风》中有类似的描述，其原文为"有匪君子，充耳琇莹，会弁如星。"从秦始皇开始，只有皇帝才能戴衮冕。秦始皇的帽子有点像现在的博士帽，上面有一块板，叫綖（yán）板，綖板宽一尺二寸、长二尺四寸，前圆后方，用皂纱裱裹。綖板前后各有12旒（liú），就是前后各有12根丝绳，每根丝绳上穿五彩玉珠12颗，每颗间距一寸。

綖板左右悬挂的红丝绳叫作缨，缨上挂黄玉，垂于两耳之旁。当然，皇帝的帽子还有很多讲究的细节，真可谓是冠冕堂皇，高端大气上档次。我们可能会问，帽子前后挂这么多串珠子岂不是会挡住视线？没错，这样既有威严感，同时也让文武百官看不清皇帝的表情，同时也时刻提醒皇上，要对文武百官多包容一些，不要太计较。这种官位决定服饰的文化一直延续到清朝。清朝三大件：朝珠、顶戴、补子。补子就是系补缀于品官补服前胸后背上的一块织物，饰以禽兽纹样来区分官员的等级。这一方法最早源于唐朝武则天时期。在此之前，官服多采用佩印绶制和色制，以其数量和颜色来区分等级。武则天把饰有动物纹样的绣袍赐给文武官员，用来作为品级官位的区别。清朝文官的官服中，因级别不同所用的羽毛也不同，一品用仙鹤，二品用锦鸡，三品用孔雀，四品用云雁，五品用白鹇（xián），六品用鸳鸯（yuān yāng），七品用鸂鶒（xī chì），八品用鹌鹑（ān chún），九品用练雀。

"升阶纳陛，弁转疑星。" 意思是说：在宫殿设置的筵席上，各级官员们上下台阶，相互祝酒，官员来回走动，官帽上的珠宝转动，在光线的照射下，像满天的星星，闪闪发光。

yòu tōng guǎng nèi, zuǒ dá chéng míng

右通广内，左达承明。

【字形的演变及基本字义】

	甲骨文	金文	小篆	繁体隶书	简体楷书	说文解字
右				右	右	手口相助也
通				通	通	达也
广				廣	广	殿之大屋也
内				內	內	自外而入也
左				左	左	手相左助也
达				達	达	行不相遇也
承				承	承	奉也、受也
明				明	明	照也

【正讲】

“右通广内，左达承明。”

"**右**"，本义是：口手并用帮助别人。《说文解字》的解释是：手口相助也。古代尚右，以右为上、为贵、为高。在文中指右边。

"**通**"，本义是：没有障碍，交换物用。在《说文解字》里的解释是：达也。没有阻塞、通达的意思。

"**广**"，本义是：只有局部墙体的开放建筑。在《说文解字》里的解释是：殿之大屋也。"广"是个多音字，读guǎng的时候，是宽、大、多的意思；另外也读ān，同"庵"，多用于人名。在这里读guǎng，是宽大的意思。

"**内**"，本义是：入，自外面进入里面。《说文解字》的解释是：自外而入也。"广内"在文中专指广内殿。

"**左**"，本义是：辅佐、帮助。《说文解字》的解释是：手相左助也。在文中指左边。

"**达**"，本义是：道路畅通。在《说文解字》里的解释是：行不相遇也。"达"在文中是直达、通往的意思。

"**承**"，本义是：人被双手捧着或接着。《说文解字》的解释是：奉也、受也。"承"是以下受上，承接。

"**明**"，本义是：亮，清晰明亮。甲骨文（	）以日月发光表示明亮，后取月光入窗牖为明亮。"明"在《说文解字》里的解释是：照也。"承明"在文中专指承明殿。

"**右通广内，左达承明。**"是说汉朝宫廷的布局，右边是通向以藏

书为主的广内殿，左边到达朝臣休息的承明殿。西汉最有名的三大宫
殿：长乐宫、未央宫、建章宫。当年汉高祖刘邦打下天下之后就住在
长乐宫。未央宫是宰相萧何建的，据说有千门万户，非常壮大，它的
左边是承明殿，承明殿是皇帝办公和百官集朝议事的地方，历史上也
有记录说想要求官拜职就直接祭拜"承明"二字；建章宫右边直通未
央宫里的广内殿，广内殿除了藏书之外，还有很多的书法字帖、古玩、
经书等等。

簋/簋为盛食器，用以盛饭食，商代后期开始流行，商末周初出现双耳簋，西周流行双耳
或四耳方座簋，春秋时期簋多有盖，战国以后衰落。图为1975年陕西扶风县庄白村出土
的西周青铜簋。

jì jí fén diǎn，yì jù qún yīng。
既集坟典，亦聚群英。

【字形的演变及基本字义】

	甲骨文	金文	小篆	繁体隶书	简体楷书	说文解字
既				既	既	小食也
集				雧	集	群鸟在木上也
坟				墳	坟	墓也
典				典	典	五帝之书也。庄都说：典，大册也
亦				亦	亦	人之臂亦也
聚				聚	聚	会也
群				群	群	辈也
英				英	英	草荣而不实者

【正讲】

"既集坟典，亦聚群英。"

"**既**"，本义是：餐毕，转身离席。在《说文解字》里的解释是：小食也。"即"与"既"不同，"即"是靠近就餐的意思。"既"在这里与后面的"亦"组成一种句式结构："既……亦……"表示同时具有两个方面的性质或情况。

"**集**"，本义是：群鸟栖息在树上。在《说文解字》里的解释是：群鸟在木上也。后引申为停留。"集"在文中意思为：集合、收集。

"**坟**"，本义是：指比土冢更大的正式墓地，地表有碑铭。其实就是大土堆、坟堆。在《说文解字》里的解释是：墓也。《礼记》里讲："古人墓而不坟"，人死了，埋在地下叫墓，埋下之后，为了记住墓主的位置，方便祭祀，就堆了个土堆，这个土堆叫坟。"坟"在文中意思为古代典籍名，即三坟。"三坟五典"一词最早见于《左传·昭公十二年》，楚灵王称赞左史倚相："最良史也，子善视之，是能读《三坟》、《五典》、《八索》、《九丘》。"

"**典**"，本义是：古代圣贤的著作，世人可以其为依据来行事、判断。在《说文解字》里的解释是："五帝之书也。庄都说：典，大册也。""典"就是大册，引申为鸿篇巨制、重要的文献。

这里说的"坟典"就是古代所说的"三坟"和"五典"。"三坟"是指三皇讲大道的著述。三皇即伏羲氏、神农氏和黄帝。因为当时生产力比较落后，只能用泥土制作泥板并在上面刻录三皇的教导，因为年代久远，这些都失传了。"五典"就是五帝（少昊、颛顼、帝喾、唐尧、虞舜）言大道的书。还有"八索九丘"，"八索"可能就是八卦的前身。"九丘"应该是讲天下九州的。这些典籍现在均已失传了，现在唯一保存完整的文化典籍就是《周易》了。有些人可能会误认为这句话中的"集"是"经史子集"的集。"经史子集"四部分类体制的最终确立，实际上是由唐初名臣魏征所编的目录，正式标注经、史、子、集四部的名称。"经"为经书，"史"为史书，"子"为先秦诸子百家著作，"集"为文集，即诗词汇编。《千字文》成书于南朝时期，所以文中"集"即为收集之意。

"**亦**"，本义是：人的两腋。在《说文解字》里的解释是：人之臂亦也。现在更多作副词用，是也、也是之意。在文中意思为：又、也。

"**聚**"，本义是：村落。在《说文解字》里的解释是：会也。邑落称为聚，现在通常称为邨、镇，北方地区的集会也是"聚"。在文中的意思为：会合、聚集。

"**群**"，本义是：一边吆喝，一边拿鞭驱赶，即：放牧羊群。引申为：羊群、兽群、人群。在《说文解字》里的解释是：辈也。在文中的意思为：很多、众多。

"**英**"，本义是：开花而不结果的草，即花。在《说文解字》里的解释是：草荣而不实者。《淮南子》里讲："智过万人者谓之英，千人者谓之俊，百人者谓之豪，十人者谓之杰。"《礼记》里也讲了：德过千人曰英。看来，想成为英雄豪杰是多么不容易啊！"英"在文中意为：卓越，才智杰出的人。

"**既集坟典，亦聚群英**。"意思是：广内殿收集了古代圣贤的著作和重要的典籍文献，承明殿也聚集了众多的文武百官及杰出人才。

dù gǎo zhōng lì　qī shū bì jīng

杜稿钟隶，漆书壁经。

【字形的演变及基本字义】

	甲骨文	金文	小篆	繁体隶书	简体楷书	说文解字
杜	𣙮	杜	杜	杜	杜	甘棠也
稿			稾	稾	稿	秆也
钟		鐘	鐘	鐘	钟	乐钟也
隶		𣤶	隶	隸	隶	及也
漆	桼	桼	桼	漆	漆	水，出右扶风杜陵岐山，东入渭。一曰入洛。
书	𦈐	書	書	書	书	著也
壁			壁	壁	壁	垣也
经		經	經	經	经	织也

【正讲】

"杜稿钟隶，漆书壁经。"

"**杜**"，本义是：杜梨、棠梨，一种木本植物。在《说文解字》里的解释是：甘棠也。就是棠梨。牡曰棠，牝曰杜。"杜"在本文里是姓氏，指代杜度（人名）。杜度创立了草书，他的草书也称为章草。杜度是汉章帝时期的齐相。"相"为宰相，是中国古代最高行政长官的通称。随着朝代的更替，中国正式的官名出现过相国、丞相、大司徒、侍中、中书令、尚书令、同平章事、内阁大学士，军机大臣等，多达十几种。

"**稿**"，本义是：谷类植物的茎秆。在《说文解字》里的解释是：秆也。也指文章、图画的草底，又喻事先考虑的计划，如腹稿、文稿、草稿。在本文里，指稿子、书稿。

"**钟**"，本义是：古代打击乐器，青铜制。在《说文解字》里的解释是：乐钟也。"钟"在这里指姓氏，指代钟繇（yòu）。钟繇，字元常，颍川长社（今河南许昌长葛东）人，历任尚书郎，黄门侍郎等职，是三国时期曹魏著名书法家、政治家。钟繇在书法方面颇有造诣，是小楷的创始人，被后世尊为"楷书鼻祖"，他的作品被列为"上品之上"。王羲之等后世书法家都曾经潜心专研、临摹他的书法，后来钟繇与王羲之并称为"钟王"。学习书法，临摹碑帖是很有效的方法，从石刻上直接拓下来的就叫"碑"；"帖"是将古人著名的墨迹刻在木板上或是石碑上汇集而成。碑的拓本和帖的拓本方便了书法传播。

我们在讲"始制文字，乃服衣裳"的时候，提到过魏晋时期以王羲之创作的《兰亭序》为代表的第一行书倍受追捧，因为唐太祖实在太喜欢《兰亭序》了，后来把它带进了坟墓里。想想看，王羲之都是学习钟繇的书法，那钟繇的手书又将是何等的"神品"！钟繇和曹操的关系很好，除了因其贤能，还因为他们都爱好书法。钟繇酷爱书法，酷爱到什么程度？据说他经常跟魏太祖、韦诞等人一起谈论书法。有一次，他向韦诞借《蔡伯喈笔法》，韦诞没有借给他，把他气得口吐鲜血。曹操取出五粒灵丹让他服下，才救了他一命。韦诞死后，钟繇命人盗掘他的坟墓，终于得到了《蔡伯喈笔法》，从此，钟繇的书法更趋精妙！钟繇也是隶书第一人，隶书虽然不是他创立的，但是他写的隶书非常好。据说汉代隶书《乙瑛碑》就是他的字。蔡伯喈就是东汉时期很著名的书法家，他叫蔡邕（yōng），字伯喈（jiē）。他的女儿是蔡琰（yǎn），字文姬。蔡文姬是个才女，承继了父亲蔡邕的才华，琴棋书画无所不通。卫夫人是晋代著名的书法家，师承钟繇，妙传其法，王羲之小时候从其学习书法，是王羲之的启蒙老师。王羲之又传给了王献之。说到王羲之，就会想到《兰亭集序》，当年有"曲水流觞"这一民俗，每年农历三月在弯曲的水流旁设酒杯，流到谁面前，谁就取下来喝，可以除去不吉利。皇帝与皇亲国戚都喜欢玩这种民俗游戏，所以这种民俗后来就在文人墨客、达官贵人、富商巨贾中流行开了。王羲之的《兰亭集序》就是在永和九年（353年）三月初三日，晋代贵族、会稽内史王羲之偕亲朋谢安、孙绰等，在兰亭修禊后，举行饮酒赋诗的"曲水流觞"活动后，王羲之即兴书写的，被后人誉为"天下第一行书"。

"**隶**"，本义是：追赶并抓捕走兽。在《说文解字》里的解释是：及也。"隶"在本文里指隶书，是古代书体之一，汉朝比较通行。

"**漆**"，本义是：从树上提取的增亮防腐的粘胶涂料。在《说文解字》里的解释是：水，出右扶风杜陵岐山，东入渭。一曰入洛。意思就是说，漆就是漆河，是河川名，源出右扶风杜陵岐山，向东流入渭河。还有一种说法认为漆河最后流入洛河。"漆"也指油漆树，落叶乔木，割其树皮可取天然漆。在本文里，"漆"指油漆。

"书"，本义是：把重要的语言以文字的形式刻画或写下来。在《说文解字》里的解释是：著也。著于竹帛谓之书。文中指书籍、著作。

"壁"，本义是：直立如削的土墙。《说文解字》的解释是：垣也。就是墙壁。

"经"，本义是：织物的纵线，也叫经线，与"纬"相对。在《说文解字》里的解释是：织也。《大戴礼记·易本命》中讲：凡地东西为纬，南北为经。"经"在本文里是指经书、经典著作。

"漆书"是什么？是汲县魏安厘王墓中发掘出来的漆书。在油墨发明之前，都是用树漆、土漆写字的。最早就是用玉石做笔，用油漆在竹简上写字的，那漆很不流畅，很稠，拉也拉不动，写的字都跟蝌蚪一样，所以漆书也叫蝌蚪文。"壁经"又是什么意思呢？当时孔子的八世孙孔鲋，他把经书藏在家里的墙内，到了汉初，刘邦的弟弟鲁恭王，想侵占孔家的老宅子做花园，想拆了重建，在墙壁里发现了经书，有《孝经》、《尚书》、《论语》等。

汉武帝即位之后就开始改革，董仲舒是真正的鸿儒，一般人都比不上，汉武帝元光元年（公元前134年），汉武帝下诏征求治国方略。董仲舒在《举贤良对策》中系统地提出了"天人感应"、"大一统"学说和"罢黜百家，表彰六经"的主张。"六经"包括：《易经》、《尚书》、《诗经》、《礼记》、《乐经》、《春秋》。当时还是以道教黄老为主，窦太后崇尚黄老，汉武帝一直等她死了，最后没人阻挡了，才开始"罢黜百家，独尊儒术"。早在汉惠帝的时候，发布"挟书律"，鼓励捐书，谁家有书不捐是要杀头的，有些人没有忘记"焚书坑儒"，就背着书都跑到深山老林去了，后来保存不善就烂掉了。我们今天看到的《尚书》，是伏生这个人凭着记忆整理出的《尚书》29篇，是中国古代史宝贵的资料。伏生原来是秦朝大博士，曾冒着生命危险保存了不少典籍。从这些史料中可以感受到文化的保护与传承多么不易，哪像我们今天，上网啥都知道了，一关机就又啥事不懂了。现在条件好了，学习的工具渠道也多了，但并不意味着我们的文化就多了。平常一出口便是"中华上下五千年"，想想我们每天读书的时间与读书量，作为华夏子孙还真有些汗颜。

"杜稿钟隶，漆书壁经。"是说在广内殿里不但有杜度草书的手稿和钟繇隶书的真迹，也有从汲县魏安厘王冢中发掘出来的漆书，还有汉代鲁恭王在曲阜孔庙墙壁内发现的故经书。

千字文正讲

齐济 著

（下 册）

北京师范大学出版集团
BEIJING NORMAL UNIVERSITY PUBLISHING GROUP
北京师范大学出版社

fǔ luó jiàng xiàng　lù xiá huái qīng
府罗将相，路侠槐卿。

【字形的演变及基本字义】

	甲骨文	金文	小篆	繁体隶书	简体楷书	说文解字
府		寶	府	府	府	文书藏也
罗	羉	羅	羉	羅	罗	以丝罟鸟也
将	狀	牄	將	將	将	帅也
相	相	相	相	相	相	省视也
路		路	踞	路	路	道也
侠			俠	侠	侠	俜也
槐			槐	槐	槐	槐木也
卿	卿	卿	卿	卿	卿	章也。六卿：天官冢宰、地官司徒、春官宗伯、夏官司马、秋官司寇、冬官司空也

【正讲】

"府罗将相，路侠槐卿。"

　　"府"，本义是：府库、府藏，古时国家收藏文书或财物的地方。在《说文解字》里的解释是：文书藏也。"府"在文中指官署。从汉至南北朝时，"府"多指高级官员及诸王治事之所。

　　"罗"，本义是：用绳线结成的捕鸟网。在《说文解字》里的解释是：以丝罟鸟也。"罟"就是网的总称。在文中作动词用，是排列、广布之意。

　　"将"，本义是：将领、带头人。在《说文解字》里的解释是：帅也。"将"是多音字，读jiāng的时候，有很多个意思，作动词时，是挟持、扶助意；作副词时，是就要、将要之意。也作介词，相当于"把"的意思。"将"也读jiàng，是统帅、将领的意思。"将"还读qiāng，是请愿书的意思。在本文里读jiàng，指武官将帅。

　　"相"，本义是：爬上高树远眺侦查、察看、仔细看。在《说文解字》里的解释是：省视也。"相"也是多音字，读xiāng的时候，作副词用，是交互、互相之意。读xiàng的时候，作名词时，指人的外貌、相貌、照片；也指古代的官名、官职。作动词时，有辅佐、扶助之意等。在文中指文官大臣。

　　"府罗将相"的意思是说殿内文武将相依次排成两列。

　　"路"，本义是：出行的通道、途径。在《说文解字》里的解释是：道也。文中指殿外的甬（yǒng）道。甬道也称为通道、甬路，是指院落或墓地中用砖石砌成的路，也指两侧筑有墙壁的通道，或是在楼阁之间架设的通道。

　　"**侠**"，本义是：超脱于钱财物欲之外、仗义行道的武士。在《说文解字》里的解释是：傅也。而"傅"在《说文解字》里的解释是：使也。是使……放任的意思。"侠"在本文里同"夹"，是处在两旁、排在两边之意。

　　"**槐**"，就是槐树，槐树属乔木。有一种俗称槐花树，开黄白色的花，可以食用；还有一种俗称黑槐树，即国槐树，生长较慢。在我们河南农村老家，黑槐树是不能随便动的，传说树上面住着神仙，谁要是爬到树上去，就会发烧，有些孩子顽皮就爬上去玩，果然晚上发烧了，母亲抱着孩子到黑槐树下烧纸叫魂。如果要伐树，要提前写一张纸条贴在树上，上面写着："姜太公在此，诸神退位，定于吉日某年某月某日某时伐木。"告知树上的神仙们，还有住在树上的小鸟、小虫子，请它们另外找地方住。类似的厌胜术过去有不少，比如建房、搬新家、过节等，都会搞个仪式。不过现在大多被视为迷信。这世上有太多东西是我们肉眼看不到及耳朵听不到的，因此不可妄为。从文化角度来讲，古代汉语中，"槐"通常用来比喻三公或三公之位，如"槐官相连"、"槐鼎"等。"槐卿"就是指三公九卿。另外还有槐宸、槐望等词。此外槐树还是古代迁民怀祖的寄托，是吉祥的象征。

　　"**卿**"，本义是：亲密相敬，共进美餐。在《说文解字》里的解释是：章也。六卿：天官冢宰、地官司徒、春官宗伯、夏官司马、秋官司寇、冬官司空也。汉以前有六卿，汉代设了九卿。"卿"的甲骨文是：𦙍，就像两人一起就餐。"卿"字含有一个"卯"字，卯时就是早上五点到七点，卯时是吃早餐的最佳时间，一起吃早餐的两个人，表示亲密、亲切，所以"卿"又是对重要的人、亲密的人的称谓，如：卿卿我我、爱卿。"卿"在本文里就是指高级长官，诸侯及士大夫。

　　"**路侠槐卿**"是说宫殿外的甬道两边站着三公九卿。中国古人崇尚槐树，是国树。有些人的名字就叫国槐，所以三公以槐树为代表，叫三槐。古代朝堂大殿门口会种三棵槐树，三公上殿站在槐树下面，一看地位就不同。"三公"，周代已有此称谓，《尚书》、《礼记》等书认为："三公"指司马、司徒、司空。有古文经学家据《周礼》认为太傅、太师、太保为三公。三公制度一直延续到清朝。

"**府罗将相，路侠槐卿**。"是说承明殿内文武将相依次分列，殿外甬道两边分别列着三公九卿，这是皇帝议政前或议政时的盛况。

hù fēng bā xiàn jiā jǐ qiān bīng

户 封 八 县，家 给 千 兵。

【字形的演变及基本字义】

	甲骨文	金文	小篆	繁体隶书	简体楷书	说文解字
户						半门曰户
封						爵诸侯之土也
八						别也。像分别相背之形
县						系也
家						居也
给						相足也
千						十百也
兵						械也

【正讲】

"户封八县，家给千兵。"

　　"**户**"，本义是：装在建筑出入口，可以开关的单扇门板。在《说文解字》里的解释是：半门曰户。一扇为户，两扇为门。宅院为门，侧室为户。"户"作名词时，是住户、户籍、户头等意。"户"也是个量词，用以记户数。"户"在这里指住户人家的意思。

　　"**封**"，本义是：在帝王所赐的土地四周种植草木作为疆界、田界。在《说文解字》里的解释是：爵诸侯之土也。"封"在古代与"邦"是同一个字。"封"的甲骨文（*）像一棵树，在古代就是种树做界线。"封"也作动词，是指帝王将土地赠赐给功臣，如封地、分封。也指帝王赏赐，如封赏、封官。在这里，封就是帝王封土之意。

　　"**八**"，本义是：平分成两份。在《说文解字》里的解释是：别也。像分别相背之形。"八"下面加把"刀"，就是"分"，就是切割公平。"公"字上面也是个"八"，就是要公平公正，不能有偏私。

　　"**县**"，本义是：悬挂。在《说文解字》里的解释是：系也。"县"在古代通假"悬"，是吊、挂、悬置的意思。"县"也是古代有司法、施刑权的最基层行政机构。县假借为"寰"，为州县的县，现在也是一级行政区划，在文中就为州县的县。

　　"**家**"，本义是：养有猪的稳定居所，屋内住所。在《说文解字》里的解释是：居也。在古代农业社会，猪是很重要的财产，也是一个家庭财富的象征，人们多在屋子里养猪，所以，房子里有猪就成了人家的标志。一点在上就是"家"，如果把一点放到下面，就是"冢"了，当然这只是望文生义。"家"除了有家庭的意思，还表示家族、民族，如：家谱、国家。"家"也表示学术或艺术流派，如道家、儒家。"家"还表示专业人员、身份突出的人，如专家、作家、企业家。

"给"，本义是：衣食丰足，充裕。在《说文解字》里的解释是：相足也。"给"是个多音字，读gěi的时候，作动词，有使、让之意；作介词时，相当于"为"、"替"、"对"等意。读jǐ的时候，作动词用，有充足地供给，以物质给予对方，授予，交付等意。文中意为供给、给予。

"千"，本义是：不停地走，跋山涉水，即"迁"的本字。现在多比喻数量大、许多之意。在《说文解字》里的解释是：十百也。在这里，意为数量很多。

"兵"，本义是：手持器械作战的士卒。在《说文解字》里的解释是：械也。"兵"本身是指兵械、武器。文中作士卒、士兵讲。

古时候，不管是文官还是武官，只要立了功，都会受到分封，但被分封的大多是立战功的武将。文官很难立大功，文官是提意见的，提得好，皇帝又能听进去，能采纳；若皇帝听不进去，还要坚持己见，反而容易被贬。真正的封建制应该是在秦以前，即从尧舜经夏商周，采用的都是封建制度。"天子"将土地分给亲属或功臣，所封之地称为"诸侯国"、"封国"、"藩国"等，统治封地的君主被称为"诸侯"、"藩王"。秦始皇一统天下，废除了分封制，实行郡县制，所以先秦时期才是真正意义上的封邦建国。秦始皇统一六国，开创了专制制度，第一任皇帝诞生了，所以秦始皇是封建的葬送人而不是创始人。到了西汉时期，是分爵制，分给官员一块土地，一个城堡，城堡外面有可耕种的土地，收成除了捐给天子之外，剩下的自由分配。正因为有这样的剩余支配，才会出现养门客的情况。古代门客最多的是孟尝君，他最多时养了三千多门客，并不是他分封的地最多，封地最多的是晋朝的武将杜预，他帮助司马炎灭了吴国，受封五个县。可能大家会有疑问，既然杜预是历史上受封土地最多的人，他才得了五个县，为什么这里会有"户封八县"呢？这里的"八"只是表示很多的意思，包括"千"，也指数量大的意思。

"**户封八县，家给千兵**。"意思是：那些三公九卿，他们每家都有几个县的封地，每家还有上千的士卒武装。

gāo guān péi niǎn qū gǔ zhèn yīng

高 冠 陪 辇，驱 毂 振 缨。

【字形的演变及基本字义】

	甲骨文	金文	小篆	繁体隶书	简体楷书	说文解字
高	髙	髙	高	高	高	崇也。像台观高之形
冠			冠	冠	冠	弁冕之总名也
陪			陪	陪	陪	重土也
辇		辇	辇	辇	辇	挽车也
驱	驱	驱	驱	驅	驱	马驰也
毂			毂	毂	毂	辐所凑也
振	振		振	振	振	举救也
缨			缨	纓	缨	冠系也

【正讲】

"高冠陪辇，驱毂振缨。"

　　"**高**"，本义是：与高大的建筑有关，离地面远，从下向上的距离大。在《说文解字》里的解释是：崇也。像台观高之形。我们通常定义的高就是离地面较远。在文中作形容词，是高大之意。

　　"**冠**"，本义是：手持帽子戴在头上。在《说文解字》的解释是：弁冕之总名也。"冠"是个多音字，读guān，作名词用，表示帽子或形如帽子的东西，如：衣冠、鸡冠；读guàn时，作动词用，指戴、戴帽子。古代称戴帽为冠，脱帽为免，同"冕"，所以有"冠冕"一词；读guàn时，也作名词用，表示超出众人，居第一位，如冠军。在文中指帽子。在古代，无论男女，头发都是绾起来的，为官的头发更要高高盘起，然后才能够戴这个冠。说白了，"冠"就是将布帛做的帽子戴在头上，要套住发髻，因为不好固定，再弄条丝带绑在颌下，这条丝带叫"缨"，马缰绳也叫"缨"。

　　"**陪**"，本义是：重叠的土堆。在《说文解字》里的解释是：重土也。在这里作动词，是伴随、陪伴的意思。

　　"**辇**"，本义是：古时用人拉或推的车。《说文解字》的解释是：挽车也。在春秋时期，马和车是不分的，马就是车，车就是马，车马一体化的，没有单独的马，也没有单独的车。两匹马拉的车叫"骈"；三匹马拉的车叫"骖"；四匹马拉的车叫"驷"，有个词叫"君子一言，驷马难追。""辇"是人力拉着走的车子，多指天子或皇亲贵族坐的车子。自从有"辇"这种人力车的出现，人的等级、功用就分开了。在秦以前，这个"辇"不是皇帝专坐的，它是宫廷里的人力车，不管是拉的、推的都叫"辇"。后来才逐渐成为皇室的专座，皇帝坐的叫龙辇，皇后坐的叫凤辇。

商代战车/先秦时期的兵车，一般为独辕两轮，初为两马牵拉，后演进为一车四马。图为两马牵拉的商代战车模型。

"**驱**"，本义是：对马吆喝，赶马启程。在《说文解字》里的解释是：马驰也。在文中，意思是疾行、快。

"**毂**"，本义是：车轮中心的圆木，周围与车辐的一端相接，中有圆孔，可以插轴，泛指车。在《说文解字》里的解释是：辐所凑也。在文中指车。

"**振**"，本义是：赈济、救济。在《说文解字》里的解释是：举救也。文中是抖动、摇动之意。

"**缨**"，本义是：系在脖子上的帽带。在《说文解字》里的解释是：冠系也。"缨"的左边代表丝织品，右边是"婴"，"婴"本是指女儿、女婴，男的叫"儿"。"婴"在《说文解字》里解释为：颈饰也，就是脖子下面挂的饰品。缨也指套马的革带，驾车用，引申为绳索。"缨"在文中既指随从的帽带，也指马的缰绳，都说得过去。

"**高冠陪辇，驱毂振缨**。"是说官员们衣着盛装，戴着高高的官帽，陪着皇帝出游，龙辇急驰，帽带在风中飘着，好威风。

shì lù chǐ fù chē jià féi qīng
世禄侈富，车驾肥轻。

【字形的演变及基本字义】

	甲骨文	金文	小篆	繁体隶书	简体楷书	说文解字
世		止	世	世	世	三十年为一世
禄	靐	乘	祿	祿	禄	福也
侈			侈	侈	侈	一曰奢也
富	㑂	畬	富	富	富	备也，一曰厚也
车	車	車	車	車	车	舆轮之总名。夏后时奚仲所造
驾		駕	駕	駕	驾	马在轭中
肥		邜	肥	肥	肥	多肉也
轻			輕	輕	轻	轻车也

【正讲】

"世禄侈富，车驾肥轻。"

"**世**"，本义是：三十年。在《说文解字》里的解释是：三十年为一世。人的寿命一般不长，30年对任何人来说都意义非凡，就连孔子也说"三十而立"，"六十而耳顺"。"三十年河东，三十年河西"本是一句民间谚语，是说黄河河水泛滥，河道不固定，原来在河的东面，若干年后，因黄河水改道，就会变成河的西面。这句话比喻人事的盛衰兴替，变化无常。三十年一代人，前三十年靠父母，后三十年靠自己。

"**禄**"，本义是：福气、福运。在《说文解字》里的解释是：福也。如果一个人出生于官宦富贵家庭，福气是生而有之，像清朝时的满族，生来就有福禄，不用劳动，无须付出。"禄"是一种待遇，赏赐。而"俸"是薪金，工资，是劳动所得。

"**侈**"，本义是：一人享有两份肉食，超出平均水平。在《说文解字》里的解释是：一曰奢也。"奢"与"侈"经常连在一起用，奢侈就是追求过分的享受。凡是因自己拥有较多就盛气凌人或自高自大的表现就是侈。

"**富**"，本义是：家境宽裕，有余粮酿酒。在《说文解字》里的解释是：备也，一曰厚也。我觉得用"居于宫室，丰于食馔"这八个字来描述"富"比较合适。"富"和"福"的意思接近，富就是丰足，居住安逸。将丰足的生活展现出来，就是"福"，常在微信里展现自己吃穿住用，就是一种"福"的记录。"侈富"就是豪富。宋代苏轼在《王仲仪真赞》中说，所谓世家大族者，持有世代俸禄的人，又有官府大院居住，就是侈富之家！

"**车**"，本义是：车子，陆地上有轮子的运输工具。在《说文解字》里的解释是：舆轮之总名。夏后时奚仲所造。舆轮，就是车与轮子，统称为车。据说三皇（伏羲氏、神农氏、黄帝）是不需要交通工具的，他们可以飞来飞去的；五帝时期的交通工具是驾牛，五帝是指：少昊（hào）、颛顼（zhuān xū）、帝喾（kù）、尧（yáo）、舜（shùn）。到了夏朝，一个叫奚仲的人发明了马车。为什么《说文解字》里会把夏朝写成"夏后时"呢？其实正确的说法应该是"夏后氏时"，夏后氏创立了中国第一个世袭王朝，"夏后氏"是夏朝的氏称，后来把夏后氏简称为夏。中华民族最早的称呼——华夏，也是起源于夏后。

"**驾**"，本义是：将车轭加在马脖子上。《说文解字》的解释是：马在轭中。"驾"有操纵马车的意思，所以车夫在驱动马车的时候，会大声喊"驾……"。"驾"也是古代对帝王车辆的总称，借指皇帝、天子，如移驾回宫、保驾。"驾"也是对人的敬称，如劳驾、大驾光临等。我小时候用牛驾车，首先拿尺形的牛噱头套在牛脖子上，套上之后，就用绳子把牛噱头系到脖子下面，这个绳叫仰绳，是连接牛噱头与车子的。另外还要牵条绳搭到背上，这条绳叫搭背，肚子下面还要用一根绳系起来，这条绳叫肚带，全部弄好之后，手中还要牵着牛缰绳，指挥驾驭，就可驾牛拉车了。

"**肥**"，本义是：脂肪多。在《说文解字》里的解释是：多肉也。引申为肥沃。"肥"在这里指代肥壮的马。

"**轻**"，本义是：车名。在《说文解字》里的解释是：轻车也。"轻车"在古代是指一种特别先进的战车。在这里，"轻"指轻裘，轻暖的裘皮大衣。"肥轻"是肥马轻裘，指服饰华贵，生活豪华。

"车驾肥轻"出自《论语·雍也》："赤之适齐也，乘肥马，衣轻裘。

吾闻君子周急不继富。"说的是孔子的学生公西赤，姓公西，名赤，字子华，也称公西华。他在孔子的举荐下，奉旨出使齐国，考虑到自己走后，家中老母无以为生，公西华不好意思开口，就让自己的师兄兼孔子的管家冉有向老师讨要一些粮食，给老母亲备用，孔子听了后，就说："那就给六斗半吧。"冉有说："时间长，是不是太少了点?"孔子说："再添两斗多吧!"冉有还想再说什么，孔子闭目养神了。随后，冉有就自作主张给了公西华八十石小米。孔子知道后也没有批评冉有，就和冉有说："公西华这次出使齐国，乘的是肥马拉的香车，穿的是轻暖的皮裘，雍容华贵。他到任后，一定会让母亲过上好日子的。到时候，他母亲吃剩的几十石小米，在他眼里就会变得一文不值。若我们用这几十石小米来周济穷人，将会有多少人从中受益啊!"

"世禄侈富，车驾肥轻。"是讲封建制度下的贵族，子孙世代享受着俸禄，奢侈豪富，出入乘着肥壮的马拉的车，穿着轻暖的皮袍，生活阔绰，春风得意。

cè gōng mào shí   lè bēi kè míng

策 功 茂 实，勒 碑 刻 铭。

【字形的演变及基本字义】

	甲骨文	金文	小篆	繁体隶书	简体楷书	说文解字
策						马箠也
功						以劳定国也
茂						草丰盛也
实						富也
勒						马头络衔也
碑						竖石也
刻						镂也
铭						记也

【正讲】

"策功茂实，勒碑刻铭。"

"**策**"，本义是：竹制的马鞭。"策"的金文（𩵋）下面表示带芒刺的植物。引申为驾驭马匹的工具，包括缰绳之类。"策"在《说文解字》里的解释是：马箠也。"箠"同"棰"，是短木棍的意思。古代称连编好的竹简叫简策。古代大臣们上朝的时候手里拿的竹片也叫"策"，中国古代用竹片或木片记事著书，成编的叫作策，在文中有此意思。

"**功**"，本义是：用力从事劳作。功业、功劳。在《说文解字》里的解释是：以劳定国也。《周礼·司勋》中讲了："国功曰功"，就是为国为民为社会做事才是有功劳。"策功"就是记录官员的功德。

"**茂**"，本义是：用大刀斩劈丛密野草，在《说文解字》里的解释是：草丰盛也。在文中意为大、盛大。

"**实**"，本义是：家中财物充足。在《说文解字》里的解释是：富也。"实"在《广雅》里解释为：诚也。所以"诚实"经常连在一起用，就是不虚伪、真实。"茂实"在这里是形容文武官员盛美的德业。

"**勒**"，本义是：套在马头上带嚼子的笼子。在《说文解字》里的解释是：马头络衔也。"勒"在这里是雕刻的意思。

"**碑**"，本义是：古时宫、庙门前用来观测日影或拴牲畜的坚石。在《说文解字》里的解释是：竖石也。说到官、庙门前观测日影的坚石，很容易想到《周易·屯卦》里讲的"磐桓"，"磐"是大石、巨石。"桓"就是古代立在驿站、官署等建筑物旁作标志的木柱。"桓"在《说文解字》里的解释是：亭邮表也。"磐桓"就是在城郭、宫殿、官署、陵墓或驿站路边立木柱，用来作标志或测日影，也可用来拴马。具体地说，宫廷中的碑通常用来测日影以推算时间；宗庙中的碑通常用来拴系牲畜。"桓"也叫亭表、表柱、桓表。《礼记·檀弓》中讲："四植为之桓。"由此可知，桓表也是用来观日影以正方位的，一般建于亭邮（驿站）及宫门之前。"桓"念huán，古时发音如"和"，读"和表"，现在就读为"华表"了，所以说磐桓就是华表的前身。任何一个工地开工前，都会先建两个柱子作为大门，即使在内蒙古大草原一个暂时居住的蒙古包，周围加上围栏，也会在大门口竖起两根柱子。当然，《周易》里的"磐桓"不仅是指有形的桓表，也指理想、目标。

"碑"在这里指石碑、碑刻。即把功绩刻在石上，以传后世。说到碑刻，不得不提魏碑。魏晋南北朝时期，社会动荡不安，人民生活在水深火热之中，适应社会意识需要的佛、道之学勃然兴盛。佛、道的宣传方法是以写经为一大功德。尤其佛学，凡新建寺塔、塑造佛像，必聘文学之士，撰写文章以纪其事，或凿石以作碑碣，或就天然岩壁摩崖刻写，一时间，从汉代风行的立碑时尚，转向佛学的建寺造塔、立碑刻石。四海之内虽战乱不止，造像求长生的心理却更加炽烈，刻石佛记文字漫山遍谷，不下数千万，魏碑应运而生。魏碑是碑碣、摩崖、造像、墓志铭等石刻文字的总称，大体可分为碑刻、墓志、造像题记和摩崖刻石四种。北魏书法是一种承前启后、继往开来的过渡性书法体系，对当时的隋和唐楷书体的形成产生了巨大影响，其中以北魏的书法水平为高，风格多样，朴拙险峻，舒畅流丽，极有名的如《郑文公碑》、《张猛龙碑》、《高贞碑》、《元怀墓志》及《张玄墓志》，已开隋、唐楷书法则的先河。清代中期倡导"尊碑抑帖"，冲破"馆阁体"的束缚，碑学兴起，书风为之一变。魏碑上承汉代隶书传统，下启唐朝楷书新风，为现代汉字的结构与笔法奠定了坚实的基础。

华表/又称"桓表"，本用于测日影知时辰，后演变成桥梁、官殿、城垣或陵墓前的装饰石柱。

"刻"，本义是：用刀具刮凿、镂刻。在《说文解字》里的解释是：镂也。"刻"也有严格要求之意，作名词时，是时间单位，指一小时的四分之一，也就是15分钟。通常在木头上雕琢叫"刻"，在金石上雕琢叫"镂"。在这里是雕刻的意思。

"铭"，本义是：在钟鼎贵器上镂刻主人的名字、记。"铭"字左边一个"钅"，右边一个"名"，在金属上刻上祖先的丰功伟绩、言语、警示语、座右铭等。在《说文解字》里的解释是：记也。泛指在器物上雕刻文字以记事。

"策功茂实，勒碑刻铭。"意思是说：朝廷还详尽真实地记载文武功臣的丰功伟绩，并刻在石碑上以流传后世。从古至今，对国家有贡献的文臣、武将的事迹都会被记录、被传颂。北京国子监里，还能看到那些巨大的石碑，用满、汉、藏几种文字来记录赫赫功绩，如康熙平定三番，收复了准噶尔这样的大事件。在河南郑州或陕西西安等地，多见功德记事石碑，总免不了发思古之幽情，慨时光之远去。我等俗辈与历史功臣不可同日而语，但需进德修业，宽居仁行，走过人生大途已足矣！

磻溪伊尹，佐时阿衡。

pán xī yī yǐn　zuǒ shí ā héng

【字形的演变及基本字义】

	甲骨文	金文	小篆	繁体隶书	简体楷书	说文解字
磻			磻	磻	磻	磻溪，水名也
溪			谿	谿	溪	山渎无所通者
伊	伊	伊	伊	伊	伊	殷圣人阿衡，尹治天下者
尹	尹	尹	尹	尹	尹	治也
佐	左	佐	佐	佐	佐	助也
时	旹	旹	時	時	时	四时也
阿		阿	阿	阿	阿	大陵也
衡		衡	衡	衡	衡	牛触，横大木其角

【正讲】

"磻溪伊尹，佐时阿衡。"

"**磻**"，本义是：河水名字。在《说文解字》里的解释是：磻溪，水名也。"磻"是多音字，读pán的时候，是指磻溪河，属于渭水流域，在我国陕西省宝鸡市东南。读bō的时候，意为古代射鸟用的拴在丝绳上的石箭镞。在文中就指磻溪河。

"**溪**"，本义是：山间不与外界相通的小河沟，泛指河流。在《说文解字》里的解释是：山渎无所通者。

"**磻溪**" 在文中代表姜太公， 有一句有名的歇后语："姜太公钓鱼——愿者上钩。"他为何千里迢迢来到这里钓鱼？真是说来话长。姜太公本名是姜尚，字子牙，他的祖先曾协助大禹治水有功，被封于吕，所以就以地为姓，又叫吕尚。姜太公原来在商朝为官，但商纣王暴虐，周文王决心要推翻他，姜尚受师傅之命去帮助文王，问题来了，姜子牙已经87岁，年迈垂暮，与文王又没有什么交情，人离得又远，很难获得文王的赏识。他就一路西行，来到西周所在地。有一天，他预测到周文王会路过磻溪河，于是就来到陕西岐山脚下的磻溪河边，坐在磻石上开始钓鱼。他钓鱼的方法与别人不同，用直钩，不用带倒刺的弯钩已经是特例了，居然还不用鱼饵，鱼钩还悬空在水面上三寸。周文王确实不是一般的君王，他精通易理，演绎《周易》。我们现有所看到的《周易》版本是周文王修订及孔子补充的。一天，文王要出去狩猎，他先占卜了一卦，结果显示：这次打猎不会有收获，反而会遇到高人！后来果然在磻溪见到了钓鱼的姜子牙， 文王见到他这样还能钓到鱼， 就主动问他

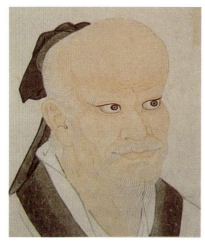

姜尚像

如何钓到鱼，他说："愿者上钩。"文王发现此人是可用之才。两人相见恨晚，交谈中周文王发现他确实满腹经纶，是个治国的天才，当时周文王非常高兴，说他的祖先曾经预言说，将来会有高人帮助周国振兴，他的祖先太公盼望这样的高人已经很久了，于是称姜子牙为"太公望"，封为国师。后来人们就叫他为"姜太公"。

姜太公上任之后，制定了一系列的治国方针，"修德以倾商政"，内文明而外柔顺，先后有40多个国家归顺了周。后来协助周文王三分天下而得其二。周文王死后，周武王继位，姜太公与周公一起辅佐武王讨伐纣王，当时周武王在平定商纣王之前起了一卦，说大雨磅礴，不利于打仗。姜太公说大义之事不拘于预测，大雨反倒预示着商纣王暴虐，是敌方不利，更是我们进攻的大好时机，武王相信姜太公，果然大获全胜，商朝被灭。把商朝打败之后，周武王也采纳了姜太公的建议，为商朝的忠臣添土上坟，在风水宝地洛阳建设城池，安排商朝的后裔住下来，姜太公还建议武王把纣王的钱和粮食散发给平民百姓，释放了被纣王囚禁的箕子，深得殷商人民的爱戴，从而国泰民安。如果不是姜太公以德取胜，真的很难取得如此成功。姜太公作为周朝的功臣，得以封侯，掌管齐国，他到了齐国，推行政治体制改革，确立了"因其俗，简其礼，通商工之业，便鱼盐之利"的治国方针，在齐国数百年发展史上代代相传，百姓富强，国家繁荣昌盛，确立了齐国文化的历史地位。姜太公已去世3000余年了，人们崇拜他的高尚人格，悼念他的丰功伟绩，还用不少神话故事歌颂他。明代许仲琳的《封神演义》把他说成是爱天下所有神的神。太公神奇威严，成为驱邪扶正的偶像了。虽然不合历史的真实，却反映出姜太公在人们心中的崇高地位。

"伊"，本义是：主管官员、治理者。在《说文解字》里的解释是：殷圣人阿衡，尹治天下者。后假借为"那"，如《诗经·秦风·蒹葭》中讲："所谓伊人，在水一方。""伊人"就是那人。

"尹"，本义是：手执权杖，管理事务。在《说文解字》里的解释是：治也。说到"尹"，就会想到老子的弟子尹喜，尹喜本是看守函谷关的关长。当年尹喜见到了老子，有幸得到了老子传授的《道德经》，尹喜如获至宝，一路朝东南跑了几百里，找到了武当山设立道场，远离了当时的政治权力中心西安。尹喜也不是普通人，他能够寻找到呈龟蛇玄武神象的武当山，从现在的航拍图看，武当山就是龟蛇象，山上的金顶像乌龟，环山道路像蛇。所以武当山作为道教圣地自有其自然及历史渊源。

"伊尹"是中国商朝初年著名的宰相，约公元前1600年，他辅助商汤王灭了夏朝，为商朝的建立立下了汗马功劳。他任宰相期间，整顿吏治，洞察民情，商朝国力迅速强盛起来。伊尹本是个厨师，为什么厨师能成为一人之下万人之上的宰相？这要从伊尹的身世说起。伊尹本是一个孤儿，一出生就被扔在伊水旁边，有莘氏的家人在伊水河边发现了他，把他抱回去由家里的厨师收养，并以伊水为姓给他取名，姓伊，名尹。

伊尹从小就由厨师照顾，整天待在厨房里，没事就学习厨艺。因为他的厨艺非凡，厨艺好到什么程度？他是中原菜系的创始人，成了厨子的祖师爷，厨师祭拜祖师拜的就是这位大人物。伊尹还是中医煎汤药的祖师爷，据说煎中药的砂锅就是伊尹传下来的。伊尹从小聪明颖慧、勤学上进，在炒菜中悟到了治国的大道，既作为主子的厨师，又作贵族子弟的"师仆"，由于他研究三皇五帝的施政之道而远近闻名，以至于商汤王三番五次以玉、帛、马、皮为礼前往聘请。现今河南嵩县有座小山，世传就是商汤聘请伊尹的三聘台。由于三聘不成，商汤只好娶有莘王的女儿为妃，伊尹便以陪嫁奴隶的身份来到了汤王身边。商汤王拜伊尹为阿衡，相当于宰相。伊尹主张"居上克明，为下克忠"，他说，作为国王，要始终如一地注意自身的道德修养，主张尊贤、用贤。伊尹为商朝的强盛做出了伟大的贡献。《孟子》说："汤之于伊尹，学焉而后臣之，故不劳而王。"可见伊尹是中国第一个帝王之师。

"**佐**"，本义是：辅助、帮助。在《说文解字》里的解释是：助也。古人以右为尊，以左为卑。"佐"常用于以下对上，以弱对强的帮助。而"佑"是以上帮下，以强帮弱。绝大部分人是以右手为主，左手帮辅。

"**时**"，本义是：季度，季节。在《说文解字》里的解释是：四时也。

"佐时"在这里指辅佐君王执政的那个时候、那个阶段。

"**阿**"，本义是：大的山陵、土山。在《说文解字》里的解释是：大陵也。"阿"是多音字，读ā的时候，指加在称呼上的词头，如阿爷、阿妈。读ē的时候，有迎合、偏袒之意，如阿附、阿谀奉承。另外也指凹曲处，如山阿。

"**衡**"，本义是：绑在牛角上的横木。在《说文解字》里的解释是：牛触，横大木其角。衡也有秤的意思。

"阿衡"在这里是一种官职，在商代时期，"阿衡"相当于宰相。

"**磻溪伊尹，佐时阿衡。**"是说周文王在磻溪遇到了姜尚，尊他为"太公望"，辅助周朝灭了商。伊尹辅佐时政，商汤王封他为"阿衡"，为商朝的强盛立下了汗马功劳。

　　姜尚年迈垂暮，仍抱定大志，创造机遇，辅助周王，开启了齐国天下，成就了一生伟业。伊尹是奴隶出生，被人收养，却心怀大志，勤学上进，终得辅佐商汤王，成为中国历史第一个有名的贤相。无论是姜尚还是伊尹，半生寒微，漂游不定，但他们都能够动心忍性，观察风云，等待时机，最终遇到明主，辅佐君王修德振武，终成人生之大成，被世人所崇。由此观之，我辈无论学识还是眼界，都无法与圣贤相比拟，可又有谁愿意修身尚德，隐忍待机图就一生大业呢？不要再为一时之名利而被日常恩怨所羁绊了！

奄宅曲阜，微旦孰营。

【字形的演变及基本字义】

	甲骨文	金文	小篆	繁体隶书	简体楷书	说文解字
奄		𡘺	奄	奄	奄	覆也
宅	宀	宀	宅	宅	宅	所托居也
曲			曲	曲	曲	像器曲受物之形
阜	𨸏		阜	阜	阜	大陆也，山无石者
微	微	微	微	微	微	隐行也
旦	旦	旦	旦	旦	旦	明也
孰	孰	孰	孰	孰	孰	食饪也
营		营	营	營	营	帀居也

【正讲】

"奄宅曲阜，微旦孰营。"

"**奄**"，本义是：闪电将人击毙。在《说文解字》里的解释是：覆也。作形容词用，指气息微弱的样子，如奄奄一息。

"**宅**"，本义是：住所，住处。在《说文解字》里的解释是：所托居也。

"**奄宅**"在这里指奄国。奄国是商末周初的一个小国，其都城为曲阜。后来在周公与姜太公的辅佐下，周成王灭了奄国，周公受封奄国曲阜，在那里建立了鲁国，曲阜成了鲁国的国都。

"**曲**"，本义为：不直，弯曲。在《说文解字》里的解释是：像器曲受物之形。"曲"是个多音字，读qū的时候，作形容词是弯折的意思，也有不公正的意思，如曲解。作名词时同"麯"，是酿酒或制酱时引起发酵的酒母，如曲霉。"曲"读qǔ时，主要指歌曲的乐调或一种艺术形式，如曲艺。

"**阜**"，本义是：土山。在《说文解字》里的解释是：大陆也。山无石者，象形。

"**曲阜**"是地名，古为奄国所在地，也是鲁国国都，如今是山东省的一个县级市，地处山东省西南部，北距省会济南135公里，东连泗水，西抵兖州，南临邹城，北望泰山。万世师表的孔子就诞生在鲁国曲阜，这里也是神农氏的故乡，人文初祖轩辕黄帝诞生于曲阜寿丘，继黄帝之后，少昊曾在曲阜营建都城。中国古史相传的"三皇五帝"中，有四人曾在曲阜留下了活动的踪迹，开创了发达的古代文明。

"**微**"，本义是：老人拄杖缓行。在《说文解字》里的解释是：隐行也。"微"在文中作副词，意为：要没有、要不是，如范仲淹的《岳阳楼记》里：微斯人，吾谁与归。

"旦"，上面一个"日"，代表太阳；下面的"一"，代表地平线，所以"旦"的本义是：夜刚尽，太阳从地平线上升起来了。《说文解字》的解释是：明也。因为古代男女分工不同，《诗经·国风·郑风》中讲：女曰"鸡鸣"，士曰"昧旦"。"旦"在本文中就是指周公旦。周公，姓姬名旦，是周文王姬昌的第四个儿子，武王的弟弟，又称周公旦。

"孰"，本义是：手持熟肉来吃。在《说文解字》里的解释是：食饪也。古代同"熟"。在这里作代词用，是谁、哪个人的意思。

"营"，本义是：四周垒土而居。在《说文解字》里的解释是：帀居也。即围绕而居之意。在这里是经营、治理的意思。

"奄宅曲阜，微旦孰营。"这是一句带感叹语气的反问句，意思是说：古奄国在曲阜这个地方，除了周公旦，谁又能把它治理好呢？

前面讲"磻溪伊尹，佐时阿衡"时，提到过与姜太公一起辅佐周文王、周武王的周公旦。刚才也讲了，周公旦是周文王的四子，是周武王的弟弟。周文王在世时，周公作为儿子，非常孝顺，忠厚仁爱。文王受命七年驾崩，武王即位，武王灭商二年后去世，周成王继位，由于成王年龄太小，就由周公辅政。当时周公的封地在曲阜，为了辅佐周成王，只能派自己的儿子伯禽去了曲阜，他一直留在成王身边，辅佐了七年，在这期间，成王之叔管、蔡说周公图谋不轨，说周公是表面辅佐，其实是想篡位夺权，将来定会取而代之。事实上是管叔、蔡叔勾结商纣之子武庚等人反叛。周公奉命出师，亲自东征，用了三年平叛了武庚与管蔡之乱，后来把管蔡流放了，把武庚杀了。七年后，周成王亲自掌权，周公依然全力辅佐他，周成王生病的时候，周公心里非常难受，他站在河边把指甲剪了扔到河里，他说周成王是一国之君王，国家不能没有他，宁可替成王去死。这就是周公。在周公辅佐周成王的时候，才是真正意义上采纳了姜太公的意见，他敬德保民，制礼作乐，建立典章制度，还政成王，在巩固与发展周朝统治上起了关键的作用。他还修订了《周易》。周公思想对儒家的形成起了奠基性的作用，极受孔子推崇，被儒家尊为圣人，所以说周公是中国文化集大成的第一人。

huán gōng kuāng hé   jì ruò fú qīng

桓公匡合，济弱扶倾。

【字形的演变及基本字义】

	甲骨文	金文	小篆	繁体隶书	简体楷书	说文解字
桓			桓	桓	桓	亭邮表也
公	公	公	公	公	公	平分也
匡	匡	匡	匡	匡	匡	饭器，筥也
合	合	合	合	合	合	合口也
济		济	济	濟	济	济水也。出常山房子赞皇山东入沶
弱			弱	弱	弱	桡也
扶	扶	扶	扶	扶	扶	佐也
倾			倾	倾	倾	仄也

【正讲】

"桓公匡合，济弱扶倾。"

　　"桓"，本义是：古代立在驿站、官署等建筑物旁作标志的木柱。在《说文解字》里解释为：亭邮表也。其实就是柱子，作为标识测日影，也可以拴马。"桓"是"华表"的前身。

　　"公"，本义是：平均分配、公正无私。在《说文解字》的解释是：平分也。"公"与"私"是相悖的。"桓公"在这里是指齐桓公。

　　"匡"，本义是：盛东西的方形竹器。在《说文解字》里的解释是：饭器，筥也。筥读作jǔ，是盛物的圆形竹筐。"匡"也是春秋时齐国的简册名。作动词用时，为匡正、纠正之意。

　　"合"，甲骨文（ 仐 ）上面像一张向下张开的口，下面像一张向上张开的口，表示相亲相爱。在《说文解字》里的解释是：合口也。作动词时，有会聚、聚合之意。"合"与"会"两字互为解释。"会"在《说文解字》里的解释就是：合也。"社会"是现在最常用的词，社会就是在特定环境下共同生活的人们长久形成的彼此相依的一种存在状态。"社"字左边一个"示"，右边一个"土"，代表滋养万物生长的土地神。"社"的核心意思就是土地，现在人们用"社稷"代表国家，原因就是因为"社"代表土地，"稷"代表五谷，"社稷"就是土地神及五谷神，古代君王祈求国事太平，五谷丰登，就是拜祭土地神及五谷神。

　　"济"，本义是：一条河流的名字，就是济水。"济"在《说文解字》里的解释是：济水也，出常山房子赞皇山东入沇。也就是济水源于常山郡房子县的赞皇山，向东流入河北省的沇河。"济"在文中作动词用，是帮助、拯救之意。

"**弱**"，本义是：气力小、势力差。在《说文解字》里解释为：桡也。"桡"是木头弯曲、屈弱之意。"弱"在文中指柔弱或弱势的一方。

"**扶**"，本义是：搀扶。在《说文解字》里的解释是：佐也。"扶"在文中同"辅"，是辅助、扶助之意。

"**倾**"，本义是：偏侧。在《说文解字》里的解释是：庂也。"倾"作名词时，表示倾向。表示对一个明确的政治体系、一种信仰、一种意识形态的偏离。所谓"日中而庂"，"庂"即太阳西斜。

"**桓公匡合，济弱扶倾**。"意思是：齐桓公东征西讨，匡正天下，帮助弱小国家，打击戎狄，辅助周王。

齐桓公是春秋时期的五霸（齐桓公、晋文公、宋襄公、秦穆公、楚庄王）之首，公元前685年—公元前643年在位，是齐国第十五位国君，姜姓，吕氏，名小白，是姜太公吕尚的第十二代孙，是齐僖公禄甫的三儿子，他的登基非常不容易，是在与哥哥争位成功之后登基的。齐桓公东征西伐，是历史上第一个充当盟主的诸侯。在公元前681年，就召集宋、陈、蔡等五国国君在齐国的北杏会盟，后又曾多次联合各国诸侯会聚一起，制定盟约，以匡正及富强天下。齐桓公利用特殊的地理优势，西临大陆，东临大海，齐桓公拜管仲为相，君臣同心，励精图治，从政治、军事、农业方面进行改革，济弱扶倾，匡正天下。齐国的国力很快就强盛起来了！"扶倾"是因为当时周王朝势微权弱，但他还是积极地维护及扶持周边的几个小国。当时中原华夏各诸侯苦于戎狄等部落的攻击，齐桓公以诸侯长的身份打出"尊王攘夷"的旗帜，北击山戎，南伐楚国，让他们签署永不骚扰的条约，解除周王朝的危机，赢得了和平，也赢得了其他诸侯国的赞赏与尊重，最终成为中原第一个霸主。

这里不得不说齐桓公的得力助手管仲，齐桓公任用管仲为相，如果没有管仲，齐桓公就不可能成为春秋时期的第一霸主。管仲是春秋时期法家的代表人物，其思想集中体现于《管子》一书，他还写了《大匡》、《小匡》、《戒》等杂说。管仲在任内大兴改革，富国强兵，重视商业，被誉为"法家先驱"，华夏文明的保护者。

齐桓公当政了43年。晚年昏庸，死得很惨，不得善终。齐桓公身边有几个貌似君子实为小人的奸臣，齐桓公曾经问过管仲，能否重用易牙、开方、竖刁等人，管仲说这些人都不行，他们当中，有的杀子，有的背弃亲人，有的阉割自己，做这些事不合常理，不合人情，以此讨好君主，是绝对靠不住的。然而，在管仲死后，齐桓公不听管仲的话，任用了这三个小人。后来齐桓公病重，三人专权，五公子各率党羽争位，结果他们把齐桓公囚禁在宫里，不让任何人接近，门口筑道墙。公元前643年，齐桓公被活活饿死在宫里！六十七天没人管，蛆虫都从窗子里爬了出来！这就是任用小人的下场。直到新立的君王无亏即位，才把齐桓公给安葬了！孔子评价说："齐桓公正而不谲，晋文公谲而不正。"当我们读到这样的历史片段，让人唏嘘！人生一世，如齐桓公、秦始皇、刘邦、曹操……或如你我一介众人，从过往无数的人生过程来看，得一世清明、平顺是何等不易！也只能各自注解，不枉此生而已……

qǐ huí hàn huì yuè gǎn wǔ dīng
绮回汉惠，说感武丁。

【字形的演变及基本字义】

	甲骨文	金文	小篆	繁体隶书	简体楷书	说文解字
绮			綺	綺	绮	文缯也
回	回	回	回	回	回	转也
汉		灘	漢	漢	汉	汉水也。上流曰漾
惠	惠	惠	惠	惠	惠	仁也
说			說	說	说	释也，一曰谈说也
感		感	感	感	感	动人心也
武	武	武	武	武	武	楚庄王曰："夫武，定功戢兵。故止戈为武
丁	一	丁	个	丁	丁	钻也。象形。今俗以钉为之，其质用金或竹，若木

【正讲】

"绮回汉惠，说感武丁。"

　　"绮"，本义是：细绫，有花纹的丝织品。《说文解字》的解释是：文缯也。"绮"在这里是指"商山四皓"之一的绮里季吴实。"商山四皓"的另外三位是：东园公唐秉、夏黄公崔广、甪（lù）里先生周术。"商山四皓"是秦始皇时期七十名博士官中的四位，博古通今，懂天地自然之道，有治国的雄才大略。他们不愿意当官，长期隐居在商山，出山时已经80多岁了，眉发皓白，所以被称为"商山四皓"。

　　"回"，本义是：以圈状的轨迹不断旋转、扩展。在《说文解字》里的解释是：转也。"回"作量词时，有"次"、"章"之意。"回"也是回族的简称。"回"在这里是改变之意。

　　"汉"，本义是：长江最大支流，即汉水，又叫汉江。在《说文解字》里的解释是：汉水也，上流曰漾。在这里是指朝代名，即：汉朝。公元前202年，刘邦称帝，国号汉，共历24帝，统治406年。

　　"惠"，本义是：女子心灵手巧，善良温柔。在《说文解字》里的解释是：仁也。《周书·谥法》中讲："爱民好与曰惠，柔质慈民曰惠。""汉惠"在这里指汉惠帝刘盈，他是汉高祖刘邦与吕后之子，西汉第二位皇帝。

　　"绮回汉惠"是一个典故。公元前202年，刘邦定刘盈为皇太子，太子刘盈为人仁弱，刘邦越来越不喜欢他，觉得他不能堪当大任，后悔当初立了他为太子，想改立戚夫人之子刘如意当太子。吕后知道了，急忙找来张良出主意，张良就让吕后无论如何要把"商山四皓"请来。

在一次宴会上，这"四皓"陪同着刘盈入席，刘邦看到后很惊讶，心想我都请不动的人，这刘盈居然能把他们请来，觉得太子已经成熟了，当时就说了一句话："羽翼已成，难以动矣。"也就是说，以绮里季为首的"商山四皓"挽回了刘盈太子之位，刘盈16岁继位，就是汉惠帝，所以是"绮回汉惠"。

"商山四皓"可谓是聪明一世，糊涂一时，协助吕后扶持了刘盈。刘盈仁弱，继位后，致使其母吕后专权，因怨恨戚夫人刘如意母子，吕后就对两人进行加害，毒死了刘如意。接着，吕后开始对已贬为奴的戚夫人下手，下令将戚夫人的四肢全砍了，用铜注入耳朵，使其失聪，还挖掉眼球，喂哑药，割舌头，做成了人彘（zhì），丢在厕所里。汉惠帝看到都吓得哆嗦，没想到自己的母亲如此狠毒，失声痛哭。他也恨自己的无能，更痛恨自己的母亲。从此汉惠帝不理政事，抑郁而终，年仅二十三岁。吕后就执政了八年，直到后来的汉文帝、汉景帝，才出现了文景之治，后到汉武帝刘彻登基，才彻底改变了以黄老思想执政的理念，开始了"独尊儒术"，以儒治国的天下。真正中兴西汉的是汉宣帝，他把西汉推到了极致，这一时期汉朝武力最为强盛，经济也最为繁荣。中宗宣帝刘询是四位拥有正式庙号的皇帝之一，是中国历史上有名的贤君。

"说"，本义是：讲话，口头表达。《说文解字》的解释是：释也，一曰谈说也。"说"是个多音字，读shuō的时候，是用言语表达的意思，如说话、演说；读shuì的时候，是用话劝说别人，使他听从自己的意见，如游说；读yuè的时候，古同"悦"，是开心、高兴之意；也读tuō，古同"脱"，是解脱之意。在这里读yuè，是人名，即傅说，他是自伊尹之后又一个奴隶出身的宰相。

"感"，本义是：心完全被触动。在《说文解字》里的解释是：动人心也。"感"上面一个"咸"，下面一个"心"。《周易》下经的第一卦就是《咸卦》，无心之感，是讲少男少女生发的至纯至真的感情。"感"在这里的意思是：感动、传感。

"**武**"，本义是：手持兵戈，出征作战。在《说文解字》里是这么讲的：楚庄王曰：夫武，定功戢兵。故止戈为武。意思是说：武力，确定战功，止息战争。所以"止、戈"会义为"武"。从"武"的甲骨文（戈）来看，上面是武器，下面是脚印，完全可以说是手持兵戈前进、去攻打。如果是征伐有道，师出有名，当然是给予肯定的。"武"在古代也是度量单位，八尺为一步，武为半步。

"**丁**"，本义是：竹木或金属制成的顶宽足尖的楔子。在《说文解字》里的解释是：钻也。象形。今俗以钉为之，其质用金或竹，若木。"丁"为天干第四位。"丁"也作姓氏。

"**武丁**"在这里指商朝第23代君王，姓子名昭，是商王小乙之子，也是盘庚的侄子。在位期间，勤于政事，任用傅说，祖己等贤人辅政，励精图治，使商朝政治、经济、军事、文化得到了空前发展，史称"武丁盛世"。

"**说感武丁**"也是一个典故。相传，武丁少年时期遵父亲之命，穿着布衣到外面与平民百姓一起劳作，对民间疾苦非常了解，还在这期间结识了奴隶傅说。傅说虽然出身卑微，但天资聪慧，知识渊博，对国家大事颇有见解，当朝直言是非。除此之外，傅说还精于建筑，发明了版筑法，他在黄河岸边干活，水经常泛滥，于是他就号召大家用木板打入土中，然后用土填入夹板中，极大地提高了当时的生产效率。

武丁非常喜欢傅说，他们一起劳作，结为好友。商王小乙去世之后，武丁继位，很想重振商朝，但又没有良相辅佐，于是想到了傅说，但当时的等级观念鲜明，任用一个奴隶恐怕难以得到百官认可，所以他三年都不说话，国事都交给冢宰来管理，自己在暗中观察与思考。武丁想到了一个办法，当时的人们非常崇尚鬼神，他对百官说，自己做了一个梦，梦见上天派了一位贤才来帮助他振兴商朝，然后按照傅说的长相描述，还说梦里的环境是什么样的，百官按照描述画像，果然把傅说找了回来！就这样，傅说顺理成章地成了宰相。

傅说不负众望，从整饬朝纲开始，规劝武丁祭祀时减少贡品，以为榜样。武丁也非常谦逊，他认为傅说就是那条能帮自己渡大河的船，傅说讲了很多天下至真的话语，那些话语就是天下的真理，是天下的大道。所以他对傅说言听计从，先从王室开刀，整治腐败，推行新政，朝廷内外秩序井然。在国内恢复生机的同时，他还积极与周边的小国家修好关系，严惩那些敢于进犯的小方国。终于，国家富强起来，国势再度复兴。后来傅说老了，武丁给了他很多赏赐，让他安度晚年。武丁举贤的故事在先秦时期已经非常流行，是圣王举贤不择贵贱的典范之一。

jùn yì mì wù duō shì shí níng
俊乂密勿，多士寔宁。

【字形的演变及基本字义】

	甲骨文	金文	小篆	繁体隶书	简体楷书	说文解字
俊			俊	俊	俊	材干人也
乂	乂			乂	乂	芟草也
密		密	密	密	密	山如堂者
勿	勿	勿	勿	勿	勿	州里所建旗……
多	多	多	多	多	多	重也
士	士	士	士	士	士	事也
寔			寔	寔	寔	实，富也
宁	宁	宁	宁	寧	宁	安也

【正讲】

"俊乂密勿，多士寔宁。"

　　"俊乂密勿，多士寔宁。"是总论前面所提到的才德贤士们为了国家的安宁与富强而尽心尽力。

　　"俊"，本义是：才智超群的人。《说文解字》的解释是：材千人也。《淮南子》："智过万人者谓之英，千人者谓之俊，百人者谓之豪，十人者谓之杰。"《鹖冠子·能天》中讲："德万人者谓之俊。"综上所述，"俊"就是智过千人，德过万人者。

　　"乂"，甲骨文（ ）就像剪刀，本义是：割草或收割谷类植物。在《说文解字》里的解释是：芟草也。"乂"在文中的意思是治理、安定。"俊乂"在这里就是指才德出众的人。

　　"密"，本义是：形状像堂屋的山。在《说文解字》里的解释是：山如堂者。"密"其实是山里的窑洞，而且是洞口向南的窑洞。"密"在文中有用心、勤勉之意。

　　"勿"，本义是：古代大夫、士所建旗帜，半赤半白，用来麾集众人。在《说文解字》里的解释是：州里所建旗……就是州郡里竖立的旗帜。作副词时，意为不要、禁止。"密勿"就是勤勉、努力的意思。

　　"俊乂密勿"，是指才德贤士勤勉努力。《尚书·皋陶谟》里有："九德咸事，俊乂在官。"《汉书·刘向传》中讲："密勿从事，不敢告劳。"

　　"多"，本义是：一人独占双份肉食。《说文解字》里解释为：重也。在此处的意思是：数量大，与少、寡相对。

　　"士"，本义是：手持大斧作战的武夫。《说文解字》的解释是：事也。"士"由"十"与"一"组成，善于做事，从一做到十，有首有尾，才能称其为士。"士"是古代对男子的美称。《周易·谦卦》的卦辞讲："谦，亨，君子有终。"我在《周易正讲》里已经讲过，"君子有终"是一个补充断语，有两个层面的含义：其一，君子做事应该有始有终，这才符合谦卦之仁德之道；其二，"终"者，成也。君子要有所成就，就要立德立业。"士"也指士大夫，即对社会上具有声望、地位的知识分子和官吏的统称。

"寔"，同"实"，是财物、粮食充足的意思。"实"在《说文解字》里的解释是：富也。《千字文》行文为了不重复用字，在这里就把"实"写成了"寔"。在文中意为富足、富有。

"宁"，本义是：住在屋里有饭吃就安心了。《说文解字》的解释是：安也。在此处就是安宁、安定的意思。

"多士寔宁"这句话出自《诗经·大雅·文王》："济济多士，文王以宁。"意思是说：如此众多的能人志士，如此多的英雄豪杰，也正是依靠了他们的勤恳努力，天下才得以富强安宁。

"俊乂密勿，多士寔宁。"这八个字重在总论与感慨前面文中所提到的众多贤德之才。意思是说：有这么多的仁人志士，雄才大略的贤才勤勤恳恳辅佐君王，才有了国家的稳定与安宁！无数的历史经验证明，得人才者得天下，《孟子》明确提出"得人心者得天下"，我们今天大力提倡的以人为本，正是孟子的民本思想的曙光，实现"以人为本"的核心在于慧眼识才，善用人才，但知人善任何其难矣！"江山代有才人出"，但千里马常有，而伯乐不常有，人才需要明君贤主才有发挥才能的机会。另一方面，"良禽择木而栖，贤臣择主而事。"真正杰出的人才通常只愿意追随具有良好的修为、崇高的志向、勇敢果断的性格、宽广的胸怀、懂得知人善任……的明君贤主，这些实属不易做到，稍有差池，将一败涂地，不得不令人深思。

jìn chǔ gēng bà zhào wèi kùn héng

晋楚更霸，赵魏困横。

【字形的演变及基本字义】

	甲骨文	金文	小篆	繁体 隶书	简体 楷书	说文解字
晋				晋	晋	进也。日出，万物进
楚				楚	楚	丛木也。一名荆
更				更	更	改也
霸				霸	霸	月始生魄然也
赵				趙	赵	趋赵也
魏				魏	魏	本作"巍"，高也
困				困	困	故庐也
横				横	横	阑木也

【正讲】

"晋楚更霸，赵魏困横。"

"晋楚更霸，赵魏困横。"这八个字高度概括了春秋五霸之晋文公与楚庄王及战国时期合纵连横时的赵魏两国的命运。

"晋"，本义是：太阳出来普照大地，万物生进、发展。在《说文解字》里的解释是：进也。日出，万物进。"晋"也是山西省的别称。"晋"有升进之意，如晋级、晋升。《周易》里有一卦就是晋卦，是讲晋升之道的卦，其核心就是：柔进而上行。具体地说，就是诚信之人沿着光明的方向行进，不抱怨，保持一颗柔和、中正之心，随上行之道，把握中正的原则，不存侥幸心理，动机纯正，终会自显光明，晋而无阻。"晋"在这里是指春秋五霸之一的晋文公。

"楚"，本义是：灌木名，又名荆、牡荆。在《说文解字》里的解释是：丛木也。一名荆。"楚"是一种落叶灌木，鲜叶可入药。枝干坚劲，可以做杖。"楚"作形容词时，有鲜艳、华丽之意。"楚"在这里指春秋五霸之一的楚庄王。

"更"，本义是：在时辰交替之际敲鼓报时。《说文解字》解释是：改也。"更"是个多音字，读gēng，作动词时，是改变、更换、替代之意；也有经历的意思，如少不更事。作名词用时，指旧时夜间计时单位，一夜分为五更。"更"也读作gèng，作副词时，是愈加、再的意思，如更上一层楼。在此处读"gēng"，是替代、更换的意思。

"霸"，本义是：阴历每月之初始见的月光。《说文解字》解释为：月始生魄然也。"霸"是月初的月光，其核心就是"魄"，是阴神之气，所以"霸"其实是内心阴之盛的外在表现，而不是阳的表现，与"霸"有关的常用词有霸道、霸王、霸气等。感觉就是不讲理，蛮横。所以霸气就是自己阴邪之气的外露。在文中，"霸"假借为"伯"，指古代诸侯联盟的盟主。

"晋楚更霸"，讲的是春秋五霸中的晋文公与楚庄王。春秋五霸是：齐国国君齐桓公、晋国国君晋文公、宋国国君宋襄公、秦国国君秦穆公和楚国国君楚庄王。诸侯大国争霸，说明了周朝王权的削弱。自公元前770年平王东迁洛阳后，周朝王室更加衰微，王权都落到诸侯手里，周朝处于"礼坏乐崩"的境地。称霸的主要标志为"会盟"诸侯。春秋五霸倒有些五位霸主轮流坐庄之意。晋文公姓姬名重耳，是春秋时期晋国第22任君王，是春秋五霸中第二位霸主，与齐桓公并称"齐桓晋文"。晋文公自小谦虚好学，善于结交有才能的人。后来，他父亲晋献公的一个妃子骊姬用离间计，使重耳与其父亲、兄弟不和，还设计杀死了太子，嫁祸给重耳，重耳被迫逃亡在外19年。晋文公虽然出身王室，但在外面漂流了19年，历经民间悲苦，重新塑造了他的性格，使他对什么事情都小心翼翼，对人不信任。历史对他的评论就是诡计多端，对楚庄王的评价就是多正而不诡。这可能与人的成长经历有关，其实我们每个人的处世态度与方法，都跟每个人的成长经历密不可分。环境足以改变一个人！

在重耳60多岁的时候，也就是公元前636年，在秦穆公的支持下回到晋国，杀了晋怀公，成了晋国的君王。晋文公在位期间任用贤人，实行通商宽农、明贤良、赏功劳等政策，使晋国国力大增。公元前403年，周天子册封晋国三位卿大夫韩虔、赵籍、魏斯为诸侯，三国瓜分了晋国绝大部分土地，史称三家分晋。到了公元前376年，晋彻底灭亡。公元前286年，齐国、楚国和魏国灭掉宋国，三家瓜分了宋国。这样，齐国、楚国、燕国、韩国、赵国、魏国、秦国形成了战国七雄的局面。

　　楚庄王又称荆庄王，芈（mǐ）姓，熊氏，名侣，楚国国君，春秋五霸之一，楚庄王之前，楚国原是西周建于湖北荆山一带的小国，经常与西周王朝进行战争，初期征服了许多小国，并打败了北面的姬姓小国。楚庄王刚当政的前三年，什么都不干，到处游玩打猎，声色犬马，表面上在玩，其实根本没闲着，那三年就到处寻找贤士名将，获取治国的方法，一直在思考治国方略。但他的大臣不清楚实情，很着急，给楚庄王打个谜语，一只鸟在山上，三年不飞也不鸣。楚庄王说：三年不飞，一飞冲天；三年不鸣，一鸣惊人。后来果然是一鸣惊人。公元前611年，楚国出现旱灾，有个小国庸国想趁机攻楚，不料却被以楚国为首的多国联军消灭了，楚庄王平定内乱与灭庸国之后，统治已趋稳定，北上图霸之志萌生。中原诸侯中，晋国实力最强，从公元前610年开始，楚庄王一步一步采取盟约手段及不断北上饮马黄河，围攻宋国，联齐制晋，其雄才大略使楚国称霸于中原，号令诸侯！打破了晋军不可破的神话。楚庄王的强势北上，客观上促使先进的中原文化与个性独特的荆楚文化交融，也为先秦时代华夏文明的民族大融合做出了巨大贡献。

　　"赵"，本义是：趁着月光，连夜快走。在《说文解字》里的解释是：趋赵也。"赵"也为姓氏。"赵"在这里指战国七雄之一的赵国，在今山西北部、河北西部和南部一带。

　　"魏"，本义是：宫阙门连着的观台。在《说文解字》里的解释是：本作"巍"，高也。在这里指战国七雄之一的魏国。开国君主魏文侯，是毕万后代，和赵韩一起瓜分晋国。公元前403年被周威烈王承认为诸侯，建都安邑（今山西夏县西北）。

　　"困"，本义是：废弃的房屋。在《说文解字》里的解释是：故庐也。

《周礼·地官·禀人》中讲："行而无资谓之乏，居而无食谓之困。"文中作动词，是困扰、为人所扼制、厄害的意思。

"**横**"，门框下部的与地面平行的木条。在《说文解字》里的解释是：阑木也。"横"是个多音字，读héng时，与"竖、直"相对，如横梁、横幅；也指与目视方向垂直的，如横排、横向；在地理学上，指东西向的，与"纵"相对，如横贯东西。"横"也读hèng，是放纵、不讲理的意思，如蛮横；也指意外的、不寻常的，如横财、横祸。

"**赵魏困横**"讲的是战国七雄之间所进行的外交与军事斗争所采取的合纵连横的策略。"合纵"是鬼谷子的学生苏秦首创的外交与军事策略。"合纵"就是合众弱以攻一强，在当时就是联合战国七雄中除秦国、齐国以外的其余国家一起抵抗秦、齐的兼并。这种策略用现在常用的词就是建立多边关系。苏秦的想法得到了燕国的支持，燕文侯供给他车马和金银布帛，让他先去赵国游说，后来在燕国与赵国的全力支持下，苏秦往来于各国之间，极力主张从燕到楚，合成南北一线，共同反对秦国。经苏秦的反复劝说，六国终于采纳了他合纵的建议，定下了合纵盟约。

"连横"也是鬼谷子的学生，也就是苏秦的同学张仪首创的制约"合纵"的外交与军事策略。张仪提出用"横"制约"纵"，也就是用"连横"制约"合纵"，简单地说就是"事一强以攻众弱"，是由

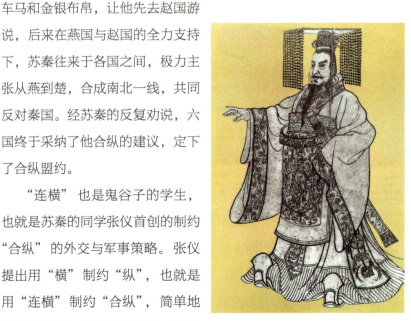

秦始皇像

当时的强国，即齐国、秦国拉拢一些国家，共同进攻另外一些国家，以达到兼并土地的目的。或者说某弱国投靠齐国或秦国以求自保与发展。具体方法就是用远交近攻的方法去破解其余六国的合盟关系，分别游说各国，与其建立双边关系，从而破坏他们的多边关系。为什么这里只说"赵魏困横"？因为这两个国家的地理位置离秦国最近，秦国就先用远交稳住其他远国，就近攻打邻国赵国与魏国。"连横"有效地制约了"合纵"，逐渐瓦解了余下的几个国的联盟。秦国势力不断强大，最终统一了六国。

事实上，如果其余六国的"合纵"是非常牢固的话，"连横"是起不到作用的，可偏偏在当时的局面，"合纵"的各国互不信任，各自心怀鬼胎，时刻把自家利益摆在首位，没有从根本上做到团结，"合纵"的根基不牢固，才让"连横"之策有机可乘，六国最终失败。

jiǎ tú miè guó   jiàn tǔ huì méng

假途灭虢，践土会盟。

【字形的演变及基本字义】

	甲骨文	金文	小篆	繁体隶书	简体楷书	说文解字
假		𣪊	假	假	假	非真也
途	𡓕		䢔	途	途	路径也
灭		威	㵽	滅	灭	尽也
虢		𩁹	𩁹	虢	虢	虎所攫画明文也
践			踐	踐	践	履也
土	𡊄	●	土	土	土	地之吐生物者也
会	會	會	會	會	会	合也
盟	𥁕	盟	盟	盟	盟	割牛耳盛朱盘，取其血歃于玉敦

【正讲】

"假途灭虢，践土会盟。"

"假途灭虢，践土会盟。"这八个字简要地描述了晋国向虞国借路去消灭虢国，晋文公在践土召集诸侯歃（shà）血会盟。

"**假**"，本义是：不是真的。在《说文解字》里的解释是：非真也。"假"为多音字，读jiǎ时，有借入、凭借、借用、暂且、权宜等意；读jià时，意为照规定或经请求批准暂时离开工作或学习场所，比如请假、假期；有时也读xiá，同"遐"，意思是：远。在此处的意思是凭借、借用。

"**途**"，本义是：道路。《说文解字》没对这个字进行解释。我个人认为可以解释为"路径、道"。"途"除了指道路，也指过程、经历、生涯。在此处就是途经的意思。

"**灭**"，小篆写法是（烕），有水有火，还有兵器。本义就是：战争、水灾、火灾等对生命的摧毁。在《说文解字》里的解释是：尽也。简化字"灭"为会意字，下面一个"火"，上面一横表示覆压火上，下面的火就熄灭了。

"**虢**"，本义是：虎所抓画之迹。《说文解字》的解释是：虎所攫画明文也。"虢"在这里是指周代的国名，分为东虢、西虢、南虢和北虢。东虢是周文王弟虢叔所封之地，在今河南省荥阳，公元前767年为郑所灭。西虢是周文王弟虢仲的封地，在今陕西省宝鸡市东，公元前665年为秦所灭。南虢是周平王东迁，西虢迁徙于上阳，称南虢，春秋时灭于晋。北虢是虢仲后代的封地，在今山西省平陆县。"虢"作形容词时有"猛烈、暴烈"之意。

"**假途灭虢**"，是指春秋初期，晋国诱骗虞（yú）国借用道路，一石二鸟灭了南虢，后又灭了虞国。晋国南邻虞国，而虞国的南边，紧邻南虢。南虢和虞国都是小国家，对晋国并没有威胁，可当时晋献公害怕二国联合对抗自己，同时也想扩展疆土，于是采用各个击破的办法，一个一个灭掉这些小国。晋国要攻打南虢，就必须经过虞国。于是先向虞国借道攻打南虢，晋国要顺利实现这一目的也不是那么容易的，终于，晋国大夫荀息想出了一条一箭双雕的妙计，晋献公大喜。公元前658年，晋献公派人携带美女、骏马、奇珍异宝给虞王，请求借道，并承诺平分南虢。虞王贪图利益，也不听大臣劝阻，不仅借道，还自愿协助晋军展开军事行动。当年夏，就攻下南虢的重镇下阳，控制了南虢与虞国的重要道路。时隔几年，晋国故计重施，又向虞国借道，虞国大臣宫之奇用"辅车相依、唇亡齿寒"的道理劝说虞王，虞王拒不听劝，结果晋国攻下南虢后，乘虞国不备，发动突然袭击，灭了虞国。

"**践**"，本义是：踩、践踏。在《说文解字》里的解释是：履也。作动词用：有踩、踏、履行、实现、经历等意。

"**土**"，本义是：泥土、田地。在《说文解字》里的解释是：地之吐生物者也。"土"字的笔画虽然简单，但意义非同一般，泛指育化万物的土地，又可表示不同概念的土地，比如疆土、领土、故土。引申为不合潮流，比如土气。"践土"在这里是地名，春秋时属郑州，在今河南原阳西南，公元前632年，晋文公会盟诸侯于此。

"**会**"，本义是：会合。在《说文解字》里的解释是：合也。"会"是多音字，读huì的时候，是聚集、合拢、晤见、领悟、善于、应当等意；读kuài的时候，是总计的意思，如：会计，是指管理和计算财务的工作或管理和计算财务的人。

"**盟**"，本义是：在神前饮血发誓结盟。在《说文解字》里的解释是：割牛耳盛朱盘，取其血歃（shà）于玉敦。《周礼》中讲："国有疑则盟。诸侯再相与会，十二岁一盟，北面诏天之司慎司命。盟，杀牲歃血，朱盘玉敦，以立牛耳。"在古代，大事靠盟，小事靠诅。"诅"除了诅咒之意，也有盟誓之意，是就往事或小事起誓。而"盟"是国与国之间为了避免误会或战争，君王聚在一起，用牲口祭祀，把牛的耳朵割下来放在盘子里，把牲口的血涂抹在嘴唇上，共同起誓。

"**践土会盟**"，是公元前632年，晋文公于城濮大败楚军之后，为了确立其霸主地位，召集鲁国、齐国、宋国、郑国等来到践土这个地方，进行会盟。当时的周襄王命令王室大臣在盟会上嘉奖晋文公，有了周王室的支持，晋文公成了春秋第二位霸主。

何 遵 约 法，韩 弊 烦 刑。

hé zūn yuē fǎ hán bì fán xíng

【字形的演变及基本字义】

	甲骨文	金文	小篆	繁体隶书	简体楷书	说文解字
何						担也
遵						循也
约						缠束也
法						刑也。平之如水
韩						井垣也
弊						顿扑也
烦						热头痛也
刑						刭也

【正讲】

"何遵约法，韩弊烦刑。"

"**何**"，本义同"荷"，是挑担、负荷的意思。在《说文解字》里的解释是：担也。"何"是个多音字，读hé，作代词用，是什么、怎样的意思，也表示反问，如：何必；读hē，古同"呵"，作动词，有问、盘问、谴责、呵斥之意；读hè的时候，同"荷"，是负荷的意思。"何"在此处指汉高祖刘邦的丞相萧何。

"**遵**"，本义是：恭敬地奉命而行。在《说文解字》里的解释是：循也。按照规矩、规律行事的意思。这种遵循没有懦弱与卑微，而是有种依照正义、正规行事的自豪感。在文中为遵照、遵从之意。

"**约**"，本义是：绳索。在《说文解字》里的解释是：缠束也。"约"也是个多音字，通常读yuē，作名词时，是指绳子、盟约、共同商定的事；作动词时，有缠束、邀请、节省等意；作副词时，是大概的意思。读作yāo，用作口语，是用秤称物、核实重量的意思。在文中意为条约、约定。

"**法**"，本义是：刑法、法律、法度。在《说文解字》里的解释是：刑也。平之如水。"法"的繁体字是：灋，"水"代表标准、公平；右边是廌（zhì），是传说中的一种独角神兽，能辨别是非曲直。古代法庭上用它来辨别很难断的疑案，它能用角去触碰理屈的人。"法"现在通常指国家制定和颁布的公民必须遵守的行为规则。

"**何遵约法**"，"何"就是萧何，他属于法家弟子，他与张良、韩信等一起帮助刘邦创立了西汉王朝。公元前206年，刘邦攻入关中，后又攻进咸阳，本想直接住进皇宫里，他的手下樊哙与张良劝告他，得民心要紧，刘邦不仅善于用人，还善于听取意见，他听了劝，不仅退军到离咸阳几十里路的霸上，还把关中各县父老乡亲、英雄豪杰召集起来，宣布废除秦朝严苛的刑法，并约法三章，即：杀人者要处死，伤人者要抵罪，盗窃者要治罪。后来，大家发现这简单的三章根本解决不了复杂的社会问题，于是萧何奉刘邦之命，重新制定法则，采取秦六法，重新制定律令、制度。萧何遵循了简约的原则，制定出了《汉律九章》的法律条款，包括：盗律、贼律、囚律、捕律、杂律、具律、户律、兴律、厩律九篇，也称为《九章律》，在法律上，主张无为，喜好黄老之术。刘邦死后，他又辅佐了汉惠帝，所以是"何遵约法"。民间有一句话很有名："成也萧何，败也萧何。"是对西汉建国功臣韩信一生的经典概括，韩信成为大将军，是萧何推荐的；韩信被杀也是萧何出的计谋！

"**韩**"：本义是：井垣。就是井上的木栏。在《说文解字》里的解释是：井垣也。1897—1910年朝鲜的国名，1910年被日本吞并。第二次世界大战后，朝鲜的南半部称为"大韩民国"，简称"韩国"。"韩"也是姓氏。"韩"在这里指韩非，他是荀子的学生，也是战国末期著名的思想家，更是法家的代表人物，被尊称为韩非子。

"**弊**"：本义是：仆、向前倒下。《说文解字》的解释是：顿扑也。是突然向前扑倒的意思。"弊"作名词，表示与"利"相对的不利因素，如兴利除弊；也有"欺诈的行为"之意。"弊"也同"蔽"，是遮盖、遮挡的意思。"弊"在本文里的意思是倒毙、死亡之意。

"**烦**"：本义是：头疼发烧。在《说文解字》里的解释是：热头痛也。"烦"在本文里的意思是：繁琐、繁多。

"**刑**"：本义是：用刀砍杀戴着枷锁的罪人。在《说文解字》里的解释是：刭也。"刭"读作jǐng，是砍头、割颈的意思。"刭"在《说文解字》里解释为：刑也。"烦刑"即苛刻繁多的刑罚。

"韩弊烦刑"，"韩"指的是韩非子，他是韩国贵族的后裔，是战国时期法家的代表人物。他有点口吃，不善于讲话，却擅长著书立说。韩非子看到韩国日渐衰落，多次上书韩王，提醒韩王要用贤臣，重视军事，远离那些只会巧言令色、投机取巧者，却没有引起韩王的重视。退而著书，写出了《孤愤》、《内外储》、《说难》等著作，他的书传到秦国，秦始皇一看，非常喜悦，认为韩非子是难得的人才啊！说：寡人如果能见此人，与其同游谈论一番，那就死而无憾了！也正是由于秦始皇的这句话，为了能早点与韩非子见面，或者为了得到这样的奇才，不久之后，秦国就开始攻打韩国。韩王不得不派韩非出使秦国。秦始皇很喜欢韩非，但还没有决定是否留用，由于韩非与李斯是同门学子，他们的政见相左，于是李斯就讲韩非的坏话，致使廷尉将其投入监狱，最后逼其服毒自杀。

由于韩非的死一直是个谜案，以上说法是司马迁写的韩非子的死因，《战国策》中也有提及韩非被杀一事，看上去都有理有据。无论哪种说法，大致是因为韩非有才，但凡同僚为臣的都嫉妒他，都想弄死他。不管怎样说，韩非子的才华是值得肯定的，他创立的法家学说如"不法故，不循今"的历史观，"法"、"术"、"势"结合的治国方略，反而为结束诸侯割据、建立统一的中央集权国家提供了理论依据。就韩非子的死因来看，就是由于他非凡的法家主张罢了。

起翦颇牧，用军最精。

【字形的演变及基本字义】

	甲骨文	金文	小篆	繁体隶书	简体楷书	说文解字
起			起	起	起	能立也
翦			翦	翦	翦	羽初生也，一曰矢羽
颇			頗	頗	颇	头偏也
牧	牧	牧	牧	牧	牧	养牛人也
用	用	用	用	用	用	可施行也
军		軍	軍	軍	军	团围也
最			最	最	最	犯而取也
精			精	精	精	择也

【正讲】

"起翦颇牧，用军最精。"

"起翦颇牧，用军最精。"这八个字描述了战国的四大名将智略超世、用兵如神。

"**起**"，本义是：由卧而坐；由坐而立。在《说文解字》里的解释是：能立也。"起"在这里指人名，是战国时期四大名将之一的白起。

"**翦**"，本义是：新生的羽毛很整齐，就像用剪刀剪齐的。《说文解字》的解释是：羽初生也，一曰矢羽。"翦"在这里指人名，是战国时期四大名将之一的王翦。

"**颇**"，本义是：头部摇摆不定。在《说文解字》里的解释是：头偏也。"颇"作形容词时，有偏、不平正，偏邪等意。作副词时，有略微、很、甚之意。"颇"在这里指战国时期四大名将之一的廉颇。

"**牧**"，本义是：放牧牲畜。在《说文解字》里的解释是：养牛人也。《尔雅·释地》："邑外谓之郊，郊外谓之牧，牧外谓之野，野外谓之林，林外谓之坰。""牧"作动词时，即放养牲畜；作名词时，指比郊区离城区更远的地方、牧人、牧场等意。"牧"在这里指战国时期四大名将之一的李牧。

"**用**"，本义是：木块箍扎成的木桶。在《说文解字》里的解释是：可施行也。"用"作名词时，是功能、功用、费用等意；也作动词，是任用、治理之意。

"**军**"，本义是：围成营垒。在《说文解字》里的解释是：团围也。古代打仗靠战车，晚上驻扎的时候会把战车围成包围圈，以防敌人偷袭。《周礼》中讲："五人为伍，五伍为两，四两为卒，五卒为旅，五旅为师，五师为军。"由此可以算出，一个师是两千五百人，一军就是一万两千五百人。《周礼》中还讲："凡制军，万有二千五百人为军。王六军，大国三军，次国二军，小国一军。"春秋时，各国通常都设三军，这个"三军"并不是现在所指的"海军、陆军和空军"，而是指骑马打仗时的前、中、后三个兵种，担任不同的作战任务。通常情况下，前军相当于先锋；中军是主力，由主帅统领；后军作为掩护。

"最"，本义同"撮"，是撮起五指摘掉帽子的意思。在《说文解字》里的解释是：犯而取也。"最"作动词时，有聚会、总计之意；作副词时，假借为"绝"，表示程度，相当于"极"、"尤"；作名词时，是"首位"、"第一位"的意思。作形容词时，有表现特别、最高、最优等意。

"精"，本义是：挑选过的上等好米。在《说文解字》里的解释是：择也。"精"作名词时，有灵魂、日月之光、性情等意；作形容词时，有细致、纯洁、专一、精妙等意；作副词时，有甚、很、全等意；作动词时，有精通、袒露等意。"精"在此处是精妙、奥妙的意思。

"**起翦颇牧，用军最精**。"重点讲武将：白起、王翦、廉颇、李牧。我们就按顺序，先说说白起。

白起是战国时期秦国的著名将领、军事家，位列战国四大名将之首。十六岁就入伍，他为秦昭王征战六国，为秦国统一中国立下了汗马功劳。这个人杀敌勇猛无比，智勇双全，长平之战重创赵国主力。当然，赵国的失败也与用人不当有关，当时，赵国的将领廉颇固守了三年后，秦以流言使赵王更换主将为赵括，成语"纸上谈兵"说的就是他，兵书倒背如流，但没有实战经验。白起对付这样的人，当然势如破竹，大败赵军。白起与秦昭王发生分歧，于秦昭王五十年十一月自杀身亡。

王翦也是秦国名将，是杰出的军事家。他与儿子王贲一并成为秦始皇兼灭六国的功臣。主要战绩有：消灭燕国、赵国和楚国。王翦对敌我军情的判断非常精确。公元前224年，在攻打楚国之前，秦王召集群臣商议灭楚大计，王翦认为"非六十万人不可"，结果另一武将李信说用不了这么多，只需二十万就足够了，秦始皇说既然这么有信心，又能省四十万人马，那当然好啦，于是就让李信带着二十万精兵出发了。结果楚军大破秦军，斩杀秦七个都尉。二十万人马所剩无几，这是秦灭六国期间少有的败仗之一。最后还得由王翦率领六十万人出征，才把楚国灭了。

廉颇是战国末期赵国的将领，也是战功赫赫。曾率兵讨伐齐国，取得大胜，夺取晋阳。长平之战后，他又击退了燕国的入侵，斩杀了燕国的栗腹，并令对方割五城求和。邯郸之战是中国历史上最著名的城市保卫战，也是最能体现廉颇军事防御才能的著名战役。廉颇不仅擅于军事，其德也值得赞赏，廉颇负荆请罪的故事也是家喻户晓，说的就是廉颇与蔺相如的故事。蔺相如出身卑微，就因为代表赵国出使秦国，完璧归赵，赵王就封他为宰相。这引起武将廉颇的嫉妒，一个曾经地位低下的人，居然位居他之上，心里当然不服，路上遇到蔺相如也不让路，蔺相如就让着走。人家就问蔺相如，廉颇如此无礼，何需一再谦让他呢？蔺相如说：我并不是怕他，而是担心其他国家如果知道我们将相不和，会趁机攻打我们。这话传到了廉颇耳里，廉颇非常惭愧，于是背负荆杖，向蔺相如赔礼道歉，主动请罪。由此可以看出，廉颇与蔺相如都是心胸宽广之贤才。

李牧是战国时期，赵国的军事家，与白起、王翦、廉颇并称"战国四大名将"。李牧先是在赵国北部边境抗击匈奴，因为非常廉洁，又勤于练兵，善待士兵，使其军队的作战能力非常强，他坚持"慎重防守"，采取"龟缩示敌以弱"的策略，大破匈奴十余万骑，完全解除了北方忧患，以致后来十几年匈奴都不敢骚扰赵国。后以抵御秦国为主，因在宜安之战中重创秦军，被封为"武安君"。遗憾的是，在公元前229年，赵王后来中了秦国的离间计，听信谗言，夺取了李牧的兵权，杀害了李牧。

"起翦颇牧，用军最精。"说的就是战国四大名将精通军事，虽各为其主，却立下了赫赫战功，对后世的军事有着非常深远的影响。关于用兵打仗，《周易·师卦》的"大象辞"讲了："地中有水，师。君子以容民畜众。"意思就是说，水在地中，地能够包容水，有"容民畜众"之象。君子明白这样的道理，在无战事时，散兵为民；有战事时，集民为兵，应该包容民众，在民众当中蓄积力量。从"容民畜众"这四个字就可以感知圣贤的爱民之心！"容"者，保也。"容民"即为保民而不治民；"畜"者，养也。"畜众"即为养众而不动众。《师卦》也告诉我们，战争是凶恶的工具，关系着人民的生命，国家的存亡，所以用兵之道不可不慎。要用德才兼备、有勇有谋之人为将，要纪律严明，师出有名，必须是正义之师，更要懂得该休战的时候就休战，不妄动。战争结束，更需论功行赏，奖罚分明，小人只能远离，不可用！

xuān wēi shā mò   chí yù dān qīng

宣威沙漠，驰誉丹青。

【字形的演变及基本字义】

	甲骨文	金文	小篆	繁体隶书	简体楷书	说文解字
宣	向	宣	宣	宣	宣	天子宣室也
威		威	威	威	威	畏也
沙		沙	沙	沙	沙	水中散石也
漠			漠	漠	漠	北方流沙也
驰			馳	馳	驰	大驱也
誉			譽	譽	誉	称也
丹	月	月	月	丹	丹	巴越之赤石也
青	古	青	青	青	青	东方色也

【正讲】

"宣威沙漠，驰誉丹青。"

"**宣**"，本义是：帝王的宫殿。在《说文解字》里的解释是：天子宣室也。就是古代帝王的大室。"宣"作名词时，指帝王的诏书、宣纸的简称、地名等；作动词时，是宣传、广泛传播、表白、诵读等意。

"**威**"，本义是：尊严、果敢。在《说文解字》里的解释是：畏也。在《周易正讲》里，我还说"威"字里面为什么有个"女"字，后来我反复查证，按汉律，"威""姑"二字宜连在一起用，女子成为姑姑才是威姑，也可以理解为：女子当了姑姑后，其威严自生，所以"威"字里有"女"。"宣威"在文中有宣扬威力之意。

"**沙**"，本义是：极细碎的石粒。在《说文解字》里的解释是：水散石也。有一种说法是：沙为水中之刚。

"**漠**"，本义是：因缺雨水而形成的广大沙原。在《说文解字》里的解释是：北方流沙也。即北方流沙形成的奇特地貌。"沙"与"漠"常常连在一起用，即"沙漠"，泛指地面完全被沙所覆盖，植物非常稀少、雨水稀少、空气干燥的荒芜地区。"漠"作形容词时，有淡泊、冷淡等意。"沙漠"是指古时北方边境的沙漠地区。

"**宣威沙漠**"，就是指那些著名的将军、军事家用兵精当、作战高明，他们的威名远播到沙漠边地，连塞北的胡人也敬佩不已。

"**驰**"，本义是：策马飞奔。在《说文解字》里的解释是：大驱也。在文中意为：传播。

"**誉**"，本义是：民众给予的正面评价、称赞、赞美。在《说文解字》

里的解释是：称也。"誉"，上面一个"兴"，下面一个"言"，就是给人以荣誉，公开表扬、赞美别人。为什么《说文解字》里要解释为"称"呢？"称"是掂量的意思，掂量什么呢？物有轻重，话有分寸，说话之前要掂量掂量，所以是称也。《周易·蛊卦》中讲过"用誉"，就是在匡扶混乱、整治旧弊的时候，要懂得给那些资历很老的人以荣誉，以中庸之德，用高明手法，既补其过又扬其名，恶归自己，善归他们，委屈担责，继承事业，又使声誉日隆，可见"用誉"的至高境界。"誉"在文中作名词用，即荣誉、美名。"驰誉"是指声誉传播得很远。

云纹漆钟/湖南长沙马王堆汉墓出土。旋木胎，有盖，长颈鼓腹。口沿朱绘波摺（zhé）纹、点纹，颈部朱绘鸟形图案，肩部和腹部为三圈朱色和灰绿色描绘的几何云纹，胎厚，体形稳重牢实。

"**丹**"，本义是：矿井里采掘的朱砂。在《说文解字》里的解释是：巴越之赤石也。"朱"与"赤"还有"丹"在古代都有红色之意，只是稍有不同，"丹"是比较鲜艳的红色，如鲜血的颜色；"朱"比"丹"要暗一些，如红木的颜色；"赤"又比"朱"的颜色暗一点，如火的颜色。"丹"作名词时，指古代染色的颜料，也指南方；古代帝王的或帝王居住的，如丹诏，是皇帝的诏书；依照秘方制成的颗粒状或粉末状的药，如：灵丹妙药，就是道家炼制的所谓的长生不老药。炼丹，是道教主要的道术之一，分为炼外丹与内丹。外丹术源于先秦神仙方术，是在丹炉中烧炼矿物以制造"仙丹"，用来服食，或直接服食某些芝草，以点化自身阴质，使之化为阳气。内丹术，起于战国之前，盛于唐宋，是道家及道教人士对气功之称，以修炼成仙而达至长生不老为最终目的。此术以人体为丹炉，故称内丹，以别于外丹之用鼎为炉。

"青"，本义是：从矿井里采掘的苔色矿石。在《说文解字》里的解释是：东方色也。"青"指深绿色或浅蓝色、绿色、黑白。"丹"与"青"在古代一般用作画画的颜料。在古代，"青"也指竹简，如名垂青史。"丹青"泛指图画、作画、史籍。本文中"丹青"指史籍。

"驰誉丹青"，指战国时期，帝王会请画师给手下的名将用丹青画像，挂在特定的地方，也把他们的功绩记入史册，美名永传。

漆圆盆/湖北出土汉漆器。盒外髹（xiū）黑漆上绘朱红色云纹。整个器形浑圆大方，代表了汉代漆器制造成就。

jiǔ zhōu yǔ jì　bǎi jùn qín bìng

九 州 禹 迹，百 郡 秦 并。

【字形的演变及基本字义】

	甲骨文	金文	小篆	繁体 隶书	简体 楷书	说文解字
九				九	九	阳之变也
州				州	州	水中可居曰州
禹				禹	禹	虫也
迹				跡	迹	步处也
百				百	百	十十也
郡				郡	郡	周制，天子地方千里，分为百县，县有四郡……
秦				秦	秦	部落名、伯益之后所封国
并				並	并	相从也

【正讲】

"九州禹迹，百郡秦并。"

　　"九州禹迹，百郡秦并。"是说九州大地都留下了大禹治水的足迹，全国各郡在秦国吞并六国后归为统一。

　　"九"，本义是：伸手往洞里探究，力求获得确定情况。在《说文解字》里的解释是：阳之变也。九是阳的最大变数。比八大一的基数。《周易》以阳爻为九。《周易·乾文言》讲："乾元用九，乃见天则。""乾元用九"，说明乾卦六爻皆变为阴爻，表示天道的变化无常，但其变化无过无不及，是有一定规律的，如春夏秋冬，周而复始，元亨利贞，"贞"极而复于"元"，这就是天则及自然规律。"天则"即天道，就是自然规律。龙德不在于修己，而在于修天下，也就是德福天下。"九"作名词时，指时令，从冬至起，每九天为一九。

　　"州"，本义是：水中的陆地。在《说文解字》里的解释是：水中可居曰州。"州"是"洲"的本字。从"州"的甲骨文（〵〵）可以看出，两边的曲线像河流，中间区域像水中的陆地。"州"也是古代户籍编制单位，《礼记·王制》里讲："二百一十国为州。"在本文里，"州"是指中国古代地方行政区划名，相传禹治水后，分其领域为九州。"九州"，是指古代中国划分的九州。不过说法不一，《尚书·禹贡》中认为"九州"是指冀州、兖州、青州、徐州、扬州、荆州、豫州、梁州、雍州。

　　"禹"，本义是：虫名。远古夏部落的领袖，据传为鲧（gǔn）之子，名禹。在《说文解字》里的解释是：虫也。这里的"禹"就是治水的那个大禹，他是夏朝的第一个君主。

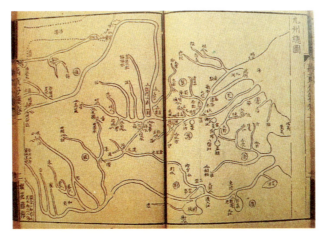

古代九州图

　　"**迹**"，本义是：行走时戳印在地上的脚印。在《说文解字》里的解释是：步处也。"迹"在这里就是脚印、痕迹的意思。

　　"**九州禹迹**"，主要说大禹治水时，其足迹踏遍九州大地的故事。夏朝是中国历史上第一个王朝，四千多年前，夏部落首领禹因治水有功，得到了虞舜的重用，并最终将部落联盟的首领之位禅让于他，这是夏王朝的开端。大禹死后，就把这个位子传给了他的孩子启，也正因为"大禹传子"，部落联盟的"禅让制"就宣告结束，封建世袭制从此开始。

　　尧帝还在世的时候，中原地区洪水泛滥，人民流离失所，尧决心要消灭水患，他就问身边的大臣，群臣及部落首领就推荐了鲧（gǔn）。鲧用堵的方法治了九年水，大水还是没有消退。到了舜操持朝政时，首要任务还是治水，他首先革去了鲧的职务，将他流放到羽山，然后征求大臣们的治水意见，大臣们推荐了鲧的儿子禹去治水。大禹是位贤良之人，并没有因为父亲被罚而怨恨，反而增强了治理水患的决心。当时大禹结婚才四天，他的妻子涂山氏是位贤惠的女人，理解并支持丈夫。禹就带领着伯益（秦始皇的先辈）、后稷等人跋山涉水，走遍中原大地的每个地方，与人们同吃同住同劳动，三过家门而不入。大禹根据山的地理情况，将中国分为九州，即冀州、兖州、青州、徐州、扬州、荆州、豫州、梁州、雍州，他先治理九州的土地，通过疏通、平整，把大量的区域变成了肥沃的土地，经他治理的山有岐山、荆山、雷首山、太岳山、太行山、王拙山、碣石山、砥柱山、大别山等，这样做的目的就是为了疏通水道。如治理黄河上游的龙门山时，大禹将黄河水从甘肃的积石山引出，水被疏导到梁山时，就被龙门山挡住了，他反复研究后，就在最佳位置开了一个80步宽的口子，水就引了过去。许多逆水而上的鱼游到了这里，由于龙门地势高，许多鱼就拼命往上跳，但也只是极少数的鱼跳过去，这就是我们所熟知的“鲤鱼跳龙门”，据说只要跳过龙门，鱼就能变成一条龙在空中飞舞。

大禹治水花了13年，与自然灾害的洪水斗争，耗尽了心血与体力，最终完成了治水大业。他的足迹踏遍九州山水，人们为了感念他的功绩，为他修庙建殿，尊他为“禹神”。

“百”，本义是：数词。在《说文解字》里的解释是：十十也。在这里是概数，表示许多的、众多的。

“郡”，本义是：古代的行政单位。在《说文解字》里的解释是：“周制，天子地方千里，分为百县，县有四郡。故春秋传曰，上大夫受县，下大夫受郡是也。至秦初置三十六郡，以监其县。”由此可知，秦以前是县大郡小，秦以后是郡大县小。

“秦”，本义是：禾名。在《说文解字》里的解释是：伯益之后所封国。从“秦”的甲骨文（）可以看出，许多手在收割禾谷。在这里指秦国。秦襄公始立国，秦孝公时成为战国七雄之一。

“并”，本义是：两人同步而行。在《说文解字》里的解释是：相从也。"并"作动词时，有并列、合并、具备等意；作副词时，有全、全部、一起、同时等意。作连词时，有并且、连、以及等意。在文中作动词用，是合并、兼并、吞并的意思。

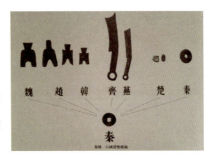

秦统一六国货币简图

"**百郡秦并**"，秦国的先祖嬴姓部族在商朝时起起伏伏，终被沦为奴隶，到了周朝周孝王时，秦人因养马有功被周王封为附庸。周夷王以后，周王朝越来越衰败，不得不依靠秦人对抗西戎。到了公元前770年，秦襄公派兵护送周平王东迁，被封为诸侯，被赐封岐山以西之地，成为周朝的诸侯国。秦国最初由于地处偏僻，不被其他诸侯国重视，到秦穆公时，秦国已先后灭掉了西戎12个小国家，秦人与戎人常年作战，造就了秦人能征善战。秦孝公时，任商鞅进行变法，秦国实力很快强盛起来，逐渐成为战国中后期最强大的国家。公元前325年，秦惠公改称王，成为秦国第一王，当政时期，北扫义渠，西平巴蜀，东出函谷，南下商於，成为战国七雄中版图最大的国家。公元前237年，秦王嬴政即位，于公元前230年至公元前221年十年间灭掉六国，完成国家统一，首创了皇帝制度，设立郡县制，强化中央对地方的控制，彻底打破了自西周以来的世卿世禄制度，成为历史上第一个以汉族为主体的统一的多民族中央集权制国家。

yuè zōng tài dài　shàn zhǔ yún tíng

岳宗泰岱，禅主云亭。

【字形的演变及基本字义】

	甲骨文	金文	小篆	繁体隶书	简体楷书	说文解字
岳			嶽	嶽	岳	东岱、南霍、西华、北恒、中泰室，王者之所巡狩所至
宗			宗	宗	宗	尊祖庙也
泰				泰	泰	滑也
岱				岱	岱	泰山也
禅			禅	禅	禅	祭天也
主				主	主	灯中火主也
云		云	云	雲	云	山川气也
亭				亭	亭	人所安定也。亭有楼

【正讲】

"岳宗泰岱，禅主云亭。"

"岳宗泰岱，禅主云亭。"这八个字是说古代帝王在泰山、云亭山举行封禅的大礼。

"**岳**"，本义是：在山脉的群峰中独立、高大的主峰。在《说文解字》里的解释是：东岱、南霍、西华、北恒、中泰室，王者之所巡狩所至。意思是说，岳是大山，东岳是"泰山"，南岳是"衡山"，西岳是"华山"，北岳是"恒山"，中岳是"嵩山"，也叫"中泰室"，是古代帝王巡狩所到的王苑。"岳"也指妻子的父母或妻的叔伯，如岳父、岳母。"岳"在这里就是指高大的山。

"**宗**"，本义是：献祭、崇拜祖先的祖庙。在《说文解字》里的解释是：尊祖庙也。"宗"，就是专供祭祀用的高大房屋，里面放有祖先的牌位。"宗"作名词时，有祖先、宗族、宗派、帝王的庙宇等意。作动词时，有尊崇、取法、归向等意。

"**泰**"，本义是：以手治水，治理水患而得安康。在《说文解字》里的解释是：滑也。"滑"在此有宽裕自如之意，引申为富裕。"泰"，古代也写作这个"太"，是大的意思。"泰"作形容词时，有安定平和、奢侈、极大等意；作名词时，指山名、川名、卦名等。《周易·泰卦》，其"大象辞"讲："天地交，泰。后以财成天地之道，辅助天地之宜，以左右民。"意思是说：圣人知道天道和地理，能够把天地之道与实际结合，辅助天地完成化育万物的目标，调节民众的生活，按照天地的变化来生存，该种就种，该收就收，让民众安泰和谐地生活。"泰"在这里指泰山。

"**岱**"，本义是：泰山的别称，也叫"岱宗"、"岱岳"。在《说文解字》里的解释是：泰山也，在今山东泰安北。

"**禅**"，本义是：古代帝王辟基祭地。在《说文解字》里的解释是：祭天也。筑土为封，除地是禅，古代禅宗只作"墠"，后来改"墠"为"禅"。所谓封，就是增天之高，归功于天；所谓禅，就是扩地之广。天高不可及，所以登泰山上立封，又禅而祭之。"禅"是个多音字，读shàn的时候，指帝王的祭地之礼；也指帝王让位给别人，如禅让，后引申为继承。"禅"古也通"擅"，是独断专行之意。读chán时，表示与佛教有关的事物。禅最初舶来中国时，是作为佛教的附着物。公元6世纪，从南印度到中国来的菩提达摩被认为是中国禅的初祖。而达摩是佛教的一派，其教义与大乘佛教的一般教义无甚区别。但在中国传播的过程中，融入了许多程式和基于儒教与道教文化心理的要素，也就是说，禅是中国传统文化的实际精神与印度的高远的形而上学的水乳融合。在这里应该读shàn，是帝王祭祀土地神之意。

"**主**"，本义是：灯芯。在《说文解字》里的解释是：灯中火主也。"主"的小篆这样写：，从上往下依次为：火焰、油盏、灯台、灯座。河流有主才有方向，终入大海。火有焰心，才会有光明。人的内心有什么样的主义，才会有什么样的人生。"主"在文中意为主持。

"**云**"，本义是：天空飘浮的气团。在《说文解字》里的解释是：山川气也。这个"云"与"雲腾致雨"的"雲"其实是一个字，"雲"是"云"的繁体字。周兴嗣创作《千字文》时，为了不重复用字，所以用了不同的写法。"云"在这里指泰山脚下的云山。

"**亭**"，本义是：古代设在路旁的公房，供旅客停宿。《说文解字》的解释是：人所安定也。亭有楼。"亭"作名词时，指亭子、岗亭等意；作动词时，有养育、停当等意；作形容词时，有适中、均衡、姿势挺立的或笔直等意。"云亭"在这里指泰山南麓的亭山。

　　"**岳宗泰岱，禅主云亭**。"五岳以泰山为尊，历代帝王大都要登泰山封禅，据《史记·封禅书》解释："此泰山上筑土为坛以祭天，报天之功，故曰封。此泰山下小山上除地，报地之功，故曰禅。"很明白，意思是说：帝王登上泰山，天很高，在泰山顶上可以更接近天，搞一场隆重的祭祀仪式，表示皇帝代天命为王，治理天下，以此来答谢上天的护佑之功，这就是封。然后又到泰山脚下的小山上举行仪式，感谢大地的厚重与包容，让皇帝更好地治理天下，这就是禅。现在泰山顶上的玉皇顶的神龛匾额上仍有四个大字："柴望遗风"，说明远古帝王曾在此处燔柴祭天，望祀山川诸神。泰山上还有一通碑刻，写有"古登封名"，说明这里是古代帝王登封泰山时设坛祭天的地方。在讲《周易·泰卦》时，也讲了"望祭之礼"，堆柴燃烧，近者得其照，远者观其明。祭天结束后，就到泰山脚下的云山或亭山，进行祭地之礼。《史记·封禅书》还有一段史料："……神农氏封泰山，禅云云；炎帝封泰山，禅云云；黄帝封泰山，禅亭亭……"说明祭地时，是在云山或亭山，所以文中是"禅主云亭"。封禅的目的与象征都包含着一层更为深潜的意识：人与天地沟通，协调天、地、神、人之间的关系，使之达到精神意志与外在行为的和谐统一。

　　历代帝王于泰山进行封禅有详细记录的有秦始皇、汉武帝、汉光帝、唐高宗、唐玄宗、宋真宗。秦朝统一中国后，始皇帝于28年，即公元前219年，亲自定礼制，整修山道，自泰山之阳登山，在岱顶行登封礼，并立石颂德。自泰山之阴下山，行降禅礼于梁父山。封和禅一般都是同时举行，但是封重于禅。宋真宗后，帝王来泰山只举行祭祀仪式，不再进行封禅。南宋时，长江以北被金人占据，就无法登泰山祭祀了，于是改为郊祀了。明成祖时，在北京南郊建天地坛，合祭天地；嘉靖帝时，在北郊建地坛祭地，南郊天地坛就专门祭天，后改称为天坛。

雁门紫塞，鸡田赤城。

【字形的演变及基本字义】

	甲骨文	金文	小篆	繁体隶书	简体楷书	说文解字
雁						鸟也
门						闻也
紫						帛黑赤色也
塞						隔也
鸡						知时兽也
田						树谷曰田
赤						南方色也
城						以盛民也

【正讲】

"雁门紫塞，鸡田赤城。"

"雁门紫塞，鸡田赤城。"这八个字及后面的八个字，描写统一后中国河山的壮美。

"**雁**"，本义是：一种习惯以"人"字阵形迁徙的大型候鸟。善于游泳和飞行，形状略像鹅，颈和翼较长，足和尾较短，羽毛呈淡紫色或褐色。在《说文解字》里的解释是：雁鸟也。

"**门**"，本义是：双扇门。在《说文解字》里的解释是：闻也。双扇门叫门，单扇门叫户。"雁门"在这里指雁门关，位于中国山西省忻州市代县县城以北约20公里处的雁门山中，是长城上的重要关隘，与宁武关、偏关合称为"外三关"。雁门关又叫西陉（xíng）关，以险著称，有"天下九塞，雁门为首"之说。

雁门关位于北方，地势十分险要，为历代兵家征战之地。战国时期，赵国大将李牧常驻雁门，抗击匈奴。汉朝名将李广、卫青、霍去病都曾在此抗击匈奴，并大获全胜。隋炀帝杨广、唐将薛仁贵也曾在此追赶突厥。北宋杨业曾几次出雁门大破辽兵。这些英雄故事广为人知。

"**紫**"，本义是：蓝和红组成的颜色。在《说文解字》里的解释是：帛黑赤色也。"紫"是一种颜色，紫色在可见光中波长最短。我们知道三原色，也叫三基色，是指红色、绿色和蓝色。紫色是红色与蓝色合成的颜色。红色加绿色合成黄色，绿色加蓝色合成青色。传说老子出函谷关之前，关令尹喜见有紫气从东面而来，知道将有圣人过关。果然老子骑着青牛过来了。因此紫色是祥瑞的颜色。据说齐桓公就喜欢紫色，结果全国的人民都喜欢穿紫色的衣服。紫也表示与帝王、皇宫有关的事物。

"塞"，本义是：阻隔、堵住。在《说文解字》里的解释是：隔也。"塞"是个多音字，读sāi，作名词时，指塞子；作动词时，是填满空隙、堵住的意思。读sài，作名词，指边界上险要地方、边境、边塞；读sè的时候，也是堵的意思，如闭塞、茅塞顿开。在这里读sài，指边界要塞。"紫塞"指长城。秦始皇筑长城，西起临洮（táo），东至朝鲜，长达万里，所以称为万里长城。为什么长城又叫紫塞呢？有些说法是：因为当年修筑长城的老百姓一批批全都死在长城下了，血肉掺和了泥土，就成了紫色的，故把长城称为"紫塞"。晋·崔豹在《古今注·都邑》中讲："秦筑长城，土色皆紫，汉塞亦然，故称紫塞焉。"可知长城地基土的颜色是紫色的，所以称为"紫塞"。

"鸡"，本义是：家禽名。雄鸡可以报晓。在《说文解字》里的解释是：知时兽也。有个成语叫"牝鸡司晨"，牝鸡就是母鸡，母鸡主要任务是生蛋，而打鸣报时是公鸡的事，母鸡却代公鸡司晨，比喻女人掌权，阴盛阳衰，有篡权之嫌。《周易·中孚卦》的上九爻的"爻辞"讲："翰音登于天，贞凶。""翰"的本义是：山鸡。"翰音"是山鸡的叫声。鸣叫声闻于天的是鸿雁，而山鸡最高只能飞上树枝，却妄想叫声势比鸿雁响于天，以此比喻居非其位而声过其实，虚声假势，自以为有了高位，殊不知是高而无位，有名无实，自作自受，当然会有凶险了。

"田"，本义是：阡陌纵横的耕地。在《说文解字》里的解释是：树谷曰田。"田"作动词时，有耕作、打猎等意；作名词时，有农田、土地等意。

"鸡田"是古代西北塞外的一个驿站。地理位置决定了北方、西北位易遭受骚扰，长城最有名的关口都在西北位，那里有中国最著名的，也是最偏僻的古驿站。

"赤"，本义是：火的颜色，即红色。在《说文解字》里的解释是：南方色也。前面在讲"宣威沙漠，驰誉丹青"的时候已经讲了："朱"与"赤"还有"丹"在古代都有红色之意，只是稍有不同，"丹"是比较鲜艳的红色，如鲜血的颜色；"朱"比"丹"要暗一些；"赤"又比"朱"的颜色暗一点。"赤"作形容词时，有真诚、忠诚、空、尽、一无所有等意；作名词时，有南方、鲜血等意；"赤"也是赤子的简称。

"城"，本义是：城墙，用以围护都邑，防御入侵或出逃的郭墙。在《说文解字》里的解释是：以盛民也。也就是说，"城"就是用来容纳万民的建筑群。原来的"城"是指围绕都市的高墙，城墙分为两层，外城墙叫郭，内城墙才叫城。通常城墙外面有一条环绕城市的河，称为城池，也叫护城河。后来，"城池"或"城郭"就指整座城市。说到"池"，自然会想到"塘"，"池"和"塘"有什么分别？圆为池，方为塘。护城河是环绕的，是圆的，所以称作"池"。在冷兵器时代，城墙对于一座城市的安全起着至关重要的作用，所以通常会选择山水相依的地方建造城市，把大山作为天然屏障，其次就是人造土堆，通常称作"附"或者"郭"。因为文字在不断地传承与变化，在用法上趋于灵活，有时也并不那么机械地区分，不管天然的还是人造的，人们也习惯说成"城郭"。

"赤城"指山名，多指土石颜色为赤色而状如城堞（dié）的山。"堞"是城墙上如齿状的矮墙。"赤城"也是传说中的仙境。在文中应指浙江天台西北的赤城山，因山上赤石屏列如城、望之如霞而得名，山顶的赤城塔为南朝梁岳阳王妃所建。

"雁门紫塞，鸡田赤诚。"是说中国有名的关有北疆的雁门关，有名的要塞就是万里长城。驿站有西北的鸡田，奇山有天台的赤城山。可谓是风光旖（yǐ）旎（nǐ），令人神往，真想说走就走！走起……

kūn chí jié shí   jù yě dòng tíng

昆池碣石，钜野洞庭。

【字形演变及基本字义】

	甲骨文	金文	小篆	繁体隶书	简体楷书	说文解字
昆		昆	昆	昆	昆	同也
池		池	池	池	陂也
碣			碣	碣	碣	特立之石也 东海有碣石山
石	石	石	石	石	石	山石也。
钜			鉅	鉅	钜	大刚也
野	林	埜	野	野	野	邑外谓之郊，郊外谓之野
洞			洞	洞	洞	疾流也
庭		庭	庭	庭	庭	宫中也

【正讲】

"昆池碣石，钜野洞庭。"

"昆池碣石，钜野洞庭。"这八个字是接着前面的"岳宗泰岱，禅主云亭。雁门紫塞，鸡田赤城。"继续讲中国的大好河山的！

"**昆**"，本义是：二人在日光下并肩行走，表示一起、共同。在《说文解字》里解释为：同也。"昆"作名词时，指哥哥、胞兄；也指子孙、后代；汉代时，"昆"指昆明池，即今天的滇池。

"**池**"，本义是：水停积处。《说文解字》解释为：陂也。"陂"除了指山坡、斜坡外，也指池塘、湖泊，就是水池，圆的是池，方的是塘，曲的为沼。

"昆池"就是现在的滇池，属于比较标准的高原淡水湖泊。滇池是一个天然湖泊，据说汉武帝时期，为了更好地统御西南各地，就请仕官东方朔出谋划策。东方朔学富五车，能掐会算，他说云南这个地方海拔高，太亢，对中国传统版图与风水来讲，西南方属于坤位，坤位属死门，死门不可太亢，做法之一就是挖个大水池，而云南的地下水源丰富，只要深挖，造一个湖并非难事，于是便有了滇池。此传说不足为信，但肯定治理过滇池。为什么昆池又叫滇池呢？其中一种说法是：池水的上流深广，下流浅狭，池里的水有倒流的现象，所以称滇池。另一种说法是：滇池是所处地势高，有颠倒的意思。在古代，这一地区居住的最大部落的名称为滇，楚庄王入滇，才有了滇池部落，故称滇池。云南至今仍简称"滇"。

还有传说讲，当时挖得太深，里面全是黑炭灰，当时叫劫灰，怕这些劫灰不祥，于是就向皇上禀报。皇上就问东方朔，东方朔自称不知道，可以问西域的高人，就这么糊弄过去了。一直到汉明帝，西域来了高人，那些官员就想到了东方朔留下的这些话，就问问是咋回事，他们果然有答案，说这些黑灰是原来整个宇宙毁灭时候留下的劫灰，劫灰即为劫火的余灰，人们终于明白当初东方朔并非不知道，而是怕说出来后，皇上认为不吉祥，会怪罪自己。唐朝著名诗人李商隐的《子初全溪作》中讲："汉苑生春水，昆池换劫灰。"说明在唐代这种传说还是很盛行的。煤在佛经里也叫劫灰。

"碣"，本义有两个：一指高大的岩石，二指圆顶的石碑。在《说文解字》里解释为：特立之石也。东海有碣石山。"碣"是个多音字，读jié的时候，通常作名词，就是指大石或圆顶的石碑。读yà的时候，指猛兽盛怒的样子。在这里读jié，指大石头。

"石"，本义是：坚硬的矿物质，山上的岩石。在《说文解字》里解释为：山石也。"石"是多音字，读dàn时，作量词，是容量单位，十斗为一石；也是重量单位，一百二十斤为一石；还是面积单位，用以计量土地，其数量不一，有以十亩为一石，也有以一亩为一石。读shí时，作名词，指山石、碑碣等；作形容词时，有硬、坚固、大等意。

"碣石"在中国有几处，广东汕尾市有一个碣石镇；还有山东无棣，辽宁兴城都有碣石。不过，此文中的"碣石"是指曹操的《观沧海》中讲的"东临碣石，以观沧海"的碣石山，位于河北省秦皇岛市昌黎县，这也是当年秦始皇祭拜仙山的地方。当年秦始皇踏足中国的最东边缘，登临碣石山祭祀，祈求长生不老，江山万代。并下令刻下《碣石门辞》，赞颂统一中国的历史奇功。为什么要在那里祈福呢？按照中国传统风水来看，碣石在东北（生门），所以秦始皇会去碣石祈求长生不老。碣石山面向东海，海上有三座岛屿：蓬莱、方丈、瀛洲。当时有一位术士叫徐福，他是鬼谷子的关门弟子，博学多才，他说这三座岛的山上有神仙，可求长生不老药，于是秦始皇就派徐福带了一千个童男童女、粮食和药品、农具等前去求仙药。三个月过去了，徐福回来了，说神仙嫌带去的礼物太薄，不给仙药。秦始皇深信不疑，又给他派了三千个童男童女、丰富的财物与粮食等，可还是没拿到仙药，九年后，徐福又回来了，说确有仙药，但有蛟龙看守，拿不到啊！于是秦始皇就派了最好的弓箭手带着兵器跟着徐福去取药，没想到从此徐福一去不复返，据说后来在瀛洲自立为王，看来，徐福是日本的第一个王。

"钜"，本义是：钢铁。在《说文解字》里解释为：大刚也。"钜"在古代不仅指坚硬的金属，也指悬挂钟、磬的架子的立柱。"钜"也同"巨"，是大的意思。

"野"，本义是：田园到山林之间的过渡地带。在《说文解字》里解释为：邑外谓之郊，郊外谓之野。《周易·同人卦》的卦辞讲："同人于野，亨……"人处野外，会感觉没有远近高下之分，草木土石各有其位，物物同心相应，无处容纳私心，没有立场，没有分别，油然而生物我两忘、天下同心的欢喜。

"钜野"在山东，古代写作"钜"，是指钜野湖。据《史记》记载，大禹在这里治理过黄河，可能治水时顺便把湖水给疏通走了，从此那里就没有湖了，钜野也就是现在的"巨野县"。《周易·系辞下》中讲："作结绳而为罔（wǎng）罟（gǔ），以佃（diàn）以渔，盖取诸离。"伏羲氏就在钜野湖发明的渔网捕鱼。

其实我们的祖先之一的蚩尤也在这个地方待过，只是他经常被人忽略。他在历史上一直被封为战神，非常会打仗，也是中国使用青铜器的第一人。蚩尤就是在钜野这个地方驻扎，这里还有蚩尤墓。孔夫子获麟绝笔，获麟之地就是钜野，县城东有获麟台。孔子的学生曾参、闵损，还有孟子的学生咸丘蒙，都是钜野人。西汉初年，彭越拉了一千多人在钜野起义，后来跟了刘邦，就是因为有他牵制项羽，才有僵持不下，楚河汉界的划分。

"**洞**"，本义是：有水流，会发出回音的岩穴。在《说文解字》里解释为：疾流也。"洞"作形容词时，指幽深、广阔等意；作名词时，指窟窿、孔穴。口语中代替数目中的"零"；作动词时，有贯穿、通晓等意。

"**庭**"，本义是：厅堂。《说文解字》解释为：宫中也。

"洞庭"毫无疑问是湖南省北部的洞庭湖，是我国第二大淡水湖。我国有四大淡水湖：第一是江西鄱阳湖，第二是湖南洞庭湖，第三是江苏太湖，第四是江苏洪泽湖。洞庭湖在历史演变中，经历由小变大，再由大变小的过程。东晋、南朝之际，洞庭湖形成了一片烟波浩瀚的巨泽。到了唐宋时期，湖水面积进一步扩大，号称"八百里洞庭"。明嘉靖时，湖面达5600平方公里。近现代由于洪水，泥沙等等原因，现在仅有2600平方公里左右。

"**昆池碣石，钜野洞庭。**"是说赏池有昆明的滇池，观海可以到河北的碣石，看大泽就去山东钜野，望湖就上湖南的洞庭。以上十六个字充分展现了秦朝统一中国后，既有长城、边塞驿站、关口的坚固，又有山河湖海等锦绣壮丽的自然风光。说到此，我突然有一种身为中国人的满足自豪感！您呢？

kuàng yuǎn mián miǎo　yán xiù yǎo míng

旷远绵邈，岩岫杳冥。

【字形的演变及基本字义】

	甲骨文	金文	小篆	繁体隶书	简体楷书	说文解字
旷			曠	曠	旷	明也
远	𣥐	遠	遠	遠	远	辽也
绵		綿	綿	綿	绵	连微也
邈			邈	邈	邈	远也
岩	🜨		巖	巖	岩	岸也
岫			岫	岫	岫	山穴也
杳		杳	杳	杳	杳	冥也
冥	冥	冥	冥	冥	冥	幽也

【正讲】

"旷远绵邈，岩岫杳冥。"

　　"旷"，本义是：空旷而明朗。《说文解字》解释为：明也。"旷"作形容词时，有光明、心境开阔、空旷、遥远等意；作动词时，有使空闲、耽误等意。

　　"远"，本义是：走路走得长。在《说文解字》里解释为：辽也。"远"作形容词时，有长、长久、远大等意；作动词时，有离开、违背等意；作名词时，指偏僻之地。"旷远"意为广阔辽远、久远。

　　"绵"，本义是：丝棉，精丝棉，新丝棉。在《说文解字》里解释为：连微也。就是将微小的丝连续起来。古代精纺的丝叫绵，粗纺叫絮。现在称新丝为绵，旧丝为絮。"绵"也同"棉"，指精细棉。在这里作形容词用，是绵长、遥远之意。

　　"邈"，本义是：距离遥远。《说文解字》解释为：远也。"邈"除了表示距离遥远之外，也有久远、渺茫、超越等意。"邈"同"藐"，有轻视之意。也同"貌"，有描绘之意。"绵邈"是广远、悠远之意。

　　"岩"，本义是：高峻的山崖。在《说文解字》里解释为：岸也。在这里指山峰、高山。

　　"岫"，本义是：岩穴、山洞。在《说文解字》里解释为：山穴也。在文中指有穴的山。

　　"岩岫"有两个方面的意思，其一为山洞，其二为峰峦。岫岩玉是中国历史上四大名玉之一。古书有"琇莹，美石也"的记载，主要发现于辽宁朝阳和内蒙古赤峰一带。在距今约6800年至7200年前，辽宁沈阳新乐文化遗址就出土有岫岩玉制作的刻刀。距今约5000年前的红山文化遗址也出土有岫岩玉制作的手镯等。"琇莹"有可能是岩岫的古称，或由"岩岫"的同音转换而来，或以地名称玉石。现在岫岩县是岫岩玉主要产地。

"杳"，本义是：夕阳坠入丛林，光线暗淡。在《说文解字》里解释为：冥也。在文中是幽深之意。

"冥"，本义是：农历十六月始亏，幽暗、昏暗。《说文解字》解释为：幽也。"冥"作形容词时，有昏暗、幽暗、精妙、虚空等意；作名词时，有黑夜、人死后的世界、神灵等意。

"**旷远绵邈，岩岫杳冥。**"前四个字重点描写大地的辽阔及时代的久远，后四个字重在描写名山奇谷的幽深秀丽、气象万千！

zhì běn yú nóng　wù zī jià sè

治本于农，务兹稼穑。

【字形的演变及基本字义】

	甲骨文	金文	小篆	隶书	楷书	说文解字
治		𣲘	洍	治	治	水名。出东莱曲城阳丘山，南入海
本		术	宋	本	本	木下曰本
于	亐	于	亏	於	于	於也，像气之舒亏
农	蓐	蕽	農	農	农	耕也
务		敄	緑	務	务	趣也
兹	88	88	茲	兹	兹	草木多益也
稼			稼	稼	稼	禾之秀实为稼，茎节为禾
穑		穑	穑	穑	穑	谷可收曰穑

【正讲】

"治本于农，务兹稼穑。"

"治本于农，务兹稼穑"这八个字阐述治国的根本在于农业，农业最重要的是确保做好播种与收获。

"治"，本义是：开凿水道，修筑堤坝，引水防洪。在《说文解字》里的解释是：水名。出东莱曲城阳丘山，南入海。意思是说："治"是河川名，源于东莱郡曲的阳丘山，向南流入大海。"治"引申为治水、整治、治理。

"本"，本义是：草木的根或靠根的茎干。在《说文解字》里解释为：木下曰本。"本"作名词时，在古代指农业生产，也有主体、根源、书册等意。作形容词时，有原来的、基础的等意；作动词时，有执掌、推究等意；作代词时，有自己、现今等意；作副词时，指原来、本来之意。"治本"，意为治国的根本措施。

"于"，本义是：气出受阻而仍能越过。在《说文解字》里的解释是：於也，像气之舒亏。"于"作动词时，有往、去、取等意；作介词时，相当于在、到、在……方面、又等意。

"农"，本义是：手持石具，日出而作，开荒耕种。在《说文解字》里的解释是：耕也。《汉书》讲："辟土植谷曰农。""农，天下之大本也。"

"治本于农"，并不是上古圣贤主观规定我们一定要以耕种庄稼，依靠农业来生活，而是由地缘所决定的。夏商周几乎都是在黄河中下游这一区域生活，黄河从昆仑山下来，经黄土高原，把大量的泥沙冲下，形成冲击性平原。陕西、山西、河南、山东，拥有大量肥沃的黄土地，土质疏松、饱含水分，是农作物生长的绝好条件，先民便在此开始开荒造田，种植五谷。即：黍、稷、粟、菽、麦。古人用"社稷"代表国家，"社"的本义为土地，"稷"为五谷之神，拥有土地，种植五谷，安居乐业，民富国强，由此可见农耕对于一个部落、一个民族、一个国家的重要性及其意义。说"六谷"是唐以后的事了，也就是加上了稻。即使到了现在，主要粮食还是这六谷。决定粮食产量的因素有很多，主要还是水利，水利是农业的命脉，黄河水就显得极为重要了，说黄河是华夏民族的母亲河，一点儿都不为过。

"**务**"，本义是：致力于某事。在《说文解字》里的解释是：趣也。为什么会解释成"趣"呢？"趣"的本义是：追逐目标。《说文解字》的解释是：疾也。"趣"是个多音字，一是读qù，有趋向，使人感到愉快等意；"趣"读cù时，同"促"，是催促、急促之意。这样就可以明白了，《说文解字》之所以把"务"解释成"趣"，是取其急促之意。

"**兹**"，本义是：草木茂盛。在《说文解字》里解释为：草木多益也。"兹"是多音字，读zī，作名词时，是年、草席、此时等意；作代词时，有这个、这里等意；作动词时，是生长等意。读cí时，专指"龟qiū兹cí"，是古代西域的国名，唐代征服东突厥时曾在此设郡。

"**稼**"，本义是：种植五谷。在《说文解字》里的解释是：禾之秀实为稼，茎节为禾。一说"稼"是指家事；又一说"稼"是指在野外劳作。总之，"稼"泛指农业劳动。

"**穑**"，本义是：收获并仓储谷物。《说文解字》的解释是：谷可收曰穑。可以把"稼穑"理解为播种与收获。

"**务兹稼穑**"，简单说就是务必要做好种植与收获，每年的一种一收是粮食生产最重要的两个环节，抢收抢种，确保应时播种抢种，抓好田间管理，保苗齐苗，确保丰产，稍误了农时，粮食就会歉收。从古到今，农业生产一直是国家的头等大事，从2004年开始到现在中央一号文件，一直锁定三农主题，可见三农仍然是国家急需和重点部署的工作。

chù zài nán mǔ, wǒ yì shǔ jì

俶载南亩，我艺黍稷。

【字形的演变及基本字义】

	甲骨文	金文	小篆	繁体隶书	简体楷书	说文解字
俶			俶	俶	俶	善也
载	载	载	载	载	载	乘也
南	南	南	南	南	南	草木至南方，有枝任也
亩		亩	亩	亩	亩	六尺为步，百步为亩
我	我	我	我	我	我	施身自谓也
艺	艺	艺	艺	藝	艺	种也
黍	黍	黍	黍	黍	黍	禾属而黏者也
稷		稷	稷	稷	稷	齐也。五谷之长

【正讲】

"俶载南亩，我艺黍稷。"

"俶载南亩，我艺黍稷。"所谓一年之计在于春，播种的季节到了，就要及时耕种。

"**俶**"，本义是：善，美好。在《说文解字》里的解释是：善也。"俶"是个多音字，读chù的时候，作形容词时，有善良、厚道、奇异等意；作副词时，有开始、忽然等意；作动词时，有建造、整理等意。读tì的时候，同"偒"，是洒脱之意。"俶"在本文是开始之意。

"**载**"，本义是：乘坐。《说文解字》的解释是：乘也。"载"是个多音字，读zǎi，作名词时，表示年、岁，唐虞时代用于年名，一载就是一年。夏朝称一年为一岁，商朝称一年为祀，周朝就直接称年。作动词时，有记录、记载、描绘等意。读zài，作动词时，有乘坐、装运、担负等意；作名词时，指车、船等交通工具；也有物件、事业等意。"俶载"，是农事伊始之意。

"**南**"，本义是：古代流行于闽越一带的乐器。在《说文解字》里的解释是：草木生于南方，有枝任也。草木生在南方，因为阳光充足，枝叶长得很快。南是多音字，读nán，作名词时，指方位、南方、官爵名，也作姓；作动词时，有向南走之意；读nā时，特指佛学用语"南无"，佛教徒称合掌稽首为"南无"，表示对佛尊敬或皈依，有归命、教礼、度我之意。"南无阿弥陀佛"是佛教净土宗的"六字洪名"，意为"归命无量光觉"或"归命无量寿佛"。净土宗以持名念佛为主要修行方法，即专念"南无阿弥陀佛"，命终往生西方佛土。

"亩"，本义是：中国土地面积市亩的通称。在《说文解字》里的解释是：六尺为步，百步为亩。现在一亩约等于667平方米。"南亩"指南坡向阳的土地，利于农作物生长，古人大多向南开辟田地，植物向阳就容易生长。

"我"，本义是：手持大戊，呐喊示威。在《说文解字》里的解释是：施身自卫也。"我"的基本义为第一人称代词。自己所属皆从我。

"艺"，本义是：种植。在《说文解字》里的解释是：种也。"艺"是指用双手精心操作。"艺"作名词时，指才能、技术，古代教学科目有六艺：礼、乐、射、御、书、数。在本文里，"艺"作动词，是种植之意。

"黍"，本义是：植物名。在《说文解字》里的解释是：禾属而黏者也。古代专指一种实叶黍子的一年生草本植物，煮熟后有黏性，可以酿酒或做糕点。现今北方称之为黄米。

"稷"，本义是：稷谷。在《说文解字》里的解释是：齐（jì）也。五谷之长。是一种古老的食用作物，即粟，一说是不黏的黍，又说是高粱。《本草纲目》中讲："黏者为黍，不黏者为稷。"稷也有五谷之神之说，古代以稷为百谷之长，因此帝王奉祀为谷神，前面讲了"社稷"喻为国家，自有其深意。

"俶载南亩，我艺黍稷。"这句话出自《诗经·小雅·大田》："俶载南亩"，"播厥百谷"。朱熹的解释为："取其利耜而始事于南亩，既耕而播之。"意思是说：到了播种的时节，用最好的犁开始耕地翻土、播种粮食。《诗经·小雅·大田》这首诗是描述从春天播种到农事祭神的经过，反映了春、夏、秋、冬农事的过程。春天准备农事播种，夏天除虫，秋天收割，冬天祭祀，以求来年更大的丰收。这一生产过程至今也没有什么大的改变。让我们也对农事生产增加了一些了解。文中只是把"播厥百谷"改为"我艺黍稷"，但意思是一样的：一年一度的农活又开始了，翻土耕田，及时播种黄米及稷谷。从中可知应天时的重要性，误了春种，就没有了秋收。你我人生何不如此？正如岳飞在《满江红》中讲的："莫等闲，白了少年头，空悲切！"

shuì shú gòng xīn　quàn shǎng chù zhì

税熟贡新，劝赏黜陟。

【字形的演变及基本字义】

	甲骨文	金文	小篆	繁体隶书	简体楷书	说文解字
税			税	税	税	租也
熟		熟	熟	熟	熟	食饪也
贡		贡	贡	贡	贡	献功也
新	新	新	新	新	新	取木也
劝		勸	勸	勸	劝	勉也
赏		賞	賞	賞	赏	赐有功也
黜			黜	黜	黜	贬下也
陟	陟	陟	陟	陟	陟	登也

【正讲】

"税熟贡新，劝赏黜陟。"

"税熟贡新，劝赏黜陟。"这八个字高度概括了古代有关税收的问题。

"**税**"，本义是：田赋，用谷物兑租税。从"税"的字面可知，以禾来兑换田赋税种。"税"有以上征下之意。"税"在《说文解字》里的解释是：租也。也就是用谷物粮食代替钱财偿付租借田地的费用。泛指一切赋税。"税"常与"赋"连在一起用，"赋"指田地税，古代也指兵役，如果不服兵役，就要交纳代替兵役的税款，也就是交赋。其大致区分为：敛财是赋，敛谷是税，田税是租。农业税起源很早，始于春秋时期鲁国的"初税

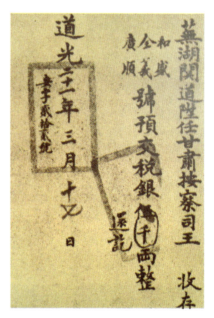

商税收据/减轻商税，刺激商业发展，是封建王朝"盛世"时经常实行的措施。但在"重本抑末"思想的指导下，这种政策很难有连贯性，最终还要走回重税、勒索商人的老路。图为清道光二十一年（1841年）商人纳税的收据。

亩"，到了汉代形成制度，中国过去称田赋。新中国成立后，1958年6月3日颁布了"农业税条例"，俗称"公粮"，2006年1月1日起，废止了农业税条例，终止了已延续了2000多年的历史。"皇粮国税"一直牵动着国家的兴衰，现在农业税已成为历史。

"**熟**"，本义是：煮熟，食物烹煮到可吃的程度。《说文解字》解释为：食饪也。"熟"是个多音字。本来读shú，口语常读shóu，作动词时，有煮熟、成熟等意；作形容词用，有丰收、熟悉、精审等意；作量词，指一年内农作物成熟的次数。"税熟"表明了只要庄稼成熟就要及时上缴赋税。

"**贡**"，从"贡"的字面可知，"贡"的本义就是：用"贝"，即用金钱财物进献给朝廷。"贡"有以下奉上之意。在《说文解字》里的解释是：献功也。"贡"为夏代的田赋名称。

"**新**"，本义是：用斧子砍伐木材。"新"是"薪"的本字。在《说文解字》里的解释是：取木也。"新"作动词时，有砍伐树木、更新等意；作形容词时，意为出现、开始、没有用过的；作名词时，指新的人或事物。"贡新"除了指进贡新熟的粮食外，在宋代还是一种茶的名字，该茶工艺复杂，制作考究。"贡新"说明要用新的、好的财物进献，也有提早、及时之意！

"**劝**"，本义是：勉励。在《说文解字》里的解释是：勉也。在文中是勉励、劝说之意。

"**赏**"，本义是：赏赐，奖给。在《说文解字》里的解释是：赐有功也。赏在文中是称颂、赞扬之意。

"**黜**"，本义是：黑暗。在《说文解字》里的解释是：贬下也。"黜"有罢免、革职放逐、除名废除、取消等意。"黜"在这里是降职、罢免的意思。

"**陟**"，本义是：由低处向高处走、升、登高。在《说文解字》里的解释是：登也。"陟"有登高上路、晋升等意。河南省有武陟县，历史悠久，据《武陟志》记载，周武王在此兴土，所以称武陟，这里很早就种植地黄、牛膝、山药、菊花四种中药材，称四大怀药。其中山药就是有名的"铁棍山药"。"陟"在文中是提拔、晋升之意。

"税熟贡新，劝赏黜陟。"简单说就是秋收后要及时缴纳谷物或财物等税贡，对于不愿交纳者或还没有交纳者，予以劝诫与勉励；对于提前或按时交纳者，予以赏赐，并依照收纳税粮与税收教育的情况对官员进行罢免或晋升。"税熟贡新"含有一税一贡、一熟一新之意；"劝赏黜陟"则含有一劝一赏，一降一升之意。由此可见，税贡之事关系到个人荣誉、国家存亡，断不可儿戏。

《汉书·食货志》中记载："或耕豪民之田，见税什五。"就是说要拿出收成的一半上交。《晋书》记载，如果自己有牛耕地，交五成；要是用官牛耕地，就得上交六成。官府收了粮食后，在储藏和运输过程中，一定会产生一些损耗，称之为"省耗"，官府就把这些省耗转嫁到农民身上，规定交粮时要多交十分之一。到了五代后唐时，明宗李嗣源把这部分给取消了。《旧五代史·食货志》记载："天成元年四月，敕：'应纳夏秋税，先有省耗，每斗一升，今后祗纳正税数，不量省耗。'"可李嗣源到晚年去视察收粮工作，看到官员为照顾百姓，收粮时就用平斗，平斗一斗，满斗也是一斗，实际相差不少，李嗣源看到后说，自我主政以后，粮食都用不完，现在你一斗粮收不满斗，以后发生的损耗拿什么来补偿呢？官员害怕说：我倾家荡产也要补上……李嗣源说：我只听说过百姓养皇族一家，没听说过用你一家来养百姓的，以后收粮食纳税，多加十分之二的损耗，用以弥补老鼠麻雀偷吃造成的损失，这个新税叫"鼠省耗"，老百姓很不满，但又没有办法，就迁怒于老鼠，称之为"耗子"。

孟 轲 敦 素，史 鱼 秉 直。

【字形的演变及基本字义】

	甲骨文	金文	小篆	繁体隶书	简体楷书	说文解字
孟				孟	孟	长也
轲				轲	轲	接轴车也
敦				敦	敦	怒也、诋也
素				素	素	白致缯也
史				史	史	记事者也
鱼				魚	鱼	水虫也
秉				秉	秉	禾束也
直				直	直	正见也

【正讲】

"孟轲敦素，史鱼秉直。"

"**孟**"，本义是：给初生婴儿洗澡。在《说文解字》里的解释是：长也。在古代，姜媵（yìng）生的长子称"孟"，正妻生的长子称"伯"，后来不管是正妻还是姜媵所生的第一个儿子，都统称为长子。"孟"也指四季中每季的第一个月，比如农历的一月，也叫正月，是春季的第一个月，叫作孟春；农历四月是夏季的第一个月，叫作孟夏；农历七月是秋季的第一个月叫作孟秋；农历十月是冬季的第一个月，就是孟冬。另外，"孟"通"氓"，是民众的意思。

"**轲**"，本义是：有两木相接车轴的车。在《说文解字》里解释为：接轴车也。"轲"在这里指孟子的名字。

"孟轲"就是孟子（约公元前372年—公元前289年），名轲，字子舆，华夏族，鲁国邹人（今山东省邹城市人），曾向孔子之孙孔伋的门人学习。孟子是战国时期伟大的思想家，教育家，是儒家学派的代表人物，与孔子并称"孔孟"。孟子后来被世人尊称为"亚圣"。

我们说"名字"时，通常指人名，可是会发现古人通常有名，又有字，有的除了"名"、"字"外，还有"号"。它们的区别是："名"是一个人的特称，多由父母、长辈来取，体现了对子女的期望；"字"通常是"名"的解释与补充，与"名"的含义相近。"名"与"字"互为表里。"号"是人的别称，又叫"别号"。古代的文人，大多给自己起"号"，用以表达个人的情怀。古人相见，在名、字、号的使用上有讲究，名一般用于自称，或上对下，长对少的称呼；当下对上，或尊称对方时，称对方的字或者号。平辈之间，在很熟悉的情况下才互相称名。如：苏轼、名轼，字子瞻，又字和仲，号东坡居士。

"**敦**"，本义是：古代食器，青铜制。盖和器身都作半圆球形，各有三足或圈足，上下合成球形，盖可倒置。流行于战国时期有虞氏之两敦。《说文解字》解释为：怒也、诋也。这种解释与字的基本义相去甚远。有说"敦"是手持棍驱羊入圈舍，羊有抵触、愤怒之意。"敦"是多音字，读duì的时候，就是指古代盛黍稷的食器。读dūn，作形容词，是厚道、笃厚、勤勉、丰富等意；作动词，有督促、劝导并勉励等意。"敦"在此处读dūn，是敦厚、笃实之意。

"**素**"，本义是：没有染色的丝绸。《说文解字》的解释是：白致缯也。没有染色的白丝，就是素丝。"素"作名词时，意为白丝、用作写字的丝绸或纸张、本质、蔬菜瓜果等副食，也指旧交；作形容词时，指白色的、质朴的、诚心的。

"**孟轲敦素**"，是说孟子这个人秉性敦厚、素雅，思想质朴、平等。可以说他是位理想主义者，主张以仁政为核心的"民贵君轻"的民本思想。他的人生轨迹和孔子很相似，都是贵族后裔，平民出身，幼年丧父，喜欢学习。学成之后就周游列国，宣传他的治国理念。很遗憾，战国时期，各国都相信只有加强武力、通过暴力才能立于不败之地，没有一个君王相信他的治国方针，也没有采纳他的建议，认为孟子的仁政学说是"迂远而阔于事情"，因此，孟子的理想始终没有在实践中得到检验。尽管到处碰壁，孟子丝毫不放弃，仍然抱着希望，在各国之间奔走、游说，一生颠簸了二三十年，最后实在没办法了，选择成为传道授业的老师，与学生一起著书立说，其弟子及再传弟子将孟子的言行、政治观点和政治行为记录成《孟子》一书，属儒家经典著作，学说出发点为性善论，提出"仁政"、"王道"，主张"德治"。直到南宋的朱熹将《孟子》、《论语》、《大学》和《中庸》合在一起，称为"四书"，一直到清末，"四书"都是科举必考内容。其实孟子并不是一味模仿孔子，而是他的学说思想与当时的社会状况相左使然。

"史"，本义是：记录重大事件的官员。在《说文解字》里的解释是：记事者也。周朝官职中有大史、小史、闪史、外史、御史、女史。

"鱼"，甲骨文字形（𩵋）就像是吃剩的鱼骨头。"鱼"的本义是：一种水生脊椎动物。在《说文解字》里的解释是：水虫也。

"史鱼"是人名，春秋时卫国大夫。名佗，字子鱼，也称史鳅。卫灵公时任祝史，负责卫国对社稷神的祭祀，故称祝佗。他为人极其正直。

"秉"，本义是：一只手把持着禾苗。在《说文解字》里的解释是：禾束也。在文中作动词，意为保持、坚持。

"直"，本义是：目所见是直的，不弯曲。在《说文解字》里的解释是：正见也。"直"作形容词时，意为直的、正当，引申为正直、公正；作副词时，有径直、竟然、只等意；作动词时，有挺直、碰上、当值、担任等意；作名词时，有价值、工钱等意；作连词时，即使。"秉直"的意思是持心正直。

"史鱼秉直"，是说史鱼这个人最为秉直、正直、公正了。为什么这么说呢？有一次卫国的公叔子曾在家设家宴，邀请史鱼参加。史鱼去到他家之后，看到实在是铺张浪费，于是就劝诫说，作为一个臣子，一定要低调，家宴看起来比君王的还奢侈豪华，势必会招致祸端。只有富而不骄，掩而不露，谨守臣道，才能保全自己的身家性命啊！从古至今，真正被帝王清算的大臣、富商，大多功高擅权，富而骄纵，自然会招之祸端，总会想办法去分割利益，要么做公益为社会做贡献，要么被清算。史鱼能够这样直言不讳，可见他是一位能够恪守臣道的人。

但史鱼的秉直远不止此！当时， 史鱼极力向卫灵公推荐贤人蘧（qú）伯玉，这个人有能耐，为人正直而且德才兼备。但卫灵公不肯重用他，却重用弥子瑕，此人实属奸佞小人。史鱼虽感到失望，但更多的是自责，因自己没有及时纠正君王的错误而愧疚，于是屡次推荐，卫灵公始终不采纳他的建议。

后来史鱼得了重病，临死前，他嘱咐儿子说：我在卫朝做官，却不能进荐贤德的蘧伯玉，也不能劝退奸臣弥子瑕，我身为臣子，生前没有尽到臣子的本分，不能匡正君王的错误，那么我死后，就不应该用大礼正式入葬，就把我的尸体放在窗户下面，这样对我就完成丧礼了。他的儿子很是听话，就把他的尸体横在窗下，当卫灵公来吊唁的时候，一看，惊问这是怎么回事？史鱼的尸体怎么能够放在这里呢？史鱼的儿子就把来龙去脉如实地禀报了，卫灵公很是自责，居然昏庸至此，竟然到了我的忠臣死了还要以尸体进谏的地步，说到底是我的错啊，于是马上启用了蘧伯玉，又辞退了弥子瑕。孔子听到此事后，赞叹道：古来有不少直言相谏的人，还没有像史鱼这样死了还用自己的尸体来劝谏君王，以自己的忠心来感化君王的，他难道不是秉直的人吗？

shù　jǐ　zhōng yōng　　láo　qiān　jǐn　chì

庶几中庸，劳谦谨敕。

【字形的演变及基本字义】

	甲骨文	金文	小篆	繁体隶书	简体楷书	说文解字
庶						屋下众也
几						坐所以凭也
中						和也
庸						用也
劳						剧也
谦						敬也
谨						慎也
敕						诚也

【正讲】

"庶几中庸，劳谦谨敕。"

　　"庶几中庸，劳谦谨敕。"这八个字阐述的是做人的标准和原则！

　　"庶"，本义是：在屋里开灶做饭。在《说文解字》里解释为：屋下众也。"庶"是多音字，读shù，作形容词时，有众多、几乎等意；作名词时，有百姓、平民等意；作副词时，是也许、幸而、但愿等意。读zhù时，同"煮"。在文中读shù，作形容词，意思是几乎、差不多。

　　"几"，本义是：古人席地而坐时有靠背的坐具。在《说文解字》里的解释是：坐所以凭也。"几"是多音字，读jī，作名词时，指小或矮的桌子，也就是茶几；也指事物发展趋势的苗头、预兆，如：几微之象；作副词时，指将近、差一点。"几"也读作jǐ，是询问数量多少，如：几岁；也表示不确定的数目，如：几百、几十。"庶几"是差不多、近似之意。

　　"中"，本义是：旗杆正中竖立，指一定范围内适中的位置。在《说文解字》里的解释是：和也。"中"也是多音字，读zhōng，作名词时，有内、里面、内心、方位等意；作形容词时，指中等、成、行、好、合适、不偏不倚等意。读zhòng，作动词时，指正好合上、射中、遭受、录取等意。

　　"庸"，本义是：先做某事，然后更换做别的事情。在《说文解字》里的解释是：用也。"庸"作动词时，有任用、受雇用等意；作形容词时，有平常、平庸、浅陋等意；作名词时，有功勋、劳苦、工钱等意；做副词时，有或许、怎么等意。"中庸"在文中指儒家的政治、哲学思想，主张待人、处事不偏不倚，无过无不及。

"**劳**"，本义是：夜间劳作，使受辛苦。在《说文解字》里的解释是：剧也。《孟子·滕文公上》中有："或劳心，或劳力；劳心者治人，劳力者治于人。"

"**谦**"，本义是：对自身的失误或不完善表示愧疚不安。在《说文解字》里的解释是：敬也。"谦"侧重于内心的恭顺谨慎。

《周易》第15卦就是《谦》卦，《卦辞》讲："谦，亨，君子有终。""君子有终"即君子做事不仅要有始有终，而且还有所成就。终者，成也。谦卦的九三爻的爻辞讲："劳谦君子，有终吉。""劳谦"就是有功劳又秉持谦德，这样才可能"有终"，是吉祥的。《周易·系辞》也讲："谦也者，致恭以存其位者也。"谦逊就是致力于恭敬以保存其应有的地位。还讲了"谦者，德之柄也。""柄"谓之核心，勺子有柄才能发挥功用。有了谦，才能使德之功用完全发挥，要有谦卑之心，才能容纳别人、尊重别人，才能体现谦逊之道。

"**谨**"，本义是：小心说话以免招致灾祸。在《说文解字》里的解释是：慎也。"谨"作形容词时，有谨慎、恭敬等意；作动词时，有严防、谨守等意。

"**敕**"，本义是：告诫，嘱咐。在《说文解字》里的解释是：诚也。"敕"也通"饬"，是整顿的意思。"敕"作名词时，指皇帝、帝王自上命下之词。汉代时，凡尊长或长官告诫子孙或僚属，皆称敕。南北朝以后专指皇帝的诏书。

"**庶几中庸，劳谦谨敕**"。简单解读为：做人要尽可能合乎中庸的标准，要勤劳谦逊，谨慎检点，更要懂得规劝、告诫自己。提到"中庸"这两个字，也不知道从哪一天起，一些人把"中庸"与左右逢源、和事老、骑墙派、走中间路等画上等号，甚至觉得"中庸"近乎贬义，是没有立场的表现，就像墙头草。孔子把"中庸"看成是一个最高的道德标准和解决一切问题的最高智慧。《中庸》是《礼记》中的一篇文章，是战国时孔子的嫡孙子思所作。宋代把《中庸》与《大学》、《论语》、《孟子》并列为"四书"。中庸之最原始出发点是取象于《周易》中的乾卦的九五爻及坤卦的六二爻：乾卦的九五爻，阳爻居阳位，即得位得正，而且又是居上卦的中位，即得中，九五爻具刚健中正之德。坤卦中的六二爻，是阴爻居阴位，即得位得正，又居下卦的中位，即得中，六二爻具柔顺中正之德。"中庸"的基本意义有三层：其一就是不偏不倚；其二是中正、平和；其三是得其位尽其用！从字面上讲，"中庸"的"中"就是"好"、"正"、"行"、"成"等意。"中"在中原地区近乎万能词。"中庸"的"庸"字，是由"庚"和一个"用"组成，"庚"有更换、变换之意，"用"是"做"、"使用"等意。"庸"具有先做什么事，再做什么事，还有使之变化为之所用之意。可见"中庸"是要达到好、行的标准的方法，其核心是：动中取衡，静中就重，中不偏，庸不易，不辞两极，勾势恰作。北宋易学家程颢、程颐兄弟这样解释"中庸"："不偏之谓中，不易之谓庸。中者，天下之正道；庸者，天下之正理。"你我需要认真玩味，才能体会其中无穷妙趣，则受用终身无尽！所谓的博学、审问、慎思、明辨、笃行五达道，及智、仁、勇的三达德，正是中庸所追求修养的最高至德境界。所以《中庸》开篇第一章的第一句话就是"天命之谓性，率性之谓道，修道之谓教。"精要地揭示了自我管理这一中庸核心思想。"庶几中庸"强调了中庸是做人的大道准则，是事业、生活、健康的根本理论。"劳谦谨敕"更是确保人生无咎、祈福大吉的"千金妙方"，只可惜几千年的尊儒尚道竟落得今天的瓜剖豆分，社会中不和谐的种种，切身地感受着传统的失落，这绝非是一朝一夕形成的，亦非妄人一叫使然！无论何时何地，人人若能够做到勤奋不惰、谦逊仁义、敬慎检点，自查自省，国家之富强，民族之昌盛，中国梦也就顺理成章地照进现实！

líng yīn chá lǐ   jiàn mào biàn sè
聆 音 察 理，鉴 貌 辨 色。

【字形的演变及基本字义】

	甲骨文	金文	小篆	繁体隶书	简体楷书	说文解字
聆			聆	聆	聆	听也
音	音	音	音	音	音	声也。生于心，有节于外。谓之音
察			察	察	察	复审也
理			理	理	理	治玉也。顺玉之文而剖析之
鉴		鉴	鑒	鑒	鉴	大盆也，一曰鉴诸，可以取明水于月
貌			貌	貌	貌	颂仪也
辨		辨	辨	辨	辨	判也
色	色	色	色	色	色	颜气也

【正讲】

"聆音察理，鉴貌辨色。"

"聆音察理，鉴貌辨色。"这八个字简要指明了为人处事要学会察言观貌，听出个中道理，观貌要观出个中心情。

"聆"，本义是：垂耳细听。在《说文解字》里的解释是：听也。就是仔细听，听之知微者也。

"音"，本义是：声音。《注疏》中讲："以大师吹律为声，又使其人作声而合之，听人声与律吕之声合，谓之为音。"中国先秦时还有一种说法：情发于声，声成文称为音，或单出为声，杂的为音。五声八音相比而成乐。《说文解字》解释为：声也。生于心，有节于外，谓之音。"声"为阳，"音"为阴，声为天之阳，音为地之阴。上天给的声音就是风声、雷声等等，人属于地之物，所以我们形容自己是"五音不全"，而非"五声不全"。

"聆音"就是闻声细听，也就是俗话说的"要听弦外之音"、"言外之意"。

"察"，本义是：仔细审视、研究祭祀时显示的神迹。在《说文解字》里的解释是：复审也。《尚书·大传》中讲："祭之言察也。察者，至也。言人事至于神也。"《唐书·百官志》中讲："监察御史，掌司六察。一察官人善恶，二察赋役不均，三察农桑不勤，仓廪耗减，四察妖猾盗贼，五察茂才异等，六察黠吏豪宗，兼并纵暴。"

"理"，本义是：加工、雕琢玉石。《说文解字》的解释是：治玉也。顺玉之文而剖析之。就是按照玉的纹理去切割、打磨、雕琢玉石。《韩非子》中这样解释"理"字："理者，成物之文也。长短大小，方圆坚脆，轻重白黑之谓理。""理"作动词时，有治理、辨别等意；作名词时，有纹理、道理等意。

"鉴"，本义是：古代用来盛水或冰的青铜大盆。在《说文解字》里的解释是：大盆也，一曰鉴诸，可以取明水于月。"鉴"是用大盆子盛水，可用于照形。"鉴"的读音来源于"鑑"（jiàn），后又转为jìng，也就是"镜"，即镜子。"鉴"在文中为动词，是明察、审视之意。

"貌"，本义是：面容、相貌。后天装饰的为仪表，生而就有的为形象。在《说文解字》里的解释是：颂仪也。《国语·晋语》中解释为：面之神气曰颂，面之形状曰貌。

"辨"，本义是：于事分明、没有疑惑。在《说文解字》里的解释是：判也。《荀子·荣辱》中有："目辨白黑美恶，耳辨声音清浊。"

"色"，本义是：脸色。在《说文解字》里的解释是：颜气也。"色"是多音字，读sè，作名词时，有脸色、颜色、种类、风景等意。老子说的"五色令人目盲"的"色"指一切物质的存在。佛家说"色即是空"，指一切色法的本质都是空无所有。"色"作动词时，有生气、惊惧等意。"色"也读shǎi，为名词，是颜色、骰子等意。

"**聆音察理，鉴貌辨色**。"直译这八个字很简单，意思是听别人说话时，要认真细听，品味其中的道理；看他人相貌时，要认真端详、体察其当时的心情。《周易·系辞》中讲："将叛者其辞惭，中心疑者其辞枝。吉人之辞寡，躁人之辞多。诬善之人其辞游，失其守者其辞屈。"通过其言语的情状就可以判断其是怎么样的人。当然，这是一种基本判断，不可绝对化。有人说，清代中兴名臣曾国藩有十三套学问，流传下来的有两套，其一是《曾国藩家书》，另一套就是他鉴貌辨色的学问——《冰鉴》。冰出于水，水可以鉴人的面目、事之清浊。其"相术口诀"是："邪正看眼鼻，真假看嘴唇；功名看气概，富贵看精神；主意看指爪，风波看脚筋；若要看条理，全在语言中。"当然，书中有《神骨》、《刚柔》等多篇，有兴趣者可以买来一看。清代选官是很重视被选者的相貌的，按照清代的制度，如果笔试没有选出优秀的人才，或者优秀者很多，不知取舍，还可以应"大挑"一科，标准是"同田贯日，气甲由身"八个字，不考文章，以这八个字的字形喻形体、相貌。"同田贯日"为好，"同"为长方脸，很周正；"田"为四方脸，很方正；"贯"指头大身体长，很协调；"日"指身体端直，高矮肥瘦适中、匀称。符合"同田贯日"这四个字的就有中选的可能。"气甲由身"为差，"气"指一肩高一肩低；"甲"指头大身子小；"由"指头小身子大；"身"指身体歪斜。符合"气甲由身"这四个字其中之一者就会落选。人的身体相貌为父母造化，自己无法改变，单由外貌的优劣来选才当然有失公允。现在的高考，只要不是重大残疾，考试成绩合格，一般都会被录取，已是巨大的进步。俗话说"听话听音，看人观心"，若听不出话中理、话外音，看不懂脸色，不识人，其得失厉害就各自认了吧！说到底，做人还是要"庶几中庸，劳谦谨敕"，终究差不到哪里去！

贻厥嘉猷，勉其祗植。

【字形的演变及基本字义】

	甲骨文	金文	小篆	繁体隶书	简体楷书	说文解字
贻			贻	贻	贻	赠遗也
厥			厥	厥	厥	发石也
嘉		嘉	嘉	嘉	嘉	美也
猷		猷	猷	猷	猷	谋划
勉		勉	勉	勉	勉	强也
其	其	其	其	其	其	簸也
祗		祗	祗	祗	祗	敬也
植			植	植	植	户植也

【正讲】

"贻厥嘉猷，勉其祗植。"

"**贻**"，本义是：愉悦地向别人赠送钱财礼物。在《说文解字》里的解释是：赠遗也。《诗经》中讲的"静女其娈，贻我彤管"，"彤管"是古代女史用以记事的杆身漆朱的笔。"贻"在文中意思是：遗留。

"**厥**"，本义是：石块。在《说文解字》里的解释是：发石也。"厥"作名词时，指石头、美石；作动词时，有昏倒、挫败等意，在文中作代词用，意为：他的（她的）。

"**嘉**"，本义是：为美好事件击鼓奏乐，称颂神灵。在《说文解字》里的解释是：美也。"嘉"也为古代五礼之一，五礼有：吉礼、凶礼、军礼、宾礼、嘉礼。《周易·乾文言》里面讲："亨者，嘉之会也……嘉会足以合礼……""嘉"是大美，是无与伦比的美，非常美好的感觉。万物在天地大爱中复苏，慢慢生长，各自成性，万物本性自现，葫芦就是葫芦，花就是花。生物遗传学告诉我们，所有动物的胚胎是相似的，刚开始的形状都是一样，后来慢慢成形，各自不同了。万物能够茂盛生长，各自成形，汇聚在天地之间，享受阳光雨露，得到了天地之大爱，就是"嘉之会"。人也是如此，刚生下来的小孩都差不多，长大成人后就千差万别。每个人的个性都能在这世间得到发挥，如万物的茂盛生长一样，这就是"亨"，是那么通达、自由地生长，这就是一种"嘉会"之美。"嘉美会"在人的表现为礼，万物嘉会，各得其义，相互交融接触，然后才有礼。天地万物，无论尊卑、高低、大小，以礼相接，才会有"嘉美会"的环境。如果没有这样的礼，相互侵占相互伤害，就不会有这样的"嘉美会"。万物如此，人也如此，亨通的核心在于礼，没有礼就不存在亨通，所以，人们的相处、方略等等，皆有其礼。人人都希望自己的人生大放光彩，但没有一个人是独立地生活在这个世界上，所以形成了各种各样的社会关系，并且能够和谐相处，这就是人类社会的嘉会之象，这些全部是礼节的统合，有"礼"才相"和"，有"和"才有"仁"。这个"礼"既能维持自己的"义"，又能形成集体的意志表现，最终成为民族大义及国家精神，就是"嘉会"与"合礼"的内涵。

"猷"，本义是：某种兽的名称，猴类。历史上，"猷"曾是"犹"的异体字，假借为谋略、犹如、犹豫等意。后来两个字的用法逐渐分化、独立，"猷"多为谋略之意，"犹"则为犹豫、犹如等意。"猷"在《说文解字》里解释为：谋划。"嘉猷"就是好的谋略。《书·盘庚上》中讲："各长于厥居，勉出乃力，听予一人之作猷。"意思是说，你们各人管理自己的封地，努力使出你们的力量，听从我一个人的谋划。

北京故宫太和殿里有一幅匾额上面写有"建极绥猷"。什么是"建极绥猷"？在《尚书》中有："皇建其有极"。建，立也。极，中也。大中之道，大立其有中，谓行九畴之义。原义为屋脊之栋，引申为中正的治国最高准则。周武王伐殷胜利，商纣王自焚，纣王囚禁的箕子（纣王叔父）重获自由。武王拜访箕子，请教天道，箕子为他讲解天地大法，他讲述的第五条为"皇极"，意为人君为众民之主，当先建立宏大中正之道，然后教化人民。"绥猷"也出自《尚书》："惟皇上帝，降衷于下民。若有恒性，克绥厥猷惟后。"绥：原义为挽上车的绳索，引申为安抚、顺应之意。猷：道，法则。"建极绥猷"表达的是皇帝的愿望：君临天下，建立雄伟强大的国家，安抚海内的藩属，创万世之功业。这其实也是一种谋略。而后宫的三宫六院为的是子孙绵长、江山永固。

"**勉**"，本义是：力所不及而强作。在《说文解字》里的解释是：强也。在文中为鼓励、勉励之意。

"**其**"，本义是：竹篾编成的开口簸箕。同"箕"，就是簸箕。"其"也作代词，指它（们）、他（们）、她（们）。"其"在《说文解字》里的解释是：簸也。"其"是个多音字，通常读作qí，一般用作代词、副词。还有一个读音jī，通"暮"，意思为：周年。中国汉代有一位有名的说客，他的名字就叫"郦（lì）食（yì）其（jī）"，曾劝秦将归降，不战而下武关，才有刘邦攻入咸阳，秦朝灭亡。郦食其，凭着一张嘴，游说列国，为刘邦的"统一"做出了巨大贡献。

"**祗**"，本义是：恭敬。《说文解字》解释为：敬也。

"**植**"，本义是：关闭门户用的直木。在《说文解字》里解释为：户植也。"植"作名词时，有木柱、植物等意，引申为支柱；作动词时，有栽种、树立、建立等意。在文中的意思为：处世立身、立于不败之地。

"**贻厥嘉猷，勉其祗植**。"意思是：要给他人留下正确高明的忠告或谋划，鼓励别人持恭敬之心立身处世，以人为贵，以礼为本。这句话反倒让我想到史蒂夫·乔布斯这个在"苹果"史上创造神话的人，他以超人的魅力、创新精神和与众不同的思维模式迅速感染着全世界，也以忠告式的精彩语录令无数人折服，他创造了神话，给世人留下了无懈可击的经营理念、无与伦比的创新思维，还有无往不胜的人生启示……

xǐng gōng jī jiè　chǒng zēng kàng jí

省 躬 讥 诫，宠 增 抗 极。

【字形的演变及基本字义】

	甲骨文	金文	小篆	繁体隶书	简体楷书	说文解字
省						视也
躬						身也
讥						诽也
诫						敕也
宠						尊居也
增						益也
抗						扞也
极						栋也

【正讲】

"省躬讥诫，宠增抗极。"

"省躬讥诫，宠增抗极。"这八个字简单地指出了自我道德修养的方法。

"省"，本义是：仔细察看。在《说文解字》里的解释是：视也。"省"是多音字，读shěng，作名词时，指行政区域名，古代指官署名称；作动词时，有减少、节约等意；读xǐng的时候，是检查、探望、醒悟等意。在文中读xǐng，是醒悟、反省之意。"反省"是指回想自己的言行，检查其中的错误。

"躬"，本义是：整个身体。在《说文解字》里的解释是：身也。"躬"作名词时，指身体、生命等；作代词时，指自身、自己；作副词时，指亲身、亲自。

"讥"，本义是：旁敲侧击地批评。在《说文解字》里解释为：诽也。在文中意为讽刺、讥笑。

"诫"，本义是：用话语使人警觉、清醒。在《说文解字》里解释为：敕也。指长辈对晚辈、上级对下级的训诫。《汉书》中有："前车覆，后车诫。"

"省躬讥诫"，意思是说，当听到或受到别人的讥笑或训诫的时候，不可反唇相讥，而是应该反躬自省，有则改之，无则加勉。讥笑有可能只是别人情绪的宣泄，如果确实是别人故意讥讽嘲笑，只能反证他们的自卑或妄自尊大，那就当成耳旁风，不用理会，学会把这种讥笑和呵斥当作自我反省的一剂良药。

"**宠**"，本义是：豢养在家里的蛇。转义为供养，溺爱。《说文解字》的解释：尊居也。"尊"有尊贵、高贵之意，用"尊居"来解释"宠"字，可见是让其坐在尊贵的位置或居住在高贵的房子里来供养、爱护，就能表达"宠"。"宠"作动词时，有宠爱、尊崇等意；作名词时，有荣耀、恩惠等意，也指皇帝所施的。

"**增**"，本义是：添加泥土。《说文解字》的解释：益也。"增"作动词时，有增加、增多、扩大等意；作副词时，有高、更加等意。

"**抗**"，本义是：抵抗、抵御，拒绝被支配。《说文解字》的解释是：扦（qiān）也。"抗"意为扦子。"抗"作动词时，有插入、修剪之意。此解没有将"抗"字的内涵明示。"抗"字有用手抵御、以手举物等意。"抗"作形容词时，有高、大、刚正不阿、高声等意。与"抗"字的有关的一些组词容易让人理解不准，如：抗言，是高声而言之意；抗手，即举手为礼；抗表，即向皇帝上奏章。

"**极**"，本义是：房屋的正梁。《说文解字》的解释是：栋也。指房屋正中至高处。"极"作名词时，有正梁、最高的位置、君位、顶点、尽头、最高的准则、地球的南北两端；作动词时，有到达、穷尽等意；作形容词时，有最高的、最远的、急速等意；作副词时，有最、非常等意。《尚书》中讲了，人生有福祸，福有五福：富、寿、康宁、攸好德、考终命。祸有六极：凶短折、疾、忧、贫、恶、弱。

"**宠增抗极**"，意思是：备受恩宠也不要恃宠而骄、得意忘形，更不可对抗权尊、不可一世。无论何人，一生都会有得意或受宠之时，也会有失意或受辱之时，关键是要做到宠辱不惊、去留无意。有一乐境，就有一不乐的相对待。所谓"危者使平，易者使倾"，只有正心修身，养性育德，才能知盛衰强弱，处世出世，花开花落，云卷云舒。

dài rǔ jìn chǐ　lín gāo xìng jí

殆辱近耻，林皋幸即。

【字形的演变及基本字义】

	甲骨文	金文	小篆	繁体隶书	简体楷书	说文解字
殆			𣦼	殆	殆	危也
辱	𣂪	𣂪	辱	辱	辱	耻也
近			𨐈	近	近	附也
耻		耻	耻	耻	耻	辱也
林	林	林	林	林	林	平土有丛木曰林
皋			皋	皋	皋	湖边旷野得日光最早
幸	幸	幸	幸	幸	幸	吉而免凶也
即	即	即	即	即	即	就食也

【正讲】

"殆辱近耻，林皋幸即。"

　　"殆"，本义是：胎死腹中。在《说文解字》里的解释是：危也。"殆"作形容词时，有危险之意，如《孙子·谋攻》中讲："知己知彼，百战不殆。""殆"也有困乏之意。"殆"作副词时，有大概、几乎、必定等意。"殆"在文中是副词，表示时间，相当于将、将要。

　　"辱"，本义是：耕作。在《说文解字》里的解释是：耻也。"辰"为"蜃"的本字，古代以"蜃"为农具进行耕作。这个意义后来书写为"耨"。《说文解字》之所以把"辱"解释为耻也，是由"辰"之"耕作"本义所引申的。

　　"近"，本义是：走近、接近。《说文解字》里解释为：附也。"近"作动词用时，有接近、逼近、得宠等意；作形容词时，有最近、亲近等意；作副词用时，有将近、差不多等意。

　　"耻"，本义是：因声誉受损害而内心羞愧。《说文解字》解释为：辱也。"耻"的小篆（𧹽），左边一个"耳"，右边一个"心"，听到自己声誉受损而内心感到羞愧。"耻"是指内心的感受，而"辱"是指身体受侮。

　　"林"，本义是：丛聚的树木或竹子。《说文解字》的解释是：平土有丛木曰林。作名词指野外或退隐的地方。

　　"皋"，本义是：泽边之地。《说文解字》的解释：湖边旷野得日光最早。"皋"是多音字，读gāo，作名词时，指岸边、沼泽、高地、农历五月的别称；作形容词时，通"高"，与"下"、"卑"相对；读háo时，通假"嗥"，意思是嚎叫。

"林皋"二字出自《庄子·知北游》："山林与，皋壤与，使我欣欣然而乐与！"后以"林皋"指代山林皋壤或树林水岸。

"**幸**"，本义是：非所当得而得与不可免而免。在《说文解字》里的解释是：吉而免凶也。人们常问：你幸福吗？有说："幸"为帝王所赐，是临死获赦而活着；"福"为上苍所赐，是神佑而富足安康。

"**即**"，本义是：走近去吃东西。在《说文解字》里的解释是：就食也。"即"可作动词、连词、介词、副词、名词。在文中作副词用，是随之、立刻、就、当即之意。

"**殆辱近耻，林皋幸即**。"这句话的意思是：将要蒙受侮辱及名誉受损或面临危险之时，立刻远遁退隐山林，或许可以幸免于祸。如《周易·大过》卦的"大象辞"讲的："君子以独立不惧，遁世无闷。"只有君子处困厄仍能够坚持操守，退藏归隐，养其心志，而不会因此烦闷寡欢。不是君子是不能做到的。

文中说的遇辱而归隐山林，保全性命，以待时机也好或从此逍遥也罢，若没有澄怀观道之心，即使至于山水也无法领悟山之仁与水之乐，也只能一怀惆怅，空叹时运不济罢了！"殆辱近耻，林皋幸即"这八个字有明显的庄子思想——"心斋"与"坐忘"。"心斋"是一个由外而内的层层递进的内省过程，首先要做到心志专一，对外放下耳目听闻，对内洗下心中知欲，达到虚静，虚静待物，道通合一；"坐忘"是一个由内而外的自我纯化过程，内不觉其一身，外不识乎宇宙，达到离形忘身。"离形忘身"并不是说简单地忘记身体的存在，而是要消除由眼、耳、鼻、舌、身的外求欲望，摆脱由此带来的牵累，凝神自省，超越形体，去知弃智，摒弃由知识累积而形成的种种成见与障碍，超越形体与心智的限制，万虑皆遗，心怀澄明，进入与道同一的境界，才能同则无好，化则无常，才能真正领悟与做到无为无不为。洞视庄子思想的"心斋"、"坐忘"，体验到我们渺小的心智与有限的感官已被庄子拨弄得手足无措了吧！读庄子足以开视界，扫俗情，且永远有着我们不曾涉及的境界。是他继承又发展了老子的"道法自然"，是他最早提出"内圣外王"的思想，对儒家有着深远的影响，终成为道家的重要代表人物。老子，孔子，庄子，孟子共同构成了中国人文精神的源头。

liǎng shū jiàn jī   jiě zǔ shuí bī

两 疏 见 机，解 组 谁 逼。

【字形的演变及基本字义】

	甲骨文	金文	小篆	繁体隶书	简体楷书	说文解字
两		兩	兩	兩	两	二十四铢为一两
疏			疏	疏	疏	通也
见	見	見	見	見	见	视也
机		機	機	機	机	主发谓之机
解	解	解	解	解	解	判也
组		組	組	組	组	绶属
谁		誰	誰	誰	谁	何也
逼	逼	逼	逼	逼		近也

【正讲】

“两疏见机，解组谁逼。”

　　“两疏见机，解组谁逼。”这两句话是举例说明退隐的心灵选择。

　　“**两**”，本义是：双马牵引的战车。在《说文解字》里的解释是：二十四铢为一两。“两”常用作重量、数量词。作副词时，有兼具双方之意；作动词用，有等同、比并之意。

　　“**疏**”，本义是：疏导，开通。在《说文解字》里解释为：通也。古语讲：孕则塞，生则通。“疏”故转注为开通、分远之意。“疏”又俗称为“疎”，所以在汉代疏广之后，隐去“疎”字的一半，取“束”作为姓氏。“两疏”在文中指汉代的疏广、疏受叔侄两人。

　　“**见**”，本义是：睁着眼睛看。《说文解字》解释为：视也。“见”是多音字，读jiàn的时候，可作动词，有看到、觐见、遇到等意；也作名词、助词、形容词用。读xiàn时，同“现”，作动词用，有出现、实现等意；也作形容词用。

　　“**机**”，本义是：弓弩上的发射机关。《说文解字》的解释是：主发谓之机。“机”与“機”在古代是两个字。“机”是木名，即桤木树；“機”是控制发射的扣板或机关。现在“机”是“機”的简化字。“机”在文中作形容词，是先兆、征兆之意。

　　“**解**”，本义是：分解牛，后泛指剖开。《说文解字》解释为：判也。“解”是多音字，读jiě，作动词，意思是剖开、解除、瓦解；也指把束缚着、系着的东西打开等意；也作名词用，有见识之意，也是文体中的一种。读jiè，作动词时，是发送、押送财物或犯人的意思。古代乡举，举送入试也称"解"。读xiè，作动词用，通"懈"，是松弛、懈怠之意；作名词时，指兽名、官署等意；也是一个姓氏。

"组"，本义是：成绺的丝绒，丝织的宽带。在《说文解字》里解释为：绶属。"绶"读作shòu，是一种丝质带子，古代常用来拴在印纽上，后用来拴勋章。阔者为组，为带绶；狭者为条，为冠缨。

"谁"，本义是：古人问候陌生人的哨声。在《说文解字》里的解释是：何也。表示疑问，什么人或什么。"谁"也读shuí或shéi，意思不变。

"逼"，本义是：接近、靠近。在《说文解字》里的解释是：近也。在文中作动词用，是逼近、驱赶之意。

"两疏见机，解组谁逼。"是说西汉时的疏广及其侄子疏受。疏广被汉宣帝征为博士郎，太中大夫，后又被封为太子太傅。其侄子疏受，以其贤明被选为太子家令，后升为太子少傅，其间曾多次受到皇帝的赏赐，并称为皇廷中的"二疏"。

"二疏"的事迹在《汉书》中有记载："二疏"被皇帝所器重，太子每回上朝，就随同觐见皇上，太傅在前，少傅在后，满朝廷把这看

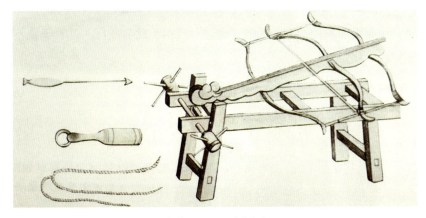

三弓弩/秦汉以后大型攻坚武器。

作是荣耀的事。皇太子十二岁就通晓《论语》、《孝经》。疏广对疏受说：知道满足不会受辱，懂得止步没有危险，如今五年了，官也当了，名也有了，还不离职，恐怕要后悔的，不如我们叔侄两人告老还乡，不也很好吗？后来两人借口有病，皇帝加赐黄金，二人辞官回家。

疏广回到家后，每天请族人老友一起吃饭饮酒。过了一年多，其子孙们希望他在世时，置办些家产，这样吃吃喝喝，很快就耗尽了。疏广则说：家里原本有田宅，子孙们能够辛勤劳作，是够穿衣吃饭的。如果增加财产出现盈余，只不过让子孙们懒惰罢了。贤明的人有过多财富，就会抛弃志向；愚昧的人有过多财富，就会增加他们的过失。再说了，富有的人，是众人怨恨的对象。这些金子是皇帝赐给我养老的，我很乐意与乡亲宗族一起分享！就这样疏广终老一生。

"解组谁逼"这四个字直截了当地指出了"两疏"等人洞彻世事、急流勇退、明哲保身之道，并没有谁去强迫他们隐退，是他们"见机"后的主动选择。比如"两疏"已教授太子五年，太子已近成人，朝廷内外围绕皇帝、太子之间有太多看不见的较量，表面平静却暗流涌动，"两疏"极容易在权力更替中首当其冲。也正因为"两疏"身在其中，又能清醒地感受到种种"预兆"，就不难理解"两疏"早早引退的选择了，也更能理解他们回乡后的"逍遥"自得！此言此行，非君子则不能为啊！

suǒ jū xián chǔ chén mò jì liáo

索居闲处，沉默寂寥。

【字形的演变及基本字义】

	甲骨文	金文	小篆	繁体隶书	简体楷书	说文解字
索						草有茎叶可作绳索
居						蹲也
闲						阑也
处						止也。得几而止
沉						没入水中
默						犬暂逐人也
寂						无人声
寥						空虚也

【正讲】

"索居闲处，沉默寂寥。"

"索居闲处，沉默寂寥。"这八个字指出了归退后的清静生活。

"**索**"，本义是：将粗麻搓成大绳子。在《说文解字》里的解释是：草有茎叶可作绳索。大绳子或大链子都叫"索"，如索道、钢索；作动词时，指搜寻、求取、探索、讨要等意；"索"作形容词时，有独自、索性、尽等意。

"**居**"，本义是：曲胫蹲着。在《说文解字》里的解释是：蹲也。"居"作动词时，有居住、坐、处于、担任等意；作名词时，是住所、居住地等意。

"**闲**"，本义是：用柱子顶住门板，以防擅闯。在《说文解字》里的解释是：阑也。"闲"字一个"门"，里面一个"木"，门里木，也就是顶门的木柱或者是门里的门闩。关上门，上了门闩，人在家里，很是闲适清静，远离喧嚣，也不那么忙碌，若无闲事挂心头，便是人间好时节！有个词叫"防闲"，就是防御的意思。"闲"也同"娴"，是文雅、贤淑之意。"闲"可作名词、动词、形容词。

"**处**"，本义是：古代将老虎和犯人关在一起的牢笼。在《说文解字》里的解释是：止也。得几而止。"处"是个多音字，读chǔ，作动词时，是居住、置身、交往、决断、惩戒、隐退之意。读chù的时候，为名词，指地方，如：处所；也指部分、方面等。在文中作动词，意为居住、生活。

"**沉**"，本义是：把活牲畜或活人投入水中祭祀河神，以免除水患。

《说文解字》没对这个字进行解释。我个人觉得"没入水中"可作为"沉"的解释。"沉"是"沈"的俗字。作名词，指山岭上凹处的积水；在文中作形容词，是沉静、沉寂之意。

"**默**"，本义是：狗悄无声息地突然窜出追人。在《说文解字》里的解释是：犬暂逐人也。"默"在文中意思是闭口不说话。"沉默"即一言不发。

"**寂**"，本义是：静悄悄，没有声音。《说文解字》解释为：无人声。作形容词，有安详闲静、心志淡泊、孤单、冷落之意；佛教称僧尼死为"涅槃"或"寂"、"圆寂"、"宴寂"等。

"**寥**"，本义是：空虚，寂静。在《说文解字》里的解释是：空虚也。"寥"与"寂"是一个意思，"寂寥"就是空廓寂静，独自一人。

"**索居闲处，沉默寂寥**"。意思很直白，是说离群独居，悠闲度日，空廓安宁，清静无为。如嵇康《养生论》所言："旷然无忧患，寂然无思虑。"

这八个字所描述的生活状态，表面看上去令人向往，然而生活中又有多少人能够真正如是呢？常听人说：整天忙碌，工作压力大，想找个地方安顿下来，过清静的日子。殊不知，中国古人修道的最高境界就是清静无为，并非世间你我随意为之。若在精神上没有一片闲寂的空间，时刻都在筹谋获取更多的名利，不注重自己的一言一行，只关心价值及意义，所企望的修身养性，倒成了一种话头。要不然，可以去试试"索居闲处"，一天、两天过去了，还好，三天没过，恐怕就电话不停，约人吃饭，喝酒，谈合作……若是一心扑在工作上，还算用心专注，若是空虚无助或一味追名求利，且以此为乐，贪欲横生，则会迷失自我，不得安宁。

问题就出现在这里，你必须要了解自己，又能够感受到别人的脉搏，在有限的时间与空间里，知道人生只是短暂的存在，就会采取更加适当的方法，尽自己所能做最好的。一旦人们认为自己会长久的活着，自私自利就会导致消极的事物不断产生。人生正因为短暂才不要失去自己的意念，懂得需要什么，不要什么，取舍分明，知道自己是谁，才能够过"闲寂"够用的生活，并继续前行！心灵不松弛、散漫，保持安静不动的精神状态，臻于大道，达于化境，才能够在林皋隐居闲处，才能够在都市里安神自适，否则，无法理解"沉默"带来的自我认知及真切感受，无法理解"寂寥"中真我呈现及心灵拷问，只会由"沉默寂寥"蔓延成一道忧伤，乃至绝望。要做到"闲居无忧患，寂寥无思虑"，说易行难，非常人所能为之。

彩漆木雕小座屏/1965年湖北省江陵望山一号战国楚墓出土。小屏风胎木质，通高15厘米，长51.8厘米。框内、框上镂刻有凤、雀、蛙、鹿、蛇等动物形象50多个。

求古寻论，散虑逍遥。

【字形的演变及基本字义】

	甲骨文	金文	小篆	繁体隶书	简体楷书	说文解字
求		求	求	求	求	皮衣也
古	古	古	古	古	古	故也，识前言者也
寻	寻		尋	尋	寻	绎理也
论	侖	論	論	論	论	议也
散	散	散	散	散	散	杂肉也
虑		慮	慮	慮	虑	谋思也
逍			逍	逍	逍	逍遥，犹翱翔也
遥			遥	遥	遥	逍遥也

【正讲】

"求古寻论，散虑逍遥。"

"求古寻论，散虑逍遥。"从这八个字可以知道：读书不仅使人明智，而且还能排忧解惑。

"**求**"，本义是：追逮动物。《说文解字》的解释是：皮衣也。"求"是"裘"的古字。在战国时用"求"，古人穿皮衣一般毛朝外，所以"衣"字外加毛，表示"裘衣"。"求"作动词时，有请求、乞求、追求、贪求等意。

"**古**"，本义是：传说中的久远时代。一般分为太古、上古、中古、近古。《说文解字》解释为：故也，识前言者也。"古"在文中作名词，指古代的典章、文献。

"**寻**"，本义是：张开两臂测量物品长度。在《说文解字》里解释为：绎理也。在古代，"寻"也是长度单位，度人的两臂为寻，即为八尺，"寻"的倍数为"常"，都是平常的长度，后泛指平常、素常。有说：量宽度为寻，量深度为仞，在文中作动词用，是探究、研究之意。

"**论**"，本义是：评论、研究。《说文解字》解释为：议也。"论"是多音字，读lún，作名词，指言行；读lùn，作名词时，有主张、学说、论文等意，也通"伦"，即伦理；作动词时，有议论、思考、陈述等意。在文中读lùn，作名词，意思是主张、学说。

"**散**"，本义是：零碎、杂乱。《说文解字》里的解释是：杂肉也。"散"是多音字，读sàn时，作动词，是分开、分布、派遣、解雇等意；读sǎn时，作形容词，是没有约束的、松开的、分开的、零碎的等意。在文中意为分散。

"**虑**"，本义是：愁容之貌，思虑、谋划。《说文解字》的解释是：谋思也。在文中意为忧虑。"散虑"的意思是：使心中的忧虑消散，排遣忧愁。张九龄的《答严给事书》中有："林泽之闲，聊足散虑。"

"**逍**"，本义是：悠然自得的样子。在《说文解字》里的解释是：逍遥，犹翱翔也。《庄子·逍遥游注》中有："逍者，消也。如阳动冰消，虽耗也，不竭其本。遥者，摇也，如舟行水摇，虽动也不伤其内。"

"**遥**"，本义是：远行也。在《说文解字》里的解释是：逍遥也。"遥"既指空间距离远，也指时间长。《礼记》中有"千里之遥"。"逍遥"意为自由自在、不受拘束。

"**求古寻论，散虑逍遥**。"意思为探求古代典章、文献，学习和研究圣贤的至理名言，就可以排遣忧愁，去除杂念，悠然自得，安闲自在。早在南朝时，周兴嗣就在该文中明确指出排遣忧愁、散解思虑的良方是"求古寻论"。若现在问起身边的朋友如何"散虑逍遥"，方法也有很多，如，看电影、逛街购物、运动、找人聊天、写微博、发微信、旅游、睡觉、改变发型等，不能说这些方法不管用，起码是见效快，问题就出在这里：治标不治本！若再往深处问，大概会说，要保持心灵的超然平淡，人生如行云流水，回归本真，一切都自然和谐的发生，说白了，就是平常心，便能获得快乐与祥和。这些话是典型的心灵鸡汤，听上去很入耳，做起来却无处入手，几乎没有操作性。如何保持心灵的平淡？如何回归本真……需要的是近乎宗教般的心灵归属，生活的渺小与短暂，也只有少数人才能够坚定自己的意念，领悟物质与心灵的依存。遗憾的是大部分人的生命形式是外求的，追求自以为是的幸福与安宁，事实上却被更多的烦忧所取代，因为幸福的源头不在外面，就在我们每个人内心里，让内心充满能量的只有圣贤先哲们的著述言论，从此我们拾起书本读起来，求古寻论，终究会安顿生命，悠然自得。

xīn zòu lèi qiǎn　qī xiè huān zhāo

欣奏累遣，感谢欢招。

【字形的演变及基本字义】

	甲骨文	金文	小篆	繁体隶书	简体楷书	说文解字
欣				欣	欣	笑喜也
奏				奏	奏	进也
累				纍	累	缀得理也。一曰大索也
遣				遣	遣	纵也
慼				慼	感	忧也
谢				謝	谢	辞去也
欢				歡	欢	喜乐也
招				招	招	手呼也

【正讲】

"欣奏累遣，感谢欢招。"

  "**欣**"，本义是：喜悦。在《说文解字》里的解释是：笑喜也。《楚辞》有："君欣欣兮乐康。""欣"作动词时，有爱戴、悦福等意。在文中为形容词，意为欢欣喜乐。

  "**奏**"，本义是：奉献、送上。《说文解字》解释为：进也。"奏"作动词时，有奉献、演奏、取得等意，特指向帝王进言或上书。"奏"作名词时，指臣子上奏给帝王的文书。《文心雕龙》中讲：汉定礼仪，则有四品：一曰章，二曰奏，三曰表，四曰议。章以谢恩，奏以按劾，表以陈请，议以执异。

  "**累**"，本义是：绳索。在《说文解字》里的解释是：缀得理也。一曰大索也。"累"是多音字，读léi的时候，作动词，有重叠、接连成串、拘系等意。作名词时，指绳索，也指交配期的牡牛。读lěi的时候，作动词，有堆积、拖累、妨碍等意；作形容词时，有连续、多次等意。读lèi，作动词时，有操劳、烦劳等意；作形容词时，是负担、忧患、过失等意。

  "**遣**"，本义是：释放。在《说文解字》里的解释是：纵也。"遣"字有派去、贬谪、打发等意；古时丈夫休弃妻子也称"遣"。

  "**感**"，本义是：忧愁悲伤。《说文解字》解释为：忧也。作名词时，通"戚"，即亲戚之意。在文中意思为悲伤。

  "**谢**"，本义是：向人认错道歉。《说文解字》解释为：辞去也。"谢"字最常用恐怕是感谢了，除此还有：辞去、告别、告诫、逝去、衰败等意。"谢"也是用言辞委婉地推辞拒绝之意。

"**欢**"，本义是：猎鹰发现猎物而兴奋大叫。在《说文解字》里的解释是：喜乐也。"欢"作动词时，有喜悦、欢迎、殷勤或诚挚地迎接等意；作名词时，指古时男女相爱，女子对情人的称呼。

"**招**"，本义是：打手势叫人来。在《说文解字》里的解释是：手呼也。"招"与"召"是有区别的，《楚辞》里讲，以手势招呼别人过来叫"招"，用言语叫人来叫"召"。"招"作名词时，有策略、靶子、口供等意；作动词时，有招收、邀请、招惹、挥舞等意。

"**欣奏累遣，感谢欢招**。"轻松喜悦的事来了，负累忧愁就排遣散解了！消除了无尽的烦恼，得来无限的快乐。道理简单明白，无须多言，一说一行，说易行难，这八个字对称明显，"欣"与"累"，"感"与"欢"，人人都不喜欢"累""感"，都希望生活中有"欣""欢"伴随，上一节"求古寻论，散虑逍遥"也讲到了这一点。欢欣与幸福是人人都希望拥有的，但幸福感其实是一种主观感受，即使面对同样的情境，不同的人会有不同的心理感受。小孩子可能会因得到新玩具而开心无比，而一个成年人是否快乐的决定因素更多受主观与客观因素决定，诸如主观的自我意识，人格特质，价值观念等；客观的教育水平，生活工作环境，自身健康状况，

宴乐铜壶/战国时期嵌错赏功宴乐铜壶及壶上的水陆攻战纹饰，从中可以看出战国时期兵战的阵势。

社会地位等，其实归根结底，客观因素并不直接影响主观开心幸福感，幸福感是由你自己的内心决定的。再说多了，就又流于俗套，又如一碗"心灵鸡汤"，世间没有永远的"累""感"，也没有永恒的"欣""欢"，"欣""累"相依，"感""欢"相存，"欣奏累遣，感谢欢招"如此罢了！

渠 荷 的 历, 园 莽 抽 条。

【字形的演变及基本字义】

	甲骨文	金文	小篆	繁体隶书	简体楷书	说文解字
渠			渠	渠	渠	水所居
荷			荷	荷	荷	芙蕖叶
的			旳	的	的	明也
历	林	歷	歷	歷	历	过也
园		圆	圜	園	园	所以树果也
莽	茻	莽	莽	莽	莽	草丛
抽			揊	抽	抽	引也
条	㣚		條	條	条	小枝也

【正讲】

"渠荷的历，园莽抽条。"

"渠荷的历，园莽抽条。"这八个字展现了一幅充满生机的自然画卷。

"**渠**"，本义是：水停积处，也指人工开凿的水道。《说文解字》解释为：水所居。"渠"除了壕沟，水名外，古代指车轮的外圈。作形容词通"钜"，是大的意思；作代词时，指第三人称"他"；作动词时，有开凿沟渠之意。在文中，同"蕖"，就是莲花、芙蕖。

"**荷**"，本义是：植物名。也称莲，别称芙蕖、芙蓉。地下茎称藕，籽实称莲，花叶供观赏。《说文解字》解释为：芙蕖叶。"荷"是多音字，读hè，作动词时，是用肩扛或担、背负、担负、承受等意；作名词时，指担子；读hé时，作名词，指芙蕖、荷叶。

"**的**"，本义是：日光强烈醒目。《说文解字》解释为：明也。"的"是多音字，读dí，作副词时，有确定、实在、必定等意；读dì，作名词时，有鲜明、光亮的意思，也指箭靶的中心。读de时，常用在定语后，也作代词、助词等。在文中，读dì，是光鲜、漂亮的意思。

"**历**"，本义是：翻山越岭。《说文解字》解释为：过也。"历"在文中作名词用，是分明、清晰之意；"历"还可以作形容词、副词、动词。"的历"是光亮、鲜明的意思，一般只用于形容荷花、芙蕖、莲花的美丽、纯洁。王勃在诗《越州秋日宴山亭序》中讲："参差夕树，烟侵橘柚之园。的历秋荷，月照芙蓉之水。"

"**园**"，本义是：种蔬菜、花果、树木的地方。《说文解字》的解释是：

所以树果也。常见词有家园、公园、园丁等；也指帝王、后妃的墓地。

"莽"，本义是：犬跑到草丛中逐兔。假借为草丛。在《说文解字》里的解释是：草丛。"莽"作名词时，有草丛、莽林等意；作形容词时，有茂盛、迷茫、粗疏等意。

"抽"，本义是：把夹在中间的东西取出。《说文解字》的解释是：引也。"抽"也作"吸"讲，如抽烟、抽噎。在文中意思为：长出。

"条"，本义是：树木生出的小枝杈。《说文解字》解释为：小枝也。《尚书》里讲："若网在纲，有条而不紊。""条"即条理，清晰而不乱。"条"除了作名词，有枝条、条理、次序的意思外，还作量词、形容词、副词、动词等。"抽条"在这里指草木拔节，长出枝条。

"**渠荷的历，园莽抽条。**"是说池塘里的荷花开得多么鲜艳，园林里的草木抽出了嫩芽。这两句话的画面感很强，一派美丽的田园风光。从语意上讲，与上下文之间有一定的关联，没有严密准确的叙事或议论。这种更贴近原始自然的乡村风格，却能让人心生美好，更有一种"采菊东篱下，悠然见南山"之世外桃源的诠释。用淳朴、率性、简单、豁达来描述居住在这里的人们的心情都不为过。能够给自己疲惫的身心以足够的宽慰和鼓励，这是生命的昭示。人生一世，草木一秋，短短几十年，若能拥有世外桃源般的生活，我们每个人都愿意，问题是：我们的心能否是闲寂的？

枇杷晚翠，梧桐蚤凋。

【字形的演变及基本字义】

	甲骨文	金文	小篆	繁体隶书	简体楷书	说文解字
枇			枇	枇	枇	枇杷木也
杷			杷	杷	杷	收麦器
晚			晚	晚	晚	莫也
翠			翠	翠	翠	青羽雀也
梧			梧	梧	梧	梧桐木
桐		桐	桐	桐	桐	荣也
蚤		蚤	蚤	蚤	蚤	啮人跳蚤
凋			凋	凋	凋	半伤也

【正讲】

"枇杷晚翠，梧桐蚤凋。"

"**枇**"，本义是：植物名，即"枇杷"。《说文解字》解释为：枇杷木也。"枇"在古代通"匕"，是一种食器；也通"篦"，指梳头的篦子。"枇"在这里指枇杷树，常绿乔木，叶、果都可以入药。

"**杷**"，本义是：一种农具。在《说文解字》里的解释是：收麦器。"杷"是多音字，读bà的时候，是名词，指碎土、平地的农具。读pá时，指一种有齿和长柄的农具，用以耙梳、聚拢，多用竹、木或铁等制成。"枇杷"连在一起，指枇杷树，结的果子就叫枇杷。古人有时也用"枇杷"二字代替"琵琶"，中国的一种四弦弹拨乐器，始于西汉。"琵"和"琶"的弹拨手势不同，推手由上往下弹叫"琵"，引手由下往上拨叫"琶"。

"**晚**"，本义是：太阳即将落山，傍晚，黄昏。《说文解字》解释为：莫也。旧时官场后辈对前辈，下级对上级时，自称为晚生，简言为晚。

"**翠**"，本义是：鸟名，即：翠鸟。又专指雌性的翠鸟。《说文解字》的解释是：青羽雀也。"翠"作形容词时，指青、绿、碧之类的颜色。杜甫有名的绝句："两只黄鹂鸣翠柳，一行白鹭上青天。"

"**梧**"，本义是：树木名，即：梧桐。《说文解字》解释为：梧桐木。《营造法式》对"梧"字进行了描述：斜柱，其名有五，一曰斜柱，二曰梧，三曰迕，四曰枝樘，五曰叉手。

"**桐**"，本义是：木名，也名"荣"。《说文解字》解释为：荣也。梧桐木材质轻而坚韧，可制乐器等。《诗经·大雅·卷阿》里有："凤凰鸣矣，于彼高岗；梧桐生矣，于彼朝阳。"成为梧桐引凤凰传说的最早来历。说明在夏末，梧桐树就受到了当时人们的关注。梧桐的象征含义有高洁品格、忠贞爱情、孤独忧愁、离情别绪，多见于文字作品中。

"**蚤**"，本义是：咬人的跳虫，即：跳蚤。在《说文解字》里的解释是：啮人跳蚤。"蚤"也通"早"，指月初或早晨，在文中指时间在先。

"**凋**"，本义是：草木衰落。《说文解字》里解释为：半伤也。在文中作动词用，是凋萎、衰落之意。

"**枇杷晚翠，梧桐蚤凋**。"这句话是说，到了冬天枇杷叶子还是绿的，梧桐一到秋天，叶子就凋落了。加上前面的八个字"渠荷的历，园莽抽条"，可以拼接为一年春夏秋冬的景色："园莽抽条"为春天草木发芽，"渠荷的历"为夏天风光，"梧桐蚤凋"为秋天落叶，"枇杷晚翠"为冬日暖阳。虽说牵强一些，尚可理解。

枇杷喜光喜湿，原产于中国东南部，长江中下游及南部地区。枇杷与大部分果树不同，在秋天或初冬开花，果子在春天至初夏成熟，有白色及橙色两种，称"白沙"及"红沙"，比其他水果都早出产，被称为："果木中独备四时之气者。"

梧桐树是一种落叶乔木，据说是雌雄异株，雄为"梧"，雌为"桐"。梧桐之树相依待老，生死与共，又因为梧桐树在秋天最早落叶，《淮南子》有语："见一叶落而知岁之将暮。"《广群芳谱·木谱六·桐》中："立秋之日，如某时立秋，至期一叶先坠，故云梧桐一叶落，天下尽知秋。"所以有"枇杷晚翠，梧桐蚤凋"一说。

chén gēn wěi yì　luò yè piāo yáo

陈根委翳，落叶飘摇。

【字形的演变及基本字义】

	甲骨文	金文	小篆	繁体隶书	简体楷书	说文解字
陈				陳	陈	宛丘，舜后妫满之所封
根				根	根	木株也
委				委	委	随也
翳				翳	翳	华盖也
落				落	落	凡草曰零，木曰落
叶				葉	叶	草木之叶也
飘				飘	飘	回风也，盘旋而起
摇				摇	摇	动也

【正讲】

"陈根委翳，落叶飘摇。"

"**陈**"，本义是：地名。《说文解字》解释为：宛丘，舜后妫满之所封。是中国周代诸侯国名，在今河南省淮阳县一带。伏羲氏的墓就在淮阳。"陈"作动词时，有陈列、摆设、述说等意；作形容词时，有陈旧等意。

"**根**"，本义是：草木之根。在《说文解字》里的解释是：木株也。有说：蔓根为根，直根为柢。"根"也用作佛学名词，佛教以木比喻天性，叫作"根"。根能够雕刻，叫作"器"。"根器"泛指禀赋。"陈根"一词指逾年的宿草，也借指亡友，在文中指老树根。

"**委**"，本义是：妇女弯腰抱禾苗，表曲折。在《说文解字》里解释为：随也。"委"是多音字，读wěi，作动词时，是派、任、委托、推托、顺从等意；作名词时，是水的下流、委员会的简称等意；也作形容词、副词用。读wēi，作形容词，是曲、委屈等意；在文中作动词，是曲折的意思。

"**翳**"，本义是：用羽毛做的华盖、舞具。在《说文解字》里解释为：华盖也。凡眼内、外障眼病所生遮蔽视线、影响视力的症状皆称为"翳"。"翳"作动词时，有遮蔽、隐藏等意。"委翳"在文中是树根曲折盘错之意。

"**落**"，本义是：植物花叶飘零。《说文解字》解释为：凡草曰零，木曰落。"落"是个多音字，读là时，表示丢下、落后，如：丢三落四。读luò时，有下掉、脱身、衰败、止息、停留等意。也作形容词、名词、量词用。读lào，作动词，有捞、赚、错失等意。

"叶"，本义是：草木之叶。《说文解字》解释为：草木之叶也。"叶"也是个多音字，大多情况下都读yè，指植物的叶子或者姓氏。读xié，同"协"，表示和洽。

"飘"，本义是：旋风、暴风。在《说文解字》里的解释是：回风也，盘旋而起。在文中作动词用，是飘扬、飘落等意。

"摇"，本义是：摇动，摆动。在《说文解字》里解释为：动也。"飘摇"意为：以不稳或不受控制的方式移动，在空中随风摆动。

"**陈根委翳，落叶飘摇**。"意思为，老树根曲折盘错蜿蜒，落叶在秋风里纷飞飘荡。这句话很直白，画面的冲击力很强。

"陈根委翳"让我想到了河南嵩阳书院里的"大将军"、"二将军"的树根，就知道为什么静立五千年仍富生机。也会想到南方地区老榕树的根，发达的根系及"气生根"，会惊叹到每一位初次见到它的人。一看到"落叶飘摇"四个字，映入眼帘的美景莫过于一片银杏树林，秋风过处，落叶纷扬，飘飘洒洒，满地金黄，着实为秋日美景。

yóu kūn dú yùn líng mó jiàng xiāo

游鹍独运，凌摩绛霄。

【字形的演变及基本字义】

	甲骨文	金文	小篆	繁体隶书	简体楷书	说文解字
游	金	㳺	㳺	遊	游	旌旗之流也
鹍				鶤	鹍	
独			獨	獨	独	犬相得而斗也。羊为群，犬为独也
运			運	運	运	移徙也
凌			淩	凌	凌	冰凌也
摩			摩	摩	摩	研也
绛			絳	絳	绛	大赤也
霄			霄	霄	霄	雨霓为霄

【正讲】

"游鹍独运，凌摩绛霄。"

　　"游"，本义是：旌旗末端的流苏。在《说文解字》里的解释是：旌旗之流也。"游"作动词时，指在水里浮行或潜泳，在空中遨游、行走、飞行等意；作名词时，指江河的一段；也作形容词用。

　　"鹍"，本义是：形似天鹅的大鸟。《说文解字》没对这个字进行解释。"鹍鹏"是传说中的大鸟，出自《庄子·逍遥游》："北冥有鱼，其名为鲲；鲲之大，不知其几千里也。化而为鸟，其名为鹏。鹏之背，不知其几千里也……""鲲"后讹为"鹍"。

　　"独"，本义是：单独、单一。《说文解字》解释为：犬相得而斗也。羊为群，犬为独也。"独"在文中作形容词，单独之意；也作副词用，有独自、唯独等意；作名词，指无子孙的老人。

　　"运"，本义是：转动、运行、调动、迁移。在《说文解字》里解释为：移徙也。《方言十二》中有："日运为躔（chán），月运为逡。"文中作动词用，是运行之意。

　　"凌"，本义是：冰。《说文解字》的解释是：冰凌也。在这里是动词，是升、登上的意思。杜甫的《望岳》有："会当凌绝顶，一览众山小。""凌"还作形容词用，有寒冷、杂乱等意；也作名词，指冰、冰室等。

　　"摩"，本义是：用掌摩擦。在《说文解字》里的解释是：研也。"摩"也通"磨"，是磨天之意，也有切磋、抚摸等意。"摩"在文中作动词，是接近、迫近的意思。

　　"绛"，本义是：大红色。《说文解字》里解释为：大赤也。在文中

鸮型铜卣（yǒu）/1980年河南罗山蟒张出土的商代青铜制盛酒器。上有盖，盖上有钮，侧有提梁。受其他器物影响，卣有各种形状，如圆柱形、方形、动物形、长颈形，鸟兽形则有饕餮食人卣、鸮（xiāo）卣等。

战国时期铜钺/河北出土的战国时中山国铜钺，上面有天子分封诸侯的记录。先秦官吏录用制有明显的宗法世袭印迹。

作动词用，指染成绛色。

"霄"，本义是：粒状雪花、米雪。在《说文解字》里的解释是：雨霓为霄。冰雪杂下者谓之霄，也指高空稀薄游动的云。作动词通"消"，是消灭、消失的意思。王琦注：按道书，九霄是仙人居住的地方。九霄之名：一说：赤霄、碧霄、青霄，绛霄、黅（jīn）霄、矗（chù）霄、练霄、玄霄、缙（jìn）霄。九霄之外为九天，是天的最高处。道教中的九天为：一为中天，二为羡天，三为从天，四为更天，五为晬（zuì）天，六为廓天，七为减天，八为沈天，九为成天。

"游鹍独运，凌摩绛霄。" 意思是说，只有远游的鹍鹏独自翱翔，直冲布满彩霞的云霄。读这句话有一种壮志凌云的气势及壮士一去不复返的悲壮。毛泽东诗词《念奴娇·鸟儿问答》一开始就用"鲲鹏展翅九万里，上下扶摇翻飞"的伟岸情状，化用了《庄子·逍遥游》中的鹍鹏形象。诗人仿佛已变成了高瞻远瞩的鲲鹏，大气磅礴，吐纳风云，壮志沉稳，反衬鸟雀的委琐、卑怯。若有兴趣可以翻阅朗读欣赏这一阕词。

dān dú wán shì yù mù náng xiāng

耽读玩市，寓目囊箱。

【字形的演变及基本字义】

	甲骨文	金文	小篆	繁体隶书	简体楷书	说文解字
耽			耽	耽	耽	耳大垂也
读			讀	讀	读	诵书也
玩			玩	玩	玩	弄也
市		市	市	市	市	买卖之所也
寓			寓	寓	寓	寄也
目	目	目	目	目	目	人眼
囊			囊	囊	囊	橐（tuó）也
箱			箱	箱	箱	大车牝服也

【正讲】

"耽读玩市，寓目囊箱。"

　　"耽"，本义是：耳朵大而下垂。《说文解字》解释为：耳大垂也。耽耳，就是大耳朵垂在肩上。"耽"在这里作动词用，是沉溺之意。

　　"读"，本义是：将书面文字念出声。《说文解字》解释为：诵书也。"读"在古代也是一种文体，耕读人家通常是描述美好的田园生活。"读"是多音字，通常读作dú，作动词时，指依照文字念、看书、阅览、求学等意；作名词，指字的念法。读dòu，语句中的停顿。古代诵读文章，分句和读，极短的停顿叫"读"，稍长的停顿叫"句"。现在以逗号标志，也作"逗"。

　　"玩"，本义是：以手玩弄（玉）。《说文解字》解释为：弄也。作动词用，有玩耍、欣赏、轻慢、反复体会等意；作名词时，指供玩赏之物。

　　"市"，本义是：供买卖交易的集贸地。在《说文解字》里解释为：买卖之所也。《周礼·司市》中讲："大市，日昃而市，百族为主；朝市，朝时而市，商贾为主；夕市，夕时而市，贩夫贩妇为主。"

　　"寓"，本义是：寄居、寄住。《说文解字》解释为：寄也。文中作动词用，寄托之意。

　　"目"，本义是：人的眼睛。在《说文解字》里的解释是：人眼。先秦一般用"目"，在汉以后多用"眼"。"目"作动词用时，有观看、看待等意。"寓目"意思为：过目、观看。

　　"囊"，本义是：古代装行李的布袋、布包。《说文解字》的解释是：橐（tuó）也。"橐"也是口袋、布袋，小而有底是橐，大而无底是囊。"囊"是多音字，读nāng，囊膪（chuài），指猪胸腹部松弛的肉。读náng，表示口袋，或像口袋的东西。《周易·坤卦》的六四爻的"爻辞"讲："括囊，无咎，无誉。""括囊"，就是收紧袋子，引申为闭上嘴巴，默默隐忍。"无咎"重在避害，"无誉"重在避名，有誉就会有咎害，深藏不露，无迹无形。

"箱"，本义是：古代大车上罩母马的装饰。在《说文解字》里解释为：大车牝服也。"箱"作名词，指车箱，后作"厢"，是厢房、旁边等意。"箱"也为盛物的箱笼，是有盖有底的方形盛物器。

"**耽读玩市，寓目囊箱**。"这句话的意思是说：即使在闹市中，仍沉迷、留恋于读书，对繁华街市充耳不闻、视而不见，满眼全是书袋和书箱。有些版本说这八个字讲的是东汉著名的唯物论者王充。王充自称出自"孤门细族"，十岁左右父亲去世，成了孤儿，他酷爱读书，但因家里贫寒买不起书，他就到洛阳的集市看书，他的记忆力超凡，过目不忘，看一遍就能背诵。他擅长辩论，说话诡异，却能得出实在的结论。生平著述有《讥俗》、《政务》、《养性》等，现已失传，只有《论衡》存世。东汉时代，儒家思想在意识形态领域里占支配地位，但与春秋战国所不同的是儒家学说打上神秘主义色彩。《论衡》一书就针对儒术和神秘主义的谶纬说进行了批判，也正因为此，被视之为"异书"，遭到冷遇与禁锢。

易 輶 攸 畏， 属 耳 垣 墙。

【字形的演变及基本字义】

	甲骨文	金文	小篆	繁体隶书	简体楷书	说文解字
易						蜥蜴，蝘蜓，守宫也，象形
輶						轻车也
攸						行水也
畏						恶也
属						连也
耳						主听也
垣						墙也
墙						垣蔽也

【正讲】

"易辖攸畏，属耳垣墙。"

"易辖攸畏，属耳垣墙"用取象的方法喻人处世要小心谨慎。

"易"，本义是：蜥蜴。《说文解字》解释为：蜥蜴，蝘蜓，守宫也，象形。蜥蜴也叫变色龙，它会因应环境的变化而改变自身的颜色。由此，"易"就是变化之意。"易"的甲骨文写法是（），所以有些人认为"易"字上面是太阳，下面就是太阳的光线，"易"反映的就是太阳光线的变化：早上很柔和，然后慢慢地越来越强烈，日中而昃，慢慢地转弱，晚上就消失了。《秘书》中说：日月二字合成"易"，象征阴阳的变化。我觉得《秘书》的说法更为合理，日为阳之精，月为阴之精，那么日月就是阴阳的变化。《周易》就是一部讲世界阴阳变化的经文。"易"作动词时，有变换、改变、整治等意；作形容词时，有容易、简易、平易等意；作名词时，古代指阴阳变化消长的现象；《周易》的简称；卜筮之象等意；通"场"，指边界。"易"也作姓氏。

"辖"，本义是：古代一种轻便的车。《说文解字》解释为：轻车也。"辖"有轻便、轻易等意。

"攸"，本义是：老人拄拐杖小心过河。在《说文解字》里的解释是：行水也。"攸"字在《周易》中出现过多次，比如："君子有攸往"，相当于"所"。"攸"作形容词时，有安闲、长远等意。

"畏"，本义是：鬼手拿杖打人，使人害怕。在《说文解字》里解释为：恶也。"畏"作动词时，有害怕、畏惧、担心、敬服等意。"攸畏"，即有所畏惧，有所敬畏。

　　"**属**"，本义是：尾巴与躯干相连接。《说文解字》解释为：连也。"属"是多音字，读zhǔ，作动词用时，有继续、连接、撰写、集合、跟踪等意；读shǔ，作名词时，有种类、亲属等意；特指十二属相的归属。

　　"**耳**"，本义是：耳朵。《说文解字》解释为：主听也。中医认为五官与五脏相关：鼻为肺之窍，目为肝之窍，口为脾之窍，舌为心之窍，耳为肾之窍。观察体表和五官功能的变化征象，就可推断内脏的变化，也可反映全身精气的状况。"耳"作动词时，即听到、附耳而语等意。

　　"**垣**"，本义是：矮墙，泛指墙。《说文解字》解释为：墙也。一般矮墙是"垣"，高墙叫"墉"。《诗经·小雅·小弁》中有："君子无易由言，耳属于垣。"属垣有耳：有人耳朵贴着墙偷听。

　　"**墙**"，本义是：房屋或园场周围的障壁。在《说文解字》里解释为：垣蔽也。"墙"也有门屏之意。古代出殡时柩车上覆棺的装饰性帷幔也称墙。"萧墙"就是古代宫室内挡门的小墙。"垣墙"意思是院墙、围墙。

　　"**易辖攸畏，属耳垣墙。**"直译这句话就是：换了轻便的车子行路，更要小心，要有所敬畏，注意危险；说话时要防止隔墙有耳，言

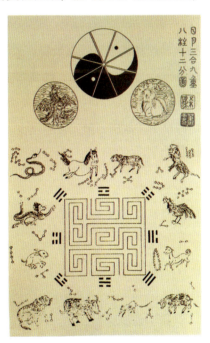

《日月三合九重八经十二分图》/清初画家萧云从所作。该图上部中间为一阴阳符号，表示古人对宇宙起源的认识。左为太阳，绘有中国古代表示太阳的三足鸟。右为月亮，绘有中国古代表示月亮的玉兔。下部中间为代表地域地形的方阵，周围是古代用来阐释宇宙和社会发展变化规律的八卦符号。外圈短线连接的链圈，为二十八星宿。十二种动物则表示一昼夜的十二个时辰。

语谨慎。这八个字取象简明达义，驾驰更轻快的车，速度快，不费力，一不小心极易出现车毁人亡的惨剧；说话时，有人耳朵贴着墙偷听，你能不小心谨慎嘛？要言语收敛，更需把握分寸，以防后患。

这些浅显的道理不说已经很明白，说出来又显得啰嗦。可也正是这些显而易见、轻而易举的事情，坚持日行的能有几人？"轻而易举"就出自《诗经•大雅》："人亦有言，德輶如毛，民鲜克举之。"朱熹注释："言人皆言德甚轻而易举，然人莫能举也。"意思是：德行之轻犹如毛羽，芸芸众生却罕有人举起。看来修持身心的不是惊天动地的大事，却是日常的行为与言语，能够胜任者恐怕也不是俗众之辈。

"易輶攸畏"是警示行为要小心！"属耳垣墙"是明示言语谨慎。知行合一，言行一致，君子是也。

具 膳 餐 饭，适 口 充 肠。

jù shàn cān fàn   shì kǒu chōng cháng

【字形的演变及基本字义】

	甲骨文	金文	小篆	繁体隶书	简体楷书	说文解字
具				具	具	供置也
膳				膳	膳	具食也
餐				餐	餐	吞也
饭				飯	饭	食也
适				適	适	之也
口				口	口	人所以言食也
充				充	充	长也，高也
肠				腸	肠	大小肠也

【正讲】

"具膳餐饭，适口充肠。"

"具膳餐饭，适口充肠。"这八个字讲了准备饭食的要领。

"**具**"，本义是：准备饭食或酒席。在《说文解字》里解释为：供置也。"具"在古代专指准备饭食。"具"作名词时，指用具、饭食、才能等意；在这里作动词用，是操持、准备之意。"具"也作副词、量词用。

"**膳**"，本义是：饭食，一般指肉食。《说文解字》解释为：具食也。古代"膳"是指牲肉。"膳"作名词时，有肉食、美食等意；作动词时，有备置食物、进食、烹调等意。

"**餐**"，本义是：吃，吞食。《说文解字》解释为：吞也。文中指食物饮食。

"**饭**"，本义是：用手取食。《说文解字》解释为：食也。多指米饭。"膳"是肉食，"饭"是素食。

"**适**"，本义是：往，到。《说文解字》解释为：之也。"适"有"往"意，但"往"有自发主动性，"适"有随意自在性。"适"作动词时，有归向、符合、节制等意；作形容词，指满足、舒适；作副词，是正好、偶尔、刚才等意。古代女子出嫁，也叫"适"，适龄女子就是到了出嫁年龄的女子。

"**口**"，本义是：人类用来发声和进食的器官，也就是嘴。《说文解字》解释为：人所以言食也。《春秋》中有："口之为言达也。"《鬼谷子》也有："口者心之门户。""口"作名词时，有语言、口才、出入通过的地方等意；也作形容词、量词等。

"**充**"，本义是：嘴对嘴喂哺幼婴。即：养育子女，长大成人。《说文解字》解释为：长也，高也。"充"作形容词时，有满、足、实等意；作动词时，有装满、扩大、供应、假冒等意。

"**肠**"，本义是：连接胃与肛的消化道，是消化器官之一。《说文解字》解释为：大小肠也。也表内心、情怀，如：心肠等。

"**具膳餐饭，适口充肠**。"意思是说，不管是粗茶淡饭还是山珍海味，只要符合自己的口味，吃饱吃好就行。蔬食菜羹去污秽、粗茶淡饭生智慧。《汉书·郦食其传》讲：民以食为天。一方水土养一方人，每个地方水土环境，人文环境都不同，饮食也具有不同的特点，无论荤素，或苦甜酸辣咸，都因人不同，因地而宜。比如我吧，出生河南，以面食为主，每天到吃饭时，心里就会想着面条、馒头、饺子，吃米饭总觉得吃不饱。从小形成的口味真是不好改，无论走到哪里，一旦饿了，最想吃的还是热腾腾、香喷喷的面。若你生在江南水乡，或岭南海域，或西北大漠，都会有各自舌尖上的"最爱"。

今天这八个字，明确指出了饮食大事，山珍海味也好，粗茶淡饭也罢，您记着了，一要"适口"，即可口，二要"充肠"，即吃饱！这让我想到宋朝大诗人黄庭坚在他的诗《四休导士诗序》里说："粗茶淡饭饱即休，补破遮寒暖即休，三平二满过即休，不贪不妒老即休。"还有孔子说的："饭疏食饮水，曲肱而枕之，乐亦在其中矣。不义而富且贵，于我如浮云。"意思是吃粗茶淡饭，就能解决温饱，晚上枕着自己的胳膊睡觉，也很开心，那些不义之财的富贵都只不过是浮云，与我又有何干呢？

饱饫烹宰，饥厌糟糠。

【字形的演变及基本字义】

	甲骨文	金文	小篆	繁体隶书	简体楷书	说文解字
饱	匋		飽	飽	饱	厌也
饫			饇	飫	饫	厌食也
烹			亯	烹	烹	本作"亨"
宰	宰	宰	宰	宰	宰	罪人在屋下执事者
饥		饑	饑	饑	饥	谷不熟为饥
厌		猒	厭	厭	厌	笮也
糟			糟	糟	糟	酒滓也
糠	米		穅	糠	糠	谷皮也

【正讲】

"饱饫烹宰，饥厌糟糠。"

"**饱**"，本义是：先让孩子吃满足。《说文解字》解释为：厌也。"饱"作动词时，有满足之意，如《诗经·大雅》中的："既醉以酒，既饱以德。"

"**饫**"，本义是：吃饱。《说文解字》解释为：厌食也。有吃得过饱之意。在古代，站立行礼叫饫礼。在这里是吃得过饱之意。

"**烹**"，本义是：烧煮。《说文解字》的解释：本作"亨"。今俗作"烹"。《韩非子·解志》中有："治大国者，若烹小鲜。"

"**宰**"，本义是：充当家奴的罪人。《说文解字》解释为：罪人在屋下执事者。"宰"作名词时，意思有很多：古代贵族家中的管家或奴隶总管；手工业奴隶；古代官吏的通称；厨工等。在文中作动词，指宰杀牲畜并割肉。"烹宰"就是宰杀、烹煮牲畜。

"**饥**"，本义是：因自然原因，五谷不成熟或无收。《说文解字》解释为：谷不熟为饥。先秦时"饥"与"饉"不相混同，"饥"指肚子饿，"饉"指饥荒。后来两字通用。"饥"在这里指饥饿。

"**厌**"，本义是：吃饱，满足。《说文解字》解释为：笮也。有压榨、压迫之意。"厌"是个多音字，读yā，作动词，表示一物压在另一物上；泛指压制、抑制；也指一种用咒符来制服对手的巫术，如厌胜法。读yàn时，作动词，有饱、满足、憎恶等意。

"**糟**"，本义是：古代指未漉清的带滓的酒。后指酿酒后形成的渣滓。《说文解字》解释为：酒滓也。在文中意思为：粗恶的食物。

"**糠**"，本义是：稻、麦、谷子等的籽实所脱落的壳或皮。《说

四神青龙纹瓦当/凡古典大型建筑在构件上设计驱邪的形象，称之"厌胜"。最典型的是使用四神形象。四神也叫四方神，即青龙、白虎、朱雀、玄武。青龙能够呼风唤雨，为四神之首。

解字》的解释：谷皮也。"糟糠"是用来充饥的酒渣、米糠等粗劣食物，借指共过患难的妻子。《后汉书·宋弘传》中有："臣闻贫贱之交不可忘，糟糠之妻不下堂。"《东坡志林》中有："居富贵者不易糟糠。"

"饱饫烹宰，饥厌糟糠。" 意思就是：当人们吃饱的时候，就算杀鸡宰羊，看到山珍海味也会厌倦吃不下；饥饿的时候，即使吃用渣滓和米糠做成的饭也会感到满足。

这句话有两个关键字，其一是"饫"，"饫"是吃饱、吃撑而厌食之意；另一个字是"厌"，"厌"的意思是满足。道理很简单：吃饱了，还杀鸡炖鱼的有什么用？根本吃不下了，是多余的。没东西吃的时候，有点谷糠也就很满足了。俗话说：饿了吃糠甜如蜜，饱了吃蜜也不甜。若吃饱还不满足，就有些贪得无厌了。凡事皆不可"无厌"，即不满足。尤其对金钱名利，不止此心，若一味贪婪不能满足，就到了自我怨恨毁天之时。《左传·昭公二十八年》中讲："贪婪无厌，忿类无期。"世上的灵丹妙药，对于一个身体健康的人来说，也是多余的。饱时满足，饿时有食，才是自然常态的生活信条。

亲戚故旧，老少异粮。

【字形的演变及基本字义】

	甲骨文	金文	小篆	繁体隶书	简体楷书	说文解字
亲		𣂯	親	親	亲	至也
戚	屮	戚	戚	戚	戚	戊也
故		故	故	故	故	使为之也
旧	𦾔	𦾔	舊	舊	旧	旧留也
老	老	老	老	老	老	考也。七十曰老
少	少	少	少	少	少	不多也
异	異	異	異	異	异	怪也
粮		粱	糧	糧	粮	谷食也

【正讲】

"亲戚故旧，老少异粮。"

"**亲**"，本义是：亲爱。《说文解字》解释为：至也。"亲"是多音字，读qīn，作形容词时，有亲近、亲密等意；作名词时，指父母，泛指有血统或婚姻关系的人等；也作副词、动词用。读qìng，一般特定用于"亲家"，指夫妻双方的父母彼此的关系或称呼。

"**戚**"，本义是：双刃带利齿的战斧钺。《说文解字》解释为：戊也。"戚"作名词时，多指亲属、亲戚。《吕氏春秋》中讲："何谓六戚？父母兄弟妻子。""戚"作形容词时，有忧愁、悲伤、亲近等意。"亲"在古代指内亲，是有血缘关系的人；"戚"指外亲，指母及妻的亲属。

"**故**"，本义是：缘故，原因。《说文解字》解释为：使为之也。"故"作名词时，有事情、意外、祖先等意；作形容词时，有原来、旧时的等意；作动词时，有死亡、衰老之意；也作副词、连词、代词用。文中指旧识、旧交。

"**旧**"，本义是：鸟名。在《说文解字》里解释为：旧留也。"旧"在文中作名词，意为故交、老交情。"故旧"在这里指老相识、老交情。《论语》中有："君子笃于亲，则民兴于仁；故旧不遗，则民不偷。"

"**老**"，本义是：手里持杖的老人。《说文解字》解释为：考也，七十曰老。五十至七十岁高龄的人称老。"老"也是对先辈、年长者的尊称。"老"作代词时，是对死的讳称。

"**少**"，本义是：不多。《说文解字》解释为：不多也。"少"是多音字，读shǎo，作形容词时，表示数量小的、薄弱的等意；作动词时，有缺短、轻视等意；读shào，作名词时，是指年纪轻或年轻人、古代辅佐长官的副职、少爷、姓氏；也作形容词用。在这里读shào，指年轻人。

"**异**"，本义是：不正常的婴孩。引申为奇特、奇怪。《说文解字》解释为：怪也。在这里的意思是：不同的、有区别的。

"**粮**"，本义是：旅行用的干粮，行军作战用的军粮。在《说文解字》里解释为：谷食也。行路者的干食为粮。在文中引申为粮食、食物。

"**亲戚故旧，老少异粮**。"这句话的意思是：接待亲戚朋友要态度诚恳、热情，根据老人、小孩的口味、习惯，准备不同的饮食菜品。

待客之道的核心是敬和爱，对老人要尊敬，要考虑到老人饮食方面的需求，如老人不宜吃生冷干硬的与多糖高脂的等等。对小孩要慈爱，要为小孩准备好吃的糖果点心，饮食不可过烫、过热等。可见待客之道不在于奢华侈靡，而在于真诚，在于尊敬和慈爱。

qiè yù jì fǎng shì jīn wéi fáng

妾 御 绩 纺，侍 巾 帷 房。

【字形的演变及基本字义】

	甲骨文	金文	小篆	繁体隶书	简体楷书	说文解字
妾	𡚸	𡚸	𡚸	妾	妾	有罪女子给事者
御	𢌳	𢌳	御	禦	御	使马也
绩		績	績	績	绩	缉也
纺		紡	紡	紡	纺	网丝也
侍			侍	侍	侍	承也
巾	巾	巾	巾	巾	巾	佩巾也
帷			帷	帷	帷	在旁曰帷
房			房	房	房	室在旁者也

【正讲】

"妾御绩纺，侍巾帷房。"

"**妾**"，本义是：女奴。在《说文解字》里的解释是：有罪女子给事者。"妾"即除妻子之外另娶的女人。"妾"也作代词，旧时妇女自称的谦辞。

"**御**"，本义是：驾驶车马。《说文解字》解释为：使马也。《周礼》中讲：礼乐射御书数为六艺。"御"作动词用时，有统治、统率、使用、抵挡等意；作代词时，指驾车马的人，也是对帝王所作所为及所用物的敬称。"御"在本文中是侍奉之意。

"**绩**"，本义是：用麻搓成线。《说文解字》解释为：缉也。"绩"是把麻纤维纺成线。作名词时，有成就、功业等意。

"**纺**"，本义是：将丝纤维制成纱。《说文解字》解释为：网丝也。

"**绩纺**"即把丝麻等纤维纺成纱或线。在古代，丝制品统称为帛，丝绸品种按其组织规格不同可分为：绫、罗、绸、缎、绡、纱等。

"**侍**"，本义是：神职人员从事敬神活动。《说文解字》解释为：承也。"侍"是地位比较低的人在地位比较高的人旁边随时候命、伺候。"侍"在本文中引申为服侍、侍奉。

"**巾**"，本义是：用布帛制成的系佩饰物、佩巾、拭布。《说文解字》解释为：佩巾也。相当于现在的手巾。本来是拭物，也就是打扫卫生的擦拭物，后来用于扎头发或作巾帽用。

"**帷**"，本义是：围在四周的布幕。在《说文解字》里解释为：在旁曰帷。四周围起来叫帷，上面垂下来叫幕。

练丝/练丝即缫（sāo）丝，按缫丝时蚕茧沉浮的不同，可分为浮缫、半沉缫、沉缫三种方法。这三种方法的区别主要取决于煮茧后，茧腔内吸水量的多少。图为根据王祯《农书》所绘的《耕织图》中的练丝图。

"**房**"，本义是：正室左右的住室。在《说文解字》里解释为：室在旁者也。古代堂中间叫正室，两旁的叫房。堂高于一般房屋，通常坐北向南，堂左边的是东房，右边的是西房。

"**妾御绩纺，侍巾帷房。**"意思是说：小妾婢女要管理好家务，纺线织布，缝衣做饭，还要尽心恭敬地照料好主人的起居。古代所说的妻妾有别，妻子只有一人，妾是除妻子之外的另娶的女人，有一个或多个。就连皇宫也一样，三宫六院七十二妃，妃嫔再多，皇后都只有一位，且主管后宫。作为富贵人家的妻妾，妻子要总管家务，具体的分工都由妾及婢女操持，做女红是起码的。从养蚕栽棉到纺纱织布，从穿针引线到缝衣置服，都属女红的活计。我国几千年的农业社会，不仅树立了以农为本的思想，同时也形成了男耕女织的传统，女子从小学习描花刺绣，纺纱织布，裁衣缝补等，特别是到了明清时期，社会对女性的要求，夫家对于择妻的标准，都以"德、言、容、功"等四个方面来衡量，其中的"功"就是女红活计。随着历史的发展，女红作为中国传统文化的一部分，具有独特的魅力，伴随人类文明几千年，且与人们的日常生活密不可分，与各地的民族习俗紧密相连，与深厚的社会文化一脉相承。时至今日，男女的社会分工已经没有太过区分，男主外、女主内的观念也逐渐被打破。这是社会的进步，是文明的体现，男女平等更是国策。

wán shàn yuán jié　yín zhú wěi huáng

纨 扇 圆 潔，银 烛 炜 煌。

【字形的演变及基本字义】

	甲骨文	金文	小篆	繁体隶书	简体楷书	说文解字
纨						素也
扇						扉也，门两旁如羽翼也
圆						圜全也
潔						净也
银						白金也
烛						庭燎大烛也
炜						盛赤也
煌						煌辉也

【正讲】

"纨扇圆潔，银烛炜煌。"

"**纨**"，本义是：细致洁白的薄绸。在《说文解字》里解释为：素也。"纨"就是洁白的生绢。古代的官僚、富贵家庭的子弟衣着华美，不务正业，成天吃喝玩乐，称为"纨绔子弟"。"绔"同"裤"。

"**扇**"，本义是：古人用羽毛或花草装饰的门扉。在《说文解字》里的解释是：扉也，门两旁如羽翼也。"扇"是多音字，读shàn，作名词，意思是有扇子、板状或片状的屏等。也作量词、动词用。读shān，作动词，指摇动扇子或其他东西，使空气加速流动成风，也指鼓动别人去做不应该做的事，还指用手掌打。"扇"在本文指扇子。"纨扇"，也叫绫绢扇，就是用细绢做的团扇，上面可能还画有图案，或者绣有图案或诗句。南朝梁江淹的《和班婕妤咏扇诗》中有："纨扇如团月，出自机中素。"

团扇又称为宫扇、纨扇，是一种圆形有柄的扇子，最早出现在商代，用五光十色的野鸡毛制成，称之为"障扇"。其作用不是用来扇风取凉，是为帝王外出巡视时遮阳避风之用。到了东汉，改羽扇为丝、绢、绫罗之类织品，扇面还加上绣画。圆形的扇子称为"纨扇"或"团扇"，也有长圆、梅花、六

团扇

角等形状，有木、竹、骨作为扇柄，还有扇坠、流苏、玉器等饰物，多为女性随身佩戴。南北朝时期就已经有了腰扇，即折扇了。

"圆"，本义是：圆形。《说文解字》的解释是：圜全也。《大戴礼记》中讲："天道曰圆，地道曰方。""圜"同"圆"，在本文有圆形、圆满之意。

"潔"，本义是：除污去湿。《说文解字》里解释为：净也。"潔"同"洁"。《千字文》力求千字不重复，所以"洁"在此处用"潔"。在道德修为方面有说：厚志隐行，谓之洁。

"银"，本义是：一种白色金属，通称银子。《说文解字》的解释：白金也。"银"是五金（金银铜铁铝）之一，化学符号Ag。银也指颜色，接近白色。"银"在这里指用银做的烛台、饰品等。

"烛"，本义是：古代照明用的火炬。在《说文解字》里的解释是：庭燎大烛也。烛是可以通过燃烧来照明的燃料，最早的烛并不是蜡烛，用线绳或苇子做中心，周围包上用动物的脂肪熬制的油，点着可以照明。《仪礼·士丧礼》中讲"火在地曰燎，执之口烛。""烛"作名词用时，是火炬、蜡烛等意；"烛"作动词用，有洞察、照亮等意；如《韩非子·内储说上》中讲："夫日，兼烛天下。"

商周时，古人没有点燃膏脂的灯具，到现在，无论传世品或考古发掘，从未发现过那时的灯具。古人照明的用具就是"烛"，甲骨文中未见有"烛"字。商周的"烛"就是现在的小火把了，用手执的小火把，称为"烛"；插在地上的大火把，称之为"燎"；竖于庭院中的，称之为"庭燎"。烛的质料不一，其中有用桦树皮，以其皮裹入松脂，点燃起来，名叫桦烛或曰花烛，也就是今天所说的"洞房花烛"的来历。

"炜"，本义是：火光明亮。《说文解字》的解释是：盛赤也。"炜"是多音字，读huī时，同"辉"，是光、光辉之意；读wěi时，作形容词，是鲜明、光亮之意。

"**煌**"，本义是：光明、光亮。在《说文解字》里解释为：煌辉也。"炜煌"即辉煌，光辉灿烂之盛貌。

"**纨扇圆潔，银烛炜煌**。"简单地说，圆圆的团扇洁白素雅，银白的蜡烛灯火辉煌。这八个字更侧重描写大小姐夏夜闺房的场景，玉手执团扇，银烛耀佳人。

zhòu mián xī mèi lán sǔn xiàng chuáng

昼 眠 夕 寐，蓝 笋 象 床。

【字形的演变及基本字义】

	甲骨文	金文	小篆	繁体隶书	简体楷书	说文解字
昼						明也，日之出入，与夜为界
眠						翕目也
夕						莫也
寐						卧也
蓝						染青草也
笋						竹胎也
象						南越大兽，长鼻牙，三年一乳。字形像鼻牙四足尾之形
床						安身之坐者

【正讲】

"昼眠夕寐，蓝笋象床。"

"**昼**"，本义是：日出，白天。《说文解字》解释为：明也，日之出入，与夜为界。"昼"在此有中午、正午之意。"午"即午时，上午11点到下午1点之间。

"**眠**"，本义是：闭上眼睛。《说文解字》的解释：翕目也。"眠"的本义指闭上眼睛，但不一定入睡；当然"眠"也有睡觉的意思。"眠"也指某些动物的一种生理状态，在一段时间内不食不动。如蚕眠、冬眠。"昼眠"即午睡。

"**夕**"，本义是：黄昏，夜晚。《说文解字》里解释为：莫也。"夕"作名词，指夜晚；也指一年的最后一季或一个月的下旬；在文中指晚上。

"**寐**"，本义是：睡着。《说文解字》解释为：卧也。在这里指睡觉。"寐"还有静谧无声之意。"夕寐"指夜晚就寝，入睡、深睡。

"**昼眠夕寐**"就是人们常说的子午觉，即每天子时和午时按时入睡，原则是子时大睡，午时小憩。《黄帝内经》中有："阳气尽则卧，阴气尽则寤（wù）。""寤"同"悟"，是清醒、明白之意。《说文解字》的解释是：寐觉而有言曰寤。说明睡眠与醒寤是阴阳交替的结果，阴气盛则入眠，阳气旺则醒来。子时是晚23点至凌晨1点，此时阴气最盛，阳气衰弱；午时是中午11点到下午1点，此时阳气最盛，阴气衰弱。传统中医认为，子时与午时都是阴阳交替之时，也是人体经气"合阴"与"合阳"之时，睡好子午觉，有利于人体养阴养阳。在古代的养生之道中，有"三寒两倒七分饱"的理念，其中的"两倒"就是子午觉，饮食有节，起居有常，方能使身体和谐、健康。

"蓝"，本义是：可提取靛青染料的蓼草。《说文解字》解释为：染青草也。就是一种植物，品种有很多，如"蓼蓝"、"菘蓝"、"木蓝"、"马蓝"等。这类植物可以用来染色，染出的颜色介于青和绿之间，像晴天天空的颜色。"蓝"作形容词时，同"褴"，指衣衫破烂。

"笋"，本义是：竹子初从土里长出的嫩茎、芽。《说文解字》解释为：竹胎也。竹胎就是新竹笋，新发的竹笋总是一簇一簇的，如果长得太密会影响向上长，所以需要砍去一些，让其更好地生长。笋也是一种很好的食材，无论是炒着吃，还是煮着吃，都鲜嫩可口。我们以前讲过植物为了传播种子会尽情展现色与香，或者通过别的方法传播。同样的，植物为了自保，也会各出奇招，有些长满了刺，有些则分泌有害物质，竹笋也不例外，它的自我保护的办法是裹着一层一层的外壳，壳上面长满了密密麻麻的毛，这种毛粘在动物尤其是人的皮肤上，会导致皮肤奇痒难止，甚至严重过敏！"蓝笋"在这里指用竹子中的蓝竹的笋编织的席垫，既细滑，又舒适。

"象"，本义是：大象，一种哺乳动物。《说文解字》里的解释是：南越大兽，长鼻牙，三年一乳。字形像鼻牙四足尾之形。"象"作名词时，指大象、现象、人的外貌、形状、道理等意；大象是目前地球上最大的哺乳动物，是群居性动物，以家族为单位。非洲象由雌象做首领，亚洲象相反，是成年雄象承担保卫家庭的责任。"象"多产在印度、非洲等热带地区，门牙很长，可雕刻成器皿或艺术品，因其稀有且珍贵，所以有很多非法狩猎者捕杀大象，目的却仅是为了取其象牙，还是那句话："没有买卖，就没有杀害。"保护大自然，保护野生动物，人人有责。如果没有能力去保护，但至少要做到不要去购买、使用象牙制品。"象"作动词时，假借为"像"，是类似、好像、描绘、想象等意。

　　"床"，本义是：坐卧的器具。在《说文解字》里的解释是：安身之坐者。"床"作名词时，指床或像床的东西。"床"也用作量词，如：两床被子。"象床"就是用象牙雕屏的床。

　　"蓝笋象床"是指安身之床的讲究。根据床的造型分类，一般可分为罗汉床，架子床，拔步床，高低屏床及圆形床等。其中的"架子床"，其四角有立柱，柱间有矮围子，柱上端承床顶，下有底座。有的架子床有门围，就是正面两侧多立两立柱，也称为"六柱床"。"拔步床"其造型奇特，从外形看，好像把架子床安放在一个木制平台上，平台长出床的前沿二三尺，平台四角立柱镶以木制围栏，有的在两边安上窗户，使床前形成一个小廊子。廊子两侧放些桌凳等一些小型家具，用以放置杂物，现在使用的很少。现代人用的大多是高低屏床，头靠的一边有高屏，脚靠的一端有低屏或没有突出的屏。

　　"昼眠夕寐，蓝笋象床。"这八个字的意思是：白天小憩，晚上就寝，有青篾编成的竹席和象牙雕屏的床榻。

弦歌酒宴，接杯举觞。

【字形的演变及基本字义】

	甲骨文	金文	小篆	繁体隶书	简体楷书	说文解字
弦			弹	絃	弦	弓弦也
歌		訶	訶	歌	歌	咏也
酒	酒	酉	酒	酒	酒	就也，所以就人性之善恶
宴		宴	宴	宴	宴	安也
接		接	接	接	接	交也
杯			桮	桮	杯	俗作"盃"，饮酒器
举		舉	舉	舉	举	对举也
觞		觴	觴	觴	觞	爵实曰觞，虚曰觯

【正讲】

"弦歌酒宴，接杯举觞。"

"**弦**"，本义是：用丝做成的弓弦。《说文解字》解释为：弓弦也。"弦"除了系在弓背两端用以发射弓箭外，也用作乐器中发声的琴弦。据说，在周朝以前都是五弦琴，五弦代表火、土、金、水、木。周朝又加了两根弦，代表文与武。古人以琴瑟喻夫妻，故又以"断弦"喻丧妻，以"续弦"喻再娶。

"**歌**"，本义是：与口有关，即唱。《说文解字》解释为：咏也。《尚书》中有"诗言志、歌永言"的说法。《诗经·魏风·圆有桃》中有："曲合乐曰歌，徒歌曰谣。""徒歌"就是无乐器伴奏的歌，即清唱。

"**酒**"，本义是：用高粱、大麦、米、葡萄或其他水果发酵制成的饮料。《说文解字》里解释为：就也，所以就人性之善恶。意思是说，"酒"就是迁就满足，是用来迁就满足人性中的善恶激情的刺激性饮料。所以人们常说酒后吐真言。"酒"作动词用时，指饮酒，如席间斟满一杯酒暂时不饮，先行酒令，叫酒面。每行完一次酒令，饮一杯酒，这叫酒底。也有以酒荐祖庙之意。

"**宴**"，本义是：请人聚会，在一起饮酒吃饭。在《说文解字》里的解释是：安也。这个"宴"字最早应该出现在《周易·需》卦的"大象辞"："君子以饮食宴乐。""需"卦是讲主动等待的卦，其最高境界就是"饮食宴乐"，就是在吃喝玩乐中等待。世间的一切无不在等待中完成，无非主动等待或是被动等待而已。就像摄影一样，拍摄撼心动魄的日出，问题的关键就在于：要在等待中时刻准备着且准备好了，才有可能拍到满意的作品。"宴"
作形容词时，假借为"安"，是安
闲、安宁、喜乐之意。《周易·随》
卦的"大象辞"有："君子以向晦
入宴息。""宴息"就是安定下来好
好休息之意。《诗经》中有："宴尔
新昏"，意为：新婚欢乐，现多用
作"新婚燕尔"。

觥觥/觥，本作"觵"（gōng），是古代的饮
酒及盛酒器，先用兽角制作，后用木或铜
制。图为1979年陕西扶风出土的西周前期
觥觥。

　　"接"，本义是：双手交叉。《说
文解字》解释为：交也。"接"是多音字，读jiē，作动词用，有交合、
迎接、靠近、连接等意；作名词时，指交往、交情。读jié时，通"捷"，
迅速、敏捷之意。

　　"杯"，本义是：盛酒、茶或其他饮料的器皿。《说文解字》的解释是：
俗作"盃"，饮酒器。"杯"也是盘盎（àng）盆盏（zhǎn）的总名。

　　"举"，本义是：双手托物。《说文解字》里解释为：对举也。"承"
也是两只手托物，"承"有一种敬献或羞愧感，但"举"字没有。"举"
作动词用，有举起、提起、升起、推荐、提出、发起、记录等意；也
作名词、量词、副词、形容词用。

　　"觞"，本义是：古代盛酒器。《说文解字》里解释为：爵实曰觞，
虚曰觯（zhì）。"觞"就是古代的酒具，最初用牛角做的，里面有酒叫
"觞"，里面无酒叫"觯"。"觞"作动词用时，有向人敬酒、饮酒之意。
《兰亭集序》中有："一觞一咏，亦足以畅叙幽情。"

　　"**弦歌酒宴，接杯举觞。**"盛大的宴会有歌舞弹唱，人们高举酒杯，
开怀畅饮。自古至今，酒宴都是必不可少的联络感情的手段。无酒不
成席，无舞不成欢，酒也喝得花样百出，有主喝的，也有陪喝的，陪

酒不是现在才发明的，古而有之，春秋时楚庄王开了陪酒的先河。喝酒需要盛酒器、分酒器、饮酒杯。文中"杯"就是饮酒用的，"觞"是用来盛酒的。词语"觥筹交错"就是用来形容许多人聚会喝酒时的热闹场景。酒杯酒筹（行酒令的筹码），觞爵杂乱地放着，众人坐起喧哗，宾欢主乐，可以想象到宴会的盛况。

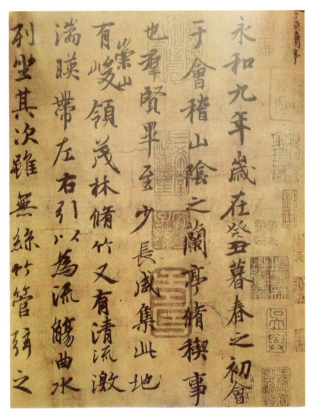

兰亭序帖卷/东晋王羲之书，纸本，行书。王羲之的真迹，相传已经葬入唐太宗李世民昭陵，但唐代多有摹本，尤以冯承素"神龙本"（因帖上有神龙半印得名）最精。

矫手顿足，悦豫且康。

【字形的演变及基本字义】

	甲骨文	金文	小篆	繁体隶书	简体楷书	说文解字
矫			矯	矯	矯	揉箭箝也
手		手	手	手	手	拳也
顿			頓	頓	頓	下首也
足	足	足	足	足	足	人之足也
悦			悦	悦	悦	心有郁结能解释之也
豫			豫	豫	豫	象之大者
且	且	且	且	且	且	荐也
康	康	康	康	康	康	谷皮也

【正讲】

"矫手顿足，悦豫且康。"

"**矫**"，本义是：把箭杆揉直的一种工具。《说文解字》解释为：揉箭箝也。即揉压弯曲的箭杆，使之恢复平直。引申为：正曲使直。"矫"是多音字，读jiǎo，作动词时，有把弯曲的弄直、纠正、高举、假托等意；作形容词时，有强壮、勇武之意，如：矫健。读jiáo，一般用于方言"矫情"，指强词夺理、蛮横。

"**手**"，本义是：人体上肢的总称，一般指腕以下的部分。《说文解字》解释为：拳也。"手"除了作名词外，还作副词、动词、量词、形容词用。"矫手"即举手，比喻用手舞着。

"**顿**"，本义是：叩头、磕头。《说文解字》解释为：下首也。"顿"作动词用时，有叩头、倒下、放置、舍弃等意；也作形容词、名词、副词用。在文中为动词，意为用脚底或脚使劲往下踩。

"**足**"，本义是：脚。《说文解字》解释为：人之足也。先秦时，用"趾"代表"足"，秦汉以前，"足"和"趾"都表示脚，"脚"表示小腿。魏晋以后，三者都表示脚，但在书面语中，多用"足"。"顿足"就是用脚踩地，多形容情绪激昂或极其悲伤、着急。

"**悦**"，本义是：因谈话投机而高兴、愉快。《说文解字》的解释是：心有郁结能解释之也。"悦"作形容词时，有高兴、愉快之意；作动词时，有顺服、佩服、喜欢、乐于等意。

"**豫**"，本义是：大象从容缓慢地踱步。《说文解字》解释为：象之大者。《周易》中有一个卦就叫"豫"。豫卦的核心不仅仅是"凡事预则立，不预则废"，也不仅仅是快乐、喜悦，还有预虑之意。"豫"作名词时，即大象，也作地名，现在河南省的简称。"豫"也假借为"娱"，即快乐之意。"豫"作动词时，有出游、嬉戏等意；作副词用时，通"预"，预先、事先等意。

"且"，本义是：祭祀所用的礼器。《说文解字》解释为：荐也。"荐"为草席，有承藉进物之意，也就是祭祀时铺在地上，用来摆设祭品。"且"的古音是俎（zǔ），"俎"是古代祭祀用的器具。"且"最初为男性生殖器，父系社会以来，祭祀祖先大多是以男性为主，"祖"字的构成就说明了这一点，左边一个"示"，右边一个"且"。"宜"字的本义与且相近，"且"是宜的本字。现在"且"字用作副词时，有将近、暂且等意；用作连词时，是又、而且、尚且等意；作代词时，是此、这等意。

"康"，本义是：谷皮、米糠。《说文解字》解释为：谷皮也。"康"同"穅"或"糠"。"康"作名词时，除谷皮之外，还指五路通达的大路，泛指大路。《尔雅》中讲："五达谓之康，六达谓之庄。""康庄大道"即为宽阔平坦的大路，比喻光明美好的前途。"康"在文中作形容词，是健康、安乐之意。

"矫手顿足，悦豫且康。"是说人们随着音乐的节律手舞足蹈，安乐闲适，开心欢畅。这八个字继续描述盛宴的场景，大家随着节奏或者用手打着拍子，或者用脚踩着鼓点，唱着、跳着，一切烦恼都抛到九霄云外，一片康泰喜乐的景象。"矫首顿足"重在身体，"悦豫且康"重在心灵，合在一起就是身体健康，心中愉悦。"矫手顿足"是心中喜乐的表现，绝非失意忧伤的宣泄。心悦身康，身心合一，才是真正的完美状态。

嫡后嗣续，祭祀烝尝。

【字形的演变及基本字义】

	甲骨文	金文	小篆	繁体隶书	简体楷书	说文解字
嫡			嫡	嫡	嫡	孎也
后	后	后	后	後	后	继体君也
嗣	嗣	嗣	嗣	嗣	嗣	诸侯嗣国也
续	续		續	續	续	连也
祭	祭	祭	祭	祭	祭	祀也
祀	祀	祀	祀	祀	祀	祭无巳也
烝		烝	烝	烝	烝	火气上升也
尝		嘗	嘗	嘗	尝	口味之也

【正讲】

"嫡后嗣续，祭祀烝尝。"

"**嫡**"，本义是：奴隶社会、封建社会中的正妻。在《说文解字》里的解释是：孎也。"孎"读zhú，是谨慎的意思。"嫡子"就是正妻生的长子。"庶子"就是除正妻以外的配偶所生的孩子。

"**后**"，现在大多认为"后"的繁体字是：後，其实"後"与"后"在古代是不同的两个字。"后"的甲骨文是：𠕁，金文是：𠕁，小篆是：后，本义是：母系时代的女王。在《说文解字》里的解释是：继体君也。就是君主、帝王、与君同意。"后"字是由夏启的吏官在公元前2000年根据既有的"司"字创造的，因为夏王室出身于"司空"家族，是"群司"（司空、司徒、司马、司稷）之一，为了表示子孙后代不敢与皇祖大禹比肩并列，故以"司"的镜像"后"作为自贬一级的称号。"司"有子承父业的意思，"后"也有此意。"后"作为帝王称号使用360年，甲骨文中用"毓"为"后"。而"後"的甲骨文是：�。金文是：𢓨，小篆是：後，本义是：被捆绑的战俘或奴隶，跟在押送者的后面。在《说文解字》里的解释是：迟也。"后"渐渐地代替了"後"，既有王后之意，也有后面、后来、后代之意。此处的"后"是后代子孙的意思。

"**嗣**"，本义是：诸侯传位给嫡长子。《说文解字》解释为：诸侯嗣国也。"嗣"作动词，有继承、接续等意；作名词，是君位或职位的继承人；也指后代。"嗣"在此处指子嗣，也就是子孙后代。

"**续**"，本义是：继承祖传的钱财。《说文解字》解释为：连也。"续"在这里是继承、续接的意思。

"**祭**"，本义是：有酒肉的祭祀，即牲祭。《说文解字》解释为：祀也。祭祀是以食物祭奠天、地、祖先的一种大礼。祭天称为"祭"，祭地称为"祀"，祭祖叫作"享"。《周易》里多处出现"亨"与"享"字，"亨"有时通假"享"，是祭祀的意思，如"随"卦的上六爻有："王用亨于西山"，就是王在西山祭祀。根据祭祀对象的不同，中国古代分为五大祭祀：祭天、祀地、享祖、祭神、敬灶。根据祭祀食物的不同，又分为三牲祭和五牲祭，羊狗猪是三牲祭，加上牛马就是五牲祭。根据祭祀时间的不同，又分为春祭、夏祭、秋祭和冬祭。《礼记·王制》规定："天子诸侯宗庙之祭，春曰礿，夏曰禘，秋曰尝，冬曰烝。"这是中国夏朝和殷商时期的规定。周朝做了一些改动，《毛传》中讲："春曰祠，夏曰礿（yuè），秋曰尝，冬曰烝。"祠为春祭，禴是夏祭，尝是秋祭，烝是冬祭。"礿"也是薄祭，旧时之祭最薄的，每逢年首，用时令蔬果祭祀。在周朝兴起礿祭的时候，很多人都觉得祭祀是很重要的事情，感觉祭品太简单，心中会有介怀，但有时候确实没有能力准备祭品，薄祭也足以代表心中的诚敬，就像现在送不起礼一样，其实真正的至朋亲友不需要厚礼，一件小礼品代表诚信就足够了。《周易·萃卦》的六二爻的"爻辞"中有："孚乃利用禴。"比喻只要有足够的诚信就可以聚集。交往相聚，需要的是真诚。

"**祀**"，本义是：用幼儿做活祭，媚神去灾。《说文解字》解释为：祭无已也。"祭祀"就是祭神祀祖的仪式。

"**烝**"，本义是：火气上行。《说文解字》解释为：火气上升也。"烝"作动词用，有用蒸汽加热、用火烘烤等意。"烝"在本文指古代祭祀的一种，是冬祭。

"**尝**"，本义是：辨别滋味，品尝。《说文解字》解释为：口味之也。引申为：凡经过者为尝，未经过为未尝。刚才已讲过，"尝"也是古代的一种祭祀，是秋祭。

"烝尝"是冬祭与秋祭的名字，文中省略了春祭与夏祭的名字，借此说明的其实是四季之祭祀。

"嫡后嗣续，祭祀烝尝。"简单地说，就是子子孙孙代代相传，守住家业，传承家风。一年四季的祭祀不可马虎，要诚心诚意，认真对待。

"嫡后嗣续"重点说世族传承人的问题。以礼法明媒正娶的只有妻子，妻子所生的长子就是嫡子，嫡子才有继位权。像当今的英国皇室的查尔斯王子，他所生的两个孩子，只有长子才是顺位继承人。中国几千年的封建王朝为太子之争发生的争斗乃至战争，也不知有多少人死于非命，至今一些家族的继承问题，仍有长子接位的遗风。这种礼仪规定，一方面确保传承继位问题的解决，一方面也正是家族分裂的根源。

"祭祀烝尝"出自《诗经·小雅·天保》："礿祠烝尝，于公先王，君曰：卜尔，万寿无疆。"大致的意思是：四季祭祀祖庙里，先公先王在一起，神仙说要给你福寿，江山万代永相传。刚才已经讲过有关的诸多祭祀，我们的祖先是奉行"生命二元论"的，人死后，要么升天堂成仙，要么下地狱成鬼。修道持守，祭祀祉福，就为生者有福，死后升天。如此说来，岂不尽显人的觊觎之心！

稽颡再拜，悚惧恐惶。

qǐ sǎng zài bài sǒng jù kǒng huáng

【字形的演变及基本字义】

	甲骨文	金文	小篆	繁体隶书	简体楷书	说文解字
稽		稽	稽	稽	稽	留止也
颡		颡	颡	颡	颡	额也
再	再	再	再	再	再	一举而二也
拜		拜	拜	拜	拜	首至手也
悚			悚	悚	悚	惧也
惧	惧	惧	惧	惧	惧	恐也
恐	恐	恐	恐	恐	恐	惧也
惶			惶	惶	惶	惶恐也

【正讲】

"稽颡再拜，悚惧恐惶。"

"**稽**"，本义是：象树曲头而止，长不起来的样子。引申为停留、阻滞。《说文解字》解释为：留止也。"稽"是多音字，读jī，有停留、考核、计较等意；读qǐ，即：叩头至地。"稽首"是古代的一种跪拜礼，叩头至地，是九拜中最恭敬的。《周礼》中记载："一曰稽首，二曰顿首，三曰空首。""空首，顿首，稽首"是正拜，为三叩首。"稽首"即头至地停一下，起。"顿首"谓下手置首于地，即起。不少书法名帖落款有"顿首"两字，以表诚敬。"空首"是首至手，不至地，即拜手。

"**颡**"，本义就是：额头。《说文解字》解释为：额也。"稽颡"，古代一种跪拜礼，屈膝下拜，以额触地，表示极度的虔诚。与"稽首"同。

"**再**"，本义是：象两部分木材架起，引申为第二次。《说文解字》解释为：一举而二也。在文中作数词，意为第二次。

"**拜**"，本义是：古代表示敬意的一种礼节。两手合于胸前，头低到手。《说文解字》解释为：首至手也。后世指下跪叩头。作动词时，有拜见、授予官职、祝贺等意。

"**悚**"，本义是：恐惧。《说文解字》的解释为：惧也。"惧"为心之志，在人体的腑脏中对应的心脏。

"**惧**"，本义是：鹰隼攫取的眼光使人害怕、恐惧。《说文解字》：恐也。"惧"是比"悚"更深程度的害怕，为肾之志，对应的是人体的肾脏，因此有些人害怕的时候会大小便失禁。"悚惧"意为恐惧、戒惧、害怕。

"**恐**"，本义是：内心严重害怕，犹如大杵击捣心脏。《说文解字》解释为：惧也。

"**惶**"，本义是：恐惧，惊慌。《说文解字》解释为：惶恐也。

"**稽颡再拜，悚惧恐惶**。"这句话紧接上一句，意思是：跪地叩头，拜了又拜，礼仪要周全恭敬，心中要怀有极度的诚敬。

"稽颡再拜"出自《礼记·射义》："再拜稽首"，是礼拜两次，足见诚敬之心。"悚惧恐惶"描述拜者所持态度。行什么磕头跪拜礼，取决于所拜的对象和崇敬的程度。拜多少次，磕多少次头呢？古代规定，一拜是三叩首，《礼记》有三叩九拜之礼。叩是击、敲打之意。"三叩"是身体不起来，头叩触地面三次；拜就是两手合于胸前，头低至地。"九拜"分别是：一稽首；二顿首；三空首；四振动，即双手相击，振动其身之拜；五吉拜，是先拜而后稽颡，即将额头触地；六凶拜，是先稽颡而后拜，头触地时表情严肃；七奇拜，是先屈一膝而拜，又称"雅拜"；八褒拜，是行拜礼后为回报他人行礼的再拜，也称"报拜"；九肃拜，是拱手礼，并不下跪，俯身拱手行礼。推手为揖，引手为肃，这是军礼，军人身披甲胄（zhòu），不便跪拜，所以用肃。前三拜是正拜。那么，为什么祭祀的时候会"悚惧恐惶"呢？其实是对天地人

天坛圜丘/北京天坛圜丘，是明、清两朝皇帝祭天的地方。

鬼神所持的敬畏之心，敬畏到什么程度呢？看着这四个字"悚惧恐惶"，您明白了吗？由此可见，态度是关键，不是有种说法是：态度决定一切吗？

jiān dié jiǎn yào　　gù dá shěn xiáng

笺牒简要，顾答审详。

【字形的演变及基本字义】

	甲骨文	金文	小篆	繁体隶书	简体楷书	说文解字
笺			箋	箋	笺	表识书也
牒			牒	牒	牒	札也
简		𥳑	簡	簡	简	牒也
要	要	要	要	要	要	身中也
顾		顧	顧	顧	顾	环视也
答			荅	答	答	报也
审			宷	審	审	悉也
详		詳	詳	詳	详	审议也

【正讲】

"笺牒简要，顾答审详。"

"笺牒简要，顾答审详"这八个字讲了人与人书信交往及问答交流的基本要求。

"**笺**"，本义是：刻写文字的竹片，即简中简，古代夹在竹简里对竹简某些文字进行注释的小竹签。《说文解字》解释为：表识书也。在古代，"笺"就是写在竹片上的注释说明的文字。"笺"有标识作用，也是书信的代称。

"**牒**"，本义是：简札。《说文解字》解释为：札也。古代书记的竹片或木片，小简的叫牒，大简的叫册。古代通常由官方颁发的证明某事的文件称为"牒"。"牒"还有书籍、讼词等意。

"**简**"，本义是：竹简，就是古代书写了文字的狭长竹片。《说文解字》解释为：牒也。就是古代用来写字的竹简。从战国到魏晋时代使用竹简，虽然东汉时期蔡伦已经发明了纸，但当时纸张还不是那么普及，人们还是习惯写在竹片或木片上。纸的一大发明对于中国乃至全世界来说都意义重大，自从纸发

编成册的木简

明后，中国有几百年都是保护造纸技术的，现在叫作专利保护，可能唐朝时，一些负责造纸的将领才带到了阿拉伯。竹片称"简"，木片称"札"或"牍"，统称为"简"。若干简编缀在一起的叫"策"（册）。"简"在文中作形容词，是简省、简单的意思。

"要"，本义是：人腰。《说文解字》解释为：身中也。就是身体的中段。"要"是多音字，读yào，作名词，有要点、权柄等意；作形容词时，有重要、简要等意；也作动词用。读yāo，作动词时，有约请、约束等意；作名词，同"腰"。

"顾"，本义是：回头看。《说文解字》解释为：环视也。"顾"作动词用，有观看、访问、关怀、顾虑等意。也作名词、副词用。"顾"也是姓氏之一。

"答"，本义是：以竹补篱，引申为答谢、报答、回话、应对。《说文解字》解释为：报也。"答"是多音字，读dá时，作动词，是回复、回话、答谢、报答等意；读dā，专用于答应、搭理等词；作形容词，是粗厚之意，如：答布。

"审"，本义是：屋里有兽足印，能仔细分辨、详究、考察。《说文解字》解释为：悉也。"审"作动词用，有知悉、审核、询问等意；作形容词时，有慎重、确切等意。也作副词用。

"详"，本义是：审察，审理。《说文解字》解释为：审议也。"详"是多音字，读xiáng，作动词时，有详细说明、揣摩等意；作形容词时，有详尽、公平、庄重等意；也作名词用。读yáng，古同"佯"，是假装的意思。

"笺牒简要，顾答审详。"这句话的意思是：与人写信要尽量简明扼要，言简意赅，抓住重点；回答别人的问题时，要审慎周详，不可以点代面，以偏概全。

汉"齐官司函"封泥/我国古代在纸张发明以前，利用竹简与木牍书写公文及信件。为了保守内容的秘密，先用绳索将竹简和木牍捆扎起来，在绳索结束处用胶泥包裹，并在封泥上打上印章。印章与封泥并用，成为印刷术发明的前奏。

现今人们很少用书信交流了，科技的发展日新月异，完全颠覆了生活、工作的方式。放眼望去，人人抱着手机，沉醉在自己的手机世界里，与人交流，随时一个电话，一条微信、短信等进行沟通，人与人之间几乎没有障碍，空间概念也渐次模糊。手机确实方便了人与人之间的交流，也会成为人与人之间交流的障碍，甚至有人因忘带手机而焦虑……再没有"一封家书"的温情，也没有了"烽火连三月，家书抵万金"的凄厉清扬与扣人心弦，因家书为家、为亲人编织的感情纽带已经断了。社会的进步与发展，永远伴随着得与失，只是有些得到的远比失去的更有价值。即使现在发微信、短信、电话、微博、邮件等也同样要用语简要审详。总之，不啰嗦！才能不失交流的最终目的。

hái gòu xiǎng yù　　zhí rè yuàn liáng

骸垢想浴，执热愿凉。

【字形的演变及基本字义】

	甲骨文	金文	小篆	繁体 隶书	简体 楷书	说文解字
骸				骸	骸	胫骨也
垢				垢	垢	浊也
想				想	想	冀思也
浴				浴	浴	洒身也
执				執	执	捕罪人也
热				熱	热	温也
愿				願	愿	谨也
凉				凉	凉	寒也

【正讲】

"骸垢想浴，执热愿凉。"

　　"骸"，本义是：胫骨，小腿骨。《说文解字》解释为：胫骨也。"骸"一般指小的骨头，成人有206块骨头，小孩有213块，最小的骨头是耳朵里面的锤骨、砧骨、凳骨。锤骨像锤头，砧骨像小砧，凳骨就像马脚蹬，它们是以外形来命名的。骨骼的种类：长骨，短骨，扁平骨，不规则骨，圆骨等。"骸"也指尸体、残损之物。在文中指身体。

　　"垢"，本义是：污秽、尘土一类的脏东西。《说文解字》解释为：浊也。《韩非子·大体》有："不吹毛而求小疵，不洗垢而察难知。"

　　"想"，本义是：追思，怀念，羡慕。《说文解字》解释为：冀思也。"想"有思考、希望、料想、回想等意。

　　"浴"，本义是：洗澡。《说文解字》解释为：洒身也。而"沐"重在洗头发。《论衡·讥日》有："且沐者，去首垢也，洗去足垢，盥去手垢，浴去身垢，皆去一形之垢，其实等也。"

　　"执"，本义是：拘捕，捉拿。《说文解字》解释为：捕罪人也。"执"作动词用，有拿、操持、掌管、判断等意；作名词时，有至交、凭单等意；作介词，相当于用、凭。

　　"热"，本义是：温度高。《说文解字》解释为：温也。温为热之始，暑为热之极。"热"作形容词时，指温度高，与"冷"相对，也形容情意深，如：热爱；也是有权势的、受欢迎等意。作名词时，指物理学上物体内部分子不规则运动发出的一种能量，如：热能、热力学。"热"也指滚热的物体，热性疾病等。

"**愿**"，本义是：谨慎，老实。现在把"願"视为"愿"的繁体字。古时，"愿"与"願"各有本义，"願"的本义为"大头"。"愿"在《说文解字》里解释为：谨也。而"願"的《说文解字》是：大头也。"愿"作名词时，是心愿，愿力，指誓愿的力量。在文中作形容词，是希望之意。

"**凉**"，本义是：薄也，薄则生寒，引申为寒。《说文解字》解释为：寒也。《诗经》中有："北风其凉，雨雪其雱（pāng）。"凉为冷之始，寒为冷之极。凉为多音字，读liáng，作形容词时，有微寒、薄、人烟稀少等意；通"谅"，为诚信。作名词时，指秋季，如凉宇，即秋天的天空；凉沙，是秋天的飞沙。通"辌"，为丧车。读liàng，作动词，假借为"倞"，为辅佐；也指把东西放在通风处使干燥。

"**骸垢想浴，执热愿凉**"这八个字的意思是：身上脏了就想洗个澡，捧着热东西就希望它凉一点，尤其是捧着热饭热水。

对现在住在城市里的人来说，洗个澡很方便。据说在三千多年前的周朝，人们用洗米水来洗澡去污，而且还有保健功能。若有兴趣可以用一布袋装点淀粉、麸皮、谷糠什么的放在浴缸里泡澡，可以治腰痛、手脚凉、皮肤粗糙等。秦汉时，已形成了三日一洗头，五日一沐浴的习惯，以至于官府每五天给一天假，也称"休沐"。在南朝萧齐之时，已经有人专门出售皂荚。皂荚有十多个品种，润滑爽利，消除垢腻，还有美容作用。用皂荚洗衣服，衣服不变色、不缩水。每到深秋，人们将果荚采下，煮热捣烂，加以香料、白面拌和，搓成丸，名叫"肥皂"。南方女子用草木灰浸水洗沐去污。唐朝已开始用胰子、澡豆洗澡，高档一点的称为"面药"和"口脂"，用来涂脸和嘴。现今的洗浴用品那可多了去了，别忘了，沐浴之目的是去污，用太多了，未必一定健康！

驴骡犊特，骇跃超骧。

【字形的演变及基本字义】

	甲骨文	金文	小篆	繁体隶书	简体楷书	说文解字
驴			驢	驢	驴	似马，长耳
骡			贏	騾	骡	贏，驴父马母
犊			犢	犢	犊	牛子也
特		𤙯	特	特	特	朴特，牛父也
骇			駭	駭	骇	惊也
跃			躍	躍	跃	迅也
超			超	超	超	跳也
骧			驤	驤	骧	马之低仰也

【正讲】

"驴骡犊特，骇跃超骧。"

"**驴**"，本义是：外形似马的牲畜名，即驴子。《说文解字》的解释是：似马，长耳。"驴"在经传中没有出现，据考是秦人造字。驴体格高大，结构匀称，分大、中、小三型，中国五大优良驴种分别是关中驴、德州驴、广灵驴、泌阳驴、新疆驴。相传成吉思汗的坐骑就是野驴。名贵中药阿胶就选用100%驴皮熬制的，有丰富的胶原蛋白，滋补养生。古代寓言《黔之驴》旨在讽刺那些无能而又肆意逞志的人，也喻貌似强大的东西并不可怕，只要善取，就一定能战而胜之。

"**骡**"，本义是：是马和驴交配而生的牲畜，挽力大而能持久，多作挽、驮用，一般无生殖能力。《说文解字》的解释：骡，驴父马母。公驴母马生出来的是骡子，公马母驴得出来的是驴骡。驴骡和骡子有区别，骡子更像马，驴骡则更像驴。骡子是马与驴的杂交种，有雌雄之分，但是只有极弱的生育能力，分驴骡和马骡。马骡个大，具有驴的负重能力和抵抗能力，又有马的灵活性和奔跑能力。驴骡个小，不如马骡好。

"**犊**"，本义是：小牛。《说文解字》解释为：牛子也。即牛犊。牛犊为小牛。

"**特**"，本义是：雄性的牛马。《说文解字》解释为：朴特，牛父也。"特"作名词时，指三岁兽，泛指牛等；作形容词时，有独特、突出等意；作副词时，有单独、只、不过等意。

"**骇**"，本义是：马受惊。《说文解字》解释为：惊也。"骇"还有惊动、震动、突发、惊扰等意。驴骡牛马在过去是最重要的劳动力，马在古代曾是农业生产、交通运输和军事等活动的主要动力。在有些发展中的国家和地区，仍然是役力的重要来源。马在4000年前被人类驯服，全世界马的品种有200多个，不同品种的马体格大小相差悬殊，分布广泛。马的嗅觉发达，识别外界事物主要靠的是嗅觉，听觉也较灵敏。随着社会的发展，马在现实生活中所起的作用也越来越小。

"**跃**"，本义是：跳跃。《说文解字》解释为：迅也。"迅"即迅疾、快速之意。

"**超**"，本义是：跃上，跳过。《说文解字》解释为：跳也。"超"作动词时，有跃过、提拔、胜过等意；作形容词时，有超脱、美妙、惆怅等意。

"**骧**"，本义是：昂首奔驰。《说文解字》的解释是：马之低仰也。"骧"作名词时，泛指马。

"**驴骡犊特，骇跃超骧**。"意思是说：若有灾祸或受到惊吓，驴子，骡子大小牲口都会狂蹦乱跳，东奔西跑。

zhū zhǎn zéi dào bǔ huò pàn wáng

诛 斩 贼 盗，捕 获 叛 亡。

【字形的演变及基本字义】

	甲骨文	金文	小篆	繁体隶书	简体楷书	说文解字
诛		䊷	誅	誅	诛	讨也
斩		斬	斬	斬		截也
贼		賊	賊	賊	贼	败也
盗	盗		盜	盗	盗	私利物也
捕			捕	捕	捕	取也
获	獲	獲	獲	獲	获	猎所获也
叛			叛	叛	叛	半也
亡	𠃊	𠤎	𠤎	亡	亡	逃也

【正讲】

"诛斩贼盗，捕获叛亡。"

　　"诛"，本义是：声讨，谴责。《说文解字》解释为：讨也。"诛"有用语言来声讨的意思，如："口诛笔伐"。《周易·夬卦》的"卦辞"讲："扬于王庭"，就是在朝廷之上宣告小人之奸状。"诛"还有讨伐、铲除等意。

　　"斩"，本义是：用马车分尸或用大斧砍头的酷刑。《说文解字》解释为：截也。在古代，砍头为"斩"，斩腰为"腰斩"。

　　"贼"，本义是：残害，伤害。《说文解字》解释为：败也。"贼"的金文是：，是用武器把鼎给砸坏了。"贼"，左边一个"贝"，右边一个"戎"，"贝"指钱财，"戎"指西戎，即古代生活在陕、廿、青地区的少数民族。"戎"有每年一次、周而复始的战争之意。"贝"与"戎"合起来表示每年一次的西戎人入侵抢掠边地人民财产，引申为作乱叛国、危害人民的人。"贼"也指抢劫或偷窃财物的人。

　　"盗"，本义是：盗窃，偷东西。《说文解字》解释为：私利物也。意为偷偷地将人家的财物窃为己有。"盗"也指偷盗财物，抢劫财物的人。"盗"的甲骨文是，一个人踩着凳子，看到人家的器皿，口水直流，心存不善。俗话说：不怕贼偷，就怕贼惦记。《庄子·山水》有："君子不为盗，贤人不为窃。"

　　"捕"，本义是：捕捉，捉拿。《说文解字》解释为：取也。

　　"获"，本义是：猎得禽兽。《说文解字》的解释是：猎所获也。"获"作动词用时，还有收割庄稼之意，《诗经》有："八月剥枣，十月获稻。""获"作名词时，有收成、得到的成果或利益等意。《管子》有："一树一获者，谷也；一树十获者，木也；一树百获者，人也。"

"**叛**"，本义是：背叛。《说文解字》的解释是：半也。"半"与"反"合在一起为"叛"，反者，覆也；反者，叛之全；叛者，反之半。即违背自己所属方面的利益投到敌对方面去。

"**亡**"，本义是：逃离，出走。《说文解字》解释为：逃也。"亡"在这里指逃犯、逃亡者。"亡"是个多音字，读wáng，作动词用，有逃、死、丢失、外出等意；作名词时，指过去之意。读wú时，作动词，同"无"，没有之意；作副词，通"毋"，不、不要等意，表示否定。

"**诛斩贼盗，捕获叛亡**。"意思是官府诛杀盗贼，捉拿叛乱分子或亡命之徒。古代对贼者、盗者处罚都很严，文中用了"诛斩"，即诛杀和斩杀。对于反叛或逃亡者，文中用了"捕获"，即捉拿抓获。贼、盗、叛、亡者至今仍是法律惩罚的对象，该抓就抓，该杀就杀。严格来说，在原始社会没有现代意义的法律，只有宗教禁忌或者说氏族习惯，法律的产生是私有制、阶级与国家的出现时产生的，而道德产生则与人类社会的进步同步。对于"贼盗叛亡"等一切犯罪行为，都必须受到法律的严惩。而道德不仅调整人们的动机和内心活动，它要求人们根据高尚的意图而行，要求人们为了善而追求善，最终调整了人们的外部行为。法律尽管也考虑人们的主观过错，如果没有违法行为存在，法律就不会惩罚主观过错本身。由此看出道德与法律之间的关系，理想是：人们凭自我道德观念实施自我行为，法律自行消亡。

bù shè liáo wán　jī qín ruǎn xiào

布 射 僚 丸， 嵇 琴 阮 啸。

【字形的演变及基本字义】

	甲骨文	金文	小篆	繁体隶书	简体楷书	说文解字
布				佈	布	枲织也
射				射	射	弓弩发于身而中于远也
僚				僚	僚	好貌也
丸				丸	丸	圜也
嵇				嵇	嵇	山名
琴				琴	琴	弦乐也，神农所作，洞越，练朱五弦，周加二弦
阮				阮	阮	代郡五阮关也
啸				啸	啸	吹声也

【正讲】

"布射僚丸，嵇琴阮啸。"

"**布**"，本义是：麻布。《说文解字》解释为：枲织也。"枲"读作xǐ，是麻类植物的纤维。古代没有棉布，只有麻布。"布"作名词时，有布衣（古时老百姓穿麻布衣服，所以称平民老百姓为"布衣"）；也指古代钱币。作动词时，有铺开、布施、公布、安排等意。在文中特指三国时的吕布。

"**射**"，本义是：用弓弦将箭只弹出，攻击远处目标。《说文解字》的解释是：弓弩发于身而中于远也。

"**僚**"，本义是：官职。"僚"在《说文解字》里解释为：好貌也。"僚"是多音字，读liáo，作名词，有官职、同僚等意；作形容词时，通"嫽"，是美好、敏慧的意思，如《诗经》："月出皎兮，佼人僚兮。"读liǎo，是好貌之意。在文中"僚"指楚国一位有名的勇士，叫熊宜僚。

"**丸**"，本义是：小而圆的物体。《说文解字》的解释是：圜也。"丸"就是圆的小球，词语"丸熊"源于一个典故：唐朝有个读书人柳仲郢（yǐng），母亲为了让他勤奋读书，把熊胆弄成丸，晚上困了，让他吃点熊胆丸，以防瞌睡。后人以"丸熊"作为母教的典实。

"**嵇**"，本义是：山名。嵇山，在安徽省宿县以西、亳县以东。《说文解字》解释为：山名。"嵇"在文中指三国曹魏时著名的思想家、音乐家、文学家、竹林七贤之一、开创玄学新风的嵇康。

"**琴**"，本义是：拨弦乐器，俗称古琴。《说文解字》解释为：弦乐也，神农所作，洞越，练朱五弦，周加二弦。琴是用来安顿心灵，禁止邪念的巧具。据传是神农氏发明的乐器。琴底有通达的出音口。朱红色的熟绢丝做成的五根弦，到了周代又增加了两根弦。"嵇琴"为嵇康所抚之琴，也有说"琴"是嵇康所创制。

"阮"，本义是：五阮关。"阮"是一种古老乐器"阮咸"的简称，古琵琶的一种，弦乐器名，柄长而直，略像月琴，四根民弦，现亦有三根弦的，传说因中国晋代人阮咸善弹此乐器而得名。"阮"在《说文解字》里解释为：代郡五阮关也。"五阮关"是地名。在文中指阮籍。

"啸"，本义是：撮口作声，打口哨。《说文解字》的解释是：吹声也。"啸"除了打口哨外，还有号召、召唤等意。也指鸟兽等的长声鸣叫。

"布射僚丸，嵇琴阮啸。"这句话重点讲了四位奇才：吕布，熊宜僚，嵇康和阮籍。

"布射"讲的是吕布善射。吕布可谓是三国时期第一猛将，汉末群雄之一。吕布骑的是最有名的赤兔马，箭术更是高超，但这个人有勇无谋，却自以为智勇双全，一生颠沛流离，总找不到自己的定位，为人太猛，目中无人，居功自傲，别人都不敢用他。先是效力董卓，亲如父子，终杀董卓。又投靠了袁术，吕布死性不改，被袁术拒绝，就改投袁绍，立了战功，终因猜疑，袁绍派兵追杀吕布，后被曹操在钜野击败，只好投奔刘备。和刘备称兄道弟，言语混乱，刘备心里很难受。吕布又雄踞徐州，自称徐州牧。终因友叛，刚猛，少谋，心胸狭隘多猜忌，被缢杀。"布射"就是辕门射箭，解围袁绍讨伐刘备的故事，当时袁绍派三万精兵讨伐刘备，刘备向吕布求救，吕布就带兵驻扎，去和袁绍喝酒商量说："我吕布向来不惹是生非，喜欢救朋友于危难，今天就这样，把我的戟挂在辕门上，我如果能射中戟上小孔，你们就都给我面子撤兵，如果射不中，你们自己看着办，我就不管了。"结果一箭命中，大家都很震撼，箭艺高超，因此解围了刘备。

"僚丸"讲的是楚国勇士熊宜僚，是一个会玩杂耍的人，技艺高超，无人能比，可以同时在空中控制九个球。一次楚国攻打宋国的时候，两军对垒于宋国都城下，久攻不下时想到了熊宜僚，将士们看他的表演都看傻了，忘记了正在战争中，此时楚军突然出兵，打败了宋国。熊宜僚一人弄丸为戏，可敌五百人。这是《丸经》中记载的。

"嵇琴"大家都知道了，是嵇康，竹林七贤的领袖人物。"竹林七贤"指的是三国时期曹魏正始年间，嵇康、阮籍、山涛、刘伶、向秀、阮咸、王戎七人，先有七贤之称，因常在当时的山阳县竹林之下喝酒，纵歌，肆意酣畅，世称竹林七贤。嵇康是三国时有名的思想家、音乐家、文学家，倡玄学新风，崇尚庄子，称老庄是其师。主张"越名教而任自然、审贵贱而通物情。""名教"、"贵贱"都能在自然中得到释然，是庄子核心思想极致的发挥。他幼时丧父，由母亲抚养长大，他内心细腻，十分聪颖，博览群书，又崇尚自然，曾娶曹操的曾孙女，官至中散大夫，所以又称嵇中散。他身后留下了许多文学作品，集政治、文化、宗教于一身。一生中写了两封有名的书信：《与山巨源绝交书》、《与吕长悌绝交书》，都是给朋友绝交的。一封是写给山涛的，山涛也是竹林七贤之一，认为嵇康有水平，推荐他当官，嵇康知道后，马上写篇文章绝交，其实是借这个事来抨击司马昭利益集团的昏庸、无能、霸道、强权。另一封是写给吕巽（xùn）的，因吕巽恶人先告状，加害兄弟，于是嵇康马上写文章与之绝交。嵇康一生人缘好，鄙视权贵，终被朋友害死。嵇康有名的琴曲有《风入松》、《长清》等。他能够视官爵为粪土，视朋友为金玉，一生就怕朋友难受，朋友有事，就茶不思、夜不寐。在养生方面，嵇康也有自己的一套，对嵇康的养生，后人还是做了很多研究。嵇康擅长书法，工于草书，大将军司马昭欲聘他为幕府属官，结果他躲到河东郡远避。著名书法大家钟繇（yòu）的儿子钟会，长得又漂亮又聪明，从小通读诗书，后来做了官，官运亨通，他特别钦羡嵇康，多次诚心拜访，终而拒绝，屡次三番，钟会至此对他心生怒怨，扭头就走，嵇康问他为何而来，为何而去，钟会说："为来者而来，为去者而去。"后因吕巽和吕安两兄弟的事，嵇康被钟会趁机陷害。事因吕安老婆特别漂亮，被兄长吕巽迷奸，吕安气得要告官，嵇康知道后，好生劝他家丑不可外扬，压下来算了。吕巽怕吕安将来报复，就先发制人，诬告吕安在家不孝，居然扇老娘的脸，官府把吕安抓了。吕安在狱中喊冤，说嵇康可以作证，嵇康一听大怒，决定出面为吕安作证。嵇康因此事触怒了大将军司马昭，钟会也趁机陷害，硬是把嵇康和吕安给杀了，你说冤不冤？嵇康时年三十九岁，当时三千名太学生联名为他请命，请求让他去太学执教，不要杀他。临刑前，他索琴弹了一曲《广陵散》，《广陵散》全曲贯注一种愤慨不屈的浩然之气，曲终长叹："《广陵散》于今绝矣！"当年嵇康在洛阳的时候，有一天夜宿月华亭，深夜无眠，起身抚琴一曲。琴声优雅，打动一幽灵，那幽灵遂传《广陵散》给嵇康，还与嵇康约定：此曲不得教人。怪不得嵇康临死前会如此叹惋！

"阮啸"讲的是竹林七贤之一的阮籍。阮籍尤喜长啸，就是吹口哨，他去苏门山拜访一位道长，向他求道，道长怎么都不理他，后来又一次，从早守到晚不下山，道长一声长啸，阮籍回头张望，正是这声长啸让他悟了道，这就是阮籍悟道的故事。阮籍与侄阮咸都是七贤之一，世称"大小阮"。后人用"小阮"作为侄的代称，省略称为"阮"。

驿站乘马铜牌/元代使用驿站，要持有朝廷颁发的"差使圆牌"。1965年在兰州发现的银字差使圆牌，就是极好的实物证明。在此之前于扬州发现的铜质圆牌，是元末颁发的令牌，持者亦可使用驿站系统。后清代亦使用驿站牌面。图为在内蒙古征集的驿站乘马铜牌。

恬笔伦纸，钧巧任钓。

【字形的演变及基本字义】

	甲骨文	金文	小篆	繁体隶书	简体楷书	说文解字
恬		𢙱	恬	恬	恬	安也
笔	𦘒	𦘒	𥲲	筆	笔	秦谓之笔，楚谓之聿，吴谓之不律，燕谓之弗
伦			倫	倫	伦	辈也
纸		紙	紙	紙	纸	絮也，一曰苫也
钧		匀	鈞	鈞	钧	三十斤也
巧	丅	丅	巧	巧	巧	技也
任	𡉚	𡉚	任	任	任	符也
钓			鉤	釣	钓	钩鱼也

【正讲】

"恬笔伦纸，钧巧任钓。"

"恬笔伦纸，钧巧任钓"说的是蒙恬、蔡伦、马钧、任公子四位杰出的发明家。

"恬"，本义是：内心怡然甜美。《说文解字》解释为：安也。"恬"作形容词时，有安逸、舒适之意，通"甜"；作副词时，有泰然、淡泊等意。在这里指秦始皇时期的著名将领蒙恬。

"笔"，本义是：手握由竹管和兽毛制成的软性书写工具。《说文解字》解释为：秦谓之笔，楚谓之聿，吴谓之不律，燕谓之弗。先秦书籍中没有"笔"字，而"聿"字早在商代就出现了，秦始皇只是统一了笔的叫法，可见"笔"是早于秦代就存在了。后世又以"毛颖"、"管城子"为笔的代称。毛笔的别名还有"毛锥子"、"中书君"、"龙须友"、"尖头奴"等。

"伦"，本义是：人与人之间的等级、秩序。《说文解字》解释为：辈也。"伦"作名词时，有条理、尊卑长幼之间的关系、道理等意；作动词时，有类比、选择等意。"伦"在本文里指蔡伦。

"纸"，本义是：纸张。纸的原料是丝绵。《说文解字》解释为：絮也，一曰苫也。从这个字的结构可以看出，古代是用麻、渔网、粗纤维等来造纸的。

"钧"，本义是：古代重量单位。三十斤为一钧。《说文解字》解释为：三十斤也。"钧"作形容词时，有你的、你们的或与你、你们有关的等意。我们看抗日片，会发现那些叛徒或汉奸称日本长官为"钧座"，"钧座"是书函、公文中对行政尊长的敬称。"钧"也通"均"，是相同、均匀等意；作名词时，指量物的工具；也指制陶器所用的转轮等意。"钧"在这里指马钧。

"**巧**"，本义是：技艺高明、精巧。《说文解字》解释为：技也。我国民俗有一个七夕节，又叫乞巧节。在每年农历七月七日夜，妇女在庭院向织女星乞求智巧，所以称为乞巧。起源于对自然崇拜及妇女穿针乞巧，后来被赋予了牛郎织女的传说，使其成为象征爱情的节日。农历的七月初七，喜鹊搭彩虹天桥，便于牛郎与织女相聚。牛郎星和织女星刚好在天河的两侧，牛郎星是由三颗星组成，喻牛郎及其挑着的两个孩子。"七夕"也是人们对时间的崇拜。"七"与"期"同音，月和日均是"七"，即七月七日，给人以时间感。七七又有双吉之意。古代中国人把日、月与水、火、木、金、土五大行星合在一起，称为"七曜"，每颗星轮流值日，以"七曜"计算现在的"星期"，星期即星星的值日期。有关七字的生命周期，还有不少说法，很有趣。

"**任**"，本义是：挑担，肩负。《说文解字》的解释是：符也。"任"是个多音字，读rén，作名词时，指汉王莽时女子爵位名，用以称公主。也是古代中国南方少数民族的一种乐曲。作形容词时，通"壬"，如：壬人，是指狡猾骗人、巧言谄媚的人。读rèn，作动词时，有负担、承当、相信、放纵等意；作名词时，有担子、职位、能力等意；也做连词、量词用。"任"在文中是指古代传说中善于捕鱼的人，也称任公、任父。

"**钓**"，本义是：以钩饵取鱼。《说文解字》的解释是：钩鱼也。"钓"也引申为诱取。

"**恬笔伦纸，钧巧任钓**。"意思是：蒙恬改良了制作毛笔的工艺，蔡伦发明了造纸术。马钧发明了水车，任公子善于钓鱼。

蒙恬出身于一个世代名将之家，胸怀大志，后为秦朝著名将领。

蒙恬将军不仅立了无数的战功，协助修筑了长城，而且在文采方面也颇有造诣，他不仅改良了古筝，还优化了毛笔的制作工艺，也有人说是蒙恬造笔。事实上，出土的文物已经证明，早在蒙恬造笔之前，就已经有了毛笔，但蒙恬作为毛笔制作工艺的改良者，也是功不可没。传说在公元前223年，蒙恬带兵在外作战，他要定期写战报呈送给秦始皇。当时，人们都用竹签写字，很不方便，一天，蒙恬打猎时看见一只兔子的尾巴在地上拖出了血迹，顿时有了灵感，他立刻剪下了一些兔毛，插在竹管上，尝试着用来写字，可是兔毛油光光的，不吸墨，于是就把那支兔毛笔扔进了门前的石坑里。有一天，蒙恬将军无意中看见那支被自己扔掉的毛笔的兔毛居然变得更白了，他将兔毛笔蘸上墨水，居然变得吸墨了，写起字来也非常流畅。原来，石坑里的水含有石灰质，兔毛经碱性水的浸泡，去掉了表面的油脂，所以能够吸墨，柔顺好用。

蔡伦，字敬仲，东汉桂阳郡人。汉明帝永平末年入宫给事，后任中常侍，又以位尊九卿之身兼任尚方令，掌管尚方。这是一个主管皇宫制造业的机构，"尚方宝剑"就是尚方制作的宝剑，后来成为最高权力的象征。当时皇宫作坊，集中了天下的能工巧匠，代表那个时代制造业的最高水准，为蔡伦提供了一个非常好的平台，蔡伦总结以往人们造纸的经验，改良了造纸工艺，最后制成了"蔡侯纸"。汉和帝下令推广他的造纸法。蔡伦的造纸术被列为中国古代"四大发明"。

马钧，字德衡，扶风（今陕西兴平）人，是三国著名的发明家，堪称中国古代的机械大师。马钧年幼家境贫寒，又有口吃的毛病，不擅言谈却心思缜密，善于观察与思考，后来在魏国担任官职。他改进了织绫机，使丝织的效率提高了五倍。还发明了龙骨水车，也就是翻车，可以连续灌溉，直到今天仍然在使用。他还复原了黄帝时代的指

南车，又奉诏制作木偶百戏，称
"水转百戏"，他制作的木偶还能
跳舞。此后，他又改制了诸葛连弩
等，对当时生产力的发展起了相当
大的作用，做出了巨大的贡献，人
们称他为"天下之名巧"。

水车/水车（又称天车），一种连续提水的工
具。带有叶片和水斗的链带，将河、湖、塘
中的水从低处提升到高处，达到灌溉的目的。

　　"任钓"源于《庄子集释》里
面的一个典故：有一个国家叫任
国，有位任公子，他钓鱼很奇特，
踩在会稽山上，离东海还很远，他
做了大鱼钩，系上粗大的绳子，一甩杆甩到东海。鱼饵是什么呢？是
五十头犗（jiè），"犗"是阉过的公牛。就这样钓了一年，没有一条鱼
上钩，终于有一天，有鱼咬到了鱼饵，翻江倒海，掀起巨浪，终于把
鱼钓上来，做成腊鱼，整个浙江以东、苍梧以北的人都吃到这条鱼了。
从此以后，那些浅薄的人和喜欢评头论足的人，都为此大为吃惊并奔
走相告。他们也带着钓竿，奔跑在山沟小渠旁，等候小鱼上钩。要想
钓到大鱼，当然是不可能的。所以说呀，不曾了解过任公子心中大成
的志趣，也只能是目光短浅与浅陋无知之辈。目光短浅的人难以和志
向高远的人相比，浅陋无知的人也不能与具有经世之才的人相提并论，
二者差别实在是太大了！

释纷利俗，竝皆佳妙。

【字形的演变及基本字义】

	甲骨文	金文	小篆	繁体隶书	简体楷书	说文解字
释			釋	釋	释	解也
纷		紛	紛	紛	纷	马尾韬也
利	利	利	利	利	利	铦也
俗		俗	俗	俗	俗	习也
竝	竝	竝	竝	並	并	併也
皆		皆	皆	皆	皆	俱词也
佳		佳	佳	佳	佳	善也
妙			妙	妙	妙	

【正讲】

"释纷利俗，竝皆佳妙。"

"释"，本义是：脱掉，解下。《说文解字》的解释是：解也。"释"作动词时，有解释、释放、舍弃、放下等意；作名词时，是中国佛教用作释迦牟尼的简称，是佛陀的姓氏，自东晋以后，佛教出家人自称释子，对外人而言称释氏。"释老"，即为释迦牟尼和老子，儒释道即为儒家、佛家、道家。

"纷"，本义是：扎束马尾的丝麻织物。《说文解字》解释为：马尾韬也。就是包藏马尾的套子。"韬"为剑衣，泛指衣。"纷"作名词时，有旗上的飘带、花边、祸乱、争执等意；作形容词时，有盛多、杂乱、各种各样等意。

"利"，本义是：用快刀收割庄稼。《说文解字》解释为：铦（xiān）也。"铦"是锋利之意。"利"作形容词时，有锋利、锐利、敏捷、吉利、重要的等意；作名词时，有利益、赢利、利禄、胜利等意；也做动词用。

"俗"，本义是：指人的行为，即风俗。《说文解字》的解释是：习也。"俗"就是一个地方的人们经过长期沉淀所形成的特有的和共同的风尚、礼节、习惯等，有善俗也有恶俗。苏东坡的《于潜僧绿筠轩》里讲了："宁可食无肉，不可居无竹。无肉令人瘦，无竹令人俗。人瘦尚可肥，士俗不可医。""俗"作名词时，指一般人、百姓、习惯、佛教称尘世间为俗；作形容词时，指平凡、庸俗、世俗等意。

"竝"，本义是：比肩而立。在《说文解字》里的解释是：併也。最初"竝"、"並"是不同的字，后来都简化成"并"了，也把"並"

看作是"并"的繁体字。"竝"作动词时，有并列、合并、具备等意；作副词时，有全、全部、一起、同时等意。作连词时，有并且、连、以及等意。

"皆"，本义是：都，全。《说文解字》的解释是：俱词也。"皆"也通"偕"，一同之意。

"佳"，本义是：纯洁美好，温润如玉。《说文解字》的解释是：善也。《淮南子》中有："佳人不同体，美人不同面，而皆说于目。""佳"也有大、吉祥之意。

《三教图》/明朝丁云鹏绘，所绘为儒、道、佛三教的祖师：孔子、老子和释迦牟尼。

"妙"，本义是：美妙少女，美，好。《说文解字》没有解释这个字。"妙"还有神妙、精微、高明等意；"妙"也通"眇"，细微、年少等意。

"释纷利俗，竝皆佳妙。"这八个字是对前面十六个字中八个人的赞叹。正因为这八位奇才的技艺与发明，既帮助人们解决纷争，又能使民善俗。他们的高明与贤德为世人所称道。如吕布辕门射戟，为刘备、纪灵和解。宜僚善于弹丸，可敌五百人，助楚军大胜宋国。嵇康善弹琴咏诗，留下千古绝唱。阮籍能啸，也因此悟道。蒙恬改良毛笔，书写工具飞升。蔡伦造出"蔡侯纸"，提速了人类文化的传播。马钧发明了水车，推动了农业的生产。任公子善钓鱼，超出和满足了人们的想象。他们是发明创造者的代表，他们的发明创造不但解人纠纷，方便百姓，更是推动了社会的进步与发展。

máo shī shū zī gōng pín yán xiào
毛施淑姿，工颦妍笑。

【字形的演变及基本字义】

	甲骨文	金文	小篆	繁体隶书	简体楷书	说文解字
毛				毛	毛	眉发之属及兽毛也
施				施	施	旗貌
淑				淑	淑	清湛也
姿				姿	姿	态也
工				工	工	巧饰也，像人有规矩也
颦				颦	颦	涉水颦蹙
妍				妍	妍	技也，一曰不省录事，一曰难侵也，一曰慧也，一曰安也
笑				笑	笑	喜也

【正讲】

"毛施淑姿，工颦妍笑。"

　　"毛"，本义是：多与皮毛有关，如：眉毛、头发、兽毛等。《说文解字》解释为：眉发之属及兽毛也。"毛"作名词时，也指草木、五谷、中国货币单位"角"的俗称。作动词时，有发火、发慌等意；作形容词时，有不纯净，如毛重、毛利，也指半加工的、粗糙的等意。"毛"在这里指春秋战国的美女之一：毛嫱（qiáng）。

　　"施"，本义是：旗帜飘扬。《说文解字》的解释是：旗貌。即旗帜柔顺摇曳的样子。"施"作动词时，有旗飘动、给予，引申为施舍、设置、实行、选用等意；作名词时，指恩惠、仁慈、旗杆上的缀饰物，也作姓氏，如：施琅（1621—1696）中国清朝将领，康熙二十二年（1683年）攻灭台湾的郑氏政权。他建议在台湾驻兵屯守，为清政府所采纳，封靖海侯。在这里，是指春秋末期越国美女——西施。

　　"淑"，本义是：水清澈。《说文解字》的解释是：清湛也。"淑"是一湾静水，清澈而美好。"淑"假借为"俶"，指善良、美好。《诗经·周南·关雎》有："窈窕淑女，君子好逑。"

　　"姿"，本义是：女子呻吟、撒娇，令人心动的样子。《说文解字》解释为：态也。"态"者，才艺善巧也。"姿"还有容貌、资质、气质、品行等意，通常指一个人的姿态与风度。

　　"工"，本义是：古代匠师的一种巧妙多用的曲尺。《说文解字》解释为：巧饰也，像人有规矩也。"工"作名词，有工匠、工人、官吏等意；古代特指女工、乐官或乐人。也作形容词，有精巧、精致之意；作副词，有擅长、善于等意。

"颦"，本义是：皱眉。《说文解字》的解释是：涉水颦蹙。就是涉水时紧张而蹙眉头。

"妍"，本义是：巧慧。《说文解字》的解释是：技也，一曰不省录事，一曰难侵也，一曰慧也，一曰安也。也就是说，"妍"是指女子的技艺，一种说法认为"妍"是女子单纯不谙世事，一种说法认为"妍"是女子自持难侵，一种说法认为"妍"是女子聪慧，还有一种说法认为"妍"是女子安娴。"妍"作形容词，有美丽、美好、慧巧等意。

"笑"，本义是：因喜悦开颜或出声。《说文解字》的解释是：喜也。"笑"，上面一个"竹"字，下面一个"夭"字，风入竹林，竹影摇曳，像人笑弯了腰。"笑"还有讥笑、逗乐、喜爱等意。

"毛施淑姿，工颦妍笑。"这句话的意思是：毛嫱与西施这两位绝色佳人，姿容姣美，哪怕是皱着眉头，也像甜美的笑。

这里提到了两位大美女：毛嫱与西施。西施想必大家很熟悉，西施与貂蝉、王昭君、杨玉环并称为中国古代四大美女，其中西施居首。四大美女天生丽质，是美的化身和代名词，享有"闭月羞花之貌，沉鱼落雁之容"的美誉。西施在浣（huàn）纱时，鱼儿见其美而忘记了游水，渐沉于水底，所以誉西施有"沉鱼"之美。有个成语是"沉鱼落雁"，大多认为是出自《庄子·齐物论》："毛嫱，丽姬，人之所美也，鱼见之深入，鸟见之高飞，麋（mí）鹿见之决骤（zhòu），四者孰知天下之正色哉。"其实，该文原意是说动物不能感受人的美貌。西施生于越国诸暨（jì）苎（zhù）萝村，本名施夷光，苎萝有东西二村，夷光居住西村，所以叫西施。其父卖柴，母浣纱，西施也常浣纱于溪，所以又称浣纱溪。当时，越国称臣于吴国，越王勾践卧薪尝胆谋复国。在国难当头之际，西施忍辱负重，以身救国，与郑旦一起被越王勾践献给吴王夫差，以乱吴宫。传说在吴国亡后，与心爱的人范蠡（lǐ）驾扁舟，入太湖，不知所终。

从《庄子·齐物论》中可知，毛嫱确为沉鱼的原型。后人对美女的赞颂中，凡同时出现毛嫱、西施的，大都是毛嫱居前，西施在后。毛嫱大体与西施同时代，相传为越王勾践的爱姬，她的美与西施不同，西施的美是病态的，而毛嫱则是一种素雅美，婉淡清新。

貂蝉虽说是中国四大美女之一，但她只是传说中的美人，无史料记载，仅存于小说戏剧中，在《三国演义》中登场。传说是山西忻州人，与名将关羽是同乡，由于是传说，身份也有多种，死因更是谜了。

王昭君，生于西汉南郡秭（zǐ）归一普通的民家，后被选入宫，到了公元前33年，匈奴的呼韩邪单于来到了长安，提出了和亲的要求。"和亲"是汉高祖时娄（lóu）敬德提出的。汉元帝这次决定从宫女中挑选，王昭君自愿请命去匈奴。传说中还发生了很多的故事，昭君出塞和亲时，望着漫天黄沙，孤雁南飞，不觉幽思自叹，便弹起琵琶，一首《出塞曲》寄托了浓厚的乡愁及一丝憧憬，催人泪下，南飞的大雁望着惊艳的女子，听着凄婉的琴声而扑落于平沙之上，遂成"平沙落雁"的千古绝唱。

杨玉环，籍贯存在争议，出生于宦门世家，姿质丰艳，善歌舞，通音律。她先为唐玄宗儿子寿王李瑁（mào）的王妃，受令出家后，又被唐玄宗册封为贵妃。天宝十五载（756年），安禄山发动叛乱，随唐玄宗流亡蜀中，途经马嵬（wéi）驿，杨玉环于六月十四日，在马嵬驿死于乱军之中，香消玉殒。

年矢每催，曦晖朗曜。

【字形的演变及基本字义】

	甲骨文	金文	小篆	繁体隶书	简体楷书	说文解字
年	秀	秀	秀	秊	年	谷熟也
矢	矢	矢	矢	矢	矢	弓弩矢也
每	每	每	每	每	每	草盛上出也
催			催	催	催	相俦（chóu）也
曦			曦	曦	曦	
晖			暉	暉	晖	光也
朗			朗	朗	朗	明也
曜			曜	曜	曜	

【正讲】

"年矢每催，曦晖朗曜。"

"年矢每催，曦晖朗曜。"重点是说岁月不等人，青春易逝，示人珍惜时光，莫要虚度年华。

"年"，本义是：禾谷成熟，人在负禾。《说文解字》的解释是：谷熟也。《谷梁传》里有一句话讲：五谷皆熟为有年，五谷大熟为大有年。"年"作名词时，指时间单位，也有年节、年纪、寿命、岁月等意；作形容词时，指科举年代、同科考中者互称等。"年"在文中作"岁月"讲。

"矢"，本义是：尾部有双羽平衡的箭只。《说文解字》的解释是：弓弩矢也。"矢"就是箭头。在这里比喻时间过得像射出去的箭一样快，而且不可回转。"矢"除作名词外，还作动词，通"誓"，发誓之意；又通"施"，施行之意；也指陈述等意；作形容词，有正直、端正之意。

"每"，本义是：草木茂盛生长。《说文解字》解释为：草盛上出也。"每"作代词时，指各个之意；作形容词，有旺盛之意；也用作助词。

"催"，本义是：武力逼迫、强力敦促。《说文解字》的解释是：相俦（chóu）也。就是互相督促、相迫，使赶快行动，或者使事物的产生、发展变化加快。

"年矢每催"，时间像箭一样快，真是青春易逝，岁月催人啊！

我国古代的计时器大多用水漏。盛水于铜壶，壶内置一个刻有度数之箭，壶底有小孔，水下漏，视度数变化以计时。古人把一昼夜等分为十二个时辰，分别以十二地支来代称。其中的每一时辰正好等于现在的两个小时（今天的一个钟点等于半个时辰，所以称为一"小时"），子时指半夜二十三点到一点，丑时指一点到三点……后来又以初、正划分每个时辰，如子时分为子初、子正，子初为二十三点，子正即为二十四点，以此类推。如此，十二时辰就分为二十四小时了。同时古人又分二十四小时为一百刻（现在一昼夜为九十六刻），每刻十五分，每分六十秒，这就是古人用的铜壶滴漏法，受水壶中竖一根刻有一百道标记的箭杆，水漏出多少，刻度就显示多少，以此记录时间。此法又叫"铜壶刻漏"。直到有了钟表，此法才不用。一年中昼夜的长短各地不同，《后汉书》记录中原地区的昼夜时刻为：夏至昼六十五刻，夜三十五刻；冬至昼四十五刻，夜五十五刻。春分昼五十五刻八分，夜四十四刻二分；秋分昼五十五刻二分，夜四十四刻八分。

"曦"，本义是：太阳、阳光。《说文解字》没对这个字进行解释。《玉篇》解释为：日色也。

"晖"，本义是：日月周围的光圈。《说文解字》的解释是：光也。"晖"作名词时，指日色、阳光；同"辉"，光辉之意；作动词时，是光彩、照耀之意。

"朗"，本义是：月光明亮，令人感觉美好。《说文解字》的解释是：明也。"朗"作形容词时，有明亮、声音清晰响亮、明察、高洁、清澈等意。

"曜"，本义是：强烈的日光。《说文解字》没对这个字进行解释。"曜"有光明照耀之意；日、月、星都叫"曜"。作动词时，有照耀、炫耀等意。

"年矢每催，曦晖朗曜"。意思是说：时间如矢，岁月如梭，只有太阳的光辉永远光明照耀。

读了这句话，不免会感慨人生的短暂。耳畔回响起阮籍的"人生若尘露，天道邈悠悠。"曹操的"对酒当歌，人生几何？譬如朝露，去日苦多。"还有李白的"人生得意须尽欢，莫使金樽空对月。"白居易的"人生开口笑，百年都几回？"王维的"人生能几何，毕竟归无形。"以及毛泽东的"人生易老天难老，岁岁重阳。"读此句，再自问年岁，可否有此唏嘘？即便年少，也莫要轻狂，只争朝夕，活出精彩人生。

xuán jī xuán wò　huì pò huán zhào

璇 玑 悬 斡，晦 魄 环 照。

【字形的演变及基本字义】

	甲骨文	金文	小篆	繁体 隶书	简体 楷书	说文解字
璇			璿	璿	璇	美玉也
玑			璣	璣	玑	珠不圆者也
悬			縣	懸	悬	繫（xì）也
斡			斡	斡	斡	蠡柄也
晦			晦	晦	晦	月尽也
魄			魄	魄	魄	阴神也
环		瑗	瓌	環	环	璧也
照		照	貼	照	照	明也

【正讲】

"璇玑悬斡，晦魄环照。"

"**璇**"，本义是：美玉。《说文解字》解释为：美玉也。"璇"在文中指北斗星的第二颗星：天璇星。"璇"也泛指北斗星；又比喻枢纽、关键；也指次于玉的石头。

"**玑**"，本义是：不圆的珠子。《说文解字》：珠不圆者也。在这里指北斗星的第三颗星：天玑星。"璇玑"是古时一种天文仪器，叫浑天仪。"璇玑"在文中泛指北斗星。

"**悬**"，本义是：吊挂。《说文解字》的解释为：繫（xì）也。连接之意。"悬"作动词用时，有悬挂、挂念、揣测、系连等意；作形容词时，有久延不决、孤立、空虚等意；作名词时，指悬钟、磬等乐器的架子。在这里形容北斗星悬挂在天空。

"**斡**"，本义是：勺把。《说文解字》：蠡（lǐ）柄也。"蠡"在《说文解字》里的解释是：瓠（hù）瓢。判瓠为瓢以为勺，必执其柄而后可以挹物。执其柄则运旋在我，故谓之斡。"斡"是个多音字，读wò，作名词用时，指勺把；也指古代小车轮。作动词时，有旋转、挑、挖等意。读guǎn时，同"管"，主管、掌管之意。

"**晦**"，本义是：阴历每月的最后一天。《说文解字》解释为：月尽也。《论衡·四讳》讲："三十日日月合宿，谓之晦。"农历每月初一称为"朔"，每月十五称为"望"。"晦"作形容词时，有昏暗、含蓄、倒霉、草木凋零等意；也作动词用。

"**魄**"，本义是：阴神，指依附于人的身体而存在的精神。《说文解字》解释为：阴神也。引申为人的形体。人的精气为魂，形体为魄。魂为阳气，可游离于人体之外。"魄"是阴气，也指精神、气质、胆识。"魄"通"霸"，指月出月没的微光；也通"粕"，糟粕、酒滓之意。

"环"，本义是：圆形而中间有孔的玉器。《说文解字》的解释是：璧也。"环"作名词时，泛指圆圈形的物品，也指玉璧；作动词时，指环绕、围绕、旋转等意。

"照"，本义是：明亮，光明。《说文解字》解释为：明也。"照"除了作形容词外，还作动词，是照射、映照、照顾、察知等意；作名词时，有白光、图像、凭据等意；也作介词用。

"璇玑悬斡，晦魄环照。"意思是：高高悬挂在苍穹中的北斗星，随着四季变换转动，明朗的月光洒满人间每个角落。

"璇玑"泛指北斗星。北斗是由天枢、天璇、天玑、天权、玉衡、开阳、摇光七星组成。古代汉族人民把这七星联系起来想象成古代舀酒的斗形：天枢、天璇、天玑、天权组成为斗身，古曰魁；玉衡、开阳、摇光组成为斗柄，古曰杓。

北斗星在不同的季节和夜晚不同的时间，出现在天空不同的方位。所以古人就根据初昏时斗柄所指的方向决定季节：斗柄指东，天下皆春；斗柄指南，天下皆夏；斗柄指西，天下皆秋；斗柄指北，天下皆冬。古代视北极星为上帝的象征，而北斗星则是上帝出巡天下所驾的御辇。一年由春季开始，而此时北斗在东，所以上帝从东方开始巡视，有"帝出乎震"一说，震主东方。

把勺部的"天璇"通过"天枢"向外延伸一条直线，大约延长5倍多些，有一颗与北斗星差不多亮的星星，就是北极星。道教称北斗七星为七元解厄星君，居北斗七宫，即天枢宫贪狼星君，天璇宫巨门星君，天玑宫禄存星君，天权宫文曲星君，玉衡宫廉贞星君，开阳宫武曲星君，摇光宫破军星君。宋代道教天书"云笈七签"中说北斗七星还有辅星、弼星的存在，时称"北斗九星"。后来两颗星渐渐隐失，成为"七现二隐"。传说能看见这两颗隐星的人可以长寿。中国古代风水学中将九星称为：一白、二黑、三碧、四绿、五黄、六白、七赤、八白、九紫。奇门遁甲中将九星称为：天蓬星、天芮星、天冲星、天辅星、天禽星、天心星、天柱星、天任星、天英星。在中国文化中，对包括北斗七星在内的星辰的崇拜信仰由来已久，远在道教形成之前，儒教礼制也强调对漫天星辰的祭祀。道教形成后，将北斗人格化为重要的天神加以崇拜，并对之作种种神学解释，在此不再一一讲述。

七星之名最完整的记载，始见于汉代纬书。其中说：第一天枢，第二天璇，第三天玑，第四天权，第五玉衡，第六开阳，第七摇光。第一到第四颗，四星为魁，组成了北斗七星的"斗"，柄状三星分别是玉衡、开阳、摇光那个明暗双星。杓柄中间的星名叫"开阳"，旁边有一颗四等伴星，名"辅"，开阳星和辅星组成光学双星，肉眼即能识辨。在北斗七星中，"玉衡"最亮，亮度几乎接近一等星。"天权"最暗，是一颗三等星。其他五颗星都是二等星。"开阳"的伴星"辅"，一向以美丽清晰的外貌引起人们的注意。古时候军队测士兵的视力曾用过这对双星，如能分辨出这颗辅星，视力就达到1.5了。据说，阿拉伯人征兵时，也用此法测验士兵视力。

"晦魄环照"是说月球围绕着地球公转，同时也自转，两者周期相同，因此月球永远都是一面朝向地球。大家知道，月亮本身不发光，只是把照射在它上面的太阳光的一部分反射出来。对于地球上的观测者来说，随着太阳，月亮，地球相对位置的变化，在不同日期里月亮呈现出不同的形状，这就是月相的周期变化。每月农历初一为朔，十五为望，月底最后一天为晦，这样月亮就表现出了阴晴圆缺的变化。

zhǐ xīn xiū hù　yǒng suí jí shào

指薪修祜，永绥吉劭。

【字形的演变及基本字义】

	甲骨文	金文	小篆	繁体隶书	简体楷书	说文解字
指		𦣎	指	指	指	手指也
薪			薪	薪	薪	蕘也
修			修	修	修	饰也
祜		祜	祜	祜	祜	福也
永	永	永	永	永	永	水长也
绥	绥	绥	綏	綏	绥	车中把也
吉	吉	吉	吉	吉	吉	善也
劭			劭	劭	劭	高也

【正讲】

"指薪修祜，永绥吉劭。"

"指"，本义是：手掌的五个终端部分之一。《说文解字》的解释是：手指也。在古代，不管手指还是脚趾，都用这个"指"，近代误写为"趾"，后用作脚趾。"指"除名词外，也作动词用，有指向、指示、指责等意；指也作形容词用，竖起之意。在本文里，"指"通"脂"，是油脂。古代松树脂燃烧的时间很长。

"薪"，本义是：作为炊煮燃料的草木。《说文解字》解释为：荛也。"荛"在《说文解字》里的解释是：薪也。"薪"一般指粗的木柴，而细的木柴叫作"蒸"。"薪"作名词时，指木柴，也指薪水、薪金等；作动词时，是打柴之意。

"修"，本义是：修饰，精心美化。《说文解字》解释为：饰也。"修"字有一个"攸"，"攸"是"悠"的省略，表示缓慢、从容，意为优雅从容地装饰、打扮。修于内，行在外。只有心灵美，才会行为美。"修"作动词时，有修饰、整修、兴建、学习、培养、修行、撰写、改正等意；作形容词用，有长、高、大之意；也用作名词。

"祜"，本义是：福，大福。《说文解字》解释为：福也。如祜休，即吉庆、幸福、美善。

"永"，本义是：水流长。《说文解字》里解释为：水长也。《诗经》中有："江之永矣，不可方思。""永"作形容词，泛指长，兼指时间与空间；作动词时，有延长、游泳等意，也通"咏"，指曼声、长吟。"永"为"泳"的古字。"永"作副词时，有永久、永远等意。练过书法的人都知道"永字八法"，是中国书法的用笔原则。以"永"字八笔顺序为例，阐述正楷笔势的方法，相传东晋书法家王羲之用几年的时间，专门写"永"字。分别是：（1）点为侧；（2）横为勒；（3）竖为弩；（4）钩为趯；（5）提为策；（6）撇为掠；（7）短撇为啄；（8）捺为磔。"永字八法"流传至今已二千余年，成为习书者的学习宝典。

"绥"，本义是：借以登车的绳索。《说文解字》解释为：车中把也。"绥"表示有了这绳索，人也就稳妥了。作动词时，有安抚人心以保持平静、制止等意；作形容词时，有舒缓的、平安、安泰等意；也用作名词。

"吉"，本义是：把兵器收起不用，以减少战争。引申为吉祥、吉利。《说文解字》的解释是：善也。就是善良、吉祥。"吉"的核心是善，行善才能得吉。《周书·武顺》中讲："礼义顺祥曰吉。""吉"除作形容词外，还作名词，有朔日、婚礼、通常包括伴随的庆祝活动等。

"劭"，本义是：高尚，美好。《说文解字》解释为：高也。"劭"除作形容词外，作动词有勉励之意。

"**指薪修祜，永绥吉劭**。"这句话的意思是：柴薪烧尽了，但火种永传，人生有限，德福相传，永远平安，美好无限。

"指薪"出自《庄子·养生主》："指穷于为薪，火传也，不知其尽也。"意思是用木柴烧火，木柴有穷尽的时候，而火往下传，却不会灭。以此比喻人的生命有限，肉体会死亡，而人类的生命及美德是延续无穷的。"修祜"就是修德积福，"永绥"即长远平安幸福，"吉劭"为吉祥美好。因此，我想起我们"嵩阳别院"传统文化书院的院训："学聚问辨宽居仁行，进德修业积善日新。"人的一生福禄贵寿是难全的，有福禄，不一定有贵寿；有贵寿，不一定福禄全。福是一个人的福气、福运，古人讲富贵寿考等齐备为福。可见福是积的，禄是享福的资本，有资财，有子孙后代，也为禄。贵是一个人的社会地位高，有位才有贵，才有尊，可见位置的重要性。寿是岁数大，年岁高，健康长寿，才可享有人生。有多少人富了，有钱，未必拥有很高的社会地位，尊贵的人可能没有什么钱财，富贵俱全者也未必一定长寿，如果一个人不长寿，即使拥有再多也没有用。古人讲的没错，只有富贵寿考等齐备了才是福啊！现在看来，成为一个有福的人太不容易了，除了天命造化之外，首先要在自己的有生之年"指薪修祜"，积善修业，把你的德福一代一代传下去，才会"永绥吉劭"。若人人如此，世界将会永远和平幸福。

jǔ bù yǐn lǐng　fǔ yǎng láng miào

矩步引领，俯仰廊庙。

【字形的演变及基本字义】

	甲骨文	金文	小篆	繁体隶书	简体楷书	说文解字
矩		𢧢	𢧢	矩	矩	规矩也
步	𣥂	𣥂	步	步	步	行也
引	𢎢	𢎢	引	引	引	开弓也
领			領	領	领	项也
俯		宾	俯	俯	俯	
仰		卬	仰	仰	仰	举也
廊			廊	廊	廊	东西序也
庙		廟	廟	廟	庙	尊先祖貌也

【正讲】

"矩步引领，俯仰廊庙。"

"**矩**"，本义是：矩尺，画直线或方形的工具。《说文解字》解释为：规矩也。"矩"，左边一个"矢"，是度量长度的单位；右边的"巨"代表无所不能，所以"矩"表示能够量尽天下所有的尺寸。"规"为正圆之器。《楚辞》中讲："圆曰规，方曰矩。"《孟子》也讲了："规矩方圆之至也。"

"**步**"，本义是：两个脚印，表示两脚在路上交替迈进。《说文解字》解释为：行也。古代一举足叫"跬"，两足各跨一次才叫"步"，《荀子·劝学》里有："不积跬步，无以至千里。"现在一般指行走时两脚之间的距离。在古代，"步"也是长度单位，历代不一，周代以八尺为一步，秦代以六尺为一步，也有说五尺为一步。"步"作动词时，有行走、追随、跟随、测量等意；作名词时，有脚步、步伐、时运、命运等意；也用作量词。

"**引**"，本义是：拉开持箭，张弦未发。《说文解字》解释为：开弓也。"引"作名词时，有引车前行的皮带、卷首语、序言、通行执照等意；作动词用时，有拉、延长、牵连、带领、吸引、承认、拿出等意。

"**领**"，本义是：脖子。《说文解字》解释为：项也。"领"作名词时，有领土、衣领、要领、山道等意；作动词时，有统领、带领、治理、接受等意；也作量词用。"引领"就是伸颈远望，形容殷切期待的样子。

"**俯**"，本义是：低头。《说文解字》无解释。《周易·系辞》中有："仰以观于天文，俯以察于地理。"《兰亭序》中有："仰观宇宙之大，俯察品类之盛。""俯"有弯腰屈身、从上往下看等意；也是上对下行动的敬辞。

"仰"，本义是：抬头，脸向上。《说文解字》的解释是：举也。"仰"是多音字，读áng时，通"昂"，高之意。读yǎng，作动词，有抬头、敬慕、依赖、依靠等意。

"廊"，本义是：厅堂周围的屋。《说文解字》解释为：东西序也。作名词，有走廊、回廊等意；也指朝廷、国家。

"庙"，本义是：宗庙，供奉祭祀祖先的处所。《说文解字》解释为：尊先祖貌也。"廊庙"指朝廷。即殿下屋和太庙。庙除了作名词外，也作动词用，是祭祀、立庙祭祖之意。

"矩步引领，俯仰廊庙。"这八个字的意思是：人的行为举止要心胸坦荡，正大光明，一举一动要像在朝廷上临朝一样，谨慎检点，庄严肃穆，心地坦荡，昂首迈步，重任于肩，领命前行……一位大人君子之伟大形象俨然于眼前。

其中"廊庙"两字容易理解错误，有不少版本理解为"庙宇"，其真实意思是指"朝廷"、"国家"。寺庙在各地都有，寺与庙是有区别的。"寺"最早是官署的名称，在汉朝，御史大夫们办公的地方叫御史大夫寺，管礼仪的部门叫太常寺，负责舆马的部门叫太仆寺，专管外交事务的部门叫鸿胪寺。佛教传入我国，也算是对外事务，就在鸿胪寺处理相关事务，寺才成了僧院的称呼。在北魏太武帝年间，寺院被改为"伽蓝"；隋炀帝大业时改称"道场"；唐朝又改称"寺"。传说是汉明帝刘庄下令在洛阳雍门外兴建僧院，完工后，明帝亲自命名为"寺院"。由于当时来自天竺（印度）的两位高僧法蓝和摄摩腾用两匹白马驮回的经书，就把这座新建的寺院取名为白马寺，这是佛教传入我国后建筑的第一个僧寺。

　　"庙"是我国古代供祭祖宗神位的屋舍，并不是任何人死后就可以入庙的。先秦之后规定：凡有功于国的，死后方可入庙，享受人们的祭祀礼拜。《后汉书》中有："大丈夫居世，生当封侯，死当庙食。"所以，"庙"是祭祀神灵、神话或传说人物、历代贤哲、历史著名人物的场所。如：关帝庙、张飞庙、岳飞庙、孔庙、妈祖庙等。这些庙宇，成了中华民族道德文化中的一份文化遗产。诸多庙中，名气最大、数量最多要数关帝庙和孔庙了。"县县有文庙，村村有武庙"，文庙指孔庙，武庙就是关帝庙，关公的"至忠"、"至义"、"至信"、"至勇"的形象受到人们的普遍敬仰。现在人们在寺院里，会发现伽蓝殿里的关公像，这是与天台宗的创始人智颉老和尚有关，说他为关羽的亡灵授"菩萨戒"，关羽从此正式入了佛门，成了佛家弟子，做了"伽蓝护法神"。宋徽宗于崇宁元年加封关羽为"忠惠公"，后又加封为"崇宁真君"，使关羽正式在道教取得了合法地位。大观二年，宋徽宗又加封关羽为"昭烈武安王"，明神宗于万历十年，加封关羽为"协天大帝"。于万历四十二年，加封关羽为"三界伏魔大帝神威远震天尊关圣帝君"。明末清初，关羽取代了姜太公，称为"武圣"，被称为"关夫子"，

与孔子并列。关庙也成为"武庙"，与孔子的"文庙"相对。清朝的顺治皇帝加封关羽为"忠义神武关圣大帝"。清朝入关以后的10个皇帝中，先后有8个皇帝共13次封谥关羽，最长的封号长达26字，关羽的神格化就此达到了巅峰。清同治九年，关羽的26字封号是：忠义神武灵佑仁勇威显护国保民精诚绥靖翊

白马寺

赞宣德关圣帝君。民间将关羽当作"战神、驱邪神、守护神、武财神"。

束 带 矜 庄， 徘 徊 瞻 眺。

【字形的演变及基本字义】

	甲骨文	金文	小篆	繁体隶书	简体楷书	说文解字
束	束	束	束	束	束	缚也
带	帶		帶	带	带	绅也
矜			矜	矜	矜	矛柄也
庄		庄	莊	莊	庄	上讳
徘			裵	徘	徘	本作"裵"
徊			回	徊	徊	
瞻		瞻	瞻	瞻	瞻	临视也
眺			眺	眺	眺	目不正也

【正讲】
"束带矜庄，徘徊瞻眺。"

"束"，本义是：用绳、带把木柴捆起来。《说文解字》解释为：缚也。"束"作动词时，有捆绑、约束、收拾等意；也作量词用，指小捆、把之意。如《诗经·小雅·白驹》中有："生刍一束。""刍"即喂牲畜的草。《道德经》中讲的"天地不仁，以万物为刍狗"中的"刍"也是小草之意。"束"在本文是收紧、束紧之意。

"带"，本义是：扎在腰间用以系裙的扁长的布条。《说文解字》里解释为：绅也。"带"是古代束在腰间的一根带子和用带的两端打成的结，下面垂下的须子，有装饰作用。"带"作名词时，有腰带、泛指狭长形条状物、轮胎等意；作动词时，有佩戴、携带、抚养、兼管等意；也作连词用。"带"在本文是指腰带一类的带子。"束带"指整肃衣冠之意。《论语·公冶长》中讲："束带立于朝，可使与宾客言也。"古人无事则缓带，有事则束带。如同现在下班在家可以衣着宽松舒适，上班就要穿带齐整。

"矜"，本义是：矛柄。《说文解字》的解释：矛柄也。"矜"是个多音字，读jīn，作动词时，有自夸、自恃、怜悯、注重等意。《论语》中有"君子矜而不争，群而不党。"意思是说：君子庄重自恃而不与人争一时之长短，合群但不结党营私。作形容词时，有端庄、庄重、谨守、凶危、骄傲等意。读qín，意思是矛柄。读guān，同"鳏"。"矜"在文中作庄严、庄重讲。

"庄"，本义是：草大。《说文解字》的解释是：上讳。什么是"上讳"？就是讳皇上之圣名，不可妄加解释。只因为汉明帝叫刘庄，所以在东汉研字时，不能随便用"庄"字，也不敢随便解释"庄"的含义，汉代用"严"来代替"庄"。"庄"其实就是草木生长很茂盛的样子。"庄"作形容词时，意为谨严持重、恭敬；也指四面八方的、四通八达的；作名词时，有村庄、六路通达的大路、庄园等意；也作姓氏；作动词时，通"妆"，打扮、修饰之意；也用作量词。"矜庄"就是端庄严肃，代表"束带"后所达到的效果，既是自尊也是尊人的表现。

"徘"，本义是：小步行走。《说文解字》的解释：本作"裴"。裴为长衣下垂的样子。

"徊"，本义是：回环。《说文解字》无解释。"徊"通"回"，也通"迴"。"徘徊"是指在一个地方来回走动，有彷徨之意。"徘徊"在文中意思是认真思考，小心谨慎。凡事只要心中有数，确定方向，就不要贻误时机，勇于担当，大胆前行。

"瞻"，本义是：向远处或向高处看。《说文解字》的解释是：临视也。"瞻"还有仰慕、瞻仰之意。

"眺"，本义是：极目远望。《说文解字》解释为：目不正也。"眺"作动词时，有往远处看、斜视、跳等意；作名词时，指眼睛。"瞻眺"是站得高，看得远，喻指眼光远大。也正因为如此，才能昂首阔步，奔向目标。

"**束带矜庄，徘徊瞻眺**。"这句话的意思是：衣着穿带严整，举止从容，谨慎庄重，高瞻远瞩。

gū   lòu   guǎ   wén   yú   méng   děng   qiào

孤 陋 寡 闻，愚 蒙 等 诮。

【字形的演变及基本字义】

	甲骨文	金文	小篆	繁体隶书	简体楷书	说文解字
孤						无父也
陋						阨陕也
寡						少也
闻						知声也
愚						戆也
蒙						王女也
等						齐简也
诮						古作"谯"

【正讲】

"孤陋寡闻，愚蒙等诮。"

"**孤**"，本义是：幼年死去父亲或父母双亡的孩子。《说文解字》的解释是：无父也。"孤"作名词时，指孤儿、古代王侯的自称等；作形容词时，有单独、孤高、独特等意；作动词时，有负恩、背弃恩德、孤立于等意。

"**陋**"，本义是：狭窄，狭小。《说文解字》解释为：阨陕也。《管子·侈靡》里讲："百盖无筑，千聚无社，谓之陋。""百盖无筑"只是形式上的陋，而"千聚无社"则是精神上的陋。"社"在古代指土地神和祭祀土地神的地方、日子以及祭礼。"陋"也有简陋、知识浅薄、偏僻、粗俗、丑等意。

"**寡**"，本义是：古代妇人丧夫，男子无妻或丧偶。《说文解字》的解释是：少也。"寡"作形容词时，有少、减少、孤独、弱小、倒霉等意；作名词时，指寡妇；作代词时，指古代王侯的谦称。"寡人"这个称号是秦始皇之前的君主的自称，春秋战国诸侯自称寡人，但楚国的国王大多自称"不谷"，而较弱的诸侯自称"孤"。"不谷"应为"不穀"，"不穀"的本义是不结果实，如水稻不灌浆就不会有稻米产生。对人来说，就是没有子女，叫"不穀"。"不谷"与寡、孤同意，但意思又不完全相等。古代王侯以此自警、自谦。《道德经》中讲："故贵以贱为本，高以下为基。是以王侯自谓孤、寡、不谷。"有个词叫"鳏寡孤独"，无妻或丧妻的男人叫"鳏"；妇人丧夫，男子无妻或丧偶为"寡"；幼年死去父亲或父母双亡的孩子叫"孤"；老而无子叫"独"。

"**闻**"，本义是：听到。《说文解字》的解释是：知声也。"闻"作动词时，有听到、听说、传布、出名等意；作名词时，有知识、传闻、声望等意。《礼记》中有："心不在焉，视而不见，听而不闻。"

"**愚**"，本义是：愚蠢，愚昧。《说文解字》解释为：戆也。"戆"读作zhuàng，意为痴愚、急躁、刚直。《荀子·大略》中有："悍戆好斗，似勇而非。""愚"也作自称的谦辞。

"**蒙**"，本义是：草名。在《说文解字》的解释是：王女也。什么是"王女"？指最大的女萝草。《管子·地员篇》中有："君药安生，小辛大蒙。"大蒙即草药名。"王女"的解释有些偏执，不足以理解蒙字之义。"蒙"是个多音字，读mēng，作形容词时，指昏迷、暂时失去知觉的；作动词时，指欺骗、胡乱猜测等意。读méng，作名词时，指草名，也指云气；作动词时，有遮蔽、隐瞒、蒙受、承继等意；作形容词时，有迷茫、阴暗、杂乱等意；同"濛"。读měng，指蒙古族的简称。《周易》第四卦就是"蒙"卦，是讲启蒙教育的卦，其核心是："蒙以养正，圣功也。"要用适合的方式去教养孩子，学会尊重养的对象，正确教养，不要有偏差，这样就是"养正"。能够做到"养正"，就是圣人之功。"蒙"在本文指蒙昧、无知。"愚蒙"有愚昧不明之意。

"**等**"，本义是：整齐的简册。《说文解字》解释为：齐简也。"等"作名词时，有等级、台阶、类型、等子（小秤）等意；作动词时，有等待、等同、衡量等意；也作形容词、助词、副词等。

"**诮**"，本义是：轻蔑而嘲讽。《说文解字》的解释是：古作"谯"字。"谯"通"诮"，责备之意。"诮"在文中指讥笑嘲讽。

"**孤陋寡闻，愚蒙等诮。**"意思是：本人学识浅陋，见闻不广，又蒙昧无知，作此陋文，让人们讥笑了。这句是《千字文》的作者周兴嗣的谦辞。周兴嗣十三岁开始到齐的京师（今南京）游学。十几年后，精通各种纪事文章的写法，后被推荐做官，终至给事中，为皇帝写文稿。后因梁武帝下诏，创作《千字文》，驱扇成风，哺育了一千四百多年来的中国儿童。如此才情，俨然一鸿儒，尚且谦敬反躬，我等慨叹莫如……

wèi yǔ zhù zhě　yān zāi hū yě

谓语助者，焉哉乎也。

【字形的演变及基本字义】

	甲骨文	金文	小篆	繁体隶书	简体楷书	说文解字
谓		謂	謂	謂	谓	报也
语		語	語	語	语	论也
助		助	助	助	助	左也
者	者	者	者	者	者	别事词也
焉		焉	焉	焉	焉	焉鸟，黄色，出于江淮
哉	哉	哉	哉	哉	哉	言之间也，表感叹
乎	乎	乎	乎	乎	乎	语之余也
也	也	也	也	也	也	语之余也。凡言也，则气出口下而尽

【正讲】

"谓语助者，焉哉乎也。"

"谓"，本义是：告诉。《说文解字》解释为：报也。"谓"作动词时，有说、评论、称为、认为、意料等意。通"为"。也作名词、连词用。

"语"，本义是：谈论，辩论。《说文解字》解释为：论也。直言为言，论难为语。"语"是多音字，读yǔ，作动词时，有交谈、议论，也指鸟兽虫类鸣叫。作名词时，指说的话、词语等意。读yù，有告诉、使知道之意。

"助"，本义是：帮助，用力助人。《说文解字》的解释是：左也。就是辅佐的意思。"助"是个多音字，读zhù，作动词时，指帮助（在物质上或精神上给予协助）、辅助、增添等意。读chú，同"锄"，除去之意。

"者"，本义是：古代部落生火煮食。《说文解字》的解释是：别事词也。相当于"这"。"者"常用作代词、助词。作形容词时，有轻狂、虚假等意；作名词时，指假借、借口。

"焉"，本义是：焉鸟。《说文解字》的解释是：焉鸟，黄色，出于江淮。"焉"常用作代词，相当于"之"，什么、怎么等意；作副词时，有如何、于是、就等意；也作连词、助词、语气词用。

"哉"，本义是：语气词。《说文解字》的解释是：言之间也，表感叹。常表示言语间歇的语气助词，相当于啊、呢、吧等。

"乎"，本义是：吐气。《说文解字》的解释是：语之余也。就是词尾的叹词。"乎"是"呼"的本字，当"乎"的呼叫本义消失后，另造"呼"代替。表示气流从口中流畅地吹出。完全缺乏中气叫"亏"，号角吹得嘘嘘无力叫"兮"；号角吹得高亢并紧急叫"乎"，表示十万火急；号角吹得悠长稳定而又没有起伏变化叫"平"，表示平安无事，没有警情。"乎"的繁体字是"虖"，现在港台地区一般都直接用"乎"了。"乎"多用于语气词，相当于吗、啊、呀等；作介词用时，指于、在、从等；也用作后缀。

"也"，本义是：羹魁柄。《说文解字》的解释是：语之余也。凡言也，则气出口下而尽。大家看到"也"的甲骨文（𠃊），可能会想到"它"字的甲骨文，没错，"它"、"虫"、"也"同源，都是"蛇"的本字。"也"是副词，表示同样、并行的，或者表示语气的加强。"也"也是文言语气助词，用在句末，表示判断或肯定语气，相当于啊、呀；也表示疑问，相当于呢、吗；用在句中表停顿。

"**谓语助者，焉哉乎也**。"这八个字的意思是：说到古书中的语气助词嘛，那就是"焉"、"哉"、"乎"、"也"了。

从最后这八个字可以体味到作者的不凡，能够用一千个不同的字连缀成一篇内容丰富的韵文，内容涉及天文、地理、历史、农工、园艺、饮食起居、修身养性及封建纲常礼教等各个方面，包罗万象，文采斐然。剩余八字，收笔之时，刚好实词用尽，恰留"谓语助者"巧句，引出"焉哉乎也"作叹！咋看随性，实属逐字揣摩，浑然天成，常辈不可比，也只有慨然吟诵了！

到今天，这一千个字，我们也

汉代四神温酒器/古人早已有温酒的习俗，温酒器亦成为重要的酒具。图为陕西富县出土的汉代四神温酒器。

学完了。希望能熟知这一千个字，能够认识其中的甲骨文、金文等。化每个字为一根精神栋梁，来构筑我们的心灵庙宇。心中有知，心中有容，心中有灵，心中有道，自然澄怀虚己，善化天下。

图书在版编目(CIP)数据

千字文正讲（上、下册）／齐济著.—北京：北京师范大学
出版社，2015.10（2018.6重印）
　ISBN 978-7-303-19373-8

　Ⅰ．①千… Ⅱ．①齐… Ⅲ．①古汉语－启蒙读物
Ⅳ．① H194.1

　中国版本图书馆 CIP 数据核字（2015）第 186415 号

营　销　中　心　电　话　010-58805072 58807651
北师大出版社高等教育与学术著作分社　http://xueda.bnup.com

QIANZIWEN ZHENGJIANG
出版发行：北京师范大学出版社 www.bnup.com
　　　　　北京市海淀区新街口外大街 19 号
　　　　　邮政编码：100875
印　　刷：北京盛通印刷股份有限公司
经　　销：全国新华书店
开　　本：710mm×1000mm　1/16
印　　张：34.25
字　　数：410 千字
版　　次：2015 年 10 月第 1 版
印　　次：2018 年 6 月第 2 次印刷
定　　价：128.00 元

策划编辑：谭徐锋　　　　责任编辑：宋旭景　肖　蓉
美术编辑：王齐云　　　　装帧设计：王齐云
责任校对：陈　民　　　　责任印制：马　洁